Quem educa nossas crianças?

SUSAN LINN

Quem educa nossas crianças?

**Como evitar que as novas gerações
sejam vítimas do consumismo e
exploradas pelo marketing das Big Techs**

TRADUÇÃO Renato Marques

VESTÍGIO

Copyright © 2022 Susan Linn
Copyright desta edição © 2024 Editora Vestígio

Publicado mediante acordo com The New Press, New York.

Título original: *Who's Raising the Kids?: Big Tech, Big Industries and the Lives of Children*

Todos os direitos reservados pela Editora Vestígio. Nenhuma parte desta publicação poderá ser reproduzida, seja por meios mecânicos, eletrônicos, seja via cópia xerográfica, sem a autorização prévia da Editora.

DIREÇÃO EDITORIAL
Arnaud Vin

EDITORA RESPONSÁVEL
Bia Nunes de Sousa

PREPARAÇÃO DE TEXTO
Carla Bettelli

REVISÃO
Aline Sobreira
Claudia Gomes

DIAGRAMAÇÃO
Guilherme Fagundes

CAPA
Diogo Droschi
(sobre imagem de Adobe Stock)

Dados Internacionais de Catalogação na Publicação (CIP)
Câmara Brasileira do Livro, SP, Brasil

Linn, Susan
　Quem educa nossas crianças? : como evitar que as novas gerações sejam vítimas do consumismo e exploradas pelo marketing das Big Techs / Susan Linn ; tradução Renato Marques. -- 1. ed. -- São Paulo : Vestígio Editora, 2024.

　Título original: Who's Raising the Kids?: Big Tech, Big Industries and the Lives of Children.
　Bibliografia.
　ISBN 978-65-6002-026-9

　1. Consumismo 2. Crianças e adolescentes - Educação 3. Internet - Aspectos sociais 4. Marketing - Aspectos morais e éticos 5. Tecnologia - Aspectos sociais I. Título.

24-195830　　　　　　　　　　　　　　　　　　　　　　　　CDD-303.4833

Índices para catálogo sistemático:

1. Tecnologias da informação e da comunicação : Sociologia 303.4833

Tábata Alves da Silva - Bibliotecária - CRB-8/9253

A **VESTÍGIO** É UMA EDITORA DO **GRUPO AUTÊNTICA**

São Paulo
Av. Paulista, 2.073 . Conjunto Nacional,
Horsa I, Sala 309 . Bela Vista
01311-940 . São Paulo . SP
Tel.: (55 11) 3034 4468

Belo Horizonte
Rua Carlos Turner, 420
Silveira . 31140-520
Belo Horizonte . MG
Tel.: (55 31) 3465 4500

www.editoravestigio.com.br
SAC: atendimentoleitor@grupoautentica.com.br

Para Marley e Izzy, com amor

*A sociedade transforma as crianças em consumidores
ao fazê-las querer, e querer, mais e mais, a fim de vender a elas
e a pais e mães não as coisas de que precisam, mas o que foram ensinadas a desejar. O que elas desejam, não aquilo de que necessitam.
A sociedade transforma as crianças em mercadorias e as monetiza.
Ela as objetifica. Ela as desumaniza.*

Russell Banks

Nota ao leitor *11*

Introdução *15*

1. Do que as crianças precisam e por que as corporações
   não são capazes de fornecer o que é necessário *27*

2. No jogo com as grandes corporações tecnológicas,
   quem ganha? *50*

3. O show (das marcas) não pode parar *75*

4. Navegue pelos sites! Clique! Compre! Repita! *97*

5. Até que ponto as recompensas são recompensadoras? *115*

6. O irritante problema do poder da persistente importunação *132*

7. Dispositivos divisivos *149*

8. Viés à venda *169*

9. Aprendizagem de marca *188*

10. As Big Techs vão à escola *207*

11. Será isso esperança? *224*

12. Parentalidade e resistência: sugestões para manter
    sob controle as Big Techs e as grandes corporações *233*

13. Fazer a diferença para as crianças do mundo todo *257*

Posfácio *271*

Agradecimentos *273*

Sugestões para ler, ver e ouvir *275*

Notas *279*

NOTA AO LEITOR

Os fatos são irrelevantes. Não importa nem um pouco
se algo é realmente melhor, mais rápido ou mais eficiente.
O que importa é aquilo em que o consumidor acredita.

Seth Godin, *Todo marqueteiro é mentiroso*

Em março de 2020, eu estava trabalhando na elaboração deste livro quando o vírus da covid-19 se espalhou, começou a cobrar seu preço e a causar terríveis estragos no mundo todo. Teve início o período de quarentena. Confinada em casa, pensei que dedicaria minha inesperada e prolongada solidão a um mergulho de cabeça na escrita. Em vez disso, me vi angustiada diante da iminente destruição – um número galopante de mortes causadas pelo vírus, taxa desenfreada de desemprego, profissionais da saúde sitiados e às voltas com suprimentos inadequados. Então, em vez de escrever, passei os primeiros meses da pandemia com meu fantoche – a Patinha Audrey – interagindo com crianças pequenas em chats de transmissões de vídeo ao vivo, imaginando que, assim, poderia ao menos oferecer uma distração para os pequenos, que abruptamente se viram privados de seus amigos, e ao mesmo tempo propiciar uma trégua a pais e mães estressados, que ou estavam lidando com os percalços do trabalho remoto, ou ficaram desempregados do dia para a noite.

As evidências identificadas nos boletins epidemiológicos de que o número de óbitos por covid-19 era desproporcionalmente maior entre negros e pardos, o horror do tortuoso assassinato de George Floyd – que morreu sufocado sob o joelho de um policial branco – e a onda de protestos que se seguiu me afastaram ainda mais do trabalho de escrita. Minhas preocupações sobre a imersão das crianças em nossa cultura hipercomercializada pareciam por demais irrelevantes.

Eu estava errada. Embora o comercialismo* descontrolado não seja a causa fundamental desses problemas, percebi que nossa cultura saturada de marketing exacerba os males sociais. Os costumes e comportamentos estimulados pelo marketing corporativo já não se restringem apenas ao comércio, mas influenciam, com impactos profundos e negativos, domínios cruciais da sociedade civil, incluindo governo, vida familiar e comunitária, escolas e aprendizagem, bem como nosso relacionamento com nós mesmos, com os outros e com a natureza.

Em 2016, os americanos elegeram um presidente que até então era conhecido unicamente como uma marca e, ao mesmo tempo, como o principal marqueteiro de sua própria marca. Na ocasião, julguei que era o auge de uma sociedade impulsionada pelos desejos do mercado. No entanto, embora Donald Trump possa ser a personificação de uma cultura hipercomercializada, ele é o resultado disso, e não a causa. Um número assustador de americanos ainda acredita na mentira de que ele venceu a disputa à reeleição, apesar de os fatos comprovarem que foi derrotado nas urnas. E, por falar em mentiras, perdemos nossa melhor chance de combater o coronavírus porque diversos especialistas e políticos – com o auxílio do Facebook** e outros conglomerados de tecnologia e mídia, todos famintos por lucros – venderam a milhões de pessoas um sem-número de escancaradas mentiras e invencionices, que solaparam medidas de proteção eficazes e capazes de salvar vidas, como vacinas e máscaras de proteção individual.

A publicidade tem como alvo as emoções, não o intelecto, e é concebida para tolher o pensamento crítico. Slogans icônicos, como

---

* Ao longo do livro, o termo "comercialismo" descreve a ênfase excessiva no lucro e no sucesso financeiro; aplica-se ao emprego de atividades econômicas que priorizam o interesse comercial acima de qualquer outro valor ou circunstância, uma corrente de pensamento impregnada pela obsessão de vender o máximo possível. [N.T.]

** Em 2021, o Facebook alterou seu nome para Meta. Deste momento em diante do livro, utilizo "Meta" para me referir à corporação, e "Facebook" para me referir à rede social. [N.A.]

"Just Do It" [Vá lá e faça], da Nike, *"Obey Your Thirst"* [Obedeça à sua sede], da Sprite, e *"Live for Now"* [Viva o agora], da Pepsi, glorificam a impulsividade. Quando estive na Coreia, vários anos atrás, o slogan da Coca-Cola era *"Stop Thinking"* [Pare de pensar].

Já nos primeiros dias da pandemia, comecei a entender o fracasso, colossal e trágico, dos Estados Unidos em conter o coronavírus – e potencialmente salvar centenas de milhares de vidas – como uma macabra afirmação do poder do marketing. Sem sombra de dúvida, a maneira como o governo Trump lidou com o vírus parecia encampar a essência da máxima de marketing de Seth Godin: os fatos são irrelevantes. ("O vírus é uma farsa.";[1] "É algo sobre o qual temos grande controle."[2]) O que realmente importa é aquilo em que as pessoas acreditam. A melhor maneira de vender algo é convencer os potenciais compradores de que estamos lhes oferecendo a coisa de que precisam. As pessoas quiseram desesperadamente acreditar que o governo tinha o vírus sob controle ou que o vírus desapareceria por conta própria – ou, melhor ainda: que o vírus nem sequer existia.

Os prejuízos causados às crianças são danos colaterais das técnicas de marketing utilizadas para espalhar a desinformação acerca do coronavírus. Embora as crianças não fossem o público-alvo, sofreram com o impacto dessas ações. Para dizer o mínimo, a vida das crianças foi virada de cabeça para baixo, sua educação foi interrompida, e elas viram pais e mães sentirem na pele todo o peso do estresse. Para muitas crianças, as consequências foram ainda mais devastadoras: perderam o pai ou a mãe ou um ente querido, foram privadas de tutores e responsáveis, caíram na pobreza. Várias delas adoeceram. E várias morreram.

Comecei a entender também que, embora os vínculos entre nossa cultura comercializada e dominada pela tecnologia e o racismo sistêmico possam não ser óbvios, eles são concretos, relevantes e afetam as crianças.[3] Ademais, conforme as professoras Safiya Umoja Noble e Ruha Benjamin demonstram com clareza, os algoritmos que alimentam a tecnologia com fins lucrativos, incluindo redes sociais e mecanismos de busca, perpetuam estereótipos raciais e étnicos.[4]

O racismo corroborado por algoritmos comercializados prejudica não apenas as crianças que utilizam redes sociais e mecanismos de busca como também milhões de crianças que não os utilizam.

Os estereótipos e a desinformação (que são um subproduto de algoritmos que priorizam o lucro em detrimento da justiça) afetam profundamente como as crianças negras e pardas são vistas e tratadas pela sociedade. Por sua vez, a forma de a sociedade em geral ver diversas raças e etnias afeta como todas as crianças percebem a si mesmas e umas às outras.

À medida que comecei a investigar as conexões entre o comercialismo excessivo e as horrendas consequências tanto de uma crise nos sistemas públicos de saúde, pessimamente geridos pelas autoridades, quanto do racismo estrutural, retomei minha empolgação com a escrita. Mais uma vez ficou claro para mim que o problema com o marketing – onipresente e impulsionado pela tecnologia – que as crianças vivenciam hoje em dia não é apenas o fato de que o intuito dos marqueteiros é vender coisas para as crianças. O xis da questão é que os valores, as convenções e os comportamentos adotados e engendrados por conglomerados gigantescos, norteados por fins lucrativos e submetidos a uma regulamentação ínfima e pífia, permeiam todos os aspectos da sociedade, inclusive a vida das crianças.

Aceitei que compreender e mitigar o impacto da cultura comercial nas crianças, em especial o impacto sobre seus valores, seus relacionamentos e seu processo de aprendizagem, estão longe de ser ações irrelevantes; antes, são medidas essenciais para superar com êxito não apenas as crises que acabei de mencionar, mas outras que enfrentamos agora e enfrentaremos no futuro. As páginas que se seguem são a minha contribuição para que isso aconteça.

INTRODUÇÃO

*Quase todo o ecossistema de mídia infantil – não em sua
totalidade, mas quase – existe como um lugar de publicidade.
A publicidade e o marketing são a base sobre a qual
se constrói toda a estrutura da mídia.*

Vicky Rideout, fundadora da VJR,
empresa de consultoria e marketing social especializada
em pesquisa sobre crianças, mídia e tecnologia

No meio de uma palestra sobre crianças, tecnologia e cultura
comercializada para um público composto de pais, mães, professores
e administradores de instituições de ensino, reparo em algo estranho.
As pessoas da minha idade na plateia, cujos filhos já estão crescidos,
parecem estar com uma postura bastante presunçosa. Em contraste,
a geração mais jovem de adultos, os que no momento enfrentam as
agruras de criar uma família, parece claramente incomodada. Então,
interrompo minha fala para fazer um esclarecimento:

"Não estou aqui para fazer ninguém se sentir culpado. Em certo
sentido, nunca foi tão difícil ser pai ou mãe, mesmo para famílias com
recursos financeiros. Estamos lidando com uma cultura dominada por
corporações multinacionais que gastam bilhões de dólares e lançam
mão de tecnologias sedutoras para passar por cima de pais e mães e
atingir diretamente os filhos com mensagens concebidas – às vezes de
maneira engenhosa – a fim de arrebatar corações e mentes. E o objetivo
primordial dessas corporações não é divulgar valores positivos ou ajudar
as crianças a levarem uma vida saudável, tampouco tornar a vida delas

melhor. É gerar lucro. Portanto, se as pessoas da minha idade disserem a vocês que 'basta dizer não' ou se falarem que no passado costumavam simplesmente desligar a TV, sejam educados e lembrem-se de que elas não fazem a menor ideia de como é criar filhos em um mundo digital e comercializado." Resolvo iniciar minhas próximas palestras sempre com essa ressalva.

Estou começando este livro da mesma forma. Meu objetivo não é fazer com que pais e mães* se sintam culpados por não conseguirem lidar de modo perfeito e impecável com a enxurrada de comercialismo impulsionado por tecnologia que atualmente engole as famílias. Meu intuito é ajudar qualquer pessoa que se preocupa com as crianças a entender que a cultura digital e comercializada com a qual tantas crianças convivem todos os dias é tóxica, que seu impacto se estende além do bem-estar de crianças e famílias de modo individual para abarcar o bem-estar de nossa sociedade como um todo, que corrigir essa situação é uma responsabilidade social e, o mais importante, que *somos capazes* de melhorar esse cenário.

Como descrevo em meu livro *Crianças do consumo*, publicado nos Estados Unidos em 2004, venho trabalhando desde o final dos anos 1990 para impedir que as empresas convertam crianças em alvos. Os objetivos dos profissionais de marketing que miram as crianças como público certamente não mudaram nas últimas décadas: fidelidade vitalícia às marcas, busca de atalhos fáceis para abocanhar o salário de pais e mães e o hábito do consumismo. O que *mudou* é que as tecnologias digitais em rapidíssima evolução tornam mais fácil a intenção das empresas de tragar as crianças para o vórtice de estratégias de publicidade que hoje são mais difundidas, invasivas, sofisticadas, manipuladoras e desonestas do que nunca. Enquanto isso, avolumam-se as evidências de que o marketing infantil é tão eficaz quanto prejudicial ao crescimento, desenvolvimento e bem-estar das crianças.

Meu ativismo a serviço de impedir que empresas tenham acesso irrestrito a crianças está enraizado em minha vida pessoal e profissional. Sou mãe – agora também avó – e psicóloga. Passei toda a minha

---

* Nestes capítulos, a expressão "pais e mães" refere-se aos tutores e a quaisquer adultos responsáveis pela criação dos filhos. [N.A.]

vida adulta trabalhando para as crianças e em nome delas. Atuei como ventríloqua e animadora de festas infantis, tive a sorte de trabalhar com Fred Rogers, a princípio como convidada em seu programa *Mister Rogers' Neighborhood** e depois, com a produtora de vídeo de Rogers, criei programas para ajudar as crianças a falar sobre questões complexas como racismo e escassez de moradia. Por muitos anos, fui fantoche-terapeuta no Hospital Infantil de Boston e no Programa de Aids do Centro Médico da Universidade de Boston, ajudando as crianças a lidar com hospitalizações, cirurgias e doenças com risco de vida.

O atual dilúvio de comercialismo direcionado às crianças tem raízes na década de 1980, quando a desregulamentação da televisão infantil legalizou a criação de grades de programação cujo único objetivo era vender brinquedos, em conjunção com os avanços das tecnologias digitais. Na década de 1990, testemunhei os impactos do comercialismo desenfreado sobre as crianças com quem trabalhei e, em uma esfera mais pessoal, senti isso na pele na escola da minha filha. Foi uma criança de 4 anos quem primeiro me falou sobre a cantora pop Britney Spears. No quarto ano do ensino fundamental, a escola da minha filha dedicou um semestre inteiro das aulas de música ao aprendizado das canções da Disney, o único conjunto de músicas a que elas eram expostas diariamente.

No final da década de 1990, descobri que não estava sozinha em minha convicção de que ninguém deveria manipular crianças para obter lucro. As organizações de mobilização popular começaram a discutir temas como o comercialismo nas escolas, a sexualização dos brinquedos, mídias e roupas voltadas para crianças em idade pré-escolar e o impacto negativo que a violência mostrada nos meios de comunicação exercia sobre as crianças. Em 2000, reconhecendo que a

---

* Figura icônica do universo do entretenimento americano, o pastor presbiteriano, músico e apresentador Fred Rogers (1928-2003) foi responsável por cativar gerações de americanos que assistiam a seu popular programa televisivo *Mister Rogers' Neighborhood* [*A vizinhança do Sr. Rogers*], no ar entre 1968 e 2001. Sempre atuando com o apoio de bonecos e canções educativas, Rogers recebeu um prêmio Emmy pelo conjunto de sua obra e conquistou uma vaga no Hall da Fama da TV dos Estados Unidos. Sua vida e carreira foram retratadas no filme *Um lindo dia na vizinhança*, com Tom Hanks no papel principal. [N.T.]

publicidade direcionada às crianças é o elo entre todos esses problemas, alguns colegas e eu formamos uma organização sem fins lucrativos de defesa de direitos das crianças chamada Campanha por uma Infância Livre de Comercialismo (CCFC, na sigla em inglês), que hoje em dia se chama Fair Play. Atuei como diretora-fundadora até 2015, quando deixei a organização nas mãos competentes do atual diretor-executivo, Josh Golin, e de um conselho diretivo ativo e dedicado. Sigo atuando como consultora da Fair Play e continuo a falar abertamente sobre a infinidade de danos decorrentes do marketing para crianças.

Ao longo dos anos, a Fair Play conseguiu persuadir algumas das maiores corporações do mundo a mudar parte de suas diretrizes de publicidade infantil. Para citar alguns de nossos triunfos: convencemos a Disney a parar de comercializar de maneira mentirosa os vídeos da coleção *Baby Einstein* como ferramentas educativas para bebês.[1] Impedimos que a Hasbro lançasse bonecas baseadas nas Pussy Cat Dolls – trupe de dançarinas sensuais e seminuas transformadas em grupo de cantoras pop – para meninas de 6 a 9 anos.[2] Convencemos a NFL [National Football League, a principal liga de futebol americano profissional dos Estados Unidos] a encerrar o *Fantasy Rush*, jogo de futebol americano voltado para crianças.[3] E, trabalhando em parceria com grupos de defesa de direitos, legisladores e a Comissão Federal de Comércio dos Estados Unidos (FTC, na sigla em inglês, autoridade encarregada de regulamentar a livre concorrência e combater a competição desleal no mercado), impedimos o Google de coletar e monetizar informações pessoais de crianças no site de vídeos YouTube Kids e forçamos a empresa a limitar de forma significativa os tipos de publicidade permitidos ali.[4]

Quando a editora The New Press me procurou para tratar da atualização do livro *Crianças do consumo*, a princípio pensei que apenas substituiria antigos exemplos de marketing por novos casos e examinaria pesquisas recentes sobre os danos causados pelo marketing. Porém, em um piscar de olhos me dei conta de que nesse meio-tempo tanta coisa havia mudado que uma mera revisão não funcionaria. A primeira edição de *Crianças do consumo* foi publicada anos antes de smartphones e tablets mudarem drasticamente os rumos do entretenimento e da disseminação de informações. Agora, qualquer que seja o horário e o local onde as crianças se encontrem, é possível que estejam na frente de uma tela. Há pouco tempo ouvi um profissional de marketing dizer: "O que adoro nos aplicativos da Lego é que as crianças podem levá-los para qualquer lugar! E não dá para levar um saco de blocos de plástico para todo lugar". Aparentemente, ele e outros profissionais do ramo que agora é chamado de "indústria da tecnologia infantil" estão entusiasmados com o fato de as crianças poderem acessar telas em casa, no carro, no parquinho, na escola e em qualquer canto. O que ele não mencionou são as evidências gritantes e recorrentes de que o excesso de tempo de tela é prejudicial à saúde e ao desenvolvimento das crianças.[5]

Enquanto isso, as tecnologias digitais continuam a evoluir em uma velocidade vertiginosa, muito mais rápido que nossa capacidade de compreensão das ramificações morais, éticas, físicas e sociais acerca do papel de domínio que exercem em nossa vida e na vida das crianças. Hoje, softwares conseguem ler com precisão a emoção das expressões faciais, manipular com perfeição imagens de vídeo e criar mundos virtuais cada vez mais realistas. Ademais, podem conferir aos objetos a capacidade de cumprir nossas ordens e até mesmo nos fazer amá-los.

Dispositivos digitais são comercializados para pais e mães como ferramentas obrigatórias na criação dos filhos e oferecidos às crianças como a única oportunidade de diversão. Em um clima político rigorosamente avesso a regulamentações, as empresas de tecnologia e mídia apontam seu olhar para as crianças, lançando mão de estratégias de marketing brilhantes, sofisticadas, onipresentes e muitas vezes disfarçadas, impecavelmente integradas aos conteúdos e à programação digitais criados para serem viciantes. No mundo da tecnologia, essa manipulação é chamada de "design persuasivo". Enraizado na psicologia comportamental, o design persuasivo é a ciência de programar computadores para alterar o comportamento humano.

As espantosas capacidades dos recursos dos computadores, dignos da imaginação da ficção científica, são apenas parte do problema. Nos Estados Unidos, o surgimento de poderosas tecnologias digitais encontra correspondência no declínio das regulamentações governamentais destinadas a estabelecer limites para comportamentos corporativos excessivos e irresponsáveis. Combinados, esses dois fenômenos impelem a sociedade a adotar o comercialismo que afeta intensamente as crianças, tanto de forma direta quanto indireta.

Um exemplo expressivo dessa influência direta é a enorme popularidade das redes sociais, que a um só tempo transformam a nós e a nossos filhos em nossas próprias marcas e em profissionais de marketing atuando em prol de marcas corporativas. As *selfies* que tiramos e postamos em plataformas como Facebook, Snapchat e Instagram podem ser alteradas digitalmente com grande facilidade, a fim de corrigir e apagar defeitos físicos, reais e imaginários, exatamente da mesma maneira que os profissionais de marketing aprimoram fotografias e vídeos dos objetos que vendem. O que nós e nossos filhos escolhemos postar ou não postar online molda nossa "marca" pessoal.

Enquanto escrevo este livro, uma das atividades online mais populares em todo o mundo para crianças pequenas é assistir a outras crianças abrirem caixas de brinquedos no YouTube, a famosa plataforma de rede social do Google. Muitas das demonstrações aparentemente espontâneas nesses "vídeos de *unboxing*"* são pagas por fabricantes de brinquedos. Em uma recente conferência sobre marketing, ouvi executivos de empresas de brinquedos enaltecerem o poder de trabalhar com as crianças que eles recrutam, a quem chamam de *influencers* ou "influenciadores". Esses vídeos não apenas comercializam produtos para crianças como também moldam aspirações. Algumas semanas atrás, conversei com um pai que me disse que seu filhinho de 6 anos queria desesperadamente ser uma estrela do YouTube. Não faz muito tempo, uma avó compartilhou comigo sua aflição acerca da netinha de 12 anos, que estava postando vídeos de si mesma no YouTube. Reproduzo aqui o que essa avó me disse: "Minha neta é viciada em YouTube. Ela vê outras meninas serem o centro das atenções, então também quer fazer os próprios vídeos. E um dia eu a encontrei fazendo um vídeo enquanto não estava totalmente vestida". Sua neta pré-adolescente é suficientemente perita em tecnologia para contornar

---

* O termo *unboxing* vem do inglês e significa "tirar da caixa", "desencaixotar". Faz parte do vocabulário corrente dos influenciadores digitais, que transformaram a prática em conteúdo frequente de seus canais e redes sociais. Trata-se basicamente do registro do momento em que o cliente ou influenciador recebe uma encomenda, abre o pacote e mostra os detalhes enquanto registra tudo em vídeo. Dessa forma, mostra aos seguidores detalhes do produto (tamanho, cor etc.). [N.T.]

as restrições de idade impostas pelas redes sociais. Mas ser "perita em tecnologia" não significa que seu discernimento esteja desenvolvido o bastante a ponto de compreender as possíveis consequências de seu comportamento online.

E ela decerto não está sozinha. Recentemente fui a uma festa de casamento e, batendo papo com uma das convidadas, ela me contou uma história sobre a sobrinha de 6 anos, a quem chamarei de Olívia: "Ela estava brincando no quarto com um vizinho, um menino de 10 anos. Quando a mãe da Olívia foi ver se estava tudo bem, descobriu que o menino estava prestes a postar no YouTube um vídeo da menina só de calcinha. E se a mãe não tivesse entrado exatamente naquele momento?". Essas crianças foram impedidas de cometer um erro potencialmente devastador. Mas nem todas têm a mesma sorte. Em 2020, 15% das crianças entre 9 e 10 anos relataram ter compartilhado na internet uma foto nua.[6]

Não é incomum que, vez por outra, as crianças sejam cruéis, se empolguem com imagens de nudez e se mostrem incapazes de antever as consequências de suas ações. Hoje, devido ao alcance das redes sociais, as maldades, as experimentações ou os erros das crianças – que outrora limitavam-se a um âmbito relativamente privado – podem se tornar públicos. Essas transgressões infantis podem acabar sendo testemunhadas não apenas por amigos, familiares e comunidades (o que já é bastante vergonhoso), mas também por milhões de desconhecidos – incluindo predadores sexuais.

É ponto pacífico que a saúde, o comportamento e os valores das crianças são afetados por suas interações com influências diretas – suas experiências com a família, a escola e a comunidade e, nos últimos tempos, com as mídias. Mas as crianças são afetadas também por forças sociais indiretas – os sistemas econômico, cultural, religioso e político em que elas vivem. Hoje, as instituições que atendem à nossa vida espiritual, acadêmica, cívica e social incorporam ativamente a linguagem, os valores e as técnicas de marketing.

Nossos filhos e netos estão sendo criados em meio a uma cultura que borra e confunde as fronteiras entre público e privado, cívico e comercial, filantrópico e lucrativo. Igrejas, sinagogas e mesquitas são instigadas a aprimorar sua "marca". As redes de supermercados se posicionam como benfeitores públicos – no caixa, pedem-nos que paguemos um pouco a mais para contribuir com suas causas de caridade. As escolas do tipo *charter** podem ser administradas por corporações, e nos Estados Unidos as escolas públicas aceitam doações corporativas em troca da oportunidade de transformar a aprendizagem das crianças em ações de gestão de marca. Empresas de tecnologia podem fornecer às escolas acesso online em troca da coleta de dados pessoais dos alunos. Até mesmo nossas experiências com a natureza estão se tornando estratégias de *branding*.** Agora nossos parques nacionais permitem publicidade.[7]

Em *Crianças do consumo*, escrevi principalmente sobre as ligações entre o comercialismo e uma série de problemas de saúde pública das crianças, incluindo obesidade infantil, distúrbios alimentares, sexualidade precoce, violência juvenil, estresse familiar e a corrosão das brincadeiras criativas das crianças. Neste livro que você tem em mãos, examino o impacto do marketing turbinado pela tecnologia sobre o que os antropólogos chamam de "cultura profunda". Uso esse termo para

---

* Surgidas nos Estados Unidos no início da década de 1990, as *charter schools* são escolas públicas de ensino fundamental e médio cuja gestão é compartilhada entre os governos e o setor privado – dependem do poder público para obter recursos, mas são administradas em cooperação com associações, universidades ou empresas. Nesse modelo de gestão compartilhada firmada por um contrato de gestão (*charter*) entre o governo e uma instituição privada, as escolas *charter* – que funcionam com fundos públicos e por isso não podem cobrar mensalidades – devem atingir as metas de qualidade assumidas no contrato que as instituiu e estão livres para propor projetos pedagógicos supostamente inovadores, desde que respeitem as diretrizes impostas pelo órgão do governo responsável pela elaboração e execução da política nacional de educação. Em tese, as escolas *charter* têm mais autonomia que os colégios da rede oficial para administrar os recursos e contratar e demitir professores. Nos Estados Unidos, devido ao elevado número de alunos que pleiteiam um número restrito de vagas, a distribuição é feita por sorteio. O sistema de *voucher schools* consiste no subsídio (*voucher*) oferecido pelo Estado às famílias para que paguem a escola em que desejam que seus filhos estudem. [N.T.]

** O conceito de *branding* ou "gestão de marca" define um conjunto de ações e estratégias destinadas a criar, construir, posicionar, destacar, consolidar e gerir marcas no mercado de forma a torná-las inesquecíveis para o público consumidor. Enfatizando propósitos e valores da marca, o objetivo do *branding* é despertar sensações e criar conexões conscientes e inconscientes cruciais para que, no momento da decisão de comprar um produto ou serviço, o cliente escolha a marca em questão. [N.T.]

definir o agregado de convicções, valores e atitudes subjacentes – e, às vezes, inconscientes – que influencia como conceituamos a nós mesmos e aos outros, que nos motiva a agir, que estimula as escolhas que fazemos e não fazemos e que reflete o que é mais importante para nós.

Ao pensarmos no efeito do comercialismo nas crianças, é fundamental lembrar que a publicidade vende não só produtos, mas também valores e atitudes. Em uma cultura hipercomercializada, as crianças são continuamente bombardeadas pela crença de que as coisas que compramos nos trarão felicidade. Há muito as pesquisas nos mostram que as coisas que compramos *não* conseguem nos deixar felizes de forma duradoura, o que pode levar as pessoas que acreditam que sim a um constante estado de decepção e insatisfação.[8] Essa crença em torno do consumismo funciona bem para as empresas que fabricam as coisas, já que em geral os crédulos que compram um objeto e constatam que não se sentem felizes costumam culpar o objeto e procuram algo maior, melhor e mais interessante para comprar. Verdade seja dita, pesquisas e estudos sugerem que crianças com valores mais materialistas são *menos* felizes do que as que são menos gananciosas e consumistas.[9]

Outras mensagens nocivas também estão inseridas em uma cultura que promove o consumo como um caminho para a felicidade. Entre elas incluem-se a celebração de motivações e recompensas extrínsecas – em vez de intrínsecas –, bem como a gratificação instantânea, a presunção, a compra por impulso e a lealdade acrítica a marcas. Como descreverei mais adiante, esses princípios da cultura comercial não apenas prejudicam o bem-estar das crianças como também ameaçam a democracia e a saúde do planeta.

Os capítulos a seguir ampliam a argumentação contra o marketing para crianças, destacam a necessidade de regulamentações para refrear a publicidade infantil e defendem uma educação em larga escala de pais, mães e do público geral para ajudar a manter o comercialismo sob controle. Começo analisando o que já sabemos em relação ao que as crianças precisam fazer para se desenvolver e quanto aos hábitos e atributos de que elas necessitam para levar uma vida saudável e significativa. Esmiúço as tecnologias digitais e de que maneira os modelos de negócios da indústria de tecnologia prejudicam o bem-estar e o desenvolvimento saudável das crianças. Compartilho o que aprendi participando de conferências de marketing e tecnologia, incluindo o jeito que as pessoas que atuam no ramo de marketing infantil usam para falar sobre crianças e famílias. E descrevo as técnicas que as empresas utilizam para lançar produtos que fisgam as crianças e suas famílias. Lanço um olhar sobre a gigantesca indústria da educação tecnológica (*edtech*) e o modo como esse colosso tomou conta do tempo das crianças nas escolas. Avalio a fundo os caminhos que corporações como Google e Amazon usam para tirar proveito dos avanços da inteligência artificial e inserir produtos que alteram a relação entre pais, mães e filhos, interrompem o desenvolvimento da afeição normal e incentivam as crianças a confiar na tecnologia – e não na figura paterna ou materna, nos amigos ou em si mesmas – para se acalmar, se divertir e aprender sobre o mundo.

Além de apresentar os problemas, incluo sugestões sobre o que podemos fazer em casa, nas escolas, nas comunidades e na formulação de diretrizes e políticas públicas para proporcionar às crianças períodos de tempo livres de telas e de comerciais, momentos que são cruciais para o bem-estar. Também apresento recursos para pais e mães, educadores, profissionais de saúde e defensores dos direitos das crianças.

Uma verdade óbvia sobre o que os publicitários e marqueteiros chamam de "mercado infantil" é que ele muda sempre e rapidamente – sobretudo nesta nossa era digital. Portanto, é possível que, quando você ler este livro, as plataformas, aplicativos, jogos e brinquedos específicos que descrevo aqui já sejam notícias velhas e caducas. Mas esses produtos e os modelos de negócios que os impulsionam permanecem relevantes porque continuam a ser emblemáticos de como e por que o bem-estar das crianças é ameaçado quando elas são deixadas ao deus-dará, desprotegidas no mercado.

Por fim, a maior parte da minha experiência trabalhando com e em nome do público infantil tem sido com crianças neurotípicas às voltas com dificuldades físicas e psicossociais. Portanto, ao longo dos capítulos que se seguem, quando falo sobre crianças, me refiro principalmente às crianças neurotípicas. Reconheço a necessidade de abordar o impacto da tecnologia e do comercialismo em crianças neurodivergentes, mas isso está além do escopo deste livro.

O que está acontecendo com as crianças em nosso mundo digitalizado e comercializado é profundamente angustiante. O fato de os responsáveis por isso serem as maiores corporações do mundo é certamente assustador. Mas de forma alguma se pode afirmar que inexistem possibilidades de implementar a mudança. Mudanças sociais profundas levam tempo. São auspiciosas e contagiantes as ações dos ativistas e dos defensores dos direitos das crianças que trabalham para impedir a aquisição corporativa da infância e para promover ambientes que estimulem o desenvolvimento saudável delas. E pelo menos parte da esperança e empolgação vem da indústria de tecnologia. Existem executivos e engenheiros de tecnologia assumindo as rédeas de seu próprio setor, denunciando abusos de privacidade e identificando a necessidade de proteger as crianças das seduções do design persuasivo. A epidemia de *fake news* possibilitada pela autorregulação preguiçosa e indiferente do Facebook expõe de forma cristalina muitos dos perigos acarretados pela dependência das redes sociais. Por conta de vazamentos de dados de produtos de marcas de tecnologia infantil como Vtech e CloudPets* e de inúmeras outras violações de segurança, milhões de pessoas se tornaram mais conscientes e preocupadas com a questão das violações de privacidade.[10]

À medida que surgem mais pesquisas e estudos sobre os potenciais danos do tempo de tela excessivo, educadores, profissionais de saúde, pais e mães e legisladores estão começando a discutir a necessidade de estabelecer limites às práticas de negócios predominantes na indústria

---

* Em 2017, ganhou repercussão o caso de vazamento digital de dados envolvendo os brinquedos da linha CloudPets, da Spiral Toys. "Inteligentes" e aparentemente inofensivos, os brinquedos permitem que pais e mães conversem com os filhos de forma remota, armazenando mensagens em um servidor com pouca proteção e pouco confiável pertencente a uma empresa romena chamada mReady. Por causa da segurança frágil, foram hackeados dados de 800 mil clientes – endereços de e-mail, fotos de perfil e nome das crianças, mensagens de áudio. Em 2015, a Vtech, fabricante de tablets e outros aparelhos infantis, sofreu um ataque que atingiu 6,3 milhões de clientes. Houve vazamento de fotos de crianças, pais e mães. De acordo com uma nota oficial da empresa, aproximadamente 5 milhões de contas de pais e mães foram invadidas em dispositivos de diferentes regiões do mundo, sobretudo França, Reino Unido, Alemanha e Estados Unidos. [N.T.]

de tecnologia voltada para crianças, de modo a assegurar que as crianças tenham tempo livre para o que realmente precisam fazer: a investigação e descoberta prática do mundo ao redor, conversas e interações presenciais com familiares e amigos, brincadeiras ativas e criativas, tanto dentro quanto fora de casa.

Espero que este livro ajude os leitores a reconhecerem a necessidade de enfrentar os interesses corporativos que sequestram a vida das crianças – e que ajude a garantir que as crianças tenham a infância de que precisam para florescer em sua plenitude.

1
Do que as crianças precisam e por que as corporações não são capazes de fornecer o que é necessário

O ingrediente secreto não são brinquedos chiques nem computadores e eletrônicos sofisticados. São as coisas que permitem que a imaginação das crianças corra solta, por exemplo, brincar e relaxar. É isso que constrói um cérebro realmente bom.
Kathy Hirsh-Pasek, coautora de *Becoming Brilliant: What Science Tells Us About Raising Successful Children* [Tornar-se brilhante: o que a ciência nos diz sobre criar crianças felizes]

Estou assistindo a um vídeo de 25 segundos de tirar o fôlego. Arielle, a neta de 14 meses de minha prima Ellen, está sentada em um tapete com uma velha boneca, um ursinho de pelúcia e um punhado de livros. Notáveis por sua ausência de botões para apertar ou telas para deslizar, esses objetos não falam, não cantam, não apitam, não emitem bipes sonoros, não se movem nem tocam música. Simplesmente ficam lá, à espera de que alguém faça algo com eles. Arielle fuça na boneca enquanto faz o único som na sala, uma combinação de murmúrios e balbucios. Pensativa, ela mastiga durante alguns momentos o braço da boneca, depois o solta para levantar o pé da boneca com uma das mãos e, com a outra, passar o dedo pelas junções de plástico. Ela estende o braço para tocar a própria orelha e fica momentaneamente frustrada. Alguma coisa parece não fazer sentido.

Soltando a perna da boneca, a mão de Arielle percorre o torso do brinquedo até encontrar uma orelhinha. Ela se inclina, usando um dedo para traçar seus contornos. Estendendo a mão, ela primeiro tateia uma de suas próprias orelhas e depois as duas, simultaneamente. Ela se alterna entre traçar com o dedo o contorno da orelha da boneca e o da sua própria mais algumas vezes até que, dando-se por satisfeita, volta a atenção para outro lugar.

Estou testemunhando um feito paradoxalmente surpreendente e bastante trivial da aprendizagem humana – pelo menos para crianças neurotípicas em ambientes seguros e amorosos. Algo desperta a curiosidade de Arielle: seu corpo é igual ao corpo de sua boneca? Sem nenhum estímulo ou orientação externa, ela inicia o processo de satisfazer a essa curiosidade (tatear o corpo da boneca e o seu próprio). Quando sua tentativa inicial falha (os dedos do pé da boneca e a orelha de Arielle não são semelhantes), ela persiste em sua busca por uma resposta tentando outra possibilidade (encontra a orelha da boneca e a compara com a sua).

O momento de descoberta de Arielle é simbólico de tudo aquilo de que as crianças precisam para florescer. Ela está brincando em um espaço seguro, na presença de alguém que a ama, com acesso a objetos que a convidam a usá-los como bem quiser, em vez de lhe ditarem como é que se deve brincar com eles. Como resultado, a menina vivencia a experiência da curiosidade e depois a satisfação de descobrir, por conta própria, a resposta que procura. Ela tem a oportunidade de vivenciar um insucesso muito gerenciável e persevera até completar a tarefa que estabeleceu para si.

O que não é visível de forma nítida em nosso vislumbre de 25 segundos da vida de Arielle, mas é um aspecto decisivo para seu desenvolvimento, é que todas as suas necessidades básicas são atendidas. Os alicerces do crescimento e do desenvolvimento saudáveis residem na satisfação adequada das necessidades das crianças por comida, amor e segurança física e psicológica. A vida das crianças fica tolhida e prejudicada se elas sistematicamente passam fome ou sentem medo e mágoa, ou se não são amadas. Desde a infância, as crianças precisam de comida, segurança e conexões constantes com pelo menos um adulto que as ame e responda não apenas às suas necessidades físicas como também às suas necessidades sociais e emocionais. Nossa obrigação primordial para com as crianças é garantir que essas necessidades básicas sejam atendidas. Mas nossas responsabilidades não param por aí.

Graças aos avanços da neurociência e a pesquisas recentes em psicologia do desenvolvimento, agora sabemos muita coisa sobre os fatores de que as crianças precisam para vicejar e por que os primeiros anos de vida são tão importantes. Minhas colegas Joan Almon e Diane Levin e eu definimos a questão da seguinte forma no livro *Facing the Screen Dilemma* [Encarando o dilema das telas][1]:

> Os bebês começam a vida com cérebros constituídos por um grande número de neurônios, alguns dos quais estão conectados entre si e muitos que não estão. À medida que as crianças crescem e se desenvolvem, todas as suas experiências afetam quais neurônios se conectam a quais outros neurônios. As experiências repetidas fortalecem essas conexões, moldando o comportamento, os hábitos, os valores e as respostas das crianças a experiências futuras. As experiências que as crianças pequenas não vivem também são um aspecto que influencia o desenvolvimento do cérebro. Neurônios que não são utilizados – ou conexões sinápticas que não se repetem – são extirpados, ao passo que as conexões remanescentes são fortalecidas. Isso significa que a maneira de as crianças passarem o tempo pode ter ramificações importantes ao longo da vida. Para o bem ou para o mal, comportamentos repetidos podem se tornar hábitos biologicamente forçados.[2]

É consenso que o estresse familiar crônico e toda sorte de perturbações, guerras, pobreza, escolas inadequadas, racismo e bairros inseguros podem privar as crianças de experiências que cultivam habilidades e atributos saudáveis e, em vez disso, sujeitá-las a experiências que estimulam hábitos e comportamentos nocivos.[3] Contudo, o que raras vezes se reconhece é que a contínua imersão em uma cultura digitalizada e comercializada também pode privar as crianças pequenas de experiências que fomentam as habilidades e os atributos de que elas precisam para florescer – por exemplo, criatividade, curiosidade e capacidade de agir. Embora nenhuma pessoa decente jamais deseje que crianças sofram os efeitos de tensões, desordens familiares crônicas ou outros conhecidos agentes estressores, muitas vezes são adultos bem-intencionados que dão as boas-vindas ao comercialismo na vida das crianças desde o nascimento e, inclusive, gastam polpudas somas de seu dinheiro suado para garantir a imersão delas no comercialismo.

Brinquedos, roupas e acessórios licenciados por marcas representam cerca de 25% dos produtos infantis.[4] Isso significa que, na prática, são anúncios para outra coisa. Os brinquedos licenciados por grandes marcas destacam, por exemplo, personagens amados da mídia, como Elmo, da *Vila Sésamo*, ou Homem-Aranha, e divulgam filmes, vídeos, programas de TV e aplicativos protagonizados por esses personagens, bem como marcas de alimentos, roupas ou acessórios do mesmo nicho. E os filmes, vídeos, programas de TV e aplicativos que contam com a presença desses personagens promovem os produtos por meio do uso da imagem deles.

Igualmente preocupante é o fato de que, hoje em dia, boa parte dos divertimentos e passatempos das crianças são dispositivos digitais e bugigangas eletrônicas. Uma pesquisa específica indagou a pais e mães que tipo de objetos seus filhos tinham em casa para brincar, e a maioria (77%) enumerou produtos como consoles de jogos, smartphones e tablets. Brinquedos eletrônicos foram mencionados por 63% dos pais e mães.[5]

Para explicar por que me preocupo com o fato de os dispositivos eletrônicos e brinquedos de uso comercial dominarem o tempo de lazer das crianças hoje, me vejo obrigada a recorrer, como de hábito, a Donald Woods Winnicott, o pediatra e psicanalista britânico de meados do século XX cuja obra continua a influenciar minha compreensão acerca do que as crianças precisam e do que não precisam. Winnicott talvez seja mais conhecido por cunhar a expressão "mãe suficientemente boa", que liberta pais e mães do fardo de acreditar que devem ser perfeitos. O que mais importa para a nossa discussão, no entanto, são os textos de Winnicott sobre o brincar como algo crucial para o desenvolvimento de um senso saudável da própria identidade. A brincadeira é um canal para a verdadeira autoexpressão. Facilita a capacidade de iniciar a ação em vez de simplesmente reagir a estímulos, de lutar com a vida para torná-la significativa e de vislumbrar novas soluções para velhos problemas. Assim como eu, Winnicott acreditava que a capacidade de brincar é um componente central de uma vida bem vivida.

Brincar parece um conceito simples, mas é notoriamente difícil de definir. No sentido winnicottiano do termo, brincar é um paradoxo. É uma ação ativa, autoiniciada, autodirigida, criativa e voluntária. Tem como foco o processo, não os resultados. No entanto, grandes obras de arte, da literatura, da música, descobertas científicas e outras realizações humanas decorrem de brincadeiras e jogos com ideias, materiais e conceitos. Como afirma Winnicott: "Brincamos a serviço do sonho". Jogos e brincadeiras devem ser divertidos, mas podem envolver a expressão de pensamentos e experiências sérios, profundos e até mesmo assustadores. Podemos brincar sozinhos ou com outras pessoas. Todos os jogos e todas as brincadeiras têm regras e estrutura, mesmo que não sejam declaradas. E, uma vez que, quando brincamos e jogamos com outras pessoas, todos devem concordar com as regras, os jogos e as brincadeiras requerem cooperação e comunicação interpessoal. É possível tomar parte de jogos competitivos, contanto que ganhar ou perder não se torne mais importante do que o processo de brincar e jogar.

Winnicott acreditava que a brincadeira floresce desde a primeira infância no contexto de ambientes que são a um só tempo seguros o suficiente para serem livres de riscos e perigos e tranquilos o suficiente para permitirem a expressão espontânea. As diferentes maneiras de segurar bebês no colo e interagir com eles propiciam uma boa metáfora sobre o impacto do ambiente nos jogos e nas brincadeiras. Um bebê que fica solto e frouxo demais nos braços ou no colo não se sente seguro para gerar movimento e, por medo de cair, permanece imóvel feito uma estátua; um bebê que a pessoa aperta com força demais não tem espaço para gerar movimento e nunca passa pela experiência de originar a ação. No entanto, quando os bebês são aninhados no colo com firmeza suficiente para estarem seguros e ao mesmo tempo suficientemente soltos para ter alguma liberdade de movimento, vivenciam a experiência do que é gerar ação – de escolher fazer um gesto. Winnicott chama de "ambientes de sustentação"* aqueles que,

---

* Trata-se do conceito winnicottiano de *holding* (sustentação). Em um primeiro momento, corresponde ao período de cuidados maternos concretos com o lactente, que necessita estar fisicamente seguro, contido e psicologicamente acolhido para

ao mesmo tempo, são seguros e permitem a liberdade de expressão. É um excelente termo. Os braços e o colo de um pai, mãe ou responsável podem ser um ambiente de sustentação ou amparo. Assim como um relacionamento. Ou uma família. Ou uma sala de aula.

Pense nas diferentes maneiras possíveis de responder a um bebê. Quando um bebê faz um gesto que parece proposital ou que sugere personalidade independente, muitas vezes respondemos – sem nem mesmo pensar nisso – com um arrulhar, um sorriso ou uma gargalhada. Nessa interação estão as sementes de duas importantes mudanças de desenvolvimento essenciais para a criatividade.

Ao originar uma ação que evoca uma reação distinta de seu ambiente, o bebê começa a aprender a se diferenciar de seus pais e a compreender a si mesmo como um ser distinto, autônomo, à parte. A percepção de que estamos separados de nosso ambiente e das pessoas ao nosso redor é uma base essencial para o crescimento e o desenvolvimento saudáveis. Se, ainda bebês, nossas primeiras ações evocam respostas amorosas dos adultos importantes em nossa vida, sentimos em primeira mão que nosso eu incipiente e florescente é capaz de fazer coisas boas acontecerem no mundo. Vivenciamos a experiência da criatividade.

Um ambiente de sustentação inadequado pode ser definido como aquele em que os bebês são negligenciados ou sua segurança é comprometida. E se um bebê fizer um gesto e ninguém responder? E se o bebê gerar um gesto que suscite raiva em vez de apoio e acolhimento?[6]

O ambiente mais relevante para a nossa discussão é o que Winnicott descreve como "intrusivo".[*] Ele se referia a quando as pessoas estão tão ocupadas instigando as respostas de um bebê ("Faça isso!", "Sorria!", "Faça aquilo!") que o recém-nascido não tem espaço para sequer tentar gerar uma ação por conta própria. Como o bebê pode

---

se desenvolver de maneira satisfatória; ampliado, o conceito compreende também a provisão ambiental suficientemente boa e abrange outros fatores implicados no início da vida do bebê além da devoção da "mãe suficientemente boa" que atende às necessidades da criança por meio de sua presença confiável: pai, avós, outros familiares, médicos, grupos sociais, momento histórico e político. [N.T.]

[*] O conceito original de Winnicott é o termo em inglês *impinging* ou *impingement*, também traduzido como "imposição ambiental". [N.T.]

ter a chance de descobrir quem ele realmente é? A criatividade, ou espontaneidade construtiva, em franca rota de colisão com a constante submissão ou reatividade exigida por um ambiente intrusivo, está no cerne da concepção winnicottiana da diferença entre saúde e doença mental. Uma criança que cresce em um ambiente que ou é inseguro como resultado de negligência ou é exigente demais como resultado de incessantes estímulos e demandas por resposta pode desenvolver um eu reativo ou "falso" em vez do eu "verdadeiro" ou criativo que floresce em um ambiente de suporte favorável.

À medida que os bebês se desenvolvem, seu ambiente se expande muito além da segurança de se aninhar em nossos braços. Mas sua necessidade de "sustentação" para brincar e jogar de forma espontânea e criativa perdura tanto em seus ambientes físicos quanto em seus relacionamentos. As crianças precisam estar seguras do ponto de vista físico e emocional. Precisam de espaço para conhecer, sondar, investigar e experimentar, dentro de limites que as protejam de danos, mas sem restringi-las. Precisam de espaço físico na forma de áreas de lazer seguras, e precisam de relacionamentos adultos que simultaneamente cultivem a liberdade de expressão e definam limites claros que as impeçam de se ferir ou de ferir aos outros. As crianças precisam também de silêncio e tempo sozinhas para vivenciar a diferença entre reagir a estímulos externos e gerar suas próprias ideias nos jogos e brincadeiras.[7]

Para as crianças que estão crescendo nos dias de hoje, o comercialismo desenfreado – turbinado principalmente pela ânsia por lucros e fornecido por tecnologias onipresentes e sedutoras – constitui um ambiente de intrusão. Com a ajuda de psicólogos, artistas, engenheiros, pesquisadores, magnatas da tecnologia e outras tantas pessoas, todos financiados por grandes corporações, o comercialismo descontrolado pode sobrecarregar as crianças e esmagar o verdadeiro eu que Winnicott equipara à saúde.

Observando Arielle fazer sua importantíssima descoberta e pensando sobre o conceito winnicottiano de ambiente intrusivo, fiquei impressionada com o contraste entre a experiência dela e a experiência de bebês e crianças bem pequenas que eu conhecera não muito tempo antes em uma creche local. As crianças estavam no chão, rodeadas pelos tipos de brinquedos mais vendidos hoje em dia e que o pessoal do marketing alardeia como "interativos", no sentido de que se movem e emitem sons ao se apertar um botão ou se virar uma chave de liga-desliga. A sala ecoava uma algazarra de sons: música tilintante, assobios, bipes e vozes robóticas recitando o beabá e canções de ninar; a barulheira era tanta que pensar se tornava difícil. Levei um instante para perceber que os ruídos e a atividade vinham dos brinquedos. Em contraste, todas as crianças da sala estavam sentadas em silêncio, passivas, como se atordoadas pela comoção causada pelas geringonças eletrônicas.

Notei um tipo de resposta semelhante em bebês e crianças bem pequenas que usam celulares e tablets. Você já viu no YouTube vídeos de bebês e crianças bem pequenas mexendo sozinhas em iPads? Em sua maioria, esses pequerruchos estão tão concentrados na tela que parecem alheios a tudo o que acontece ao redor. De maneira repetida, rápida e aleatória, eles se entregam de corpo e alma a tocar e deslizar a tela, abrem e fecham seus pequenos punhos, completamente absortos nas imagens em constante mudança na tela. O que parece mais importante para os bebês não é entender o que aparece na tela, mas seu poder de alterar as imagens o mais rápido possível.

O pai de duas crianças pequenas me escreveu:

> O que você diz é verdade, a julgar pela minha experiência, mas de que maneira isso é tão diferente de qualquer tipo de jogo ou brincadeira longe das telas que você tanto aprecia? Em ambos os casos, os bebês estão investigando o mundo e realizando experimentos com o que encontram – a diferença é que estão fazendo isso em uma tela.

Essa é uma pergunta que me fazem com frequência. Uma diferença importante é que os estudos e as pesquisas sobre bebês, crianças bem pequenas e tecnologia sugerem razões convincentes para adiar a exposição das crianças ao entretenimento baseado em telas até depois da primeira infância (período que vai até os 6 anos).[*] Por outro lado, inúmeras evidências mostram os benefícios de jogos e brincadeiras

---

[*] Descrevo estudos e pesquisas sobre bebês, crianças bem pequenas e tecnologia no capítulo 2. [N.A.]

criativos e práticos do tipo "botar a mão na massa", centrados na criança, e brincadeiras sem tecnologia, como a que Arielle estava fazendo com sua boneca.[8]

Quanto a mim, fico preocupada sempre que deparo com recémnascidos e crianças bem pequenas imersos em telas. Não há dúvida de que as imagens em movimento atraem a atenção de maneira imediata e intensa. Verdade seja dita, os pequenos parecem tão envolvidos e engajados que raramente desviam o olhar da tela. Mas o "envolvimento" e o "engajamento" em uma experiência não significam necessariamente que ela seja útil ou relevante. O "mundo" em que os bebês hipnotizados por celulares ou tablets se concentram está confinado a um retângulo plano menor que dez polegadas. É um mundo sem sabores, cheiros ou texturas e – o mais importante – sem outras pessoas. É também um mundo mediado por decisões que determinadas pessoas tomam acerca do que deve cativar o olhar e o interesse das crianças. Compare isso a um bebê que outro dia encontrei no hortifrúti onde costumo fazer compras. Essa menininha alternava sua atenção entre as imagens e sons ao seu redor e um instigante interesse por seus próprios pés. De tempos em tempos, ela estendia o braço e segurava o pezinho, dobrando primeiro uma perna e depois a outra. Isso me fez lembrar de uma ocasião quando minha filha tinha 9 meses e eu a empurrava em um carrinho. De repente, e não sei por que, ela decidiu curvar o corpo e, ao longo de um quarteirão ou mais, observar o mundo que passava sob seu carrinho. Tal qual o fascínio espontâneo de Arielle pelas orelhas de sua boneca, esses pequenos e aparentemente triviais atos de vontade – exercitar e satisfazer a curiosidade inata – são maravilhosos exemplos de independência e personalidade incipientes.

A meu ver, queremos que os bebês sejam – desde seus primeiros dias de vida – infinitamente curiosos sobre o que acontece ao seu redor, e não apenas sobre o que eles enxergam alguns centímetros à frente. E, como acontece com os brinquedos eletrônicos que acabo de descrever, os aplicativos supostamente projetados para bebês e crianças bem pequenas os bombardeiam não apenas com imagens em movimento como também com efeitos sonoros e palavras faladas. Os aplicativos fazem tanta coisa que parece restar pouca motivação para um bebê experimentar a vocalização. Certa vez, baixei um vídeo disponível no YouTube de uma menininha brincando com um iPad; uma voz no aplicativo exortava entusiasticamente os usuários: "Diga o que pensa!". Ela não dizia nada.

Qualquer brinquedo, jogo ou aplicativo que fale ou emita sons priva as crianças do prazer de inventar suas próprias "palavras" e da diversão de vocalizar efeitos sonoros e barulhos bobos e divertidos. Entre os brinquedos mais badalados e mais vendidos de 2021, incluíam-se "My Little Pony: Sunny cantora e patinadora – brinquedo com microfone/controle remoto interativo de nove polegadas com cinquenta reações e luzes" (52,99 dólares a unidade na rede Target).[9] E ainda o "Caldeirão multicolorido de misturas mágicas com brinquedo de pelúcia azul interativo de oito polegadas e mais de cinquenta sons e reações" (69,99 dólares cada na Amazon). E, diretamente do popular programa do YouTube para crianças em idade pré-escolar, "Boneco CoComelon JJ oficial – edição de luxo: interativo, com sons" (59,88 dólares a unidade no Walmart).[10]

A magia eletrônica é ótima para grandes campanhas publicitárias. Os brinquedos parecem divertidos. Mas o fato é que são criados com uma espécie de obsolescência planejada. Normalmente não são projetados para cativar as crianças ao longo de anos ou mesmo semanas. São fabricados para vender. Se o interesse diminuir, tanto melhor – outra versão logo chegará ao mercado. Esses brinquedos são ótimos para os lucros. Mas são eles ótimos para crianças? Nem tanto.

Quanto mais um brinquedo ou aplicativo direcionar a forma e o conteúdo da brincadeira infantil, e quanto mais os personagens ou brinquedos com os quais as crianças interagem estiverem vinculados a propriedades e franquias de mídia populares, menos as crianças exercitarão a curiosidade, a iniciativa, a criatividade, a capacidade de se adaptar às circunstâncias e solucionar problemas, e a imaginação. Elas se tornam mais propensas a reagir em vez de agir, e menos inclinadas a definir seus próprios desafios e descobrir como enfrentá-los.

As crianças nascem com capacidades inatas para desenvolver habilidades e atributos que lhes permitem encampar valores pró-sociais, empenhar-se em relacionamentos significativos e mergulhar na aprendizagem ativa. Acredito que os adultos têm a obrigação de garantir ambientes e relacionamentos "de sustentação" que façam aflorar essas capacidades e fomentem seu desenvolvimento. Acredito também que temos a obrigação de proteger as crianças de ambientes e relacionamentos que atravanquem, frustrem, atrasem ou impeçam o florescimento e o progresso dessas capacidades. Acredito nessa obrigação universal pelo bem de cada criança como indivíduo e para o benefício da sociedade e do planeta. Com base em estudos e pesquisas atuais, em teorias do desenvolvimento integral da criança e em minha própria experiência com crianças, apresento a seguir a minha lista abreviada (admito) de aspectos que julgo especialmente relevantes para esta discussão.

Qualidades como gentileza, empatia, generosidade e compaixão contribuem para relacionamentos gratificantes e significativos com nossos semelhantes e com nós mesmos. São também importantes componentes de valores democráticos como justiça, igualdade e imparcialidade. As primeiras experiências das crianças no sentido de começar a desenvolver esses atributos se dão quando, ainda nas etapas iniciais da vida, cultivam relacionamentos com tutores e responsáveis que valorizam e tentam incorporar tais qualidades. Em outras palavras, as crianças aprendem a tratar outras pessoas com base em como são tratadas e como veem as pessoas ao seu redor serem tratadas.

Uma razão pela qual o conteúdo do entretenimento infantil é tão importante é que seus personagens servem como modelos para o comportamento das crianças. Isso ficou evidente em um episódio constrangedor no início da minha carreira artística. Estava me apresentando para alunos do primeiro ano do ensino fundamental e quis encenar um esquete sobre como os xingamentos magoam os sentimentos das pessoas. Decidi fazer minha marionete Patinha Audrey chamar seu amiguinho, o Leão-Gato, de "burro". Meu plano era passar a maior parte do tempo lidando com as consequências, incluindo os sentimentos de mágoa (de Leão-Gato) e de vergonha e culpa (de Audrey). A peça começou de forma esplêndida. Quando Audrey chamou Leão-Gato de "burro", as crianças ficaram encantadas. Mas de súbito fui interrompida. Alguém na plateia começou a imitar Audrey e chamar Leão-Gato de "Burro!". Para piorar, outras crianças foram engrossando o coro. De repente, toda a plateia estava berrando "Burro!" a plenos pulmões para ofender Leão-Gato. Nem preciso dizer que não era a reação que eu esperava. Com a melhor das intenções, por meio do exemplo, acabei dando permissão às crianças para chamar outras pessoas de "burras". E *isso* eu nunca mais voltei a fazer.

Curiosidade, iniciativa, persistência, criatividade são fundamentais para a aprendizagem, para a solução construtiva de problemas e para a capacidade de executar tarefas até concluí-las e de enfrentar desafios até o fim. À medida que o cérebro da criança amadurece e se desenvolve, o mesmo acontece com sua facilidade em relação a duas habilidades importantes. Uma é a autorregulação, que inclui a capacidade de adiar a gratificação e exercer controle sobre impulsos e emoções – ou, como diz o ditado, pensar antes de falar (ou de agir). A outra é o pensamento crítico, que incorpora a vontade e a capacidade de diferenciar fato de ficção.

A autorregulação e o pensamento crítico ampliam e aprofundam nossa experiência de vida. São capacidades essenciais para que uma pessoa possa fazer parte de uma comunidade, para a sociedade civil, para realizações nos domínios da arte, ciência e humanidades, e para a elaboração de soluções que resolvem problemas políticos e sociais espinhosos. Ambas são habilidades essenciais para uma população democrática, pacífica e funcional.

Um item que depois passou a integrar minha lista é a capacidade de sentir assombro, que na infância se manifesta pela primeira vez como deslumbramento. É uma emoção complicada, porque pode abranger alegria e terror. Tanto a grande beleza como a grande devastação podem gerar assombro. Os pesquisadores que estudam o assombro em adultos constatam que as pessoas descrevem o sentimento como uma sensação de vastidão, engendrada pelo encontro com algo que não conseguimos assimilar e que, portanto, expande nossa percepção do mundo. As pessoas descrevem seu maravilhamento como a sensação de que, ao mesmo tempo, diminuíram de tamanho e fazem parte de algo maior do que elas mesmas – elas se sentem simultaneamente humildes e conectadas.[11]

É consenso que o maravilhamento e o deslumbramento ocorrem de forma natural e com mais frequência em crianças pequenas do que em adultos. Faz sentido. As crianças pequenas encontram constantemente novas experiências que expandem sua compreensão do mundo. As crianças não apenas se sentem pequenas em um mundo vasto, elas *são de fato* pequenas e – se tiverem sorte – sua pequenez não é assustadora, porque elas se sentem seguras em sua conexão com quem as ama.

O fato de as crianças ficarem encantadas e maravilhadas é uma das razões para se deliciar com a companhia delas. Como escrevi em meu livro *Em defesa do faz de conta*, as crianças veem com novo olhar muitas coisas a que não damos o devido valor, pois a nosso ver são favas contadas. Para as crianças, até mesmo as tarefas que para os adultos parecem triviais podem ser maravilhosas e fascinantes. Despir-se, por exemplo, exceto como um prelúdio para fazer amor, certamente está entre as experiências mais comuns – uma atividade necessária à transição para outra coisa: tomar banho, dormir, vestir-se para trabalhar ou trocar de roupa para brincar. Quando Cassidy, aos 2 anos e meio, descobriu como tirar cada pecinha de roupa, irrompeu na sala totalmente nua. Diante do pai e da mãe perplexos, ela abriu os braços em triunfo e proclamou, com entusiasmo: "Escapei das minhas roupas!".

A capacidade de tirar as próprias roupas foi uma emoção e uma fonte de deslumbramento para Cassidy. Ela ficou impressionada com sua competência e se divertiu com sua recém-conquistada liberdade. Até aprender a puxar velcro e soltar botões de pressão, ou talvez até mesmo abrir o zíper ou desabotoar, ela literalmente ficava presa em suas roupas. Em breve ela se deliciará em dominar a tarefa ainda mais complexa de vestir roupas e buscará o domínio sobre as peças que ela veste. "Eu me vesti sozinha", uma criança de 4 anos anuncia com muito orgulho. "Consegui até abotoar!" Não é um fato consumado que deixamos o deslumbramento para trás à medida que superamos a infância. Na verdade, o maravilhamento é um componente essencial da criatividade. A história do episódio em que Sir Isaac Newton, sentado sob um pomar de macieiras, foi atingido na cabeça pela pancada da maçã em queda livre, o que levou o cientista a formular a teoria da gravidade, parece uma lenda apócrifa, mas é uma boa metáfora para a necessidade de encantamento na descoberta científica. Até aquele ponto, estávamos todos levando a vida numa boa, aceitando como natural o fato de que os objetos caem. Descobrir novas formas de entender o mundo envolve um primeiro passo: reconhecer o extraordinário naquilo que os outros veem como algo comum, ou simplesmente não veem de jeito nenhum. O senso de deslumbramento de Albert Einstein, por exemplo, ao saber que uma bússola sempre aponta para o norte, levou o cientista, já na vida adulta, a investigar forças invisíveis como campos magnéticos.[12] A arte também depende do deslumbramento. Uma qualidade que diferencia os grandes artistas visuais dos excelentes desenhistas é a maneira ímpar de enxergarem o entorno – a qualidade da luz iluminando uma folha, os contornos deixados pelas ondas na areia, a flacidez da pele em um rosto envelhecido. Eles percebem coisas no mundo que o resto de nós deixa passar.

O deslumbramento, ou maravilhamento, também é essencial para a espiritualidade. Abraham Joshua Heschel, um formidável rabino, ativista e filósofo polonês do século XX, cunhou o termo "espanto radical", que começa com uma sensação de admiração pelo mundo ao nosso redor e por fazermos parte dele – o estado de espírito de quem é tomado por viva admiração diante do milagre da respiração; diante da vontade; diante da majestade do mundo natural e do nosso lugar no mundo, incluindo o reconhecimento daquilo que podemos e não podemos controlar.[13] Mas Heschel também pede para nos maravilharmos com nossa capacidade de nos maravilharmos. Decerto é deslumbrante que os cornisos junto à minha janela floresçam ano após ano, ou que a clêmatis em flor que sobe pela minha varanda possa brotar de uma única semente. Também é espantoso que eu esteja viva e seja capaz de vivenciar esse espanto. Nesses momentos – em meio às tensões e distrações da vida cotidiana – em que somos capazes de compreender o deslumbramento do nosso deslumbramento, vivenciamos a vida com consciência intensificada.[14]

Essas experiências de encantamento aprofundam e ampliam não apenas nossa vida como também a vida das crianças. Por esse motivo, acredito que é importante permitir que o encantamento floresça nelas. Também é verdade que a sociedade em geral se beneficia quando as pessoas têm a oportunidade de sentir deslumbramento. Estudos sugerem que, depois de uma experiência inspiradora, as pessoas tendem a ser mais gentis, mais generosas e menos materialistas. Elas se preocupam menos com dinheiro e mais com o meio ambiente.[15]

O psicólogo americano Dacher Keltner, diretor-fundador do Greater Good Science Center [Centro de ciências para o bem maior] e pioneiro no estudo do maravilhamento, explica da seguinte maneira as ligações entre a admiração e os comportamentos pró-sociais:

> A experiência do maravilhamento diz respeito a encontrar seu lugar no esquema mais amplo das coisas. Trata-se de silenciar a pressão do egoísmo. Tem a ver com tomar parte de coletivos sociais. Trata-se de sentir reverência por participar de algum processo expansivo que nos une a todos e que enobrece as atividades de nossa vida.[16]

Como acontece com muitas pessoas, algumas de minhas próprias experiências de maravilhamento estão ligadas à natureza. Fiquei maravilhada quando vi um eclipse total do Sol, quando vi bem de pertinho uma exibição de um par de atobás-de-pés-azuis concentrados em sua dança de acasalamento, ou na ocasião em que, no oceano, deparei com dois golfinhos saltando em perfeita sincronia, ou quando me sentei em uma canoa e observei uma mamãe ursa cuidar com desvelo de seus dois filhotes enquanto eles brincavam e saltavam na água.

Nossas inspirações de maravilhamento não precisam ser grandiosas. Podem ser encontradas em experiências cotidianas. Muitas vezes fico impressionada com a extraordinária humanidade de crianças bem pequenas – por sua força de vontade e seu impulso universal para aprender, conectar-se e decifrar o mundo. Fiquei arrepiada quando assisti pela primeira vez à aventura de Arielle para entender seu corpo no contexto do corpo da boneca. A primeira vez que minha filhinha apontou para mim e disse "mamãe" me encheu de maravilhamento. A mesma coisa aconteceu pouco antes de ela realmente ter aprendido a falar, na ocasião em que conseguiu comunicar com bastante clareza que havia deixado um biscoito em nosso escritório e não conseguia pegá-lo porque a porta estava fechada. Encontrar a universalidade do desenvolvimento humano me deixa fascinada e, como estudos e pesquisas sugerem, ao mesmo tempo é uma lição de humildade e um meio de me sentir profundamente conectada à humanidade em geral.

Rachel Carson, autora de *Primavera silenciosa*, livro de 1952 ao qual muitas vezes se atribui o crédito de ter inaugurado o movimento ambientalista, preocupava-se sobremaneira em incutir o maravilhamento na infância, sobretudo em conexão com a natureza. Seu último livro, *The Sense of Wonder* [O sentido do deslumbramento], escrito para apresentar às crianças as maravilhas da natureza, descreve lindamente suas incursões na floresta acompanhada de seu sobrinho de

3 anos. Ela acreditava que uma criança, para manter seu senso inato de encantamento, precisa de pelo menos um adulto com quem que possa compartilhar e redescobrir a "alegria, emoção e mistério do mundo em que vivemos".[17] A palavra decisiva aqui é *compartilhar*. Rachel não nos diz para instruir as crianças quando estivermos na natureza com elas nem para interferir na experiência, tampouco para impor ou impingir experiências a uma criança, mas, sim, para permitir que a experiência desabroche em silêncio.

Grande parte da cultura comercial infantil está repleta de ruído. Nunca consegui aquietar os brinquedos eletrônicos que vi subjugar crianças pequenas nas brinquedotecas e em seus quartos. Embora a maioria dos aplicativos infantis com os quais brinquei possam ser silenciados, o padrão deles geralmente é emitir som. Hoje, são raras as oportunidades das crianças para o silêncio – para sentir o maravilhamento e também para brincar, sonhar e conhecer.

Uma conversa que tive muito tempo atrás com Fred Rogers me fez pensar pela primeira vez sobre a importância do silêncio na vida das crianças. O silêncio era tão importante para Fred que ele certa vez usou um cronômetro para marcar um minuto inteiro em seu programa de televisão.[18] Fred ouviu o violoncelista Yo-Yo Ma tocar, então comentou: "Depois de ouvir alguém tocar uma música bonita, às vezes a gente só quer ter um momento de silêncio para se lembrar dela. Vamos apenas nos sentar um pouco e pensar no que acabamos de ouvir".[19]

As crianças precisam de acesso a momentos e espaços tranquilos. O ruído incessante não é apenas uma ameaça à saúde física e psicológica,[20] mas também uma forma de tortura reconhecida internacionalmente.[21] O silêncio permite que as crianças encontrem a própria voz, e aqui estou falando em sentido literal e figurativo. Na investigação que Arielle empreendeu do corpo de sua boneca, um dos ingredientes é que os únicos sons na sala eram de sua própria autoria. As vocalizações que ela emitia são importantes precursores da linguagem. E, tal qual a própria investigação em si, ao escolher usar sua voz apenas pelo puro prazer, ela vivenciou a autonomia e os rudimentos da autoexpressão verbal. O fato de estar brincando em uma sala na presença de um adulto que lhe propiciou períodos de silêncio deu a ela a oportunidade de ouvir seus próprios pensamentos e transformá-los em ação.

Arielle se beneficiou muito ao gerar as próprias ideias sobre o que fazer com uma velha boneca sem marca. Talvez o problema geral dos brinquedos comercializados seja privarem as crianças de oportunidades de exercitar a imaginação. Como diz o ditado: "Os melhores brinquedos são 90% a criança e apenas 10% o brinquedo em si".* Quando se trata de brinquedos, é necessário diferenciar a noção de "melhores" e de "campeões de vendas". Os brinquedos mais vendidos, quase sempre aqueles que são mais alardeados nos anúncios publicitários direcionados às crianças, são em geral aprimorados digitalmente ou vinculados a personagens populares da mídia, ou ambas as coisas.**

Do ponto de vista dos lucros da indústria de brinquedos, as brincadeiras e sondagens criativas de Arielle são um fracasso. É por isso que dar às corporações o acesso irrestrito às crianças ameaça o desenvolvimento saudável. Afinal, as coisas de que as empresas e as crianças precisam para prosperar são diferentes e, mais importante ainda, quase sempre mutuamente excludentes. As empresas têm uma interminável e insaciável necessidade de gerar lucro para os acionistas, o que quase sempre sobrepuja todas as outras considerações. Veja-se por exemplo o caso da indústria alimentícia. Comidas do tipo *junk food*, ricas em açúcar, sal e gordura saturada, porcarias de alto teor calórico com níveis reduzidos de nutrientes, são grandes geradoras de dinheiro. Sabe-se também que contribuem para a obesidade infantil, um imenso problema de saúde pública. No entanto, apesar de anos de ativismo do consumidor com base em evidências, as corporações que fabricam *junk food* e as redes de lojas, restaurantes e lanchonetes que fornecem "comida lixo" continuam a comercializar esses produtos para crianças.[22]

No mundo do entretenimento, sexo e violência vendem muito. É por isso que as empresas que produzem videogames, filmes e programas

---

* Ouvi isso pela primeira vez da falecida Joan Almon, que por muitos anos dirigiu a Aliança para a Infância [Movimento internacional em defesa de uma infância digna e saudável; surgiu na Inglaterra e nos Estados Unidos e chegou ao Brasil em 2001]. [N.A.]

** Existem exceções notáveis. Em 2020, uma delas foi a marca de bonecas LOL, da MGA Entertainment, que é problemática à sua maneira e que discuto no capítulo 4. [N.A.]

de TV violentos ainda vendem seus produtos para crianças, apesar de décadas de estudos e pesquisas demonstrarem que a exposição à mídia violenta é um fator de risco para a agressividade infantil, para a falta de empatia pelas vítimas e para as atitudes positivas em relação à violência como uma solução aceitável para conflitos.[23] Brinquedos, mídia e roupas sexualizados também vendem muito, em que pesem as evidências de que podem ser prejudiciais para meninas.[24]

Por outro lado, nem os ambientes de que as crianças necessitam para florescer nem as habilidades e os atributos que precisam adquirir são especialmente lucrativos, pelo menos no sentido financeiro. As necessidades conflitantes de crianças e empresas são evidentes sobretudo quando se trata do ato de brincar. Eu e muitos outros autores escrevemos páginas e mais páginas acerca da importância fundamental das brincadeiras criativas, práticas e ativas das crianças. Elas são a base da aprendizagem, criatividade, solução construtiva de problemas e do modo como as crianças encaram a vida a fim de torná-la significativa.

Para os profissionais de marketing e as empresas cujos produtos eles vendem, dominar a diversão das crianças é o caminho mais direto e potente para conquistar o coração e a mente delas. Convencer as crianças, seus pais e suas mães de que a diversão depende da compra dos brinquedos mais recentes e das últimas novidades – que estão sempre mudando – é uma mina de ouro para as empresas que fabricam esses brinquedos, para as empresas de mídia cujos personagens são destacados nos brinquedos e para as empresas de tecnologia que procuram fisgar as crianças por meio do vício nas telas.

Quando dou palestras sobre o brincar, costumo mostrar três fantoches, um de cada vez, e pedir às pessoas que me digam o que cada um é, seu nome e o que cada um costuma dizer.[25] O primeiro é um fantoche cuja espécie, gênero e personalidade são agradáveis, mas propositalmente indeterminados. O segundo é o que me parece ser um cavalo. O terceiro é um adorado personagem da *Vila Sésamo*, o Come-Come. O público invariavelmente não consegue concordar em nada com relação ao primeiro fantoche – alguns pensam que se trata de uma minhoca, outros dizem que é algum tipo de criatura, outros o chamam de "um amigo". Para alguns, é masculino; para outros, feminino, e assim por diante. As possibilidades são infinitas, pois as ideias sobre o que é esse fantoche são geradas por quem o vê; essas qualidades não emanam do próprio boneco. Quando mostro o boneco seguinte, quase todos concordam que é um cavalo, uma mula ou um burro. Portanto, suas escolhas criativas já estão sendo limitadas. No entanto, ainda existem muitas opções para seu nome, gênero, voz (além de "relincho" ou "ió!") e assim por diante.

Por fim, apresento o Come-Come, e nesse momento um "Óóóóó" instantâneo preenche o recinto. Todos na plateia concordam que é o Come-Come e, quando pergunto o que o Come-Come diz, eles inevitavelmente respondem com grande entusiasmo: "Quero biscoito!". Está na cara que é um personagem amado, universalmente reconhecido e com o qual as pessoas estão familiarizadas. É irônico que o fato de serem muito amados e muito conhecidos torna brinquedos que são réplicas de personagens onipresentes da mídia – a exemplo do boneco Come-Come – uma barreira em vez de um caminho para o brincar criativo. Com brinquedos vinculados à mídia, as crianças brincam de forma menos criativa.[26] Se o Come-Come fosse uma versão eletrônica que se movesse, falasse e tocasse música por conta própria, seria uma barreira ainda maior para o brincar criativo.[27]

Você já tentou convencer as crianças de que um personagem que elas conhecem, amam e veem repetidamente nas telas pode se desviar de seus parâmetros predefinidos? É difícil. Lembro-me de estar sentada no chão de uma brinquedoteca no Hospital Infantil de Boston, brincando com uma criança de 5 anos chamada Annie. Ela encontrou um conjunto de dinossauros de plástico, pegou um para si e me entregou outro, anunciando: "Eles têm que lutar". Não me empolguei com a ideia de fazer meu dinossauro brigar com o dela, então meu dinossauro começou a falar. "Não", Annie insistiu, "eles não sabem falar." Fiquei intrigada. "Por que eles não sabem falar?", perguntei. "É igual no filme", ela explicou, impaciente. "Você sabe! Eles lutam e não sabem falar!"

O problema dos brinquedos vinculados à mídia vai além da maneira como inibem a criatividade das crianças enquanto brincam com eles. O que é mais preocupante para as crianças – e benéfico para a lucratividade das empresas – é que uma dieta constante de imersão em programas e uma dependência dos brinquedos que eles vendem convence as crianças de que precisam ter visto determinado programa para saber o que fazer com um brinquedo, e que os únicos brinquedos que valem a pena ter são aqueles associados a programas da mídia.

Quando conheci Sophia, uma menina de 4 anos, ela usava um vestido roxo com o logotipo da série de TV *My Little Pony* estampado na frente e carregava uma lancheira da linha *My Little Pony*. Quando começamos a brincar, ela trouxe três brinquedos de pelúcia. O primeiro era a boneca Vampirina, protagonista do desenho animado de mesmo nome exibido no canal Disney Junior nos Estados Unidos. O outro era Dory, a peixinha desmemoriada da espécie cirurgião-patela que é um personagem coadjuvante da animação *Procurando Nemo*, grande sucesso de bilheteria da Disney em 2003, e que foi catapultada ao estrelato na continuação *Procurando Dory*, lançada em 2016. A terceira era uma Hello Kitty, personagem criada pela empresa japonesa de merchandising Sanrio em 1974 para enfeitar artigos infantis e que explodiu como uma sensação internacional com seus próprios programas de TV e parques de diversões.[28]

Perguntei a Sophia onde cada um de seus brinquedos morava. Ela me explicou que a Dory morava no oceano e que a Vampirina nasceu na Transilvânia, mas se mudou para a Pensilvânia. Os detalhes que ela ofereceu sobre os dois personagens foram definidos de antemão pela marca. Quando perguntei a ela sobre Hello Kitty, no entanto, ela ficou perplexa: "Eu não sei. Não vi o programa". Como nunca tinha assistido a programas da Hello Kitty, ela literalmente não conseguia imaginar onde a personagem poderia morar, e a possibilidade de inventar uma casa, um bairro ou um país para a Hello Kitty não lhe ocorreu.

Não creio que a dependência de Annie e Sophia em relação à cultura comercial para lhes dizer como e o que fingir seja tão incomum hoje em dia. Quando converso com professores de pré-escola, muitas vezes ouço suas preocupações de que as brincadeiras criativas das crianças estão diminuindo. E os estudos e as pesquisas existentes parecem confirmar esse decréscimo. A criatividade nos Estados Unidos aumentou continuamente até a década de 1990, e a partir daí começou a minguar – sobretudo entre as crianças.[29] Claro que é possível que uma ampla gama de fatores tenha contribuído para um declínio geral na criatividade das crianças. A vida delas está mais estruturada do que costumava ser; para muitas crianças, os esportes organizados substituíram as brincadeiras livres; muitas escolas públicas cortaram aulas de arte e música e aboliram o recreio. Também parece provável que a maior imersão das crianças no comercialismo seja um fator para a diminuição de sua criatividade.

O declínio começou em 1990, dez anos depois de a Comissão Federal de Comércio dos Estados Unidos perder boa parte de seu poder de regulamentar o marketing para crianças e seis anos depois de essa mesma comissão, durante a presidência de Ronald Reagan, desregulamentar a programação televisiva infantil,[30] legalizando a criação de programas com o único objetivo de vender brinquedos.* Como resultado, a capacidade de um programa de vender mercadorias tornou-se mais importante para sua sobrevivência do que o conteúdo ou as mensagens veiculadas por ele. Em 1985, os dez brinquedos mais vendidos tinham algum vínculo com a mídia infantil, algo inédito até então.[31]

As empresas de mídia e os fabricantes de brinquedos que auferem polpudos lucros com personagens licenciados têm especial interesse em impedir as brincadeiras criativas das crianças e, portanto, sufocar sua criatividade. Crianças criativas precisam de menos brinquedos, porque são capazes de descobrir coisas diferentes para fazer com os brinquedos que já têm. Os brinquedos que estimulam a criatividade tendem a render menos lucros porque podem ser usados repetidas vezes e de várias maneiras diferentes. No setor de brinquedos, a dinheirama graúda não está na venda para as famílias de determinado brinquedo ou jogo específico ou de um filme ou programa de TV únicos. Além de criar um ícone de marca que pode ser licenciado para empresas que fabricam outros produtos, a grana vem de vender para as crianças a necessidade de adquirir uma série de brinquedos, aplicativos e jogos e em convencê-las de que sempre precisam do mais recente.

Uma marca clássica que fez um trabalho brilhante ao dominar esse conceito é Pokémon. A música-tema da marca apresenta um refrão pulsante de *"Gotta Catch 'em All"* [Tenho que pegar todos!]. A única forma de vencer – o bem triunfando sobre o mal – é capturar *todos* os personagens Pokémon. Para as crianças, isso significa colecionar todos

---

* Comerciais que duravam o programa inteiro tinham sido proibidos na década de 1970. [N.A.]

os personagens Pokémon existentes. A Pokémon é como a versão em brinquedo dos salgadinhos com seu emblemático slogan "É impossível comer um só". Talvez alguma criança fique satisfeita em ter apenas um Pokémon, mas não conheço nenhuma. Entendo o apelo da Pokémon: os personagens são incrivelmente fofos e as batalhas são empolgantes. Também conheço crianças que gostam de desenhar as criaturas e crianças que as usam para se conectar com amigos. O modelo de negócios da empresa, no entanto, é brilhante e diabólico. Isso me lembra Tântalo, a figura da mitologia grega que está condenada a permanecer em um vale com água abundante sob árvores frutíferas, mas sempre incapaz de beber ou comer, e por isso sente fome e sede perpetuamente. Os lucros perpétuos da Pokémon resultam de inculcar desejo e anseio nas crianças, que só conseguiriam se sentir satisfeitas ao completar o conjunto dos personagens. Porém, ao adicionar à sua linha de produtos novos personagens, ou novas versões de personagens, a marca encontrou a estratégia que assegura que o conjunto nunca será concluído. Sempre há outro personagem para comprar.

Não é que eu ache que os diretores-executivos e presidentes de grandes empresas de brinquedos ficam sentados tramando complôs para deixar as crianças e seus pais e mães infelizes. O fato é que seu foco quase total na geração de lucros os leva a fabricar brinquedos com uma quantidade de sinos e apitos eletrônicos suficiente para que se tornem facilmente comercializáveis em anúncios publicitários de quinze segundos, ou cuja popularidade pegue carona em bens de mídia popular, ou que sejam em si mesmos insatisfatórios e incompletos por fazerem parte de um conjunto, série ou coleção.

Tradicionalmente, para as crianças que tiveram o que Winnicott chamaria de uma infância "suficientemente boa", os adultos com quem elas mais interagiram e que mais as influenciaram foram pais e mães, outros responsáveis e professores. Em suma, os familiares ou membros da comunidade com que as crianças estavam habituadas e que em tese deveriam pelo menos ter em mente os interesses delas. Para o bem ou para o mal, é comum ensinar os filhos a desconfiar de pessoas desconhecidas. No entanto, em uma cultura digitalizada e comercializada, de bom grado transferimos a desconhecidos grandes porções do dia a dia de uma criança. Não conhecemos essas pessoas. Nossos filhos nunca viram essa gente na vida. Mas esses desconhecidos sabem muita coisa a respeito das nossas crianças. Sabem como capturar sua atenção, tirar proveito de suas vulnerabilidades e desencadear seus desejos e anseios. Esses desconhecidos são as pessoas que possuem, fabricam e anunciam os aplicativos, brinquedos e jogos que ocupam o tempo das crianças, e cujo emprego exige que desenvolvam e comercializem produtos capazes de gerar muito dinheiro, independentemente de seu impacto nas crianças que se tornam os usuários desses produtos.

Permita-me ser mais clara. Existem muitos brinquedos que são maravilhosos para as crianças e que melhoram a vida delas. Existem fabricantes de brinquedos que se preocupam muito com o brincar criativo. Exceção feita aos brinquedos voltados para bebês e crianças bem pequenas, existem também programas de mídia e aplicativos que contribuem para o desenvolvimento saudável do indivíduo (embora seja cada vez mais difícil encontrar exemplos que não tirem vantagem das crianças, ao mesmo tempo que lhes direcionam anúncios). O verdadeiro problema é que o modelo de negócios predominante nas empresas de tecnologia, mídia e megafabricantes de brinquedos fomenta decisões de design e marketing que priorizam os lucros – mesmo que às custas do bem-estar das crianças.

2
No jogo com as grandes corporações tecnológicas, quem ganha?

A tecnologia não é moralmente boa ou ruim até que seja manejada pelas corporações que a moldam para o consumo em massa.

Adam Alter, *Irresistível*

Eu e meu fantoche, a Patinha Audrey, estamos conversando com Hazel, de 3 anos, pouco antes de ela dormir. A menina corre pelo quarto, apresenta-nos seu Humpty Dumpty de pelúcia, oferece a Audrey uma xícara de chá e exibe seu pato de madeira. Cantamos o que ela chama de "Blá-blá ovelha negra", sua própria versão de uma velha cantiga de ninar, além de outras canções, e rimos juntas das bobeiras que vamos criando. É como centenas de outras experiências lúdicas que já tive com crianças – a diferença é que Hazel está a milhares de quilômetros de distância.

Graças às maravilhas das tecnologias digitais, durante o longo período de quarentena e isolamento social da covid-19, Audrey e eu pudemos brincar com crianças que estavam confinadas em casa. Sou grata às plataformas digitais que tornaram possíveis essas sessões de interação, mas também tenho plena consciência da ironia e dos limites da minha gratidão. Afinal, há muito tempo venho criticando as maneiras pelas quais as empresas de tecnologia tiram proveito das crianças – desde as inescrupulosas e incessantes compras de conteúdo ou de serviços adicionais dentro dos próprios aplicativos (as chamadas compras *in-app*), passando por atualizações caras, até invadir a privacidade das pessoas e equipar aplicativos com recursos que dificultam a desconexão de crianças (e adultos).

Portanto, mesmo que nós e as crianças que amamos dependamos da tecnologia para atender a algumas de nossas necessidades básicas, é essencial ter em mente que a principal diretriz das empresas de tecnologia é gerar lucro, e não fornecer um serviço público. Os métodos e as técnicas que as grandes corporações tecnológicas utilizam para acumular lucros enormes, juntamente dos modelos de negócios que fizeram a bilionária fortuna de três das quatro pessoas mais ricas do planeta[1] – as quais seguem cada vez mais abastadas –, são inerentemente prejudiciais a todos nós, sobretudo crianças cujo cérebro imaturo e cuja falta de experiência as tornam ainda mais vulneráveis à manipulação do que os adultos.

As plataformas de bate-papo por vídeo e as redes sociais podem parecer versões digitais de uma praça pública, mas não são. A palavra-chave é "público". Nenhum indivíduo e nenhuma corporação são donos de espaços públicos. Ninguém lucra com seu uso. Ninguém calcula a melhor forma de usar cada uma de nossas palavras, nossos interesses, nossos amigos e nossos anseios para nos persuadir a comprar coisas. E, sem dúvida, em um espaço público, ninguém tira proveito de nossas vulnerabilidades ou de nossas necessidades humanas básicas para nos manter parados no mesmo lugar por mais tempo, quando deveríamos sair e seguir em frente.

Uma vez que a maior parte do marketing contemporâneo direcionado para crianças é fornecida por tecnologias cada vez mais sofisticadas, os esforços para restringir a publicidade e comunicação mercadológica dirigida às crianças geralmente se concentram em limitar o acesso das empresas de tecnologia e mídia às crianças. É por essa razão que eu e outros ativistas empenhados em aumentar o tempo livre de que as crianças dispõem sem a intromissão de tecnologia somos, volta e meia, rotulados de luditas, epíteto erroneamente usado de forma intercambiável com "tecnofóbicos" (ou "tecnófobos"). Os dicionários tendem a definir "tecnofóbico" como alguém que sente aversão por tecnologia, que teme ou não gosta de novas tecnologias e não é capaz de usá-las com confiança.[2] Como passei a maior parte da minha vida profissional em frente a um ou outro tipo de tela, não acho que me qualifique como uma tecnofóbica. No entanto, tenho simpatia pelos verdadeiros luditas, que ganharam injustificada má fama. No início do século XIX, desamparados trabalhadores da indústria têxtil na Inglaterra se viram submetidos a condições de vida precárias, pobreza abjeta e até mesmo desemprego e fome depois que proprietários das fábricas os substituíram por máquinas que trabalhavam com mais rapidez, mais eficiência e a custos mais baixos. Sem contar com nenhum recurso legal, muitos desses trabalhadores decidiram agir contra os antigos empregadores, danificando e até destruindo as máquinas que os substituíram. Não é que os trabalhadores luditas se opusessem categoricamente às máquinas – ao contrário, opunham-se aos horríveis efeitos que o uso de máquinas industriais provocou na vida deles e de suas famílias.

Desconfio que, se os donos das fábricas tivessem compensado de maneira justa seus trabalhadores ou agido com base em princípios éticos ao substituí-los por máquinas, o movimento ludita não teria existido. Em outras palavras, não era contra as máquinas em si que os luditas protestavam, mas contra as práticas comerciais dos proprietários das fábricas que as instalavam.

Nesse sentido, eu me identifico com os luditas. Não me oponho às tecnologias ou aos dispositivos em si, mas às práticas de negócios das empresas de tecnologia e mídia que detêm essas tecnologias. Embora eu não defenda a ideia de destruir tablets, smartphones, laptops ou qualquer máquina digital, defendo limitar tanto o poder das empresas de tecnologia e mídia de lucrar com a exploração comercial quanto seu potencial de prejudicar as crianças.

Ao longo dos anos, refleti muito sobre os trabalhadores têxteis britânicos do século XIX, furiosos contra as máquinas que tiraram seu emprego. A situação dos luditas é emblemática de um problema central a todos os tipos de invenções destinadas a incrementar o consumo, incluindo as tecnologias digitais, que talvez sejam criações maravilhosas, capazes de gerar grandes riquezas para as empresas que delas tiram proveito. Os avanços tecnológicos relacionados ao consumidor, a exemplo de smartphones, tablets e redes sociais, são celebrados como símbolos de progresso e adotados em massa, muitas vezes com módico discurso público acerca das consequências sociais, emocionais, psicológicas e éticas da forma como são usados.

As tecnologias são problemáticas quando otimizam os lucros às custas da saúde e do bem-estar dos indivíduos e da sociedade em geral. No entanto, não se exige nenhuma análise crítica independente dos potenciais danos e benefícios dos produtos tecnológicos *antes* de irem para o mercado. Como resultado, os defensores do bem-estar das crianças em um mundo comercializado estão fadados a viver tentando ficar em dia e se inteirar das novidades.

Consigo me lembrar de apenas alguns poucos episódios em que os defensores dos direitos das crianças tiveram um tempo suficiente entre a fase inicial e os resultados de um processo antes do lançamento de qualquer novo produto – tecnológico ou não – para interromper sua produção. Em 2017, por exemplo, a Fair Play ajudou a impedir que a fabricante de brinquedos Mattel lançasse o Aristotle [Aristóteles], dispositivo de inteligência artificial projetado para ser instalado em quartos de crianças – de recém-nascidos ao final da adolescência – e comercializado como "uma necessidade completa para o quarto das crianças".[3] Conforme descrito no jornal *The New York Times*, o Aristotle tinha muitas das características de uma maravilhosa babá eletrônica e assistente virtual para monitorar e interagir com bebês e crianças, incluindo "a capacidade de acalmar um bebê que chora, ensinar o abecedário, reforçar as boas maneiras, jogar jogos interativos e ajudar as crianças com a lição de casa".[4] Em outras palavras, a Mattel estava prestes a lançar um dispositivo projetado para servir como o principal consolador, professor, civilizador e, às vezes, companheiro de brincadeiras de um bebê – um pai ou uma mãe substitutos.

No mesmo artigo, Josh Golin, que me sucedeu como diretor-executivo da Fair Play, apontou as óbvias preocupações com a privacidade, observando que, "quando se tem um dispositivo com uma câmera e um microfone que vai estar no quarto das crianças, há o potencial para coletar uma quantidade bem grande de dados que podem ser usados e compartilhados com anunciantes e varejistas".[5] Isso por si só já é ruim, mas seu segundo argumento é ainda mais preocupante: "E há todas as preocupações concernentes ao desenvolvimento infantil no que tange à substituição de funções maternas e paternas essenciais por um dispositivo".[6]

As preocupações com o desenvolvimento infantil que Golin mencionou são enormes. Têm a ver com o crucial processo de apego –

o vínculo vitalício que se desenvolve entre pais, mães e filhos que estabelece as bases para o bem-estar social, emocional e psicológico. É por isso que as funções que a Mattel atribuiu ao Aristotle, sobretudo sua suposta capacidade de acalmar e confortar um bebê que chora, me catapultou de volta à leitura que fiz, ainda no curso de graduação de psicologia, sobre os horripilantes experimentos de Harry Harlow com bebês macacos.

A fim de descobrir se a necessidade de apego é inata, o psicólogo americano Harry Harlow separou macacos recém-nascidos das mães para ver se eles se relacionariam com objetos inanimados – dos quais o mais bem-sucedido foi uma construção de arame coberta com tecido macio e equipada com um rosto falso. De certa forma, os macaquinhos desenvolviam conexões emocionais com esses objetos, na medida em que constantemente se voltavam para eles em busca de conforto e sensação de segurança.[7] Conforme os bebês macacos do laboratório cresciam, no entanto, o estudo de Harlow mostrou que os bebês "criados" por esses objetos se tornaram adultos significativamente disfuncionais.

A fase do experimento de apego de Harlow que me assombra até hoje por sua crueldade é quando, depois que os filhotes de macaco se apegavam a uma "mãe" inanimada, essa "mãe" se tornava abusiva. Os objetos poderiam esfaquear os bebês, por exemplo, ou golpeá-los com jatos de ar frio, ou sacudi-los violentamente. Os bebês permaneciam apegados e insistiam em buscar o conforto e a segurança nesses objetos inanimados, fossem quais fossem os horrores que a falsa "mãe" lhes infligisse.[8]

Sinto alívio por saber que os terríveis maus-tratos aos quais Harlow submeteu os macaquinhos em seu laboratório não seriam permitidos hoje em dia. A ironia é que as descobertas de Harlow serviram para ilustrar a importância fundamental do apego – o vínculo entre bebês e pais e mães que, em famílias "suficientemente boas", é fortalecido à medida que as crianças crescem e se desenvolvem. Ao substituir funções maternas e paternas essenciais por uma máquina, a Mattel estava potencialmente interrompendo o desenvolvimento do apego saudável e potencializando a dependência emocional dos bebês em relação ao Aristotle e, por extensão, à própria corporação. Robb Fujioka, diretor de produtos da Mattel, foi franco quanto à esperança da Mattel de que as crianças criassem um vínculo com o Aristotle. Se o lançamento do produto fosse bem-sucedido, as crianças "formariam alguns laços emocionais" com o dispositivo[9] e seriam "criadas" por uma entidade cujo interesse nelas era primordialmente financeiro. Assim como os objetivos de Harlow nada tinham nada a ver com o bem-estar dos bebês macacos, a principal diretriz da Mattel não tem nada a ver com o bem-estar dos bebês humanos. Tal qual as "mães substitutas" de Harlow, estruturas feitas de pano ou de arame, o Aristotle poderia prejudicar as crianças – não por esfaqueá-las ou sacudi-las, mas por privar os bebês do tempo crucial de vínculo com seus verdadeiros responsáveis, fomentando a dependência ao Aristotle para apoio, amparo, carinho, atenção e companheirismo, e moldando o desejo das crianças por todas as coisas que a Mattel e os parceiros comerciais da corporação, incluindo produtores de *junk food* e empresas de mídia, fabricam e comercializam.

As organizações de defesa da infância livre de interferências comerciais foram bem-sucedidas em seus esforços para impedir o lançamento de Aristotle em parte porque – de maneira incomum – houve muito tempo entre o momento em que as notícias de sua estreia iminente se tornaram públicas e o efetivo lançamento do produto no mercado. A Mattel anunciou seus planos para o dispositivo em janeiro de 2017.[10] Em maio, a Fair Play e o projeto Story of Stuff [História das coisas] lançaram uma petição que reuniu mais de 20 mil assinaturas exigindo que a Mattel descartasse o projeto porque, entre outras razões, bebês e crianças mais velhas não deveriam ser instruídos a se relacionar com "dispositivos de coleta de dados".[11] Em setembro de 2017, o senador Ed Markey (representante do estado de Massachusetts pelo Partido Democrata) e o deputado Joe Barton (do Partido Republicano do Texas) enviaram uma carta aberta à Mattel em que citavam preocupações de que o Aristotle tinha "o potencial de trazer à tona graves questões de privacidade, pois a Mattel poderia criar um perfil detalhado de crianças e suas famílias".[12] No mês seguinte, a Mattel abandonou seus planos para o Aristotle, declarando ao jornal *The New York Times* que o novo diretor de tecnologia da empresa "conduziu uma extensa revisão do produto Aristotle e decidiu que não se alinhava totalmente com a nova estratégia tecnológica da Mattel".[13]

É fantástico que o Aristotle nunca tenha chegado ao mercado, mas também é um problema significativo o fato de que neste momento não existam regras, leis ou convenções em vigor para impedir que outras empresas lancem produtos similares.

Não precisa ser assim. Uma sociedade que valoriza a saúde pública acima dos lucros poderia invocar o princípio da precaução* para impedir que as empresas comercializem produtos e práticas potencialmente prejudiciais. O princípio da precaução é um guia para a tomada de decisões sociais enraizado na velha recomendação "olhe para os dois lados antes de atravessar". Ele reconhece que as inovações em ciência e tecnologia avançam mais rapidamente do que a compreensão das consequências ecológicas, de saúde pública e humanitárias das invenções que elas geram. Empregar o princípio da precaução permite que preocupações de saúde pública baseadas na ciência influenciem como ou se um produto ou prática pode ser utilizado. O princípio da precaução foi oficialmente adotado pela União Europeia e por vários acordos internacionais, mas não pelos Estados Unidos.[14]

A Organização das Nações Unidas para a Educação, a Ciência e a Cultura (Unesco) recomenda que se invoque o princípio da precaução "quando as atividades humanas podem levar a danos moralmente inaceitáveis que são cientificamente plausíveis, mas incertos" e aconselha que "devem ser tomadas ações para evitar ou diminuir esse dano".[15] A Unesco identifica como "moralmente inaceitáveis" os danos que ameaçam a vida ou a saúde humana, que são irreversíveis, que podem violar os direitos humanos ou que são injustos – incluindo os prejuízos às gerações futuras.

O princípio da precaução é invocado sobretudo para prevenir a degradação ambiental ou os danos físicos aos seres humanos. Suponha que, diante de evidências científicas confiáveis – mas não conclusivas – em contrário, as empresas de mídia, tecnologia e marketing voltadas para crianças fossem obrigadas a fornecer dados de estudos e pesquisas demonstrando que seus produtos e práticas não causam danos. No atual estado de coisas, nos Estados Unidos, mesmo quando existem evidências plausíveis que sugerem que há danos à infância, a mídia e

---

* Princípio que indica estratégias para lidar com a incerteza decorrente da impossibilidade de se antecipar aos riscos e consequências de uma atividade humana que, de acordo com o estado atual do conhecimento, ainda não podem ser identificados. [N.T.]

os produtos de tecnologia continuam tendo como alvo as crianças. Por exemplo, apesar de décadas de estudos e pesquisas sugerindo que jogar videogames violentos é um fator de risco para o aumento da agressividade,[16] esses jogos ainda são comercializados para crianças e adolescentes.[17] Portanto, em que pesem os anos de estudos e pesquisas a sugerir danos, o ônus da prova permanece com os defensores dos direitos das crianças e adolescentes, a quem cabe provar de maneira definitiva os danos, em vez de caber às empresas comprovar a ausência de danos.

Se a exposição das crianças às tecnologias digitais fosse mínima ou se as empresas estivessem sujeitas a regulamentações governamentais eficazes destinadas a impedi-las de tirar proveito comercial de crianças, o foco primordial da indústria nos lucros não importaria tanto. Mesmo antes da pandemia, as crianças – incluindo recém-nascidos e crianças bem pequenas, que ainda estão aprendendo a andar – passavam muito tempo com a tecnologia. No período pré-covid, bebês passavam em média 49 minutos por dia absortos em telas. No caso das crianças em idade pré-escolar, a quantidade de tempo triplicou para uma média de duas horas e meia por dia. Para crianças de 5 a 8 anos, o tempo de tela foi em média superior a três horas por dia.[18]

Em média, pré-pandemia, crianças de 8 a 12 anos usavam entre-tenimento em telas durante quatro horas e quarenta e quatro minutos por dia, e os adolescentes usavam por sete horas e vinte e dois minutos por dia.[19] Trata-se de médias, o que significa que algumas crianças gasta-vam significativamente menos tempo com as telas todos os dias, ao passo que outras, significativamente mais. Por exemplo, quase 25% das crianças de 0 a 8 anos não passam tempo nenhum diante de telas, e uma porcentagem igual gasta mais de quatro horas por dia com telas.[20] Crianças de famílias com renda mais baixa passam quase duas horas a mais com telas do que crianças de famílias de maior renda. Além disso, crianças negras e latinas passam significativamente mais tempo nas telas do que seus pares brancos.[21]

Depois que a pandemia chegou, o tempo de tela das crianças aumen-tou como resultado do fechamento de escolas, da exigência de distan-ciamento físico e dos desesperados esforços dos pais e mães para manter os filhos ocupados enquanto trabalhavam em casa.[22] Em seu recente depoimento ao Congresso dos Estados Unidos, Josh Golin observou:

A covid-19 acelerou essas tendências, e estima-se que o tempo de tela para crianças tenha aumentado 50% durante a pandemia. Durante o mesmo período, as mensagens online enviadas e recebidas por crianças aumentaram a um ritmo espantoso de 144%. Ao todo, 35% dos pais e mães relatam que, durante a pandemia, permitiram que seus filhos começassem a usar redes sociais mais cedo do que o planejado originalmente.[23]

Hoje o tempo que as crianças passam às voltas com dispositivos digitais suplantou o tempo dedicado à televisão. Mas o que elas fazem em seus dispositivos? A principal atividade é assistir a vídeos online,[24] o que é irônico, visto que, quando a indústria de tecnologia alardeou que celulares e tablets eram benéficos para as crianças, lançaram mão do argumento de que nesses dispositivos as crianças seriam ativas, em vez de assistirem passivamente a uma tela.[25] Na verdade, assistir a vídeos e programas de televisão representa quase 75% do tempo que crianças de 0 a 8 anos passam diante das telas. Os jogos respondem por 16%, ao passo que leitura, lição de casa e bate-papo por vídeo representam apenas 5%.[26]

Antes de falar mais sobre a indústria de tecnologia e seu impacto nas crianças, quero constatar que existe uma enorme – e bem problemática – lacuna digital: a desigualdade no acesso às tecnologias da internet. É verdade que, nos países desenvolvidos, os smartphones fornecem acesso quase universal à internet; porém, como a pandemia deixou claro de maneira dolorosa, os celulares não são necessariamente apropriados à realização de tarefas escolares ou à participação no ensino a distância. Os cerca de dezoito meses entre março de 2020 e setembro de 2021, quando muitas escolas foram fechadas e grande parte da escolarização ocorreu online, deixaram claro que crianças sem acesso à internet de alta velocidade ou cujas famílias não dispunham de dispositivos maiores, como laptops ou tablets, ficaram em séria desvantagem.

Todavia, estudos e pesquisas sugerem que, assim como existe uma lacuna digital, há também lacunas que são pelo menos exacerbadas pelo mito do marketing de que a tecnologia é um substituto educacional adequado para as interações humanas e as experiências práticas com o mundo.

Vejamos o caso da aquisição da linguagem, por exemplo. Quando as crianças começam a frequentar a pré-escola, há enormes discrepâncias no número de palavras que elas conhecem. A disparidade na aquisição da linguagem infantil parece estar presente desde os 18 meses de vida e pode afetar o desempenho das crianças na escola – inclusive em fundamentos como matemática e alfabetização.[27]

O que faz a diferença? A aquisição da linguagem é inerentemente social.[28] Desde a infância, o vocabulário e a fluência verbal das crianças estão atrelados ao grau de exposição delas à linguagem. No entanto, para que os bebês aprendam a linguagem – e isto é importante –, é necessário que a linguagem seja gerada por pessoas, não por máquinas.[29] É por isso que a Associação Americana de Fala, Linguagem e Audição (ASHA, na sigla em inglês) incentiva pais, mães e responsáveis a conversar, ler e cantar para e com as crianças desde a primeira infância.[30] É também por isso que nosso próprio uso de tecnologia perto de bebês e crianças bem pequenas pode interferir na aquisição da linguagem. Quando os pais, as mães ou os responsáveis estão usando smartphones, falam menos com seus bebês.[31] E, sobretudo para bebês e crianças bem pequenas, o maior tempo com telas de todos os tipos está associado a um decréscimo do desenvolvimento de linguagem,[32] mesmo quando os aplicativos ou vídeos em uso alegam aumentar o vocabulário.

Verdade seja dita, são escassas as evidências a sugerir a eficácia do uso de tecnologias para ensinar linguagem – ou qualquer outra coisa – aos bebês. Os estudos e as pesquisas aos quais tive acesso que defendem, mesmo que de forma vaga, os benefícios educacionais do uso de telas por bebês concentram-se no argumento da utilização das telas na companhia de pais, mães ou responsáveis para reforçar os conteúdos exibidos. O problema, claro, é que pais e mães tendem a usar as telas como maneira de ocupar os bebês para que eles (os adultos) possam fazer outras coisas.[33] Não há evidências confiáveis de que assistir a telas ou usar dispositivos por conta própria tenha caráter educacional ou significativamente benéfico para bebês.[34] Na verdade, as pesquisas sugerem que isso pode ser prejudicial.[35]

Tudo o que sabemos a respeito de como aprendem as crianças mais novas aponta para que o acontece além das telas, para as coisas que as crianças fazem naturalmente: interagir com as pessoas que as amam e investigar e descobrir o mundo ao seu redor com todos os cinco sentidos. Os estudos e as pesquisas que examinaram o impacto da televisão sobre as crianças sugerem que, quanto mais tempo as crianças passam na frente da TV, menos tempo gastam em duas atividades comprovadamente benéficas: interagir com os pais e as mães longe das telas e passar o tempo ativamente envolvidas em brincadeiras criativas. Para cada hora que as crianças em idade pré-escolar desperdiçam assistindo a uma tela, dedicam 45 minutos a menos a brincadeiras criativas.[36] Bebês e crianças bem pequenas perdem ainda mais tempo em brincadeiras criativas do que seus irmãos e irmãs mais velhos: 52 minutos para cada hora de TV.[37]

Embora a maior parte dos estudos e das pesquisas sobre a relação entre bebês e telas ainda gire em torno principalmente de televisão e vídeos, ao que tudo indica o uso de telas sensíveis ao toque também pode ser problemático. Na Grã-Bretanha, um estudo longitudinal indica que bebês e crianças bem pequenas que passam muito tempo lidando com telas sensíveis ao toque parecem se distrair mais facilmente na idade pré-escolar e têm mais dificuldade em controlar a atenção.[38] Pesquisas e estudos sugerem também que crianças de 2 anos que fazem uso maciço de mídia tornam-se crianças em idade pré-escolar mais propensas a ter dificuldades de autorregulação, o que os pesquisadores definem como a capacidade de controlar "comportamentos, reações emocionais e interações sociais, a despeito de impulsos e distrações contrários".[39]

Há um aspecto especialmente preocupante quando se trata de incentivar bebês e crianças bem pequenas a passar mais tempo com telas: é muito provável que passarão ainda mais tempo com telas quando forem mais velhos.[40] Isso é inquietante sobretudo porque pesquisas e estudos sugerem que o uso excessivo de telas pelas crianças é prejudicial em todas as idades. Em crianças de todas as idades, a quantidade de horas dedicadas a telas está associada a uma série de problemas, incluindo, entre outros, obesidade infantil, distúrbios do sono, depressão e desempenho escolar inferior.[41]

Não há dúvida de que, com moderação e nas crianças que já passaram da primeira infância, pode ser benéfica a utilização de aplicativos e programas de televisão educativos de qualidade. Esses recursos podem estimular, por exemplo, qualidades pró-sociais como empatia, bem como podem contribuir para mitigar preconceitos raciais e étnicos.[42] Bons programas de TV e aplicativos podem ao mesmo tempo ensinar[43] e reforçar habilidades acadêmicas.[44]

Mas o que significa moderação? Com base em evidências empíricas, as recomendações da Academia Americana de Pediatria (AAP, na sigla em inglês) no que tange a crianças pequenas e tecnologia são: nenhum tempo de tela (exceto bate-papos por vídeo) para bebês até 18 meses; tempo mínimo de tela, e apenas com a supervisão de um adulto, para crianças de 18 meses a 2 anos; e não mais do que uma hora por dia de mídias de entretenimento em telas para crianças em idade pré-escolar.[45]

A moderação, no entanto, é o ponto em que fica mais flagrante a incompatibilidade entre priorizar o lucro e priorizar a saúde pública. As empresas de tecnologia e mídia florescem capturando nossa atenção pelo maior tempo possível e fazendo tudo o que podem a fim de nos atrair de volta para nos hipnotizar um pouco mais. É do interesse financeiro dessas empresas estimular o uso excessivo de telas. Assim como os cassinos lucram com o vício em jogos de azar, as empresas que produzem aplicativos, jogos e redes sociais também lucram com o vício no conteúdo que produzem.[46]

A psicóloga americana Jean Marie Twenge, autora do livro *iGen*,[*] afirmou que

> o uso excessivo de mídias digitais está associado a fatores de risco de infelicidade, depressão e suicídio, ao passo que o uso limitado parece ser de baixo risco. No entanto, muitos aplicativos, jogos e sites ganham mais dinheiro quanto mais tempo as crianças e os adolescentes gastam com eles. Muitas empresas estão fazendo tudo o que podem para assegurar que o uso limitado não seja a norma, e isso precisa parar.[47]

As empresas de tecnologia certamente não vão parar por livre e espontânea vontade, sobretudo aquelas cujo modelo de negócios depende de criar poderosos laços e hábitos entre pessoas e dispositivos eletrônicos – para não dizer estimular o desenvolvimento de vícios. Na vida adulta, já somos suscetíveis a nos deixar enfeitiçar pelo mundo digital e nos tornar

---

[*] *iGen: Why Today's Super-Connected Kids Are Growing Up Less Rebellious, More Tolerant, Less Happy – And Completely Unprepared for Adulthood – And What That Means for the Rest of Us*. [Ed. bras.: iGen: por que as crianças de hoje estão crescendo menos rebeldes, mais tolerantes, menos felizes e completamente despreparadas para vida adulta. Sumaré: Editora nVersos, 2018.]

escravos dele. E as crianças, cujo cérebro ainda está em desenvolvimento e é adaptável, são especialmente vulneráveis a essa captura. O primeiro passo para nos desvencilharmos das mídias digitais é entender o papel que nós e nossos filhos desempenhamos na geração de enormes lucros para empresas como Meta, Google e Microsoft.

Para aqueles de nós cujos pontos fortes e interesses estão fora do mundo da matemática, ciência e engenharia, creio que há uma aura de mistério em torno das tecnologias digitais que atua como uma barreira a nos impedir de entender exatamente como as empresas de tecnologia ganham dinheiro. Os dispositivos que amamos e usamos diariamente funcionam de maneira tão perfeita e sedutora que parecem magia. A tecnologia sem fio, sobretudo, parece mágica, já que não conseguimos ver de que modo as imagens, e-mails e informações que exibimos em nossas telas chegam lá.*

Ao mesmo tempo, sabemos que não é magia, é tecnologia. Sabemos que ela é controlada por pessoas que, diferentemente de muitos de nós, são especialistas em matemática, ciências e engenharia e tiram proveito da tecnologia. O fato de grande parte da inovação advir de universidades de elite, a exemplo do Instituto de Tecnologia de Massachusetts (MIT, na sigla em inglês) e da Universidade Stanford, faz com que até mesmo a tentativa de entender a tecnologia pareça mais assustadora. Por essa razão, passei a acreditar que um primeiro passo necessário para tomarmos decisões conscientes, responsáveis e éticas acerca de como nós – no papel de governos, comunidades, famílias e indivíduos – gerenciamos o acesso da indústria de tecnologia às crianças é adquirir pelo menos uma compreensão básica de como funcionam os mecanismos que nos mantêm grudados em nossos dispositivos e geram enormes lucros. Descobri que meu próprio entendimento se baseava na decifração de termos com os quais não estava familiarizada; por isso eu os defini no quadro nas páginas 63 e 64.

Os conglomerados de tecnologia geram enormes lucros e exercem enorme influência ao nos oferecer conveniência, distração, informações e conexões. Em troca, muitas vezes sem perceber, abrimos mão de nossa privacidade na forma de nossas informações pessoais, nosso tempo e

---

* Agradecimentos especiais a Criscillia Benford, a primeira pessoa a descrever para mim como "mágico" o ambiente em torno das novas tecnologias digitais. [N.A.]

nossa atenção, bem como nosso dinheiro. Empresas como Amazon e Meta exploram a ciência da persuasão – o que se sabe sobre influenciar o comportamento humano – a serviço de estimular de modo persistente o uso de seus produtos e serviços para que se tornem hábitos, que por sua vez podem acabar se tornando vícios.

Jargão tecnológico para leigos

Algoritmos são como receitas escritas por programadores para computadores. São conjuntos de equações e regras que, quando seguidas, permitem que os computadores concluam as tarefas que lhes são atribuídas.

Algoritmos de aprendizado de máquina fazem previsões ou classificações inventando regras de "aprendizado" a partir de armazenamento de dados editados com os quais foram alimentados ou a partir de dados extraídos de interações homem/computador em tempo real.

Algoritmos preditivos são algoritmos de aprendizado de máquina que usam dados coletados anteriormente para "aprender" a prever algo que ainda não aconteceu. Pesquisas e estudos mostraram que as regras desses algoritmos inventados para prever o futuro muitas vezes reproduzem preconceitos em seus dados de treinamento.

Internet das Coisas (IoT, na sigla em inglês) é uma expressão genérica para descrever a rede de bilhões de dispositivos inteligentes – brinquedos, micro-ondas, aspiradores de pó, termostatos, escovas de dente elétricas etc. – com conectividade com a internet. Embora alguns dos dados que esses dispositivos capturam por meio de sensores sejam úteis para seus proprietários, a maior parte deles se torna monetizável pelos provedores de dispositivos quando carregados em uma plataforma baseada em nuvem como o Salesforce IoT.

Design da experiência do usuário (UX, na sigla em inglês) molda a forma como os usuários se comportam e se sentem em relação a produtos interativos, a exemplo de smartphones, tablets, aplicativos, sites e objetos e dispositivos IoT.

Design persuasivo é um subconjunto da prática de design UX inspirado nos princípios da psicologia comportamental para persuadir os usuários a adotar *atitudes-alvo* e/ou desempenhar *comportamentos-alvo* (por exemplo, permanecer no site, clicar, curtir, fixar, deslizar, postar, participar, comentar, inscrever-se, enviar mensagem, comprar).

Cronograma de recompensas variáveis refere-se a uma tática comum para induzir comportamentos-alvo nos usuários, oferecendo recompensas e prêmios, que podem diferir amplamente em termos de valor, em uma programação imprevisível.

Publicidade comportamental (direcionamento comportamental ou **publicidade baseada em dados)** é o método de criação de conteúdo publicitário baseado em dados coletados do comportamento online das pessoas e agregados a dados de indivíduos com características ou comportamentos semelhantes.

Nagware consiste em anúncios do tipo "pop-up" (janelas que se abrem sozinhas na tela) geralmente incorporados a aplicativos "gratuitos" que incentivam (com insistência) os usuários a atualizar ou comprar uma versão *premium* do aplicativo, enviando constantes mensagens pop-up ou notificações. Geralmente aparecem quando os aplicativos são abertos, e podem "brotar" de novo após um tempo.

Notificações push são avisos criados para incentivar e prolongar o tempo que passamos com nossos dispositivos. Entre os tipos de **notificações push** incluem-se notícias de última hora sobre o que "amigos" estão fazendo nas redes sociais, "curtidas" obtidas por postagens ou alertas sobre atualizações de um aplicativo específico.

Rolagem infinita é exatamente o que o nome sugere. É uma técnica de design para prolongar o engajamento dos usuários por meio do carregamento contínuo do conteúdo enquanto os usuários rolam a página.

Créditos: Criscillia Benford. Adaptado com permissão.

Uma técnica especialmente poderosa para nos manter viciados é o uso de recompensas intermitentes. Nós não nos limitamos a fazer postagens nas redes sociais, nós verificamos repetidamente nossas publicações em busca de "curtidas", "compartilhamentos" e comentários. Para as crianças pequenas, as recompensas intermitentes vêm na forma de estrelinhas, pontos ou prêmios virtuais. Acontece que obter recompensas algumas vezes, mas não o tempo todo, é um motivador poderoso. Assim como as máquinas caça-níqueis são programadas para permitir que os jogadores ganhem de tempos em tempos, as empresas de tecnologia também oferecem recompensas intermitentes – na forma de "curtidas" nas redes sociais ou aumento de nível e prêmios virtuais em jogos online – como tática para nos manter constantemente engajados. Cada "recompensa" digital desencadeia um pequeno jorro de dopamina, um poderoso neurotransmissor que desencadeia a sedutora combinação de prazer ou empolgação e desejo.[48]

Tão logo somos capturados nesse ciclo incessante de prazer e desejo, nós e nossos filhos estamos sujeitos a uma vigilância sem precedentes. No mínimo, a maior parte do nosso comportamento online é rastreada. Cada vez mais, nosso comportamento offline também é rastreado por meio de dispositivos de localização em nossos celulares e pela Internet das Coisas (IoT), expressão de sentido amplo que descreve brinquedos, eletrodomésticos, relógios de pulso e outros dispositivos "inteligentes". Cada vez mais, as crianças são vulneráveis à vigilância enquanto brincam. As vendas de "brinquedos inteligentes", incluindo os brinquedos físicos e aplicativos a eles associados, devem atingir quase 70 bilhões de dólares em 2026.[49]

As empresas de tecnologia chamam de "mineração de dados" o processo de coleta contínua de informações a nosso respeito à medida que utilizamos os produtos e serviços que elas nos oferecem. Como esse processo envolve vigilância em tempo real do modo como vivemos nossa vida, o fato de as empresas estarem literalmente "extraindo" informações sobre nós e nossos filhos parece algo bastante assustador, que se assemelha à distópica ficção científica orwelliana. E é. Mas a prática de garimpar potenciais consumidores não é uma novidade.

Como escrevi em "Crianças do consumo", um artigo publicado em 2001 na revista *Brand Strategy* exortava as empresas voltadas ao público infantil a se envolverem na "mineração de relacionamentos", que o autor define como "uma descrição geral do método para entender as forças familiares. A mineração refere-se ao processo de descobrir as motivações de diferentes membros da família e as razões para determinados resultados quando ocorrem necessidades conflitantes".[50] Para aqueles de nós que fazem livre associação de ideias, a metáfora de "minerar" ou garimpar relacionamentos familiares é dolorosamente evocativa. As famílias são entendidas como um repositório (a mina ou jazida) que contém valiosas matérias-primas disponíveis para extração – e exploração econômica.

Como acontece com grande parte do marketing para crianças hoje, a intenção específica de tirar proveito econômico delas não mudou ao longo dos anos, mas as ferramentas para fazer isso são cada vez mais precisas, invasivas, poderosas e sedutoras. Para estendermos a metáfora da mineração: as informações que as empresas de tecnologia da informação coletam continuamente de nós servem como matéria-prima para algoritmos preditivos que calculam as maneiras como nós – e outras pessoas com comportamentos ou características similares – provavelmente responderemos a informações, produtos, sugestões ou solicitações.

Só que os algoritmos não levam em consideração o que é melhor para as crianças. Como exemplo, veja o infinito sortimento de vídeos "recomendados" que se seguem um após o outro no YouTube. As crianças que começam assistindo a vídeos da popular série de animação britânica *Peppa Pig*, por exemplo, e continuam ligadas na tela vendo os vídeos recomendados à medida que se sucedem na tela podem acabar expostas a conteúdos violentos, sexualmente sugestivos e relacionados a drogas.[51] Porém, independentemente da adequação do conteúdo ao qual as crianças são levadas, o fato de o YouTube saber o suficiente sobre os interesses dos jovens espectadores a ponto de seduzi-los a ampliar seu tempo de visualização é preocupante, sobretudo quando o tempo excessivo de tela é tão generalizado e problemático.

Guillaume Chaslot, ex-engenheiro do YouTube, é ainda mais enfático: "As recomendações de vídeos são projetadas para otimizar o tempo de exibição, não há razão para mostrar conteúdo realmente bom para crianças. Às vezes até faz isso, mas quando acontece é por coincidência [...]. Trabalhando nas recomendações do YouTube, me sentia como o cara malvado em *Pinóquio*: mostrava às crianças um mundo colorido e divertido, mas na verdade eu as estava transformando em burros para maximizar os lucros da empresa".[52]

Chaslot saiu do YouTube e fundou a AlgoTransparency, organização que trabalha para lançar luz sobre a influência dos algoritmos na decisão dos conteúdos que vemos quando estamos na internet e exigir maior transparência das plataformas online. Hoje, os dados coletados de nossos comportamentos passados, online e offline, são usados para criar algoritmos preditivos que as empresas de tecnologia vendem aos anunciantes como ferramentas para direcionar anúncios específicos a pessoas mais propensas a responder a eles. Hábitos, pontos fortes, predileções, aversões e desejos que transparecem online (para não falar de nossa idade, localização, gênero e status socioeconômico) são as matérias-primas extraídas por empresas de tecnologia para nos manter grudados em sites, viciados em jogos e plataformas.

Repetidas vezes as crianças são submetidas a esse tipo de vigilância e monetização nos jogos online mais populares. Mark, de 11 anos, ficou entusiasmado quando perguntei a seu pai e sua mãe se poderia vê-lo em ação no popular jogo multijogador Fortnite. Ele colocou o fone de ouvido, conectou-se com um amigo e se perdeu instantaneamente – abatendo criaturas de aparência engraçada e planejando estratégias em tempo real com seu parceiro de combate.

Fortnite é o que chamamos de "jogo *sandbox* cooperativo",* que oferece aos participantes oportunidades de jogar criativamente com outras pessoas. Na condição de alguém que se diverte jogando todos os tipos de jogo, eu entendo o apelo. Fortnite – e jogos similares – oferecem emoção, satisfação imediata e oportunidades de passar tempo com os amigos. Mas há uma grande diferença entre jogar esses jogos *sandbox* online e brincar "com a mão na massa" em caixas de areia de verdade.

---

* *Sandbox* (palavra em inglês que significa "caixa de areia"), ou jogo de jogabilidade não linear, é um estilo de jogo em que são colocadas apenas limitações mínimas para o personagem. Assim, em vez de seguir uma história principal e linear, o jogador pode perambular e modificar completamente o mundo virtual de acordo com a sua vontade. Ao contrário dos jogos de progressão, o *sandbox* enfatiza a exploração do ambiente e permite ao jogador selecionar tarefas, múltiplas ações e missões alternativas. [N.T.]

Quando as crianças se conectam no Fortnite ou em outros jogos de estilo *sandbox*, sua diversão é continuamente monetizada por empresas que tiram proveito de suas vulnerabilidades, fomentando a inveja e o desejo de pertencimento. É verdade que as crianças que constroem fortes e castelos em uma caixa de areia de verdade podem sentir inveja dos brinquedos de outras crianças ou podem passar pela experiência de ser excluídas. Mas as caixas de areia físicas normalmente não têm adultos trabalhando ali para manipular propositalmente as crianças para situações que desencadeiam essas experiências.

Jogos como o Fortnite monetizam as brincadeiras infantis construindo mundos virtuais repletos de consumismo ostensivo, inclusive com claros lembretes de quem são os endinheirados e quem são os pobretões. Vendem símbolos de status na forma de apetrechos virtuais para avatares (que no jargão do Fortnite são chamados de *skins*, customizações que o jogador pode usar para alterar sua aparência) e uma porção de bobagens como danças esquisitas e gestos inventados (chamados de *emotes*), normalmente utilizados para provocar os outros jogadores. O Fortnite também gera dinheiro cobrando 10 dólares trimestrais por um "Passe de Batalha", que permite acesso exclusivo a atualizações cosméticas como *skins* mais complexas, novos personagens, animais de estimação e muito mais.[53] As crianças que jogam Fortnite com amigos são constantemente lembradas de quem tem dinheiro para gastar e quem não tem. Essa estratégia funciona. Em 2018, a empresa arrecadou 300 milhões de dólares por mês com compras dentro do aplicativo, totalizando 3,6 bilhões de dólares no ano.[54] Em 2020, a receita caiu, mas ainda bateu a casa de respeitáveis 2,5 bilhões de dólares.[55]

O pai de Mark me disse que estava preocupado com a quantidade de dinheiro que o menino estava gastando em equipamentos virtuais do Fortnite: "É bizarro. Hoje em dia ele quer gastar mais dinheiro em coisas que não existem de verdade do que em coisas reais". Aos 11 anos, Mark tem dinheiro, economizado de sua mesada. Hoje em dia as crianças têm seu próprio dinheiro, e por isso é mais difícil para pais e mães controlarem no que elas gastam. Por óbvio, Fortnite não é o único jogo que induz as crianças a gastarem dinheiro em produtos virtuais, mas é um dos mais populares e perniciosos. Além disso, o pai de Mark tinha mais uma preocupação: "Não consigo fazê-lo parar sem que primeiro tenha que brigar com ele". Ouço muito essa reclamação de pais e mães que lutam para que seus filhos parem de jogar videogame ou saiam das redes sociais.

A dificuldade de Mark em se desvencilhar do Fortnite não é por acaso. Tampouco é por acaso que a maior parte das pessoas fica escravizada (e fascinada) por seus dispositivos. As empresas de tecnologia nos levam aonde bem querem. E não apenas detêm as ferramentas para nos manter lá como também temos grande participação no sucesso delas. O clichê que vem à mente enquanto escrevo isto é "cavar nossa própria cova". Veja como funciona. Os algoritmos que comandam aplicativos e sites de redes sociais aprimoram continuamente sua capacidade de nos persuadir a aumentar a quantidade de tempo que passamos online. Os algoritmos evoluem com base nas coisas que aprendem sobre nós. Quanto mais tempo ficamos online, mais informações sobre nós mesmos fornecemos aos algoritmos. Quanto mais informações fornecemos, mais a fundo os algoritmos nos "conhecem" e mais eficazes se tornam para nos manter fisgados. Se é difícil para os adultos se desligarem e se livrarem do mundo online, imagine para as crianças, que têm muito mais dificuldade de autocontrole e disciplina, e cujo julgamento ainda é imaturo.

Amparadas por tecnologias cada vez mais sofisticadas e uma maior compreensão do comportamento humano, as técnicas de marketing de hoje são as mais poderosas e persuasivas de todos os tempos. No entanto, o extraordinário poder do marketing atual não surgiu completamente pronto do dia para a noite. Em vez disso, é um degrau adicional no lucrativo (e em constante evolução) casamento da tecnologia e da psicologia. O marketing digital é apenas um passo na longa história da publicidade de combinar avanços tecnológicos e pesquisa aprofundada em psicologia humana para capturar nossa atenção com o único propósito de nos vender coisas. As empresas de tecnologia costumam empregar psicólogos para aumentar o poder de captura e persuasão.[56]

É um fato triste que os psicólogos há muito tenham trazido seu vasto e variado conhecimento das emoções, pensamentos e comportamentos humanos para o campo da publicidade. E há muito tempo o papel dos engenheiros é aplicar a mais recente ciência de materiais para expandir o alcance da publicidade e transmitir suas mensagens de maneiras novas e empolgantes.[57] À medida que as ciências da psicologia e da tecnologia evoluem em conjunto, expandem-se o poder e o alcance do comercialismo, incluindo a prática de manipular crianças a fim de obter lucro. Há décadas, é rotineiro que psicólogos ajudem as empresas a comercializar produtos para crianças, empregando com sucesso os princípios e as práticas da psicologia infantil – da teoria do desenvolvimento às técnicas de diagnóstico – com o único propósito de aumentar os lucros corporativos.

Tradicionalmente, a psicologia do desenvolvimento – o estudo das mudanças cognitivas, emocionais e sociais pelas quais as crianças passam à medida que crescem – fornece a base para todos os tipos de políticas públicas destinadas a proteger as crianças e promover seu bem-estar. É por essa razão que me incomoda o fato de que alguns psicólogos – cujo trabalho supostamente deveria beneficiar a humanidade – forneçam às corporações um poder cada vez maior de influenciar qualquer pessoa. Hoje, a psicologia do desenvolvimento se limita a ser mais uma ferramenta para o que a indústria publicitária chama de "segmentação de mercado" ou "marketing direcionado".[58]

Em 1999, eu me juntei a um grupo de psicólogos que passou a exigir que a Associação Americana de Psicologia (APA, na sigla em inglês) declarasse que era antiético psicólogos trabalharem com profissionais de marketing cujo alvo eram crianças. A APA recusou, embora tenha indicado um grupo de psicólogos, dos quais eu fazia parte, para uma força-tarefa cujo trabalho era investigar o problema, redigir um relatório e fazer recomendações.[59] Com base em estudos e pesquisas disponíveis, recomendamos que a APA apoiasse a restrição de publicidade e marketing a crianças menores de 8 anos e restringisse o marketing nas escolas. A APA aceitou as nossas recomendações como uma de suas diretrizes.[60]

Quase vinte anos depois, juntei-me a outro grupo de psicólogos que assinaram uma carta insistindo à APA que declarasse que não era ético da parte de psicólogos trabalhar com empresas de tecnologia para manipular crianças.[61] Richard Freed, um dos organizadores dessa iniciativa, explicou:

> As destrutivas forças da psicologia empregadas pela indústria de tecnologia vêm causando nas crianças um impacto negativo mais

considerável que os usos positivos da psicologia por parte de provedores de saúde mental e defensores dos direitos das crianças. Para dizer em termos simples, hoje a ciência da psicologia mais prejudica do que ajuda as crianças.[62]

Enquanto escrevo estas linhas, a APA ainda não tomou nenhuma providência.

Nesse meio-tempo, no mundo da tecnologia e da mídia para crianças, quase não existe nenhum lugar que seja de fato livre de comercialismo. Nos primórdios da televisão e da rádio públicas, a ideia era que fossem livres de publicidade e marketing. Ao longo dos anos, no entanto, cortes severos no financiamento da Corporação para Transmissão Pública (CPB, na sigla em inglês)* forçaram os programas do canal educativo-cultural Public Broadcasting Service (PBS) a depender fortemente de financiamento próprio. Como resultado, até mesmo programas com maravilhosos conteúdos educacionais contam com patrocínios comerciais, licenciamento de marcas e aplicativos e jogos para manter a atenção das crianças. Hoje, não há praticamente nenhum lugar onde as crianças possam viajar no cenário digital sem ser alvo de publicidade. Ademais, como descobri em uma reunião da Fundação Clinton em Chicago há alguns anos, até mesmo os executivos que produzem mídia pública para crianças relutam em assumir uma posição pública sobre a importância de limitar a exposição das crianças pequenas à televisão e a dispositivos digitais.

Fiquei entusiasmada em participar dessa reunião porque incluía passar algum tempo com um grupo de tomadores de decisão da PBS, CPB, Sesame Workshop [fundação responsável pela produção de vários programas educacionais infantis] e muito mais. Naquela época, a Academia Americana de Pediatria (AAP) recomendava desestimular o tempo de tela para crianças menores de 2 anos e limitar a mídias de entretenimento em telas para crianças mais velhas a não mais que

---

* Organização sem fins lucrativos criada por decreto do Congresso dos Estados Unidos em 1967, a CPB é o administrador dos investimentos do governo federal em radiodifusão pública e a maior fonte individual de financiamento para rádio, televisão e serviços online públicos. [N.T.]

uma a duas horas por dia.* Não seria ótimo, pensei, os produtores de mídia pública para crianças pequenas, que em tese *deveriam* colocar os interesses das crianças em primeiro lugar, se reunirem para recomendar que pais e mães seguissem as recomendações da AAP? Eles se recusaram – pelo menos publicamente.

Alguns de meus colegas que também participaram da reunião me confidenciaram que concordavam com o limite. Mas ao que parece não podiam correr o risco de enviar essa mensagem a pais e mães por medo de perderem patrocinadores corporativos e parceiros de licenciamento. É o mesmo raciocínio utilizado pelos fornecedores de mídia comercial para crianças, o que ressalta uma triste verdade: ainda que a mídia pública subfinanciada disponível hoje para crianças produza alguns programas maravilhosos e possa ser mais educativa do que a maioria das mídias comerciais, ela é financiada por meio de um modelo de negócios semelhante, em detrimento do bem-estar das crianças.

No mundo dos aplicativos e videogames com fins lucrativos, o jogo Minecraft sintetiza o potencial da tecnologia para oferecer às crianças experiências maravilhosamente divertidas, criativas e educacionais, ainda que seu modelo de negócios predominante corrompa essas mesmas experiências e delas extraia lucro. Conheci o Minecraft em março de 2014, quando me preparava para participar de um painel sobre tecnologia, que contaria com a presença de um professor que usava o jogo em sua sala de aula. Fiquei encantada com isso. Seis meses depois, a Microsoft comprou o Minecraft de seu criador pelo montante de 2,5 bilhões de dólares.[63]

O que mais me empolgou no Minecraft foi que era completamente desestruturado. Na época, o jogo todo consistia de jogadores caindo em paisagens virtuais semelhantes ao Lego, onde tinham que confiar inteiramente em sua própria criatividade e habilidades de resolução de problemas para sobreviver. A pessoa poderia jogar sozinha ou colaborar com amigos online. Naquela época, o Minecraft não era de forma alguma livre de comerciais – era cada vez maior o número de produtos

---

* As recomendações de 2013 ainda estavam em vigor na época: Conselho de Comunicações e Mídia da Academia Americana de Pediatria, "Children, Adolescents, and the Media", *Pediatrics* 132, n. 5 (2013), pp. 958-961. [N.A.]

licenciados,[64] incluindo camisetas e até mesmo um kit da própria Lego.[65] Fiquei incomodada com o comercialismo – que obviamente agora parece bastante pitoresco –, mas ainda assim estava intrigada com o jogo.

Tal qual Mark, Henry, de 10 anos, ficou empolgadíssimo para me mostrar como é o Minecraft da Microsoft hoje em dia. Ele ficou ainda mais entusiasmado quando seu pai disse: "Deixe-me mostrar o que eu *não* deixo o Henry jogar no Minecraft", e fomos transportados para um campo de batalha multijogador virtual, que ainda se parece com o Minecraft – paisagem de blocos quadrados, avatares de blocos quadrados e tal. Mas agora é muito parecido com o Fortnite. O Minecraft replica o sistema de classes de quem tem e quem não tem, vendendo complementos virtuais dentro do jogo, incluindo ofertas de *skins*, animais de estimação, armas e muito mais.[66] Enquanto seu pai e eu conversávamos sobre Minecraft, Henry passou quinze felizes minutos lutando contra seus oponentes e explodindo coisas. A curtição oferecida por essa versão do jogo vem mais de oportunidades de destruição do que de construção – e é por isso que o pai de Henry normalmente não permite que o menino jogue.

A supercomercialização do Minecraft pela Microsoft é angustiante, mas não inesperada. No entanto, mesmo antes de isso acontecer, tive um bizarro diálogo com um entusiasta do Minecraft. No mencionado painel de discussão sobre tecnologia em 2014, me vi pisando em ovos sobre o Minecraft quando meu colega palestrante, o professor, enalteceu as virtudes do jogo. Em seguida, com grande empolgação, ele descreveu a maneira como sua filhinha havia construído uma casa na árvore no Minecraft: "Moramos na cidade de Nova York. Ela nunca tinha construído uma casa na árvore!". Isso foi demais para mim. "Ela *ainda não* construiu uma!", exclamei. É um embaralhamento que me preocupa.

Em um artigo de opinião no jornal *The New York Times*, a psicóloga e crítica de tecnologia Sherry Turkle descreve como as inovações tecnológicas se insinuam em nossa vida percorrendo uma trajetória que vai de "melhor do que nada a melhor do que qualquer coisa". Em seguida, ela acrescenta: "São estações em nossa viagem rumo ao esquecimento do que significa ser humano".[67] As preocupações de Turkle vão muito além de aplicativos e videogames para um tempo imaginado pelos futuristas, quando robôs substituirão os seres humanos para exercer funções de cuidadores de idosos, crianças e enfermos, por exemplo. Quando não seremos mais capazes de distinguir máquinas que simulam empatia e seres humanos que realmente a sentem. Meu próprio vislumbre desse futuro remonta ao tal painel de 2014 e ao professor que não conseguia – ou não queria – fazer a distinção entre sua filha construir uma casa na árvore virtual no Minecraft e a experiência de construir uma no quintal, empoleirada nos galhos de uma árvore de verdade, martelando pregos em tábuas de madeira. Nossas interações com a tecnologia podem ser atraentes, irresistíveis, cativantes, esclarecedoras, significativas e divertidas. Mas, para fazer eco a Sherry Turkle, é um erro acreditar na tendência da indústria de tecnologia de equiparar nossas interações virtuais às nossas interações com o mundo real, ou o que, no jargão tecnológico, é chamado de "IRL" – "*in real life*" [na vida real].

Quando a covid-19 virou o planeta de cabeça para baixo, as tecnologias digitais tornaram-se cada vez mais essenciais para ajudar as pessoas com acesso a elas a proteger e nutrir a nossa própria saúde física e mental e de nossos filhos. Nossa experiência aparentemente provou o que as empresas de tecnologia e mídia havia muito argumentavam: que os produtos que elas oferecem são indispensáveis para a vida moderna. No entanto, se isso for verdade, precisamos mudar seu modelo de negócios. Ao contrário de outros serviços essenciais – como água, eletricidade, gás e esgoto, por exemplo –, a indústria de tecnologia disputa nossa atenção, invade nossa privacidade e a de nossos filhos e monetiza nossas informações pessoais, sujeitando-nos à inescapável publicidade baseada em dados. Precisamos regulamentar as Big Techs,* sobretudo no que diz respeito a como as empresas transformam as crianças em alvo. E, enquanto nos maravilhamos com a incrível inteligência das máquinas que já existem e das que teremos no futuro, precisamos valorizar as maneiras como somos diferentes delas – e celebrar a melhor parte do que significa ser humano.

---

* As Big Techs são as grandes empresas do setor de tecnologia que dominam determinado segmento do mercado. Localizadas principalmente no Vale do Silício (Califórnia), essas corporações, além de mudarem o comportamento e consumo das pessoas, colocam em xeque questões sobre privacidade, proteção de dados e influência no mercado financeiro. Alguns exemplos: Apple, Amazon, Google, Microsoft, Facebook/Meta. [N.T.]

3

O show (das marcas)
não pode parar

*O que eu adoraria é que todo
menino no mundo que pensasse em piratas
pensasse em... piratas da Disney.*

Bob Iger,
CEO da Walt Disney Company

Estou sentada no moderníssimo e quase vazio auditório do San Francisco Jazz Center. Participo da PlayCon 2018, conferência da indústria de brinquedos anunciada como a "reunião bianual de líderes de pensamento que formam o futuro de nossa indústria em constante mudança e, às vezes, problemática".[1] O adjetivo "problemática" estava correto. Dois meses antes, a Toys "R" Us, icônica rede líder do varejo de brinquedos que respondia por 20% da receita doméstica de brinquedos nos Estados Unidos,[2] havia declarado falência e fechado as portas. No auge, a Toys "R" Us operava novecentas lojas apenas nos Estados Unidos. Sua mascote, a girafa Geoffrey, era tão famosa e reconhecível quanto o Tigre Tony da Kellogg's.[3] Entre os poucos presentes no auditório de última geração, a preocupação com as ramificações do fim daquela que havia sido a última das gigantescas cadeias de brinquedos tradicionais era palpável, inclusive na programação da conferência. O dia começou com um fórum focado no tema: como sobreviver à falência e à "deterioração da indústria".

Entre os participantes da PlayCon incluíam-se executivos da Hasbro e da Mattel, dois dos maiores conglomerados de brinquedos do mundo, que culparam a Toys "R" Us, pelo menos em parte, por significativas perdas de receita.[4] Como resultado, a Mattel eliminou 2.200 empregos – 22% de sua força de trabalho não manufatureira no mundo todo. Pela primeira vez em catorze anos, a Lego – que não estava entre os participantes – também perdeu receitas, principalmente na América do Norte, e cortou 8% de sua mão de obra.[5]

Não há dúvida de que o fim da Toys "R" Us prejudicou, pelo menos temporariamente, os fabricantes de brinquedos, a maioria dos quais, grandes e pequenos, dependia das lojas para uma parte significativa de suas vendas. Decerto foi uma grande tragédia para as famílias dos mais de 30 mil funcionários demitidos inicialmente sem indenização[6] (depois de meses de protesto, alguns dos trabalhadores que perderam o emprego foram indenizados, mas não todos).[7] A ascensão e a queda da última grande cadeia de brinquedos podem parecer irrelevantes hoje, mas me pego pensando na empresa enquanto ouço as apresentações dos executivos de brinquedos e tecnologia da PlayCon. A Toys "R" Us concebeu estratégias de marketing extraordinariamente eficazes que estabeleceram as bases para as empresas que hoje em dia miram as crianças. Como disse um pesquisador de mercado em entrevista ao *Wall Street Journal* durante o auge da empresa: "A força deles não está em seus produtos, mas na maneira de vendê-los".[8]

Acontece que a Toys "R" Us caiu e anunciou o fim de suas operações em 2018, mas aparentemente não morreu de vez. Foi reinaugurada dentro das lojas físicas da Macy's em 2022 e, graças ao acordo com essa rede de lojas de departamento, agora tem presença online.[9] Mas não estou dando pulos de alegria com seu retorno. A Toys "R" Us fazia propaganda pesada e brilhante para as crianças – apresentando suas lojas como destinos divertidos, adequados para crianças e *necessários* para as famílias. Já em 1982, o marketing da Toys "R" Us visava incorporar sua marca à identidade infantil. Foi quando lançaram comerciais com lindas crianças cantando o que foi chamado de "o *jingle* mais icônico e duradouro da história do varejo"[10] e que "se alojou no cérebro de uma geração de crianças".[11] No fim dos anos 1980 eu já era mãe, e não apenas filha, e mais de trinta anos depois – enquanto escrevo estas linhas – ainda não sou capaz de tirar o *jingle* da cabeça. Os versos de abertura são: *"I don't wanna grow up, I'm a Toys 'R' Us kid"* ("Eu não quero crescer, sou uma criança da Toys 'R' Us"). É impressionante que a agência de publicidade que criou o *jingle* tenha conseguido enfiar *"Toys 'R' Us kid"* cinco vezes em apenas oito versos. Tudo parecia tão divertido que mesmo agora, em retrospecto, é difícil criticar a letra. Mas precisamos questionar a ética de persuadir crianças a se relacionarem com uma loja de brinquedos cujo único interesse nelas é financeiro.

A cobertura jornalística e a análise da falência se concentraram principalmente em enaltecer os primeiros cinquenta anos de extraordinário sucesso – seus dias de glória como a maior vendedora de brinquedos do mundo – e especular sobre o motivo do fracasso (atribuiu-se a culpa ao tempo de tela das crianças; à expansão de redes de supermercado como o Walmart, que passaram a vender grande variedade de brinquedos; à ascensão fulminante do comércio eletrônico de empresas como Amazon e Target; aos fundos de investimento de *private equity*;[*] e – bizarramente – a pais e mães da geração *millennial*).[12,**] A Toys "R" Us foi consagrada como uma "instituição americana", ombro a ombro com o McDonald's.[13]

Chamou a atenção pela ausência de um debate sobre como e se as crianças foram afetadas pelo incrível sucesso e o derradeiro fracasso da Toys "R" Us. Do ponto de vista do que as crianças precisam, ou do que é melhor para elas, é difícil ver de que maneira as crianças poderiam se beneficiar de uma gigantesca rede de lojas de brinquedos que gastava milhões de dólares para atraí-las para a emoção de comprar o que na

---

[*] Fundos que investem em empresas que não têm capital aberto (ou seja, não têm ações listadas na bolsa de valores), participando ativamente de sua gestão com o objetivo de alavancá-las e desenvolvê-las para posteriormente realizar o desinvestimento com ganhos. Esses fundos têm um horizonte de investimento de longo prazo e buscam retornos superiores aos do mercado acionário ao final do período. Em geral, costumam oferecer menos risco ao investidor que a bolsa de valores, porque a aplicação de recursos é feita diretamente nos projetos e não nas empresas. [N.T.]

[**] Também conhecidos como a Geração Y, são as pessoas nascidas entre 1977 e 1995 (segundo outras fontes, entre 1981 e 1996). Quem veio depois disso já é considerado a Geração Z (os *centennials*). [N.T.]

maioria das vezes são brinquedos inúteis – em um raciocínio similar, as crianças tampouco se beneficiam de um restaurante de *fast-food* cujos lucros dependem de elas consumirem *junk food*.

A Toys "R" Us não comercializava brinquedos específicos para crianças. A cadeia de lojas deixava essa duvidosa honra para as empresas de brinquedos, cuja publicidade era muitas vezes obrigada a mencionar que seus produtos eram vendidos nas unidades da Toys "R" Us.[14] A rede oferecia alguns brinquedos comprovadamente benéficos para as crianças – materiais de arte e quebra-cabeças, por exemplo, blocos de montar e outros tipos de conjuntos de construção. Mas os brinquedos que dominavam a loja eram os mais alardeados pela publicidade, os que tendiam a glorificar a violência (por exemplo, bonecos de personagens de filmes violentos indicados apenas para pessoas a partir de 13 anos) e a sexualização (como Barbies e bonecas fashionistas das linhas Bratz e Monster High) e a solapar as brincadeiras criativas (qualquer um dos inúmeros brinquedos ligados a ícones da mídia, que chegam com personalidades já formadas, e brinquedos aprimorados com chips e que falam, apitam e se movem por conta própria, restringindo o envolvimento das crianças ao mero apertar de botões). Do ponto de vista da Toys "R" Us, o que os clientes compravam não importava, contanto que comprassem algo. A empresa comercializava anseio e desejo, com o objetivo de incutir nas crianças a crença de que comprar algo – qualquer coisa – na Toys "R" Us era a chave para a felicidade.

A Toys "R" Us pode até ter sido uma instituição dos Estados Unidos, mas – tal qual o McDonald's – é emblemática da propensão norte-americana ao consumo excessivo. O magistral marketing da empresa foi concebido para atrair as crianças para dentro das lojas – abarrotadas de um estoque de até 30 mil brinquedos, expostos de maneira ideal para encantar as crianças na esperança de que pudessem importunar pais e mães para comprar por impulso. A empresa era tão boa nisso que um jornal da Flórida publicou uma charge de um casal saindo de uma loja da Toys "R" Us carregado de pacotes e com a legenda "Acabou a brincadeira – estamos falidos".[15]

Algumas lojas da rede Toys "R" Us chegavam a organizar acampamentos gratuitos para crianças, três tardes por semana, durante cerca de seis semanas a cada verão. Montados em meio a exposições de brinquedos à venda, esses acampamentos incluíam atividades como projetos de artesanato, brincadeiras com bolhas de sabão – e um passeio pela loja. Para os pais e as mães de crianças pequenas à procura de maneiras de manter os filhos ocupados durante os longos dias de verão, sobretudo os que não tinham condições financeiras de arcar com as despesas da creche ou as taxas de uma colônia de férias de verdade, a ideia de um acampamento gratuito podia parecer um bom negócio. Exceto pelo fato de que não era realmente grátis. Esperar que crianças pequenas passem duas horas por dia dentro de uma loja de brinquedos sem atormentar os pais e as mães para comprar algo é tão absurdo quanto esperar que alcoólicos trancados em uma loja de bebidas se abstenham de beber, ou que viciados em jogos de azar frequentem um cassino sem apostar nas máquinas caça-níqueis. A mãe de duas meninas, de 2 e 5 anos, que participaram do acampamento diariamente durante seis semanas, disse ao jornal *The Washington Post* que "somente em duas ocasiões saí de lá sem comprar alguma coisa".[16]

Como destaquei em *Crianças do consumo*, uma das melhores definições de comercialismo que já vi é a de James Twitchell, que escreveu em profusão sobre publicidade e cultura comercial, embora, devo acrescentar, não de um ponto de vista exatamente crítico. De acordo com Twitchell, o comercialismo consiste em comoditização e marketing. A primeira é caracterizada por "despojar um objeto de todos os outros valores, exceto seu valor para venda a outra pessoa". O último envolve "inserir esse objeto em uma rede de trocas, das quais apenas algumas envolvem dinheiro".[17]

Twitchell estava falando sobre objetos no sentido das coisas que são vendidas para nós. Porém, no mundo do marketing, as crianças também são vistas como pertences, coisas das quais somos proprietários, talvez para o resto da vida. A objetificação das crianças foi exemplificada na década de 1990 por uma citação de Mike Searle, presidente da Kids "R" Us: "Se conquistarmos a criança já em tenra idade, poderemos nos apropriar dela pelos anos seguintes [...] as empresas estão dizendo, 'Ei, queremos crianças cada vez mais jovens'".[18]

Na PlayCon, sou lembrada de que os profissionais de marketing digital que substituem a Toys "R" Us no mercado infantil também querem "conquistar" as crianças – e que suas ferramentas para isso são ainda mais eficazes.

E agora estou ouvindo Armida Ascano, diretora de insights da empresa de pesquisas de mercado Trend Hunter, dar uma palestra de vinte minutos intitulada "Geração Z: o que empolga os jovens". De acordo com a ONG de estímulo à filantropia Pew Charitable Trusts, a Geração Z (a Pew os chama de pós-*millennials*) começa por volta de 1997.[19] Apesar do título de sua palestra, Ascano anuncia que não pensa na Geração Z como uma geração – em vez disso, o recorte é um conjunto de tribos. Ela diz isso e faz uma pausa para digerirmos a ideia.

Tribos são tradicionalmente descritas como grupos sociais "compostos por muitas famílias, clãs ou gerações que compartilham idioma, costumes e crenças".[20] O que caracteriza as tribos são os profundos laços emocionais, familiares e/ou espirituais entre cada um dos membros e seu líder, e as crenças e os valores que unem o grupo. As tribos podem ter ramificações positivas e negativas. Por um lado, podem proporcionar aos membros um profundo senso de segurança e pertencimento. Em contrapartida, podem ser assoladas por discrepâncias políticas e sociais e marcadas pela estreiteza.

Quando participei da PlayCon, o tema das tribos e do tribalismo atraía um bocado de atenção de comentadores e especialistas nos Estados Unidos que criticavam com severidade um país profundamente dividido. No mesmo ano, Amy Chua, professora de Direito da Universidade Yale, comentou no livro *Political Tribes* [Tribos políticas]:

> A esquerda acredita que o tribalismo de direita – fanatismo, racismo – está destruindo o país. A direita acredita que o tribalismo de esquerda – políticas identitárias, o politicamente correto – está destruindo o país. Ambas estão certas.[21]

Depois de anos participando de conferências sobre publicidade e lendo publicações focadas em como fazer marketing para crianças, cheguei à conclusão de que a questão central para os marqueteiros não é se uma tendência é boa ou ruim para as crianças ou qualquer outra pessoa, mas se uma tendência ou um fenômeno social podem ser monetizados, e o quanto. É possível realizar várias discussões importantes acerca do impacto das tribos na sociedade moderna. Mas não é por esse motivo que Ascano as menciona. Em vez disso, ela nos diz que as tribos podem ser organizadas em torno de objetivos ou causas, *mas* [grifo da autora], no "melhor cenário hipotético para nós aqui reunidos", os membros da Geração Z se afiliarão às tribos centradas em torno de marcas.[22]

Hoje, de acordo com o jornal londrino *The Times*, as "tribos adolescentes" podem ser identificadas por sua aparência, da qual cuidam com esmero. Mas isso não é novidade. Bens materiais – sobretudo roupas – há muito são usados para sinalizar pertencimento. Na década de 1920, as "melindrosas" usavam vestidos estilo *chemise*. Nos anos 1940 e início dos anos 1950, as meninas que amavam a música pop usavam saias rodadas e meias brancas curtas e eram chamadas de "*bobbysoxers*". Na minha turma do ensino médio na década de 1960, as meninas das repúblicas (ou as que aspiravam a fazer parte das repúblicas) usavam um único alfinete de círculo dourado preso à gola da blusa. Rebeldes com e sem causa usavam calça jeans e camisetas brancas justas.

Entre as tribos identificadas no artigo do *Times* está uma que se convencionou chamar de "*e-people*" ["e-pessoas"] – o "e" é abreviação de "eletrônico".[23] O que une os membros dessa tribo é seu "amor por videogames, *animes* e a enorme quantidade de tempo que passam online". Tendem a usar "moletons, roupas largas, blusas de manga comprida e gola rulê por baixo de camisetas, e correntes no jeans". As "*e-girls*" ["e-meninas"] usam tranças, rabo de cavalo e maria chiquinha, com duas mechas finas deixadas na frente, muitas vezes tingidas de uma cor brilhante. Quanto à maquiagem, um delineador ousado, batom escuro e pequenos desenhos (geralmente corações) sob os olhos. Os "*e-boys*" ["e-meninos"] têm cabelos mais longos com franjas e usam esmalte preto lascado.

Esses grupos usa(va)m roupas e acessórios para se identificar com outras pessoas – para separar os que estão por dentro dos que estão por fora. Mas suas expressões materiais de afiliação são meros veículos para sinalizar o pertencimento a um determinado grupo com um determinado conjunto de valores, rituais e costumes. Nas tribos devotadas a marcas, o produto é o líder de fato, e os membros do grupo são veículos para a geração de lucro. Além de clientes fiéis à marca, eles também funcionam, nesta era digital de "compartilhamentos", "curtidas" e "comentários", como uma vasta força de vendas não remunerada.

Há muito tempo os profissionais de marketing trabalham com afinco para persuadir os clientes a encorajar os amigos a comprar seus produtos. Antes das redes sociais, os marqueteiros distribuíam amostras grátis de produtos como CDs, por exemplo, para crianças e adolescentes que outras crianças e adolescentes identificavam como "legais", "bacanas", "descolados". O marketing boca a boca, ou marketing entre pares (também chamado de marketing entre iguais), sempre foi uma importante ferramenta para os anunciantes. As redes sociais digitais permitem uma versão anabolizada do marketing boca a boca. O McDonald's, por exemplo, tem milhões de seguidores no Facebook e no Instagram. Cada vez que alguém "curte" uma postagem do McDonald's, todos em sua rede social recebem o que é essencialmente um minianúncio do gigante de *fast-food*.

Tenho certeza de que os fornecedores de roupas e acessórios da era pré-digital teriam adorado a chance de tornar suas marcas mais centrais para os laços que se formam entre os vários grupos, mas não dispunham das ferramentas para fazer isso. Agora eles têm isso, graças à internet e, principalmente, às redes sociais. Esses fornecedores refinam as mensagens publicadas nas redes sociais, reunindo e analisando informações pessoais sobre seus clientes e clientes em potencial. Catalisam as interações online com os clientes e os incentivam a se conectarem uns com os outros.

De acordo com a empresa de marketing britânica Vivid Brand, as "tribos de marca" são "grupos de indivíduos conectados emocionalmente por valores de consumo e de uso semelhantes, que usam o 'valor de ligação' social de produtos, serviços e marcas para criar uma comunidade e expressar identidade".[24] A principal conexão emocional entre os membros de uma tribo orientados pela marca é sua devoção mútua a um produto ou grupo de produtos, do qual extraem sua identidade.

Especialistas em marketing aconselham as empresas a

> descobrir as características compartilhadas que definem a tribo, falar sobre as mudanças e os desafios que seus membros estão enfrentando e criar folclore e histórias que fortalecerão os laços entre os membros da tribo e atiçarão sua paixão pela marca. Por sua vez, os membros da tribo ajudarão a marca a socializar sua mensagem, divulgar seus produtos e amplificar a marca.[25]

Em linguagem simples: na era das redes sociais, os devotados membros da tribo de uma marca são valorizados porque fornecem às empresas toneladas de marketing gratuito. As marcas empenhadas em cultivar tribos devem coletar informações pessoais dos membros para fornecer conteúdo selecionado que dialogue com as vulnerabilidades dos membros e os mantenha emocionalmente envolvidos.

É preocupante o fato de as empresas tirarem proveito comercial da necessidade profundamente humana de pertencimento das nossas crianças. É o mesmo tipo de preocupação que teríamos com alguém que desenvolve um vínculo emocional e um sentimento de identificação com um grupo centrado em torno de um líder cujo interesse principal não é o bem-estar dos membros, mas usá-los para gerar lucro ou obter ganho pessoal.

O imperativo de criar tribos de marca é apenas um dos componentes da mensagem de Ascano. Ela nos diz que as empresas precisam identificar as vulnerabilidades emocionais de seus potenciais clientes e convencê-los de que a compra de um produto de determinada marca servirá para satisfazer a essas necessidades. Ela nos diz que a necessidade de pertencimento da Geração Z é uma expressão de sua busca por identidade – e, para a Geração Z, a identidade é fluida. Segundo Ascano, a Geração Z tem muitas perguntas para as quais a sociedade não oferece respostas. As marcas "deveriam" apoiar o crescimento e o desenvolvimento saudáveis da Geração Z, abordando os "temas difíceis". Ascano mostra sua campanha publicitária favorita de 2017. É da Axe, linha de produtos de higiene e cuidados masculinos da Unilever. O comercial é projetado para despertar os sentimentos mais profundos do espectador e posicionar a Axe como uma marca "*woke*"* em relação a questões de raça e gênero. O anúncio apresenta um diversificado grupo de homens jovens e bonitos fazendo perguntas como "Posso usar cor-de-rosa?" e "Posso experimentar com outro cara?".

É uma reviravolta irônica em comparação com as campanhas anteriores da Axe e seu longo histórico de descarada sexualização e

---

* O significado literal da palavra *woke* é "acordado", particípio passado do verbo *wake*, "acordar, despertar". Nos últimos tempos, o termo adquiriu significados mais amplos. Nos Estados Unidos, ser ou estar *woke* indica posturas políticas: ter mais consciência social e indignação pelas injustiças raciais e de gênero. [N.T.]

objetificação das mulheres.[26] Agora a Axe está se posicionando como uma força voltada para o bem. A mensagem subjacente é que a sociedade está falhando na formação dos homens, e que marcas como a Axe – e não pais e mães, grupos de defesa de direitos, instituições religiosas e educacionais ou entidades civis e sociais – podem lhes fornecer respostas para perguntas difíceis e ao mesmo tempo ter em mente seus interesses.

Enquanto Ascano celebra as tribos de marca e essa campanha da Axe em particular, eu me pego pensando que toda a apresentação dela é sintomática de um problema mais profundo e generalizado. Em sua discussão sobre tribos, Ascano confunde os termos "causa" e "marca". Não significam a mesma coisa. O primeiro é um movimento baseado em um princípio ideal ou unificador. O último é um termo de marketing que evoca um conjunto de características que distingue uma mercadoria de outra similar. O mito de que não existe diferença entre entidades cujo objetivo principal é gerar lucros e entidades cujo objetivo principal é promover o bem comum propicia um terreno fértil para alimentar a ganância na sociedade.

Na década de 1970, o psicólogo norte-americano de origem russa Urie Bronfenbrenner expandiu nossa compreensão acerca dos âmbitos das influências sobre as crianças, incluindo forças sociais aparentemente mais remotas: os sistemas econômico, cultural, religioso e político em que elas vivem.[27] Os exemplos mais óbvios são terríveis. A recessão de 2008, que aumentou o desemprego, acrescentou 2 milhões de crianças aos 13 milhões que já viviam na pobreza nos Estados Unidos.[28] A decisão do Estado de Michigan de economizar dinheiro trocando a fonte de água da cidade de Flint fez com que muitas crianças fossem expostas ao chumbo.[29] Conflitos políticos ou religiosos violentos no mundo todo deixam crianças desabrigadas, órfãs ou coisa pior.

Nem todos os eventos e mudanças sociais que afetam as crianças são comoventes ou impactantes o suficiente para ganhar as manchetes. Alguns, a exemplo da revolução digital, surgem disfarçados de mero entretenimento, conveniência ou "progresso" – essa faca de dois gumes. E alguns, como a escalada do comercialismo na vida das crianças, são resultado de fenômenos sobrepostos: regulamentação inadequada de corporações e avanços na tecnologia digital que permitem a lucrativa onipresença de tablets, smartphones, inteligência artificial e tecnologias vestíveis.*

Hoje a linguagem, os valores e as estratégias de marketing permeiam nossa vida civil, espiritual e pessoal. Talvez o exemplo mais óbvio seja todo o conceito de *branding*, que acaba sendo confundido com reputação, mas seus significados são diferentes, e as diferenças são importantes. *Branding* é o jargão de marketing para descrever como as empresas escolhem representar a si mesmas para os consumidores e se diferenciar dos concorrentes. Baseia-se em uma imagem de autossuficiência e autonomia e pode ou não abranger com exatidão a realidade do que a entidade de fato faz. A reputação é baseada nas ações de um indivíduo ou uma organização e em como essas ações são percebidas por pessoas familiarizadas com tal indivíduo ou organização. Um profissional de marketing deu a seguinte definição: "É possível criar uma boa impressão de marca por meio de uma campanha publicitária inteligente, mas não há como fazer publicidade do caminho que se percorre para alcançar uma boa reputação".[30]

O processo e as técnicas de *branding* focam apenas a imagem. O objetivo do *branding* é criar com os clientes em potencial um vínculo emocional que se transforme em fidelidade à marca, o Santo Graal para os profissionais de marketing.[31] A fidelidade à marca é uma das principais razões pelas quais as empresas vendem para crianças. A fidelidade pode durar uma vida inteira, e não é fácil dissuadir os clientes leais a uma marca a optarem por comprar outra coisa que não seja a sua marca de predileção.[32] James McNeal, psicólogo americano que escreveu uma extensa obra sobre como e por que as empresas devem vender para crianças, estimou em 2000 que um cliente fiel a uma marca durante a vida inteira poderia valer 100 mil dólares para um varejista

---

* Em inglês, *wearable technologies*. Por exemplo, óculos de realidade aumentada, que permitem que o usuário acesse redes sociais, faça fotos e vídeos e utilize recursos como conferir a previsão do tempo ou usar o GPS; pulseiras e relógios inteligentes (*smartwatches*), que se conectam com o celular via bluetooth e permitem acesso a e-mails, mensagens e redes sociais; fones de ouvido inteligentes; camisetas com sensores que monitoram batimentos cardíacos, respiração, movimentos e distância percorrida. [N.T.]

individual.[33] (Em 2022, com inflação, a fidelidade vitalícia – ou aquela que vai do berço ao túmulo – a uma marca valia 164.760 dólares.)

Testes cegos de sabor mostram que as pessoas preferem produtos de melhor qualidade quando não conhecem a marca dos produtos que estão experimentando – mas não quando conhecem as marcas. O *branding* é tão poderoso que até mesmo desloca nossos sentidos. Crianças em idade pré-escolar identificaram que alimentos embrulhados em embalagens do McDonald's tinham um sabor melhor do que os mesmos alimentos embrulhados em embalagens sem marca – embora todos os alimentos que experimentaram viessem do mesmo lugar.[34] O mesmo vale para alimentos comercializados em associação a personagens licenciados, como Shrek, Scooby-Doo ou Homem-Aranha.[35] Os clientes leais à marca provavelmente pararão de procurar outras opções. Provavelmente nunca optarão por um produto de melhor qualidade e estão propensos a não perceber mudanças em sua marca preferida – por exemplo, variações de preço.[36]

À medida que a fidelidade à marca aumenta, os clientes ficam menos sensíveis a mudanças no custo dessa marca. E também se tornam menos propensos a perceber promoções competitivas patrocinadas por outras empresas, tampouco se mostram suscetíveis a esse tipo de coisa.[37] A fidelidade à marca permite que as empresas aumentem os preços sem muitas reclamações dos consumidores e economizem dinheiro em marketing. Lealdade à marca significa que as pessoas continuam comprando uma marca mesmo que seus motivos originais para comprá-la – custo, por exemplo – deixem de ser válidos e mesmo que seja de seu interesse comprar o mesmo tipo de produto de uma empresa diferente. A fidelidade à marca é benéfica para uma empresa, mas não necessariamente boa para o cliente.

Quando, em janeiro de 2016, Donald Trump, então pré-candidato do Partido Republicano à presidência dos Estados Unidos, disse a famosa frase: "Eu poderia parar na metade da Quinta Avenida, disparar uma arma contra as pessoas e mesmo assim não perderia eleitores",[38] a convergência de marketing e política atingiu um novo e preocupante ápice. Muitas pessoas, independentemente de sua afiliação política, ficaram chocadas. Mas Trump, falando ao mesmo tempo como uma marca e um tarimbado especialista em marketing, estava apenas aplicando a sabedoria convencional sobre clientes leais à marca: eles permanecerão aferrados a uma marca, sem levar em conta mudanças no preço ou na qualidade. As histórias que as empresas nos contam sobre si mesmas e seus produtos criam a base do *branding*, e essas histórias são onipresentes. No mundo digitalizado de hoje, não precisamos ir atrás de mensagens de marketing; elas vão ao nosso encontro. O que exige esforço é buscar fatos sobre o comportamento corporativo.

A Apple, por exemplo, reverenciada entre os profissionais de marketing por seus clientes leais e pelas conexões emocionais que gera com os consumidores, encabeça a lista da revista *Forbes* das marcas mais valiosas do mundo desde 2010, quando a lista começou a ser publicada.[39] Em janeiro de 1984, a Apple lançou seu agora icônico comercial de TV durante o intervalo do Super Bowl, a partida final da liga de futebol americano.[40] O anúncio é ambientado em um Estado distópico e ditatorial, que lembra o livro *1984*, de George Orwell: uma multidão submissa ouve passivamente um discurso de uma figura tipo o Grande Irmão em um gigantesco telão; o evento é interrompido por uma mulher jovem e atlética – a única mancha de cor nesse mundo sombrio e cinzento –, que chega correndo e arremessa um martelo no telão, destruindo-o em uma explosão de luz branca brilhante; em seguida, vemos e ouvimos as seguintes palavras: "Em 24 de janeiro, a Apple Computer lançará o Macintosh, e você verá por que 1984 não será como *1984*". O anúncio lançou uma trajetória de marketing que já dura décadas e posicionou a Apple como uma empresa antiautoritária, pró-liberdade, pró-democracia e anticonformismo.

Em 2015, Tim Cook, o CEO da Apple, reforçou esse *branding* quando foi entrevistado sobre privacidade em um programa da National Public Radio (NPR). Ele descreveu a privacidade como "um direito humano fundamental"[41] e afirmou que a Apple era mais zelosa em relação à proteção de seus clientes do que outras empresas de tecnologia. No entanto, em 2017, a Apple começou a permitir que o governo chinês, extremamente autoritário e nem um pouco democrático, acessasse informações de todos os cidadãos chineses que armazenavam dados no iCloud da Apple – incluindo suas listas de contatos, fotos, arquivos de texto e agendas.[42] Quatro anos depois, uma reportagem do jornal *The New York Times* citou Nicholas Bequelin, diretor do grupo de direitos humanos Anistia Internacional para o Leste da Ásia, descrevendo a Apple como "uma engrenagem na máquina de censura que apresenta uma versão da internet controlada pelo governo". Bequelin foi além e disse que, "se alguém olhar para o comportamento do governo chinês, não verá nenhuma resistência da Apple – nenhum histórico de defender os princípios aos quais a Apple afirma estar tão apegada".[43]

A Apple é apenas um exemplo de corporação cujas ações dependem de seu *branding*. Uma vez que o objetivo principal da maioria das corporações é ganhar dinheiro para seus acionistas – e não promover a democracia ou o bem-estar –, a hipocrisia corporativa, embora perturbadora, não é inesperada. Na verdade, sabendo que aquilo que é melhor para uma corporação – lucros – pode facilmente estar em desacordo com o que é melhor para a humanidade, devemos ser capazes de confiar na sociedade civil para manter sob controle o comportamento corporativo. Em vez disso, está cada vez mais tênue a linha entre o mundo comercial e as instituições civis e espirituais cuja missão declarada é garantir e até elevar o bem-estar das pessoas e do planeta. Desde a década de 1980, o governo dos Estados Unidos reduziu significativamente a regulamentação das empresas e cedeu às próprias empresas a supervisão do comportamento corporativo. Hoje as corporações têm muitos dos direitos e privilégios dos cidadãos individuais, ao passo que nós, as pessoas, adotamos comportamentos e valores corporativos, incluindo *branding*, e os consideramos normais e até mesmo elogiosos.

Quando os valores comerciais dominam o ambiente infantil, as crianças correm o risco de perder a exposição a alguns dos melhores valores humanos, tais como altruísmo, generosidade, inconformismo e pensamento crítico. O *branding* – a criação e o marketing da imagem – não está mais relegado ao comércio, mas faz parte da vida cotidiana. Nessa sociedade, as crianças, mesmo quando não são convertidas diretamente em alvos pelos marqueteiros, absorvem a cínica mensagem de que tudo está à venda, incluindo governo, religião, educação – e até elas mesmas. Passei a pensar no fenômeno como "*branding* de efeito cascata".

Os presidentes dos Estados Unidos, por exemplo, trabalham com profissionais de marketing e agências de publicidade há mais de cinquenta anos. De Lyndon Johnson a Ronald Reagan, George Bush pai,

George Bush filho e Bill Clinton, os candidatos presidenciais subverteram a tradição da publicidade de campanha eleitoral, que antes, pelo menos metaforicamente, abordava questões e diferenças políticas entre os candidatos, e depois passou a se concentrar em suscitar emoções.[44]

Foi em 2008, porém, que os limites entre os presidentes americanos, marcas e profissionais de marketing ficaram realmente borrados. Ocorreu quando a revista de análise de marketing e mídia *Advertising Age* – em uma votação entre representantes de empresas, agências e fornecedores do mercado publicitário – elegeu o candidato presidencial Barack Obama como "Anunciante do Ano".[45] Keith Reinhard, presidente emérito da agência de marketing global DDB Worldwide, observou: "Obama reúne três características desejadas em uma marca: é novo, diferente e atraente. Melhor que isso, impossível".[46]

Dois anos depois, em 2010, Staci Zavattaro, então doutoranda em administração pública na Universidade Florida Atlantic, publicou um artigo premonitório no periódico acadêmico *Administrative Theory and Practice*, detalhando três razões pelas quais o *branding* presidencial é preocupante. O primeiro aspecto é que o *branding* transforma o presidente em uma mercadoria que pode ser comprada e vendida. Depois, o marketing político sofre uma mudança, deixando de ser "centrado na plataforma para se centrar no candidato". Por último: "Na qualidade de marca transformada em produto, o presidente se torna um simulacro de líder [...] os presidentes alimentarão a simulação de uma imagem ideal em vez de um líder ideal".[47]

O *branding* presidencial atingiu outro nível em 2016, na eleição de Donald Trump – cuja perspicácia acerca do marketing de marca é sua inegável façanha – como presidente dos Estados Unidos. Seu uso flagrante e implacável de um cargo público para promover sua marca privada não tem precedentes na história.[48] Em 2010, Zavattaro não antecipou a chegada de um presidente que já era sinônimo de sua própria marca comercial, mas, com essa inesperada reviravolta, as três previsões dela se tornaram realidade.

Quanto ao primeiro ponto de Zavattaro: políticos, autoridades de governos estrangeiros e lobistas certamente se comportaram como se o presidente pudesse ser comprado. De acordo com a ONG Cidadãos pela Responsabilidade e Ética em Washington (CREW, na sigla em inglês), durante o primeiro ano de Trump no cargo, mais de trinta membros do Congresso se hospedaram em propriedades de Trump e quarenta grupos de interesses especiais realizaram eventos nesses locais. Seis funcionários de alto escalão de governos estrangeiros visitaram propriedades de Trump, e onze governos estrangeiros pagaram empresas pertencentes a Trump.[49]

Com relação ao segundo ponto de Zavattaro: a fama de Trump fez mais do que ofuscar a plataforma de seu partido – ela a destruiu. Na eleição de 2020, os Republicanos nem sequer se deram ao trabalho de criar uma plataforma.[50] E, por fim, acerca do terceiro ponto: durante seu mandato, Trump era conhecido por sua falta de interesse em detalhes sobre a elaboração de medidas e diretrizes políticas, sua relutância em se preparar para reuniões importantes e seu desinteresse pelos detalhes de governança.[51] Mas seu amor pela pompa e circunstância da presidência está bem documentado.[52]

Pode-se argumentar que Trump foi apenas um exemplo pontual e anômalo, já que em 2020 elegeu-se um presidente que, ao contrário de Trump, é semelhante a seus antecessores, que usaram o marketing como ferramenta para assegurar e promover sua atuação como mandatários do país, em vez de usarem a presidência como uma ferramenta para promover o seu marketing pessoal. Mas certamente é possível que as barreiras que Trump esmagou entre a política e a autopromoção estabeleçam precedentes que tornarão mais fácil para outros seguirem o exemplo dele.

Enquanto isso, igrejas, templos, mesquitas ou sinagogas que as crianças e suas famílias talvez frequentem também estão recorrendo ao *branding*. Os profissionais de marketing – ou "comunicadores sociais" – vendem seus serviços para instituições religiosas com artigos do tipo "Dez erros comuns de *branding* que as igrejas cometem", que começam assim: "O *branding* eficaz para igrejas nunca foi tão importante. Vivemos em uma era impulsionada pela mídia, em que as primeiras impressões duram e a presença da marca de uma igreja pode literalmente ser a diferença entre alguém frequentar a igreja ou não".[53] Quando as casas de culto começam a se preocupar com a gestão de sua marca da mesma maneira que os vendedores de hambúrgueres, resta dizer que essas instituições também se tornam mercadorias.

Igualmente preocupante é que os professores estejam se tornando promotores oficiais de marcas. Em 2017, o jornal *The New York Times* publicou uma reportagem com a manchete "Professores-celebridades são cortejados por empresas famosas no Vale do Silício, levantando questões éticas".[54] As empresas de *edtech*, ou educação tecnológica, selecionam professores com forte presença na rede social ou que dão palestras em conferências educacionais para atuarem como porta-vozes da empresa. Os professores-marqueteiros recebem todo tipo de material, incluindo produtos de tecnologia educacional para usar em suas salas de aula, em troca de promover o produto ou a marca dessa empresa para seus seguidores nas redes sociais ou em seus workshops de treinamento de professores. Uma professora definiu assim seu relacionamento com uma *startup* que oferece soluções tecnológicas para a área da educação: "Vou incorporar [a empresa] todos os dias à minha marca". Os professores envolvidos não parecem ver aí um conflito de interesses, mas isso claramente pode afetar o trabalho em sala de aula, assim como pesquisas na área de medicina demonstram que os presentes e mimos recebidos por empresas farmacêuticas podem influenciar como os profissionais de saúde tratam as pessoas a quem atendem.[55]

Hoje, conforme a cultura é cada vez mais comercializada, muitos dos tradicionais heróis infantis da vida real – atletas, músicos, atores e atrizes de televisão e amados personagens de fantasia – estão todos vendendo alguma coisa. Ao longo da última década, uma infinidade de livros com títulos como *You Are the Brand* [Você é a marca], *You Are a Brand!* [Você é uma marca!], *You Are Your Brand* [Você é sua própria marca] e *U R the Brand* [Vc é a marca] ajudou a vender a noção de que cada um de nós precisa ser embalado e comercializado. Não estou sugerindo que as crianças estejam lendo esses livros, mas a mensagem está chegando até elas, em especial por meio de influenciadores de redes sociais. O termo "influenciador", de acordo com a revista *Wired*, está "inextricavelmente ligado ao consumismo e à ascensão da tecnologia". É "a palavra-chave para descrever alguém (ou algo) com o poder de afetar os hábitos de compra ou as ações quantificáveis de outras pessoas ao enviar algum tipo de conteúdo original – geralmente patrocinado – para plataformas de redes sociais".[56] Entre as crianças de 8 a 12 anos, o número das que querem ser influenciadoras é três vezes mais do que as que querem ser astronautas.[57]

Os influenciadores podem ser celebridades postando mensagens pagas para marcas no Instagram. Mas podem também ser pessoas aparentemente comuns, incluindo crianças, que acumulam um número suficiente de seguidores para fazer com que seus potenciais endossos de produtos sejam valiosos para empresas e marcas que fabricam e comercializam bens de consumo. Com o tempo, esses vendedores postos em pedestais se tornam marcas.

Influenciadores de redes sociais bem-sucedidos podem ganhar muito dinheiro com empresas que lhes pagam para vender produtos. Em 2020, Ryan Kaji, de 9 anos, ganhou 29 milhões de dólares no YouTube, tornando-se a estrela mais bem paga dessa plataforma naquele ano. Seu canal Ryan's ToysReview, de críticas e avaliações sobre novos brinquedos (e que agora se chama Ryan's World, o Mundo de Ryan) tinha 2,2 bilhões de seguidores. Sua marca Ryan's World licencia mais de 5 mil produtos,[58] incluindo brinquedos, utensílios domésticos e roupas,[59] e arrecadou mais de 250 milhões de dólares em 2021.[60],*

Independentemente de gerarmos renda com nossas postagens ou não (e a maioria de nós não faz isso), as redes sociais incentivam todas as pessoas, inclusive as crianças, a se autopromoverem. As redes sociais priorizam a imagem, e o que vale não é exatamente a verdade, pelo menos não toda a verdade. Nós selecionamos e filtramos nossas postagens, e as coisas que optamos por compartilhar sobre nós mesmos podem ou não refletir o que realmente está acontecendo em nossa vida sem filtro. Plataformas populares entre adolescentes e pré-adolescentes, caso de Instagram, TikTok e YouTube, ensinam as crianças a se venderem – se não por dinheiro, então por aprovação virtual na forma de "curtidas", "compartilhamentos", "amigos" e "seguidores".

---

* A popularidade de Ryan Kaji há muito ultrapassou as fronteiras dos YouTube. A série *Ryan's Mystery Playdate* chegou à terceira temporada no canal infantil Nickelodeon. Um novo canal, Ryan and Friends, foi lançado em setembro de 2023 através do serviço de *streaming* Roku. E o programa *Super Spy Ryan* estreou na Amazon Kids, a primeira série original para essa marca centrada nas crianças, e que também tem uma linha de brinquedos vendida exclusivamente na Amazon. [N.T.]

Como acontece com tantas inovações da tecnologia digital, é possível que as redes sociais desempenhem um papel positivo na vida das crianças. A produção de vídeos para TikTok e YouTube pode ser maravilhosa do ponto de vista criativo. O Facebook e o Instagram podem facilitar conexões para crianças que tenham alguma dificuldade para se encaixar nas normas de suas comunidades. O problema é que os sites de redes sociais abrigam algumas das piores práticas de negócios da indústria de tecnologia. A rolagem infinita do TikTok foi concebida para manter indefinidamente os usuários no site, sem nunca sair. As sequências do Snapchat, nas quais duas pessoas respondem às postagens uma da outra pelo maior tempo possível, são projetadas para assegurar que as crianças retornem de forma constante à plataforma. O recurso de edição de fotos do Instagram permite que os usuários alterem aspectos de sua aparência, incluindo afinar cinturas e pernas, o que envia a clara mensagem de que nossa verdadeira aparência não é boa o suficiente para ser compartilhada. Ver essas fotos alteradas parece afetar de forma negativa a imagem corporal das adolescentes, que já têm a tendência de se comparar umas com as outras.[61] As meninas, que há muito sofrem os efeitos nocivos da comparação com a aparência perfeita de modelos e outras celebridades, agora precisam lidar com fotos enganosamente glamorosas de suas colegas.

As plataformas de redes sociais promovem o engajamento marcando postagens e páginas com métricas como curtidas, compartilhamentos e número de visualizações, amigos e seguidores, o que sujeita as crianças a concursos de popularidade extremamente públicos, diariamente ou até mesmo de hora em hora. Dependendo dos números, essas métricas podem causar orgulho ou vergonha. Conversei com um rapaz de 15 anos que me contou sobre amigos que excluíram postagens do Instagram que não alcançavam algumas centenas de curtidas. O uso intenso de redes sociais está ligado à infelicidade dos adolescentes e à insatisfação com a própria vida. Curiosamente, enquanto os alunos do oitavo ano do ensino fundamental e do primeiro ano do ensino médio que usam redes sociais duas horas por semana são mais felizes do que as crianças que não usam nenhuma rede social, essa mesma pesquisa constatou que essas crianças que são usuários moderados de redes sociais são mais felizes do que as crianças que usam redes sociais duas horas por dia, o que nem sequer é considerado um uso pesado.[62]

As plataformas de rede social como Instagram e YouTube alegam que não permitem usuários com menos de 13 anos, mas milhões de crianças mentem sobre a idade para criar contas de usuário.[63] O tempo que meninas pré-adolescentes que fingem ser adolescentes gastam com redes sociais está ligado ao aumento da insatisfação com sua aparência.[64] Ainda assim, em março de 2021, um memorando interno vazado para a [empresa americana de mídia de notícias] BuzzFeed revelou que o Instagram, de propriedade da Meta, estava criando uma versão infantil de sua plataforma.[65] O Facebook já mirava diretamente as crianças pequenas por meio do Messenger Kids, versão do serviço de mensagens instantâneas do Facebook lançada em 2017.[66] Dois anos depois, descobriu-se que, apesar da alegação da empresa de que as crianças inscritas no Messenger Kids só poderiam falar com usuários aprovados por pais e mães, as crianças nos grupos de bate-papos estavam em contato não supervisionado com pessoas desconhecidas.[67] O Facebook corrigiu o que chamou de "falha de projeto", mas os críticos viram isso como emblemático da incapacidade ou falta de vontade da empresa de efetivamente proteger as crianças.[68]

Em uma audiência no Congresso dos Estados Unidos apenas três dias depois que a notícia do plano da Meta para o lançamento de uma versão infantil do Instagram veio à baila, Mark Zuckerberg, fundador, CEO e principal acionista da Meta, tentou acalmar as preocupações acerca da utilização de redes sociais por crianças ao afirmar que "as pesquisas a que tivemos acesso atestam que usar aplicativos sociais para se conectar com outras pessoas pode trazer benefícios positivos para a saúde mental".[69] O que é especialmente grave e chocante no depoimento de Zuckerberg e na determinação da Meta de impingir o Instagram a pré-adolescentes e a crianças pequenas é que os executivos da empresa sabem há muitos anos o quanto essa rede social é tóxica para uma significativa parcela de adolescentes.

Em setembro de 2021, *The Wall Street Journal* obteve memorandos internos documentando que, de acordo com os próprios pesquisadores da Meta, "32% das adolescentes afirmaram que, quando já se sentiam mal em relação a seu próprio corpo, o Instagram as fazia se sentir ainda pior" e "comparações no Instagram podem mudar a maneira como as jovens veem a si mesmas e descrevem a própria aparência".[70] Outra apresentação dos pesquisadores da empresa mostrou que, "entre os adolescentes que relataram ter pensamentos suicidas, 13% dos usuários britânicos e 6% dos usuários americanos deixaram no Instagram indícios do desejo de se matar".[71]

Não são os únicos documentos vazados a indicar que os executivos da Meta estão dispostos a prejudicar adolescentes. Em 2017, veio à tona na Austrália um documento interno descrevendo de que modo o Facebook pode ajudar os anunciantes a ficarem de olho em adolescentes com base em seus estados emocionais, inclusive quando se sentem "'inseguros', 'derrotados', 'ansiosos', 'bobos', 'inúteis', 'burros', 'sobrecarregados', 'estressados' e 'um fracasso'".[72]

E isso não é tudo. Em 2022, um relatório investigativo do grupo de defesa contra danos digitais Reset Australia descobriu que o Facebook permite publicidade direcionada a adolescentes menores de 18 anos cujos perfis sugerem predileções como jogos de azar, bebida, *vaping* (uso de cigarros eletrônicos), "perda extrema de peso" e namoro online.[73] Embora os anúncios aprovados pelo Facebook não fossem explicitamente de bebidas alcoólicas, alimentação pouco saudável ou sites de namoro, certamente estimulavam esses interesses. Por exemplo, um dos anúncios incluía uma receita de coquetel; outro perguntava se as garotas estavam "prontas para o verão", e um terceiro proclamava "encontre seu cavalheiro agora".[74] O custo dessa publicidade? Muito barato. De acordo com o relatório, "alcançar mil jovens interessados em álcool custará aos anunciantes cerca de 3,03 dólares; 38,46 dólares para os interessados em perda extrema de peso, ou 127,88 dólares para os usuários cujo perfil sugere interesse em fumar".[75]

Em setembro de 2021, os vazamentos mencionados e a intensa pressão de grupos de defesa de direitos,[76] de 44 procuradores-gerais[77] e de membros do Congresso[78] levaram Adam Mosseri, que dirige o Instagram, a anunciar que a Meta estava colocando sua versão infantil do Instagram "em suspensão".[79] Em uma postagem no blog, Mosseri afirmou: "Trabalharemos junto a pais, mães, especialistas, formuladores de políticas e órgãos reguladores para ouvir suas preocupações e demonstrar o valor e a importância desse projeto para os adolescentes e pré-adolescentes de hoje".[80] Sério mesmo? Levando-se em conta o péssimo histórico da Meta com relação a crianças, o único valor e importância da versão para menores do Instagram não seria treinar as crianças mais novas para usarem o site verdadeiro assim que completassem 13 anos?

Outro memorando vazado respondeu à pergunta da própria Meta ("Por que nos importamos com pré-adolescentes?") com a seguinte afirmação: "Eles são um público valioso e inexplorado". E mais: "Nosso objetivo com o MK [Messenger Kids] é obter a primazia das trocas de mensagens entre os pré-adolescentes [...] o que também pode levar à vitória no que diz respeito a conquistar os adolescentes".[81] A certa altura, a empresa pensou em alavancar os encontros presenciais das crianças para "promover o boca a boca/crescimento do aplicativo entre as crianças".[82]

A assistência que o Facebook presta a anunciantes cuja estratégia é mirar os adolescentes de acordo com suas vulnerabilidades em relação a comportamentos potencialmente perigosos e tirar proveito de seus interesses é, claro, terrível. É também um alerta sobre como o Instagram tratará (ou maltratará) as crianças mais novas. Mesmo sem expor as crianças à publicidade inescrupulosa, as redes sociais são inerentemente problemáticas para elas. Incentivar as crianças a se autopromoverem nas redes sociais transforma a própria infância em um mercado no qual a autenticidade é desvalorizada e a aparência – imagem de marca – é o que importa. E, uma vez que grande parte do mundo ao redor das crianças também encampou o *branding*, o que resta para contrabalançar essa percepção? São esses os valores que realmente queremos passar a nossas crianças?

4
Navegue pelos sites!
Clique! Compre! Repita!

Quando reduzimos o atrito, facilitando algo,
as pessoas vão querer fazer mais daquilo.

Jeff Bezos, CEO da Amazon

No ano passado, em uma conferência sobre marketing para crianças, ouvi um executivo de tecnologia aconselhar os participantes a "reduzir o atrito". Como a redução de fricção com a qual estou familiarizada envolve ou o uso de óleo lubrificante ou sessões de terapia familiar, fiquei momentaneamente aturdida. Depois entendi. Quando os profissionais de marketing falam em *reduzir o atrito*, estão se referindo à remoção de barreiras ou obstáculos entre os produtos que as empresas oferecem e os consumidores que os compram. As inovações da Amazon, a exemplo da compra com um único clique e os prazos de entrega cada vez mais curtos, trouxeram o objetivo de Jeff Bezos de comércio sem atrito para a vanguarda do comércio eletrônico atual. Para as crianças imersas no mundo digital, reduzir o atrito se manifesta como publicidade dentro do próprio aplicativo para compras que prometem tornar qualquer jogo infantil bem mais divertido. Outro exemplo é a configuração padrão do YouTube para o modo de reprodução automática,* que induz a todos nós, incluindo

---

* A reprodução automática ou *autoplay* está desativada nas configurações padrão do YouTube Kids, mas pesquisas sugerem que muito mais crianças assistem ao

milhões de crianças que usam a plataforma, a assistir a uma fileira ininterrupta de vídeos repletos de publicidade, um após o outro, sem ter que fazer o mínimo de esforço para clicar, deslizar ou tocar.

Embora a ideia de comércio sem atrito possa ter se originado no mundo da tecnologia, as empresas tradicionais cujo público-alvo são as crianças também procuram reduzir o atrito, muitas vezes integrando de modo perfeitamente homogêneo coisas para fazer com coisas para comprar.

Tive conversas com pais e mães sobre como criar filhos em um mundo hipercomercializado. "Tenho a sensação de que os espaços de recreação infantil são projetados com a intenção de nos canalizar para uma inescapável oportunidade de compras", reclamou um amigo, pai de dois filhos pequenos:

> Quando visitamos meu irmão em Ohio no ano passado, eles ficaram empolgados em ir ao Entertrainment Junction [misto de museu e parque de diversões com exibição de réplicas em escala de trens e estações ferroviárias de diferentes épocas em um recinto fechado]. No começo foi sensacional. Você caminha por um longo túnel com modelos de trens e coisas para escalar – perfeito para crianças ativas como as minhas. Mas depois fomos jogados diretamente em uma enorme loja repleta de coisas que meus filhos adoram. Para ser sincero, não tenho problemas em me recusar a atender aos pedidos deles para comprar tudo. Mas é difícil para todos nós quando somos constantemente bombardeados com coisas para comprar, mesmo quando não estamos em uma loja.

O pai de uma menina de 6 anos me contou:

> Minha filha adora ginástica, então eu a inscrevi em uma academia para crianças. Nem pensei na loja que existe bem no meio do saguão. Essa loja é inevitável. Claro, vende collants e coisas de que podemos precisar para a ginástica – mas vende também bonecas e

---

YouTube do que ao YouTube Kids. Consultar Jenny S. Radesky *et al.*, "Young Children's Use of Smartphones and Tablets", *Pediatrics* 146, n. 1 (1º jul. 2020), doi.org/10.1542/peds.2019-3518. [N.A.]

tiaras brilhantes. Tenho que dizer "não" à minha filha toda vez que vamos para a aula.

Outro pai me disse:

> Especialmente no inverno, quando estamos confinados porque faz frio demais e passar muito tempo fora de casa é sofrido, parece que cada lugar aonde vamos se transforma em uma decisão sobre comprar ou não alguma coisa.

E ouvi de outro pai:

> Meus filhos estão começando a acreditar que toda experiência deve terminar com a aquisição de coisas. E *comprar* coisas parece ser mais importante do que efetivamente *ter* coisas. Assim que a empolgação de adquirir algo novo passa, e em geral passa bem rápido, eles já começam a querer a próxima coisa.

Essa última observação chega ao cerne de uma das consequências mais sérias para as crianças que crescem em meio a uma cultura fortemente comercializada. Elas são expostas o tempo inteiro às sedutoras e destrutivas mensagens materialistas embutidas em todo o marketing corporativo, sobretudo a de que as coisas que compramos nos farão felizes. Mas não fazem, pelo menos não de forma duradoura.[1] A crença de que a felicidade reside em nossa próxima compra, somada ao fato de que não reside, é uma bênção para os fabricantes e vendedores das coisas que compramos.

Funciona assim: se acreditamos que as coisas vão nos fazer felizes, o que fazemos? Compramos uma coisa. Mas, como essas coisas não nos deixam felizes, comprar a coisa não nos deixa felizes de fato – pelo menos não por muito tempo. Mas, se ainda assim continuamos a acreditar que as coisas vão nos fazer felizes, o que fazemos? Compramos outra coisa. Uma coisa diferente. Uma coisa maior. Uma coisa melhor. E assim por diante.

Nosso profundo apego aos objetos, e nossa tendência de dotá-los de significado e poder que transcende sua fisicalidade, são características antigas que datam de muito antes da invenção da publicidade e do marketing modernos. Há muito os objetos servem mais do que a necessidades utilitárias e têm um significado simbólico fundamental para ritos religiosos e práticas espirituais. Esse impulso de atribuir aos objetos um significado profundamente pessoal começa já na primeira infância.[2] Talvez porque ainda não tenham adquirido a capacidade de pensamento abstrato, as crianças pequenas – mais do que os adultos – dependem do que é tangível.

À medida que os bebês fazem a transição da dependência total de seus tutores e responsáveis para os primeiros passos em direção à independência na fase em que começam a aprender a andar, pode ser que se agarrem a algo, talvez um cobertor ou um bichinho de pelúcia, que incorpora amor, segurança, proteção, poder, companhia e muito mais. Conheci um menininho, a quem chamarei de Alex, que se apaixonou por uma velha almofada de sofá, que ele chamava de "Confortinha". A almofada lhe proporcionava grande alegria e aconchego, e ele se recusava a se separar dela. Um dia, infelizmente, a Confortinha – sendo uma almofada idosa – implodiu. Alex ficou angustiado, até que sua mãe removeu o enchimento restante e costurou a capa da almofada em um quadrado plano, repleto de olhos de botão e uma cauda de lã. Essa nova encarnação da Confortinha continuou a ser uma fonte de aconchego e segurança pelos anos seguintes.

Gradualmente, sem perceber, Alex começou a se incumbir ele próprio dos aspectos que outrora atribuía à Confortinha e passou a reconhecer a almofada por aquilo que ela de fato era: um pedaço de pano sem poderes especiais. Depois que isso aconteceu, a Confortinha deixou de ter importância central para a sensação de segurança e bem-estar de Alex.

Como a maioria dos bebês, Alex nasceu com potencial para valorizar objetos e lhes dar grande importância. Ele nasceu também com potencial para outros atributos importantes: criatividade, uma profunda conexão com o mundo natural, capacidade de experiência espiritual, amor intenso e grande necessidade de outras pessoas. Quais desses atributos vicejarão e quais não se desenvolverão depende em grande medida dos valores e experiências que Alex encontrar à medida que crescer. Esses atributos são moldados pela família, pela comunidade e também por forças sociais mais amplas, incluindo o sistema econômico em que ele vive.

Vinte anos atrás, enquanto o marketing para crianças se intensificava, participei de uma reunião de profissionais que trabalhavam com mídia infantil – muitos dos quais produziam programas respeitados tanto na televisão pública quanto na TV a cabo. Depois de passar algum tempo ouvindo a conversa, comentei que, em vez de falar sobre como a programação poderia melhorar a vida das crianças, o assunto era dinheiro. O silêncio caiu sobre a sala; em seguida, um dos executivos de televisão tomou a palavra e declarou: "O capitalismo venceu". Ele estava sendo irônico, pois referia-se ao colapso relativamente recente do socialismo de estilo soviético, mas a mensagem era clara: o financiamento público para a programação infantil estava diminuindo e era improvável que aumentasse. Os programas infantis tinham que ser lucrativos, e isso significava gerar receitas por meio de publicidade e/ou licenciamento de personagens para vender comida, roupas, brinquedos e acessórios para crianças.

Hoje, quando os pais e mães descrevem seus dilemas sobre filhos e comercialismo, eu me pego pensando no irrefletido comentário daquele executivo de televisão sobre o capitalismo. As crianças que vivem hoje nos Estados Unidos estão crescendo em uma cultura profundamente moldada por uma preocupante combinação do que a psicóloga e filósofa americana Shoshana Zuboff e outros chamaram de "capitalismo de vigilância", alimentado pela imensurável mineração de dados e informações pessoais da indústria de tecnologia para fins lucrativos, e o "capitalismo corporativo", dominado por grandes empresas privadas cuja principal obrigação é ganhar dinheiro para seus acionistas. Hoje, essas forças se combinam para criar o que pode ser descrito com exatidão pelo termo "capitalismo de consumo", um sistema sociopolítico econômico impulsionado e escravizado pelo consumo.

O capitalismo de consumo depende de uma população que deve ser continuamente preparada para comprar as coisas que as empresas vendem. As corporações, produzindo em massa bens de consumo para venda, alimentam a demanda do consumidor por meio do marketing de massa concebido para fomentar o desejo por produtos, turvando a distinção entre desejos e necessidades. Os impressionantes avanços da tecnologia digital deste século, estimulados por um clima político que tem sido francamente antirregulamentação, propiciam caminhos mais numerosos, mais sofisticados e mais sutis para as empresas não apenas comercializarem à vontade seus produtos como também direcionarem sua publicidade com exatidão de modo a moldar necessidades, vontades e desejos individuais e tirar proveito deles.

Mas o que isso tem a ver com as crianças? Qualquer sistema econômico ou social depende de uma população preparada e disposta a adotar os valores, comportamentos e atributos que perpetuam esse sistema.[3] Quando os executivos corporativos falam em reduzir o atrito, parte do que querem dizer tem a ver com a diminuição das barreiras externas à compra, mas também significa enfraquecer ou eliminar nosso atrito intrapsíquico – os freios cognitivos e emocionais que nos permitem estabelecer limites ao consumo. Por esse motivo, as crianças não são apenas um alvo fácil para os anunciantes – elas são alvos essenciais. Por conta de sua imaturidade de julgamento e do fato de que seu controle de impulsos ainda não está totalmente formado, as crianças tornam-se bastante suscetíveis a mensagens de marketing.

Como descrevi no capítulo 1, a própria estrutura do cérebro de uma criança é moldada pelas experiências iniciais,[4] que de saída estabelecem uma base para comportamentos, atributos e valores futuros – incluindo a arraigada expectativa, já descrita neste capítulo, de que comprar coisas é algo que faz parte rotineira de qualquer passeio. O pai ou a mãe que lamenta a expectativa de seus filhos de que toda experiência fora de casa inclui automaticamente a necessidade de comprar algo descreve crianças que foram preparadas para consumir. A finalidade de um anúncio individual pode ser a venda de determinado produto. Em conjunto, no entanto, a publicidade efetua vendas a seus alvos com base nas virtudes e benefícios do consumo inquestionável e, em última análise, insaciável.

Há muito tempo acredito que o marketing para crianças em si é prejudicial, independentemente dos produtos que estão sendo comercializados. Meu raciocínio sempre se baseou em uma enorme quantidade de pesquisas e estudos reveladores sobre a publicidade ser apenas um entre muitos dos problemas enfrentados pelas crianças hoje: obesidade infantil, distúrbios alimentares, sexualidade precoce,

violência juvenil, erosão das brincadeiras criativas e muito mais.*
Sempre vi a aquisição de valores materialistas como um dos muitos
problemas associados à publicidade – no mesmo nível de obesidade
infantil, sexualidade precoce, violência juvenil e outros, embora não
mais grave.

Por muitos anos, quando me pediam para citar o pior dos problemas relacionados ao marketing para crianças, muitas vezes expliquei
que os danos causados pela exposição ao marketing dependiam das
predileções e vulnerabilidades individuais das crianças. Portanto,
para quem tem um filho vulnerável a comer demais e a maus hábitos
nutricionais, o marketing de *junk food* parece ser o pior cenário possível. Também há uma ligação com a insatisfação acerca da imagem
corporal – portanto, se nosso filho é vulnerável a inseguranças sobre
a aparência física ou distúrbios alimentares, é isso que vai chamar
nossa atenção. O marketing também está vinculado ao comportamento agressivo; portanto, se nosso filho é suscetível a mensagens
violentas, então podemos ver isso como o pior efeito potencial do
marketing para crianças. E assim por diante para todos os problemas
relacionados ao marketing, incluindo diminuição da criatividade,
aumento do estresse familiar e aquisição de valores materialistas. Eu
acreditava que a razão pela qual deveríamos trabalhar para acabar
de uma vez por todas com o marketing para crianças era o fato de
os danos serem tão amplos e abrangentes que fazia sentido todos os
defensores dos direitos das crianças atuarem juntos. Ainda mantenho
essa convicção. Hoje em dia, no entanto, aumentaram ainda mais de
magnitude as minhas preocupações com a incessante celebração do
consumo pelo marketing corporativo e os valores materialistas que
o impulsionam.

Com base em uma ampla gama de definições de dicionário,
bem como no trabalho de pesquisadores de todo o mundo, defino
"materialista" como o termo que descreve as pessoas que tendem a
valorizar sobremaneira a riqueza e as posses materiais em detrimento
de aspectos espirituais, intelectuais, culturais ou relacionais do ser

---

* Ver meus livros *Crianças do consumo* e *Em defesa do faz de conta*. [N.A.]

humano.[5] No entanto, devo admitir que tenho um carinho especial pela definição que uma pessoa chamada Cheyenne postou em 2005 no site do dicionário online Urbandictionary.com: "O ato de se importar mais com as COISAS do que com as pessoas, julgando a si mesmo e aos outros pelo preço das coisas estúpidas que possui".[6]

Avolumam-se as evidências de que a publicidade no mínimo exacerba o materialismo infantil. Vários estudos demonstram que crianças mais expostas à publicidade são mais materialistas do que seus pares e que o materialismo excessivo e o consumo de massa desenfreado que ele impulsiona são prejudiciais em várias frentes.[7] Uma consequência cada vez mais óbvia e obviamente catastrófica é a devastação do planeta – o esgotamento dos recursos naturais e o aumento da poluição e do aquecimento global.[8] Uma equipe de cientistas escreveu na revista médica *Lancet* que "a mudança climática é uma consequência direta do desenvolvimento baseado em combustíveis fósseis que teve início na Revolução Industrial europeia. Uma simplificação precisa é dizer que os consumidores, e não as pessoas em si, causam as mudanças climáticas".[9] Já que se escreveram rios de tinta sobre os vínculos entre consumo e degradação ambiental, neste livro não dedicarei muito espaço ao tema. No entanto, quero discutir uma tendência gigantesca – e, do ponto vista ambiental, maluca – no marketing de brinquedos: os colecionáveis de plástico para crianças.

Na linguagem do mundo dos brinquedos, "colecionáveis" é o termo que designa as marcas cujos lucros estão em convencer as crianças de que um único brinquedo não as satisfará; em vez disso, elas precisam "colecionar" uma linha inteira. Já vi brinquedos comercializados como coleções de até cem unidades. Geralmente são baratos, até que os pais e as mães percebam que, como no antigo anúncio de batatas fritas, para as crianças é impossível ter um só.

Colecionar – ter coisas em grande quantidade – é uma preocupação humana consagrada pelo tempo, abrangendo todas as faixas etárias, inclusive a infância. Desde há muito as crianças fazem coleções de conchas, pedras, selos, moedas e todo tipo de coisa. Os educadores apontam os benefícios do colecionismo, entre eles aprofundar e ampliar o conhecimento (a pessoa aprende sobre as coisas que coleciona), melhorar a autoestima (aumenta o senso de realização e competência do colecionista), incentivar a autoexpressão (a capacidade de demonstrar concretamente seus interesses a outras pessoas) e encontrar uma comunidade (vinculando-se a outras pessoas que compartilham sua paixão).

Diferentes setores da atividade econômica lucram com o impulso humano de colecionar desde o final da década de 1880, quando as empresas de tabaco incluíram fotografias de celebridades, entre elas jogadores de beisebol, em maços de cigarros. À medida que o rádio e depois a televisão trouxeram os esportes profissionais para nossas salas de estar, o foco mudou para as crianças e os pacotes de chicletes contendo figurinhas de beisebol. Na década de 1950, as empresas começaram a usar os cartões para vender chicletes, em vez de o contrário.[10] Em 1979 o McDonald's lançou seu icônico McLanche Feliz, e o brinquedo surpresa que era oferecido "gratuitamente" com a refeição. Nesse mesmo ano, o McLanche Feliz começou a ser acompanhado por brinquedos temáticos do filme *Star Trek: Jornada nas estrelas*. Por meio de parcerias subsequentes, tornou-se rotina que essa refeição apresente brinquedos vinculados aos filmes, séries de TV e videogames mais populares do momento.[11,*]

As Beanie Babies, o suprimento aparentemente infinito de bichinhos de pelúcia fofos da Ty Corporation, foram uma coqueluche na década de 1990.[12] A Nintendo introduziu o Pokémon, o avô da mania dos colecionáveis de hoje, em 1996.[13] O Pokémon começou como um videogame que se transformou em – entre outras coisas – cartas colecionáveis, uma série de televisão, um filme comercializado com brinquedos de brinde acompanhando *fast-food*, aplicativos e,

---

* Devo observar que, em 2021, o McDonald's anunciou que deixaria de fabricar a maioria de seus brinquedos McLanche Feliz de plástico (Bill Chappell, "McDonald's Is Phasing Out Plastic Toys from Happy Meals in a Push to Be More Green", NPR, 21 set. 2021). Se for verdade, e a depender do material que usarão para substituir o plástico, é uma boa notícia. Porém, enquanto continuarem usando brinquedos, independentemente de sua composição, como chamariz para vender *fast-food* para crianças, ainda estarão (*a*) promovendo o consumismo e (*b*) incentivando hábitos alimentares pouco saudáveis nas crianças. Este último aspecto não é o foco do presente livro, mas acho importante mencioná-lo. [N.A.]

mais recentemente, um jogo de realidade aumentada. A música-tema original, que repete o refrão "Tenho que pegar todos!" dezesseis vezes em pouco mais de três minutos, é um dos primeiros exemplos do tipo de descontentamento e insatisfação que as empresas de hoje instigam. E os cartões de beisebol de papelão foram substituídos por plástico – muito e muito plástico.

Um relatório do Fórum Econômico Mundial estima que até 2050 haverá nos oceanos mais toneladas de plástico do que de peixes.[14] Um artigo no site da revista *Forbes* cita estudos que descobriram que o plástico descartado já está "nas entranhas de mais de 90% das aves marinhas do mundo, no estômago de mais da metade das tartarugas marinhas do mundo, e matando sufocadas as baleias".[15]

Quem encabeça o mercado de brinquedos colecionáveis de plástico são as bonecas LOL Surprise, fabricadas e comercializadas pela MGA Entertainment, empresa que tomou o lugar da Barbie da Mattel ao comercializar as sexualizadas bonecas da linha Bratz, de olhos grandes, seios volumosos e cintura minúscula. Assim como as Bratz, as bonecas LOL são uma criação de Isaac Larian, CEO e fundador da MGA. De acordo com a revista *The Atlantic*, essas bonecas foram "essencialmente engenharia reversa: a empresa queria lucrar com as tendências de *unboxing* e colecionáveis".[16] Um programa de notícias da rede CBS relata que, depois de assistir a muitos vídeos de *unboxing*, Larian quis criar um brinquedo concebido para que as crianças pudessem gravar o momento de abrir as embalagens. De acordo com Larian: "Eu disse: 'Bem, temos que fazer um brinquedo que seja um verdadeiro *unboxing*, de modo que toda criança possa desempacotá-lo'".[17]

A embalagem é um aspecto fundamental para a estratégia de marketing da LOL, e é um pesadelo ambiental. Para dar ao leitor uma noção de como esses brinquedos são vendidos, aqui está uma descrição de uma típica boneca da linha LOL Surprise: a boneca e um monte de "surpresas" vêm em uma esfera embrulhada em plástico cor-de-rosa brilhante decorada com a mensagem de que há mais de quarenta outros modelos disponíveis para comprar. Desembrulhe isso e você encontrará uma mensagem e outra camada de plástico com alguns adesivos. Rasgue isso e você encontrará ainda uma terceira camada e uma garrafinha de plástico envolta em mais plástico. Depois, há uma quarta camada e um par de sapatos de plástico cor-de-rosa também embrulhados em plástico. Remova isso e você encontrará uma quinta camada e um vestido de plástico cor-de-rosa envolto em plástico. Por fim, desembrulhando tudo isso, você chega a uma bola de plástico rígido que se abre para revelar uma pequena boneca de plástico que, é claro, está embrulhada em plástico.

Enquanto eu escrevia este capítulo, crianças de todo o mundo marchavam nas ruas para acabar com as alterações climáticas, talvez na maior ação ambientalista de todos os tempos. Apenas três semanas antes, a indústria americana de brinquedos havia celebrado a MGA Entertainment ao eleger as bonecas LOL Surprise como o "Brinquedo do Ano de 2019".[18]

A embalagem das bonecas LOL torna-se ainda mais grave e chocante por conta do segundo pilar da estratégia de marketing da MGA: fomentar o descontentamento perpétuo e o desejo insaciável ao posicionar o conteúdo de cada embalagem individual como apenas uma unidade de uma série de itens colecionáveis e, portanto, incompleta por sua própria natureza. A mensagem para as crianças é clara: elas nunca terão o suficiente. E, no caso improvável de elas colecionarem uma série inteira de bonecas, já há uma nova série para começar. As bonecas LOL são provavelmente o exemplo mais popular, mas, na verdade, os colecionáveis de plástico são uma indústria em franca expansão.[19]

Uma característica marcante do marketing de brinquedos colecionáveis é instigar as crianças a continuarem comprando, e para isso alardeia caixas ou sacolas "misteriosas" – não se pode escolher de antemão o que comprar; dá para saber apenas de que coleção a boneca escondida dentro da embalagem faz parte –, que induzem as crianças a comprar mais por causa da possibilidade de tirarem a sorte grande e adquirirem algo raro ou ausente de sua coleção. Eu não uso com leviandade a expressão "tirar a sorte grande". Gastar dinheiro em colecionáveis desconhecidos e invisíveis na esperança de obter um item raro é como treinar as crianças para amarem jogos de azar.[20] A adrenalina, a esperança, a decepção e o desejo de tentar novamente são muito parecidos com a experiência emocional de alimentar com moedas uma máquina caça-níqueis na esperança de alinhar aquelas esquivas três cerejinhas.

Isaac Larian evitou a publicidade na televisão quando lançou as bonecas LOL e preferiu ir direto aos influenciadores de *unboxing*. No entanto, as crianças ainda assistem à TV. Então, certa tarde, não muito tempo atrás, sintonizei o canal infantil Nickelodeon para assistir a alguns comerciais. Quase todos os brinquedos anunciados eram de colecionáveis, incluindo DreamWorks Trolls Hair Huggers [Trolls abraçadores cabeludos da produtora de cinema DreamWorks] e Lost Kitties [Gatinhos perdidos], ambos da Hasbro, e Twisty Petz, da Spin Master. Todos esses brinquedos também podem ser encontrados em vídeos de *unboxing*. Cada brinquedo é relativamente barato, variando de 2,99 dólares a 5,99 dólares nas grandes lojas. Mas é aí que está o problema: o marketing deles impulsiona toda a série. Os anúncios apresentam não apenas um brinquedo, mas vários. Vejamos o anúncio dos Lost Kitties, que mostra crianças previsivelmente lindas e adoráveis que dançam e agitam no ar alguns dos modelos dos gatinhos enquanto cantam algo do tipo [em tradução livre]:

> Lost Kitties, série dois
> São cem pra você colecionar!
> Encontre os gatinhos perdidos,
> qual será o próximo que você vai encontrar?

Aqueles que se preocupam com as brincadeiras criativas das crianças costumam criticar as empresas de brinquedos por comercializarem brinquedos de forma enganosa, alegando que os brinquedos servem de incentivo às brincadeiras criativas quando, na verdade, roubam das crianças as oportunidades de exercitar a criatividade. O que mais chama a atenção no marketing dos Lost Kitties e outras marcas de colecionáveis é que as empresas mal se dão ao trabalho de apresentar a brincadeira como o atrativo dos brinquedos. Em vez disso, vendem descaradamente o consumo, concentrando-se na importância de colecionar (leia-se "comprar") mais modelos. E funciona. Uma mãe que eu conheço se manteve irredutível e se recusou a comprar outra boneca LOL para a filha. Acontece que ela é uma pessoa muito preocupada com a justiça social. Então, sua filhinha de 7 anos, que estava tentando desesperadamente convencê-la a ceder, apresentou o que a mãe considerou um argumento infalível. "Mamãe", a menina disse, "a senhora sabia que as bonecas LOL são feitas pelos chineses? Não é justo com os chineses se a gente não comprar." Embora seu argumento fosse engenhoso, sua tentativa não obteve sucesso. Pelo menos ainda não.

O aquecimento global e a degradação de nossos oceanos tornam óbvios os perigos e danos de viciar as crianças em colecionáveis de plástico e outros brinquedos inúteis embalados com tanto desperdício. Mas apenas tentar mudar os desejos das crianças para adquirir muitos outros tipos de brinquedos, mesmo que sejam mais sustentáveis, não é a resposta. Um acadêmico especialista em estudos de mídia aponta a hipocrisia dos influenciadores do Instagram e das mamães blogueiras cujas postagens simultaneamente alardeiam as alegrias de uma vida minimalista, leve e descomplicada e apresentam anúncios de produtos de consumo sofisticados, incluindo brinquedos de madeira requintados e caríssimos.[21]

Admito que sou uma admiradora de longa data de brinquedos feitos com esmero artesanal, incluindo os de madeira. Mas também reconheço que forçar pais e mães a confundirem um estilo de vida minimalista e anticonsumista com a substituição de brinquedos de plástico baratos por brinquedos de madeira sofisticados é apenas outra forma de marketing – que explora e ostenta a lacuna entre as famílias suficientemente ricas para comprar esses brinquedos caros e as famílias que não têm dinheiro para fazer isso. E, de alguma forma, isso confere superioridade moral ao dinheiro gasto com bom gosto e, por implicação, deprecia o caráter moral dos pais e das mães de baixa renda que compram brinquedos de plástico mais baratos e comercializados em massa.

Permita-me ser mais clara. O problema não está nos brinquedos de madeira ou no estilo de vida minimalista que as pessoas adotam legitimamente. O problema é que até mesmo os movimentos que repudiam o consumismo podem ser cooptados de tal forma pelo comercialismo que acabam por estimular o materialismo, em vez de desencorajá-lo.

Enquanto isso, pesquisas e estudos nos mostram que crianças com valores materialistas são menos propensas a se envolver em ações de proteção ao meio ambiente.[22] Voltando à felicidade, verifica-se que tanto os adolescentes quanto os adultos que se envolvem em comportamentos ecologicamente corretos são mais felizes do que aqueles que não o fazem.[23] Menos óbvios são os danos ao bem-estar social e emocional associados às crenças, valores e atributos materialistas embutidos em todo o marketing corporativo. Acontece que, mesmo excluindo-se preocupações ambientais, o materialismo não é bom para nós. Já citei estudos e pesquisas que demonstram que as coisas que compramos não nos deixam felizes de forma duradoura. Também é verdade que tanto as crianças quanto os adultos que acreditam que *adquirir coisas nos faz felizes* são, na verdade, menos felizes do que aqueles que acreditam no contrário.[24] Pensando bem, faz todo o sentido, já que os primeiros depositam suas esperanças de felicidade no que provou ser uma falsa promessa. Eis o que nos torna mais felizes de forma sustentável do que as coisas que compramos: relacionamentos[25] e experiências intrinsecamente motivadas.[26]

Ademais, os danos de encampar valores materialistas se estendem além de seu efeito negativo sobre a felicidade. Os valores materialistas estão associados à deterioração do bem-estar e à diminuição da satisfação com a vida. Nas crianças, estão ligados à depressão, ansiedade, baixa autoestima, doenças psicossomáticas,[27] insucesso escolar[28] e relações conflituosas com pais e mães.[29]

À medida que os gastos com publicidade aumentam, as crianças se tornam mais materialistas. Em comparação com a década de 1970, os adolescentes do século XXI são consideravelmente mais propensos a dizer que é importante acumular muito dinheiro e adquirir bens caros – um carro chique ou uma casa de veraneio, por exemplo.[30] E, ao que parece, o materialismo afeta também os relacionamentos das crianças com amigos e colegas de classe. Em um estudo de 2015, a maioria das crianças entre 8 e 15 anos concordou que ter "coisas legais" e "uma boa aparência" é um trampolim para a popularidade.[31]

A publicidade e a cultura comercial influenciam até mesmo os relacionamentos das crianças. Em um estudo, crianças em idade pré-escolar assistiram a um programa de televisão no qual se exibiam dois anúncios do mesmo brinquedo, e depois viram duas fotos, uma em que um menino segurava o mesmo brinquedo e outra de um menino sem o brinquedo; essas crianças preferiram brincar com o menino que segurava o brinquedo, ainda que ele tivesse sido descrito como "nem um pouco legal". As crianças que assistiram ao programa sem os comerciais eram significativamente mais propensas a preferir o menino descrito como "legal". Além disso, é mais provável que as crianças que assistiram aos comerciais preferissem brincar com o brinquedo a brincar com os amigos.[32]

Outro estudo mostra que as marcas têm significado social para crianças pequenas, mesmo que elas não vejam determinado produto. Meninos e meninas em idade pré-escolar familiarizados com marcas usam a posse dessas marcas como uma medida para saber se acham que outra criança é divertida em vez de chata, ou popular em vez de impopular.[33] Mesmo na primeira infância, para quem internaliza as mensagens da cultura comercial parece que, como observa um personagem do filme *Alta fidelidade*, "o que realmente importa é *aquilo* de que gostamos, não como *somos*".[34]

Estudos e pesquisas estabelecem relações entre os valores materialistas das crianças e a quantidade de tempo que passam assistindo à televisão ou usando as redes sociais.[35] Mas as telas não são os únicos fornecedores de cultura comercial que celebram o materialismo. Você se lembra da canção "My Favorite Things" [Minhas coisas favoritas], do filme *A noviça rebelde*? Como uma cura para quem se sente magoado ou triste, a letra sugere recorrer a prazeres simples como flocos de neve, sinos de trenó, gatinhos, gansos selvagens e comidas deliciosas. Agora, porém, há uma nova versão. Em 2019, por mais de oito semanas a canção que ocupou o primeiro lugar na parada de sucessos da *Billboard* foi "7 Rings" [Sete anéis], a versão do século XXI da estrela pop Ariana Grande para o clássico de 1959 de Rodgers e Hammerstein. Eis o que entusiasma a ex-estrela infantil da série *Brilhante Victoria*, do canal Nickelodeon: diamantes, sacar dinheiro no caixa eletrônico, joias da Tiffany's, champanhe, cartões de crédito e preencher cheques.

De acordo com a revista de moda *Elle*, "7 Rings" é sobre a resiliência de Ariana Grande.[36] A letra da canção é baseada em uma incursão de compras e gastança que ela e as amigas fizeram à joalheria Tiffany's depois de um período particularmente difícil em sua vida, após um noivado rompido e a morte de um ex-namorado por overdose de drogas.[37] A princípio, pensei que a canção fosse uma paródia ou uma crítica social, mas na verdade é uma sincera homenagem à terapia de compras (ou terapia de varejo)[38]:

Whoever said money can't solve your problems
Must not have had enough money to solve 'em.
They say, "which one?" I say, "Nah, I want'em all."
Happiness is the same price as red bottoms

[Quem disse que dinheiro não resolve os problemas
não devia ter dinheiro suficiente para resolvê-los.
Eles me perguntam: "Qual você quer?". Eu respondo: "Ah, quero todos!".
A felicidade custa o mesmo preço que pares de sapatos *red bottoms**]

Por falar em *terapia de compras*, a expressão parece ter aparecido pela primeira vez em um artigo do jornal *Chicago Tribune* de 1986.[39] Talvez de início tenha sido concebido como uma espécie de comentário satírico sobre o crescente materialismo do tipo "eu primeiro" da década de 1980. No entanto, conforme evidencia o uso que Ariana Grande faz da expressão – a letra de "7 Rings" declara: *"Think retail therapy my new addiction"* [Acho que a terapia de compras é meu novo vício] –, trata-se de algo bastante real. É interessante notar que essa expressão em inglês foi registrada pela primeira vez no *Dicionário Oxford da língua inglesa* em 2001, o mesmo ano em que, após os ataques terroristas de 11 de setembro, o presidente George W. Bush disse aos americanos para irem às compras.[40]

Por fim, em consonância com o conceito de Urie Bronfenbrenner de que as crianças são influenciadas não apenas por sua família e comunidade como também por forças sociais à primeira vista distantes,

---

* Caso você esteja se perguntando, a expressão *red bottoms* se refere a uma marca registrada da famosa e cobiçada linha de sapatos Christian Louboutin, que custam mais de 500 dólares o par e são reconhecíveis por seu solado vermelho. [N.A.]

o que discuto no capítulo 3, até mesmo as crianças que não são especialmente materialistas sofrem prejuízos quando vivem em uma sociedade dominada pelo comercialismo e por valores materialistas. Por mais de vinte anos, o psicólogo americano Tim Kasser pesquisou as causas e os efeitos psicológicos do materialismo; ao analisar os valores predominantes em vinte nações ricas, Kasser constatou que, quanto mais os cidadãos de um país priorizam posses, riqueza, poder e status, mais as crianças são alvo de publicidade na televisão e mais baixa é a posição que o país ocupa na escala de bem-estar infantil do Fundo das Nações Unidas para a Infância (Unicef). Por outro lado, os países que priorizam justiça social, cooperação e igualdade pontuam mais alto na classificação do Unicef. Nesses países, a quantidade de publicidade televisiva a que as crianças são expostas é consideravelmente menor.[41]

Tive a sorte de trabalhar com Tim ao longo dos anos e aprendi muito com ele. Assim, estava interessada no que ele tinha a declarar sobre esse estudo específico. Ele explicou:

> Para mim, essa descoberta diz muita coisa sobre o que realmente está acontecendo nas atitudes da sociedade em relação às crianças: se a sociedade se preocupa com lucro e dinheiro, é provável que as empresas e os governos tratem as crianças como objetos a serem manipulados para obter lucro, mas, se a sociedade se preocupa em ajudar os outros, reconhece que as crianças precisam de proteção adicional contra aqueles que, caso contrário, as manipulariam – então essa sociedade limita a publicidade.[42]

Como escrevi em *Crianças do consumo*, toda essa conversa sobre valores materialistas me deixa aflita. Uma vez que estou imersa em pensar sobre o impacto do marketing nas crianças, estou fazendo o possível para ter consciência de como minha própria vida reflete minhas prioridades e valores. Devo admitir, no entanto, que sou constrangedoramente vulnerável a certos produtos e suas mensagens comerciais. Desenvolvi uma estranha afinidade por utensílios de cozinha de uso específico, a exemplo de descascadores de manga, boleadores de abacate e até mesmo um fatiador de banana capaz de cortar várias fatias simultaneamente.

Os comerciais que mais me influenciam vão mudando à medida que cresço e me desenvolvo. Duas décadas atrás, assombravam-me os anúncios que tiravam proveito de meus medos acerca do futuro de minha filha, como aquele em que dois caras conversam sobre a faculdade – um deles claramente tem dinheiro para pagar a mensalidade do filho, o outro não tem porque não recorreu aos serviços de um corretor de investimentos que fazia as perguntas certas. A última cena que vemos é o cara que errou ao não escolher a firma de investimentos: ele é a própria imagem da culpa, remorso e angústia.

Tenhamos ou não nossos próprios consultores de investimentos, e estejam esses consultores fazendo ou não as perguntas "certas", muitos de nós nos identificamos com esses sentimentos, sobretudo devido aos custos vertiginosos da educação de nível superior. Muitos anos depois, eu me zango comigo mesma por me deixar atrair por anúncios de remédios para artrite, apesar da minha convicção de que é errado fazer publicidade de remédios na televisão. Em outras palavras, não tenho a pretensão de declarar que sou imune aos apelos do mundo material. Eu sei, no entanto, que uma cultura que leva as crianças a mergulharem no consumismo está fazendo um péssimo trabalho no que diz respeito a ensiná-las a valorizar o que é mais importante: relacionamentos humanos relevantes e expressivos, amor e bondade, admiração, encantamento e deslumbramento, criatividade, uma conexão com a natureza e um profundo apreço por aquilo que não pode ser empacotado, comprado ou vendido.

5
Até que ponto as recompensas são recompensadoras?

Se eu lhe oferecesse mil dólares para tirar os sapatos, você provavelmente aceitaria – e então eu poderia anunciar, triunfante, que "recompensas funcionam". Mas, assim como acontece com as punições, as recompensas nunca são capazes de ajudar alguém a desenvolver um comprometimento com uma tarefa ou ação, uma razão para continuar fazendo algo quando não há mais recompensa.

Alfie Kohn, *Unconditional Parenting*

Estou em Melbourne, na Austrália, aconchegada em um sofá com Noah, de 5 anos. Com toda a paciência do mundo, ele me instrui sobre como usar seu aplicativo de corrida Lego City. Como estamos a apenas alguns metros de distância de sua impressionante coleção de Legos de verdade, não consigo escapar da ironia de que, em vez de usar os blocos de plástico para construir veículos, torres ou o que quer que seja, estamos debruçados sobre o tablet dele. "Minha sogra comprou há alguns anos, quando estávamos com viagem marcada para visitar a família nos Estados Unidos", o pai dele me explica. "Ela achou que isso tornaria o voo mais tranquilo."

Os aplicativos Lego City são descritos como "jogos criativos baseados em missões".[1] Com base em minha experiência com outros aplicativos Lego, não estou surpresa por ficar desapontada com as oportunidades oferecidas por esse em termos de criatividade. Os carros digitais são pré-construídos e há uma única maneira de fixar os acessórios (também pré-construídos). Também não estou surpresa por acumularmos pontos cada vez que "aceleramos" nossos carros. No entanto, fico surpresa quando Noah anuncia com entusiasmo: "Agora podemos fazer compras!".

Acontece que o objetivo desse aplicativo Lego não é construir carros virtuais, disputar corridas com eles ou mesmo acumular mais pontos do que seu oponente; é usar nossos pontos para comprar coisas virtuais, incluindo um caminhão de bombeiros, uma planta carnívora e alguns anúncios propriamente ditos na forma de um adesivo na lateral de um ônibus e uma placa de rua que faz publicidade do Império Ninjago da Lego, que inclui: o filme *Lego Ninjago*; o jogo de videogame do filme *Lego Ninjago*; jogos online do *Masters of Spinjitzu*; a série de TV *Lego Ninjago: Masters of Spinjitzu*, exibida nos Estados Unidos no Cartoon Network, roupas de marca e muito mais. Nós "compramos" nossos prêmios e recomeçamos todo o processo.

Ao contrário de muitos aplicativos para crianças que exigem que gastemos dinheiro de verdade, estamos apenas fingindo fazer compras. Ainda assim, a mensagem do aplicativo é clara: a diversão de jogar um jogo e a satisfação de se sair bem, ou até mesmo o prazer de derrotar seu oponente, não são suficientemente gratificantes por si sós. O verdadeiro propósito de jogar o jogo – sua verdadeira importância – é acumular pontos para comprar coisas.

Pais e mães que procuram orientação para escolher entre os zilhões de aplicativos, vídeos, filmes e programas de TV disponíveis para crianças pequenas podem recorrer a organizações de pesquisa como a Common Sense Media [Mídia de bom senso] (CSM) e a Children and Media Australia [Crianças e mídia Austrália] (CMA) para ter acesso a comentários, análises e avaliações de produtos de mídia e entretenimento para crianças. A CSM, por exemplo, permite que pais e mães saibam se um aplicativo ou programa contém violência, sexualização ou referências a drogas e álcool, bem como a quantidade do que eles chamam de "consumismo" envolvida (mascotes, garotos-propaganda, personagens licenciados e outros personagens de marca, compras dentro do aplicativo e outros tipos de publicidade). As análises da CSM também identificam e avaliam a presença e eficácia do potencial educacional do aplicativo – as habilidades e informações que as crianças podem aprender com eles. Uma assinatura gratuita da CSM dá direito a três análises gratuitas por mês; para acesso ilimitado às avaliações, é preciso adquirir uma assinatura "plus".

As análises da CMA são mais detalhadas, principalmente com relação aos tipos de publicidade e compras incorporadas aos aplicativos.[2] E são gratuitas. Além disso, a CMA sinaliza recursos de aplicativos e jogos que podem incentivar jogos de azar – como as *loot boxes*, ou caixas de recompensa. Trata-se de uma mecânica de microtransações que consiste de versões virtuais das caixas ou sacolas "misteriosas" que descrevo no capítulo 4, usadas para manter as crianças em busca daquele único brinquedo raro de que elas precisam para completar seu conjunto de colecionáveis. Em aplicativos e jogos, as *loot boxes* podem aparecer na forma de "baús do tesouro" ou outros tipos de recipientes especiais, repletos de conteúdos desconhecidos e comprados com dinheiro de verdade. O problema é que a *loot box* que compramos pode ou não conter a coisa que desejamos ou de que precisamos para nos darmos bem no jogo. Se uma *loot box* contém o que esperamos, é emocionante e gratificante o suficiente para nos predispor ao comportamento compulsivo de comprar a próxima que encontrarmos. Caso contrário, há sempre a possibilidade de que na próxima *loot box* comprada estará o que desejamos.

Os comentários que encontrei nesses sites e em outros são úteis. No entanto, não captam o que considero mais preocupante no aplicativo de corrida Lego City, tampouco respondem à pergunta crucial: o que o programa, jogo ou aplicativo ensina às crianças sobre o que é mais importante no mundo? As avaliações não falam sobre valores – os princípios norteadores fundamentais, os objetivos ou as motivações que moldam nossas escolhas de vida, nosso comportamento e nossas prioridades e a forma como distinguimos o certo do errado.[3]

Via de regra, é ponto pacífico que as crianças aprendem valores de seus familiares e da afiliação ativa a instituições religiosas, culturais e educacionais, todas abertamente comprometidas em transmitir valores de geração em geração. Mas as crianças não param de absorver e adotar valores no momento que saem de casa, da escola ou do local de culto.

As crianças também absorvem valores de outras pessoas com quem convivem regularmente – colegas, vizinhos e outros adultos de sua comunidade. As crianças que todos os dias passam horas a fio na companhia de telas também absorvem valores dos proprietários e funcionários das empresas de tecnologia e mídia que fabricam os conteúdos que as crianças consomem em seus telefones, tablets, TVs e outros dispositivos eletrônicos.

Como as crianças geralmente consomem criações de tecnologia e mídia na ausência das pessoas responsáveis por concebê-las, é fácil que pais, mães e responsáveis evitem o reconhecimento consciente dos valores que essas criações comunicam. No entanto, cada imagem, palavra ou ideia encontrada em uma tela ou por meio de um dispositivo é selecionada por alguém ou por um algoritmo criado por alguém que, talvez em associação com muitas outras pessoas ou sob o comando de seus chefes, descartou montes de outras palavras, imagens e ideias ao longo do caminho.

Em outras palavras, o que encontramos e o que não encontramos no mundo virtual, ou em qualquer meio, é um reflexo consciente ou inconsciente dos valores de alguém – incluindo sua decisão de fazer concessões e transigir sobre valores para permanecer empregado, adquirir poder, ganhar dinheiro ou propor uma saída criativa viável. Assim, embora as crianças não convivam com esses produtores, escritores e desenvolvedores de aplicativos, passam bastante tempo expostas aos valores que essas pessoas defendem, de maneira consciente ou inconsciente, valores que são refletidos e transmitidos por meio dos conteúdos que elas produzem – com os quais as crianças se envolvem e os quais acabam absorvendo.

Para as empresas cujos lucros dependem de fazer com que as crianças gastem dinheiro pode até fazer sentido financeiro treinar as crianças a adotarem o consumismo. Mas não faz sentido para as crianças. No fim, fica claro que os valores materialistas absorvidos por crianças imersas no comercialismo afetam sua vida muito além de influenciar o quanto e o que consomem.

A partir da década de 1980, um psicólogo americano chamado Shalom Schwartz começou a realizar pesquisas em diversos lugares diferentes – ao fim e ao cabo, 82 países –, identificando o que ele chamou de sistema universal de valores humanos básicos.[4] Isso não significa que todas as pessoas priorizam os mesmos valores, mas, sim, que existe um conjunto de valores universalmente reconhecidos e organizados sob um guarda-chuva de categorias distintas e inter-relacionadas. Além disso, Schwartz e seus colegas descobriram que, dentro desse sistema, certos valores tendem a ser compatíveis – conformidade e segurança, por exemplo –, ao passo que outros estão em conflito, a exemplo de benevolência e poder.

O fato de que os valores tendem a se agrupar é relevante para os estudos e pesquisas mais recentes sobre o materialismo. Por exemplo, as pessoas cuja principal motivação é o objetivo materialista de acumular riqueza e posses também são motivadas por valores como poder, status, fama, realização e popularidade.[5] Em outras palavras, suas ações e seus comportamentos podem ser impulsionados mais pelas recompensas externas do que por qualquer satisfação intrínseca derivada do que quer que estejam fazendo.[6]

Por outro lado, pessoas menos materialistas tendem a priorizar valores como igualdade, criatividade e preocupação com o bem-estar dos outros.[7] Valores como esses tendem a motivar ações e comportamentos que podem não trazer recompensas materiais, mas são satisfatórios em si mesmos.[8]

Uma questão que vem à tona com frequência nas discussões sobre valores materialistas é se eles são influenciados por fatores socioeconômicos. As pessoas que enfrentam dificuldades econômicas são mais materialistas do que as pessoas abastadas? Acontece que os estudos encontram uma associação entre a insegurança de viver na pobreza e a priorização do dinheiro e das posses materiais.[9] Mas um estudo especialmente relevante para as discussões sobre cultura comercial constatou que *sentir-se* empobrecido está ligado a ter valores materialistas.[10] Creio que a expressão "*sentir-se*" é importante nesse contexto, e gostaria que houvesse mais pesquisas sobre isso.

Parece-me que (contanto que você não esteja em uma situação de penúria), se todas as pessoas ao seu redor estiverem mais ou menos no mesmo barco em termos de situação econômica, claro que é possível ter pouco dinheiro e não se sentir mal. Um dos problemas de viver em uma sociedade caracterizada por vastas diferenças de riqueza e com ampla exposição aos meios de comunicação e redes sociais comercializadas é que, independentemente da nossa situação financeira, somos engolfados por imagens que glamorizam, priorizam e, ao mesmo tempo, normalizam o consumo excessivo. O tempo todo somos lembrados do que podemos e não podemos comprar e, por extensão, de quanto dinheiro temos e quanto não temos.

A meu ver, faz sentido que a generalizada e contínua exposição a mensagens de marketing que desencadeiam o desejo e vinculam a felicidade e a autoestima às coisas que compramos estimule as pessoas que enfrentam dificuldades financeiras a adotar os valores e as motivações extrínsecos associados à aquisição da riqueza a fim de comprar essas coisas. No entanto, como já mencionei, acreditar que as coisas que compramos têm a capacidade de nos deixar felizes pode, na verdade, diminuir nossa felicidade.

Uma das razões pelas quais as pessoas que priorizam como meta primordial o acúmulo de riquezas e posses podem viver em estado de perpétua insatisfação é que, além de acreditar equivocadamente que a felicidade está em sua próxima compra, a sensação de bem-estar depende da obtenção de um fluxo contínuo de recompensas externas, tais como novas aquisições, elogios, aplausos, prêmios e boas notas. Além disso, ao dedicar seu tempo à busca dessas recompensas, as pessoas podem acabar tendo menos experiências que de fato promovam seu bem-estar.

Para o bem ou para o mal, pelo menos nos Estados Unidos e em outros países industrializados, há muito os adultos usam recompensas materiais para motivar as crianças a se empenharem em comportamentos potencialmente desagradáveis, mas benéficos. Nas escolas, é prática rotineira lançar mão de notas, classificações e outras recompensas para motivar os alunos a estudar mais, aprender novas habilidades e absorver informações. Pais e mães podem basear o critério de pagamento de mesada nas tarefas que os filhos realizam em casa, ou lhes dar dinheiro ou presentes como compensação por "boas notas" ou "bom comportamento". As recompensas talvez motivem comportamentos a curto prazo, mas podem acabar por estimular valores materialistas que persistem na vida adulta. Crianças cujos pais e mães se fiam em recompensas materiais são mais propensas a se tornar adultos que vinculam seu senso de identidade às coisas que possuem.[11]

Na minha experiência, oferecer vez por outra uma recompensa material pode ajudar algumas crianças a superarem obstáculos específicos e navegarem em terrenos difíceis e desafiadores. Quando minha filha estava no terceiro ano do ensino fundamental, por exemplo, meu marido e eu recorremos a uma recompensa externa para motivá-la a concluir uma tarefa escolar que era difícil em vários níveis. Ela se viu obrigada a memorizar e dizer em voz alta a tabuada em um curto período de tempo. Minha filha era, e sempre será, uma pessoa que lida com as tarefas de maneira lenta e cuidadosa. Tinha grande dificuldade em lidar com a restrição de tempo, o que para ela era frustrante e difícil. Como a tarefa era contrária à sua natureza, ela evitava realizá-la. Ao mesmo tempo, desejava havia muito tempo um bichinho de pelúcia especialmente fofinho – um gorila. Então, compramos o gorila com o entendimento de que ela poderia ficar com ele assim que completasse com sucesso seu desafio de matemática. E foi o que ela fez.

É problemático, no entanto, quando os adultos se fiam de maneira contínua na promessa de recompensas ou punições materiais como o principal método de administrar ou mudar o comportamento das crianças a longo prazo. Um conjunto significativo de estudos e pesquisas mostra que as recompensas materiais não são exatamente eficazes para mudar ou moldar de modo permanente o comportamento ao longo do tempo, e que uma dieta constante de prêmios e compensações pode acabar prejudicando o desenvolvimento saudável das crianças.[12] Recorrer com frequência à estratégia de pagar crianças ou comprar guloseimas para elas por ajudarem nas tarefas domésticas, por compartilharem as coisas ou por serem gentis, por exemplo, priva-as de oportunidades de sentir as satisfações inerentes a assumir as responsabilidades, bem como os benefícios de ser um membro integrante de uma família, organização ou sociedade.

Da mesma forma, treinar as crianças na escola para priorizar as "boas" notas priva as crianças de oportunidades de sentir a gratificação intrínseca da aprendizagem – satisfazer a curiosidade, adquirir competência e ampliar e aprofundar sua compreensão do mundo. Quando aprendem a se comportar de determinadas maneiras unicamente para obter uma recompensa ou evitar uma punição, as crianças perdem oportunidades de desenvolver um senso de autonomia e de regular seu próprio comportamento.

Outro problema de apelar para recompensas materiais a fim de motivar as crianças a mudarem seu comportamento é que não somos capazes de controlar tudo o que as crianças aprendem com uma experiência específica. Por exemplo, crianças que repetidamente recebem presentes ou dinheiro em troca de se comportarem de determinada maneira ou de concluírem uma tarefa podem aprender a fazer o que seus pais, suas mães ou seus professores esperam delas. Também é verdade, contudo, que podem ao mesmo tempo aprender que as coisas só valem a pena se resultarem em alguma forma de pagamento, recompensa ou status elevado.

As crianças precisam de um bocado de experiência em ambientes que apoiem e estimulem sua experiência de motivação intrínseca. Até recentemente, o mais provável era que as crianças preenchessem quaisquer períodos de lazer disponíveis iniciando e realizando suas próprias atividades, movidas por alguma motivação interior. Era nesses momentos que podiam brincar, o que é, por definição, a quintessência da atividade de motivação intrínseca. Crianças não brincam para obter recompensas ou guloseimas externas. Eles brincam porque querem – pela pura alegria de brincar.

Em nossa atual cultura comercializada e saturada de tecnologia, não podemos mais presumir que as crianças usem seu tempo de lazer para brincadeiras autodirigidas, ativas ou criativas. Em 2009, antes do advento dos smartphones e tablets, assistir à televisão era a principal atividade de lazer das crianças no mundo todo.[13] Hoje, é claro, as crianças passam cada vez mais tempo às voltas com jogos digitais em tablets e telefones, em que aplicativos como o jogo de corrida Lego City de Noah lhes ensinam que as experiências – jogar, aprender ou fazer alguma coisa, por exemplo – são gratificantes principalmente se resultarem em algum tipo de recompensa externa, mesmo aquela que (*a*) existe apenas no âmbito virtual e (*b*) na verdade não pode ser utilizada de forma alguma.

Em contrapartida, quando Noah brinca com seus Legos de verdade, ele não tem a expectativa de ir às compras quando terminar ou de obter algum tipo de recompensa externa, exceto talvez a alegria que seu pai e sua mãe expressam diante das coisas que ele cria com os blocos de montar. A sua brincadeira com os blocos tem motivação intrínseca, talvez porque goste de construir e/ou porque tenha uma visão de algo que queira criar. Ele está intrinsecamente motivado para brincar, e suas recompensas são acima de tudo de ordem interna: o prazer em como ele gasta seu tempo e a satisfação pessoal de adquirir habilidades ou completar qualquer desafio de construção que ele se proponha a fazer.

Noah se beneficia de várias maneiras de sua construção intrinsecamente motivada. Ele consegue ter a experiência de se sentir competente e independente. Ele aprende que pode iniciar um projeto e concluí-lo sozinho. Se está construindo uma estrutura de sua própria imaginação em vez de trabalhar com um kit, sua brincadeira alimenta sua criatividade. Ao vincular "fazer compras" à noção de se sair bem no jogo, os fabricantes de aplicativos da Lego diminuem tanto o valor de se fazer algo porque se gosta quanto o valor da satisfação pessoal que existe em uma realização.

Por falar em recompensas externas, eis uma piada que minha prima me contou: uma psicóloga, precisando de isolamento e silêncio para escrever sua obra-prima, aluga uma casa em uma rua que, ela descobre depois de se mudar, está repleta de crianças que adoram brincar de forma exuberante, em alto e bom som, em um pátio bem em frente. Ela lhes pede que brinquem sem tanta barulheira. Ela lhes pede que brinquem em outro lugar. Ela coloca placas de PROIBIDO BRINCAR. Ela começa a exigir, aos berros, que as crianças parem de brincar. Nada funciona.

Certo dia, ela diz às crianças que pagará um dólar a cada uma para brincarem o quanto quiserem bem ao lado de sua casa. As crianças ficam empolgadíssimas e ao longo dos dias seguintes continuam a brincar bem defronte à casa da psicóloga, que, fiel à sua palavra, pagou os prometidos dólares. Em uma manhã, ela comunica às crianças, com pesar, que não tem mais condições de lhes pagar, mas que podem brincar na frente de sua casa o quanto quiserem. As crianças vão embora em silêncio e nunca mais brincam na frente da casa dela.

Por um lado, é apenas uma piada. Por outro, é uma piada corroborada por pesquisas. Estudos sobre motivação mostram que pagar ou recompensar materialmente crianças (e adultos) por fazerem algo de que gostam pode diminuir sua motivação intrínseca para continuar fazendo tão logo deixem de ser recompensados por isso. Por exemplo, estudantes universitários pagos para resolver jogos de raciocínio eram menos propensos a continuar trabalhando neles depois que deixavam de ser remunerados. Mesmo quando lhes diziam que poderiam fazer outras coisas, alunos que nunca haviam sido pagos continuaram a trabalhar nos problemas porque a seu ver eram divertidos e instigantes.[14]

Em outro estudo, junto a crianças em idade pré-escolar que demonstraram interesse em desenhar, algumas recebiam uma recompensa por fazer uma figura e outras eram simplesmente instruídas a desenhar. Duas semanas depois, as que desenhavam com a expectativa de receber alguma recompensa eram menos propensas a fazer desenhos do que aquelas que jamais tinham recebido uma recompensa para desenhar.[15]

Em uma sociedade permeada por publicidade projetada para vender aos consumidores a natureza essencial de consumir "coisas", acreditar no poder de recompensas externas e panaceias baseadas em produtos pode facilmente se tornar uma norma cultural. Esse fenômeno se tornou claríssimo durante o que agora descrevo como a "Grande Febre do Pokémon GO" de alguns anos atrás. No capítulo 1, descrevo o modelo de negócios da Pokémon como "brilhante e diabólico", porque é alicerçado na criação de desejos perpetuamente insatisfeitos nas crianças. Vale a pena dar uma boa olhada no Pokémon porque é um exemplo de produto com boa dose de apelo intrínseco para crianças, mas cujo marketing tira proveito das vulnerabilidades delas.

No início do verão de 2016, pedestres em todo o mundo depararam com multidões de pessoas desconhecidas, muitas vezes aglomeradas, fitando seus smartphones e vez por outra berrando palavras incompreensíveis: "Raticate!" ou "Clefable!" ou "Peguei um Vileplume!". Estavam jogando Pokémon GO, o primeiro jogo de realidade aumentada de grande sucesso criado pela Niantic – uma *startup* interna vinculada ao Google e também de propriedade do conglomerado Alphabet, que controla o Google – e pela Nintendo.

As empresas trabalharam juntas para inserir na vida cotidiana das pessoas uma porção de criaturas Pokémon animadas (e de nomes estranhos), visualizadas por meio de um aplicativo de smartphone.

O Pokémon GO rapidamente se tornou um fenômeno internacional. Está disponível em mais de 120 países.[16] Apenas nos primeiros meses, teve 500 milhões de downloads e gerou 470 milhões de dólares.[17] E não se tratou de um fogo de palha. Três anos depois, o Pokémon GO tinha sido baixado mais de 1 bilhão de vezes.[18] E, de janeiro a setembro de 2021, foi o quarto mais lucrativo jogo para celular e arrecadou respeitáveis 691,43 milhões de dólares.[19]

Após seu lançamento, o Pokémon GO se transformou em uma febre, uma mania tão extraordinariamente popular que até mesmo os críticos mais veementes do marketing para crianças hesitavam em criticar o jogo com muita severidade. Em vez de censurar a Niantic por inserir publicidade virtual para Pokémon em cemitérios, locais de culto religioso, monumentos internacionais e parques públicos,[20] alguns críticos apenas recomendaram à empresa que não lucrasse atraindo crianças para um McDonald's e outros estabelecimentos comerciais.[21] Outros se concentraram em preocupações sobre a privacidade.[22] E alguns metaforicamente levantaram as mãos aos céus e deram graças ao aplicativo por levar as crianças para fora de casa.[23]

Poucas semanas após o lançamento do jogo, uma infinidade de matérias jornalísticas trazia citações de médicos e outros especialistas em saúde elogiando o Pokémon GO por promover exercícios para sedentários e viciados em televisão.[24] Alguns chegaram a elogiar a Niantic por sua artimanha capaz de ludibriar as pessoas para fazê-las se exercitar.[25] Vários CEOs de empresas de condicionamento físico se maravilharam com o surpreendente aumento do número de passos dados por usuários de seus aplicativos.[26] Uma manchete no *Wall Street Journal* proclamou: "Quer se exercitar mais? Experimente o tempo de tela".[27] Somente quando os pesquisadores rastrearam o efeito do Pokémon GO nos exercícios ao longo do tempo é que surgiu uma imagem diferente. Um estudo publicado no *British Medical Journal* constatou que, embora de início os jogadores de Pokémon GO aumentassem o número de passos diários, em seis semanas voltavam a caminhar na mesma média de antes de baixar o aplicativo.[28]

Outros pesquisadores descobriram que o sucesso da contribuição do aplicativo para manter um estilo de vida fisicamente ativo dependia de quanto os usuários já valorizavam de antemão a prática de exercícios físicos.[29] Se os jogadores estavam andando sobretudo pela curtição de capturar Bulbassauros e Butterfrees, assim que seu interesse no jogo diminuía, minguavam também os efeitos positivos do Pokémon GO para a saúde.

Como o objetivo do Pokémon GO era gerar lucros e promover a fidelidade à marca, e não fomentar a prática de exercícios físicos e promover a saúde pública, a pesquisa que desmascarava o aplicativo e desmentia seu potencial como ferramenta de estilo de vida saudável provavelmente não foi grande coisa para seus criadores. Por ocasião de seu lançamento, o jogo e seu impacto – não comprovado, mas supostamente milagroso – nos exercícios físicos ganharam as manchetes em todo o mundo. Como costuma acontecer com os fenômenos que atraem a atenção do público e têm estrondosa repercussão na mídia, logo a imprensa perdeu o interesse, e a notícia de que o aplicativo não era uma solução para curar o sedentarismo e o vício em televisão recebeu pouca ou nenhuma cobertura. Então, não me surpreendi ao saber que a empresa planeja lançar um novo aplicativo Pokémon com um pretenso benefício para a humanidade, apresentado no centro de sua estratégia de marketing. O novo aplicativo é chamado Pokémon Sleep [Pokémon Sono]. E, sim, você adivinhou, o aplicativo supostamente recompensa "bons hábitos de sono".[30] Uma vez que o sono é uma motivação biológica e, por definição, uma função intrinsecamente recompensadora de todos os seres humanos e animais, fiquei curiosíssima para entender melhor como o tal aplicativo vai funcionar.

Em uma coletiva de imprensa, Tsunekazu Ishihara, CEO da Pokémon Company, anunciou que "o conceito desse jogo é fazer com que os jogadores tenham algo por que ansiar logo ao acordar todas as manhãs".[31] Em seguida, acrescentou: "Todo mundo passa grande parte da vida dormindo, e *transformar isso em entretenimento* [grifo da autora] é nosso próximo desafio". Uau.

Até o momento em que este livro foi escrito, a Pokémon Company ainda não explicou exatamente de que maneira o sono será recompensado, mas disse apenas que o que acontece no jogo estará vinculado a quando e por quanto tempo a pessoa dorme.[32,*] Levando-se em conta o enorme sucesso financeiro do Pokémon GO, o mais provável é que o Pokémon Sleep seja extremamente lucrativo nas primeiras semanas após seu lançamento, e são bem pouco promissoras as chances de que ajude a maioria das pessoas a dormir.

Com base na pesquisa que desmente a influência do Pokémon GO nos exercícios físicos, no que sabemos a respeito do sono e nos problemas discutidos neste capítulo acerca de confiar em recompensas externas para efetuar mudanças de comportamento duradouras, é difícil ver o Pokémon Sleep como algo que vá além de um cínico esforço para monetizar uma legítima e preocupante questão de saúde pública. Verdade seja dita, de fato muitas crianças e adolescentes dormem significativamente menos tempo do que precisam.[33] Também é verdade, no entanto, que o excesso de tempo com a tecnologia e até mesmo dormir no mesmo quarto em que há uma televisão ou dispositivo digital são fatores que, já comprovados, influenciam na privação do sono.[34]

Estou intrigadíssima com a afirmação do sr. Ishihara de que de alguma forma o Pokémon Sleep fará com que as pessoas "tenham algo por que ansiar logo ao acordar todas as manhãs". Na minha experiência, pessoas que não desejam acordar provavelmente estão sofrendo de depressão, luto ou estresse extremo, sintomas que talvez exijam tratamento profissional, e é improvável que Pikachu ou qualquer criatura Pokémon seja capaz de oferecer alguma ajuda nesses casos. Além disso, os especialistas em sono recomendam adquirir o hábito de desanuviar a mente antes de dormir e evitar o foco em remoer eventos passados ou projetar eventos futuros.[35] Portanto, aferrar-se demais, seja com pensamentos positivos ou negativos, à ânsia de acordar na manhã seguinte pode acabar impedindo que as pessoas adormeçam.

---

* O jogo foi lançado na Austrália, Canadá, Nova Zelândia e na América Latina em julho de 2023. Segundo a fabricante, o jogo rastreia os hábitos do usuário e atribui pontos para a duração e a consistência do sono, classificando o usuário e oferecendo funcionalidades a partir dessas informações. [N.E.]

Ademais, exceto pelo fenômeno natural do sonho, o sono, por sua própria definição, não deve e não pode ser algo divertido. De acordo com o *Dicionário Oxford da língua inglesa*, o sono é definido como "um estado ou condição natural e inconsciente que ocorre de forma periódica e universal a pessoas e animais, caracterizado pela suspensão parcial ou total da atividade do sistema nervoso e durante o qual se dá a recuperação de suas forças".[36]

A transformação do sono em entretenimento lucrativo proposta pela Pokémon Company não surgiu do nada. É mais um passo nos esforços da indústria de tecnologia e marketing no sentido de transformar em jogo ("gamificar") e em marca todos os aspectos de nossa vida. Uma manchete do *New York Times* foi certeira: "Pokémon Sleep quer transformar até a soneca em jogo".[37]

O lançamento do aplicativo deveria ter ocorrido em 2020, e acredite, não perdi o sono com a demora. Nesse intervalo, a empresa lançou um aplicativo chamado Pokémon Smile [Pokémon Sorriso], cujo site declara: "Fazer as crianças escovarem os dentes pode ser difícil, mas este aplicativo inteligente transforma a escovação em uma aventura empolgante!".[38] As crianças escovam os dentes olhando para si mesmas na tela do smartphone usando um chapéu virtual de Pokémon. Enquanto escovam, podem salvar as criaturas Pokémon de "bactérias nocivas" e, em seguida, capturar todos os Pokémons que salvaram. O narrador garante ao espectador que o jogo vai "motivar os jogadores a escovar os dentes e jogar todos os dias".[39] Na quarta vez que assisti ao vídeo, notei o pequeno aviso que aparecia na parte inferior da tela durante seis segundos: "Este aplicativo não se destina a prevenir ou tratar cáries. Também não garante que os jogadores passem a gostar de escovar os dentes ou tornem a escovação um hábito".[40] Ora, as palavras "motivar", "escovar os dentes" e "todos os dias" apresentadas na mesma frase não sugerem o contrário?

Caso você ainda não esteja convencido sobre a cínica visão da empresa quanto a questões de saúde, recentemente a Nabisco lançou uma edição limitada de Pokémon Oreos, pacotes de biscoitos recheados. Assim como o poder de sedução de comprar cartas de Pokémon reside na possibilidade de encontrar cartas raras, o mesmo se aplica aos pacotes dessas criaturas "estampando" a face do biscoito – que talvez contenham o esquivo Mew. Quando soube que esses Mews comestíveis e extremamente quebradiços estavam sendo vendidos por mil dólares no site eBay, decidi dar uma olhada. Na verdade, os preços variaram de 6 dólares a inacreditáveis 25 mil dólares (nenhum comprador, da última vez que verifiquei). O primeiro que encontrei por mil dólares foi descrito como "Biscoito Oreo Mew Edição Limitada Rachado" (da última vez que verifiquei, não constavam lances para este também).[41] Mas um Oreo Mew intacto teve um lance alto, de 13.300 dólares – porém, veja só, metade dos lucros foram doados para o Hospital de Pesquisa para Crianças St. Jude. É uma causa digna, mas não posso deixar de me perguntar por que não ocorreu às pessoas que fizeram os lances economizar 6.650 dólares ao doar o dinheiro diretamente para o hospital.[42] Um comentarista da rádio pública NPR perguntou: "Quanto tempo duram os Oreos?".[43] Mas estou divagando – vamos voltar à escovação de dentes.

Não consegui encontrar nenhuma pesquisa sobre a eficácia do Pokémon Smile, mas encontrei um estudo sugerindo que, ao longo de três meses, crianças em idade pré-escolar que usaram um aplicativo de escovação de dentes baseado em recompensas pareciam fazer um trabalho de escovação mais eficaz do que crianças que não usaram o aplicativo. No entanto, os próprios pesquisadores apontam, a verdadeira eficácia do aplicativo só pode ser medida em um estudo de longo prazo. Ademais, esse estudo compartilha uma falácia com muitos dos outros estudos a que tive acesso sobre intervenções baseadas em telas. A comparação quase sempre é feita com um grupo de controle que não recebe intervenção de nenhum tipo. Então, o que de fato acabamos aprendendo é que algo, possivelmente qualquer coisa, é melhor do que nada.[44]

Não tenho nada contra tentar tornar divertidas as tarefas que para crianças pequenas possam parecer tediosas – embora duvide que algo possa tornar a escovação dos dentes uma "aventura empolgante" de qualquer maneira duradoura. Quando minha filha estava aprendendo a escovar os dentes, fazíamos barulhos engraçados juntas enquanto ela escovava: "eee... ahhh... ohh", esse tipo de coisa; às vezes escovávamos os dentes juntas. Minhas objeções dizem respeito às tentativas corporativas de monetizar essas tarefas da vida diária usando suas marcas como motivação. Talvez você já tenha ouvido falar de um dos exemplos mais notórios nos Estados Unidos: o iPotty Digital com assento para iPad, da CTA – na verdade, um "i-troninho" ou "ciberpenico". Em 2013, a solução que a Big Tech encontrou para motivar extrinsecamente as crianças a aprender a usar o banheiro foi vender um assento sanitário com suporte para iPad integrado, de modo que, enquanto as crianças eram instruídas sobre como fazer suas necessidades no banheiro, podiam se entreter com tempo de tela e tecnologia. O iPotty ganhou o prêmio de "Pior Brinquedo do Ano" da Fair Play naquele ano, e fico feliz em dizer que aparentemente deixou de ser fabricado.[45]

Sempre que passo tempo com crianças, principalmente bebês e crianças bem pequenas, lembro-me de que a capacidade de motivação intrínseca tem profundas raízes na condição humana. No livro *Em defesa do faz de conta*, escrevi sobre o período em que tive a sorte de estar na casa de um amigo no momento em que sua filha de 7 meses fez uma descoberta espantosa: seus próprios joelhos. Dando gritinhos de alegria, ela estendeu os braços para o pai, expressando em termos inequívocos seu desejo de ficar de pé. Seus pequeninos punhos agarraram com firmeza um dos dedos da mão do pai, e a menina se ergueu na ponta dos pés e se endireitou para ficar na vertical. Depois de alguns momentos vacilantes, ela começou a se agachar, dobrando lentamente as pernas. Em seguida, feito uma bailarina embriagada saindo de um *plié*, oscilou mais uma vez. Radiante de orgulho, repetiu de novo a sequência – muitas e muitas vezes.

Um tempo depois, ela notou um de seus brinquedos favoritos no chão, um gatinho. Segurando-se com apenas uma das mãos, cambaleando com intensidade ainda maior, começou a estender o braço para tentar alcançar o gatinho e descobriu que (*a*) o brinquedo estava longe demais para ela conseguir agarrá-lo e (*b*) o brinquedo estava no nível do solo. Depois de muito ponderar, ela esticou a mão livre na direção do gatinho. Balançando bastante, em equilíbrio precário, completamente focada em sua missão, ela iniciou o glorioso processo de flexão – e foi salva de uma queda indigna pelo braço protetor do pai. A menina se permitiu um breve descanso no chão e, com alegre determinação, recomeçou o processo.

Em ambientes estimulantes, onde há oportunidades de conhecer o mundo em seus próprios termos, as crianças pequenas são intrinsecamente motivadas a aprender, a adquirir competência, a lutar por autonomia e a satisfazer sua curiosidade. É verdade que a maioria dos pais e das mães que conheço conta vez por outra com alguma recompensa para ajudar os filhos a passar por uma experiência árdua ou realizar uma tarefa para a qual não têm nenhuma motivação. Mas, quando mergulhamos as crianças em uma sequência de experiências construídas sobre um sistema de recompensas externas, não apenas as treinamos e estimulamos a serem motivadas apenas ou sobretudo por ganhos materiais como também as privamos de oportunidades de vivenciar a profunda satisfação que uma pessoa sente ao fazer algo – qualquer coisa – que ama profundamente.

6

O irritante problema do poder
da persistente importunação

*O ciclo da vida no varejo: a criança exige o produto, o pai
ou a mãe fica sabendo do produto pela criança, começa a usar o
produto em casa, a criança idealmente cresce e passa a estimular sua
própria família a usar o referido produto – pelo menos até que
seus próprios filhos comecem a fazer novos pedidos.*

David Sprinkle, diretor da empresa de pesquisa
de mercado Packaged Facts

Estou batendo papo com um grupo de pais e mães de uma pré-escola local quando a mãe de uma criança de 3 anos diz: "Meu pai e minha mãe ficaram cuidando da minha filha e mostraram a ela alguns daqueles vídeos em que as crianças abrem caixas de brinquedos. Agora a menina fica me enchendo o saco para comprar os tais brinquedos e não consegue entender minha recusa". Um pai assente e suspira: "Eu tento não levar meu filho a lojas de brinquedos, mas agora parece que *todas* as lojas vendem brinquedos. Fui ao Home Depot [rede de lojas de produtos para o lar e construção civil] comprar lâmpadas e até lá havia brinquedos à venda! Tivemos que ir embora antes de eu conseguir comprar o que precisava, porque meu filho ficou me importunando para comprar coisas e teve um chilique quando falei que não".

Lidar com a amolação de uma criança birrenta que exige a compra de produtos específicos é um dos desafios mais desagradáveis, frustrantes e – quando culmina em faniquitos públicos – constrangedores de criar um filho pequeno. É uma fonte corriqueira de estresse para as famílias.[1] Infelizmente, é um fato comprovado que fazer com que as crianças importunem os pais e as mães para comprar algo gera dinheiro para as empresas. E não há dúvida de que, no mundo todo, a publicidade direcionada especificamente às crianças as influencia a apoquentar os pais e as mães insistindo para que comprem as coisas em questão.[2] Em uma reunião de família em Nova York, por exemplo, meu primo disse o seguinte sobre sua filha de 5 anos, cuja vida, até alguns dias antes, havia sido completamente isenta da televisão comercial: "Até então ela nunca pediu nada. De repente, começou a querer todos os brinquedos anunciados!". Um ano antes, em outra reunião familiar, ouvi falar de um sobrinho cujo filho é alguns anos mais velho que a menina. "Primeiro foi o Minecraft, agora é o Fortnite", ele disse. "Meu filho de 11 anos vive jogando online. E, quando ele começa, não consigo fazê-lo parar. Sei que ele está jogando demais, mas simplesmente me canso de tentar impedi-lo." Em outras palavras, bombardear as crianças com publicidade as estimula a importunar os pais e as mães.[3] E importunar funciona.[4]

Como a jornada da infância à idade adulta é uma lenta transição do desamparo à relativa autonomia, não chega a ser surpreendente que muitas crianças pelo menos tentem importunar os pais e as mães para conseguir o que desejam. Até mesmo as crianças muito pequenas sentem desejos tão intensos e às vezes tão voláteis quanto os anseios de qualquer adulto. Ao contrário dos adultos, no entanto, as crianças não têm liberdade, capacidade cognitiva, força física ou dinheiro para conseguir o que desejam quando um adulto recusa um pedido.

Um estudo realizado em 2002 sugere que a persistência com que as crianças atazanam pais e mães parece aumentar à medida que elas envelhecem. Uma pesquisa com 750 crianças com idades entre 12 e 17 anos descobriu que, em média, elas podem pedir algo nove vezes antes que os adultos cedam e façam o que elas querem. A azucrinação parece atingir o pico no início da adolescência. Das crianças de 12 e 13 anos entrevistadas, 11% relataram ter incomodado pais e mães mais de cinquenta vezes por causa de algum produto específico – e sempre eram produtos que elas conheceram por meio de algum anúncio.[5]

Tampouco surpreende que muitos pais e mães tenham dificuldade em dizer "não" à amolação – mesmo quando sabemos que seria melhor não ceder. Sucumbimos por toda sorte de razões, inclusive a não menos importante verdade fundamental de que queremos a felicidade de nossos filhos. Ou talvez porque já tenhamos nos recusado a atender a vários outros pedidos. Ou porque somos ambivalentes sobre o desejo de nossos filhos, qualquer que seja ele. Ou porque estamos estressados com o trabalho, e é mais fácil evitar uma briga. Ou porque nos sentimos culpados. E assim por diante. Em um estudo com mães nos Estados Unidos, os pesquisadores constataram que a maioria delas via as persistentes queixas dos filhos como um conflito, e muitas as descreviam como uma "batalha".[6]

Os profissionais de marketing não inventaram a importunação das crianças, mas certamente exacerbam o problema. É bizarro e cruel que as empresas não apenas contem com a azucrinação dos filhos para aumentar as vendas de tudo, de doces a carros, mas também incentivem as crianças a amolar os adultos, ao mesmo tempo que se eximem da responsabilidade pelo estresse familiar causado por crianças insistentes em seus pedidos. Em vez disso, as empresas colocam a culpa nos pais e nas mães "excessivamente permissivos, cooperativos e ocupados" que "endossam" as reclamações dos filhos e depois "botam a culpa na loja".[7] O especialista em marketing britânico Elliott Haworth apresenta a justificativa clássica:

> Os anunciantes não forçam os pais e as mães a comprar um Big Mac com cinco litros de Coca-Cola quando seus filhos insistem em pedir. Tenho certeza de que é enervante quando uma criança grita exigindo açúcar, mas a (in)capacidade de dizer "não" é um reflexo de pais e mães incompetentes, e não do fato de que a publicidade é uma força maligna.[8]

Não isento pais e mães da responsabilidade pelo comportamento de seus filhos em um mundo dirigido pelo comercialismo, mas a possibilidade de que eles não estejam lidando bem com essa situação não justifica os esforços dos profissionais de marketing para fazer as crianças pedirem coisas insistentemente. A maioria dos pais e das mães com quem converso dá o melhor de si no que chega a parecer uma luta interminável e avassaladora. Diante de ataques comerciais bem financiados, planejados com astúcia e onipresentes contra seus filhos, é injusto esperar que pais e mães sejam os guardiões e os únicos protetores das crianças.

Há também profissionais de marketing que encaram seu trabalho como um meio de neutralizar esse papel de guardiões. Quando Haworth entrevistou Emma Worrollo,* chefe da Pineapple Lounge, empresa internacional de pesquisa de mercado especializada em crianças, ela descartou a ideia de os pais e as mães protegerem os filhos dos anunciantes e aconselhou outros profissionais de marketing a contornarem isso:

> Detesto a palavra "guardiões" [...] não é isso que devemos pensar da pessoa que você deseja que se envolva com sua marca. Muitas marcas usaram essa estratégia – conversar apenas com pais e mães. Mas agora estamos em um momento em que é possível ter uma estratégia dupla, é possível criar uma experiência que converse com diferentes gerações. As famílias agora são mais como times, e a coisa já não funciona mais tipo "algo para os pais, algo para as crianças" – podemos criar uma felicidade mais simbiótica.[9]

A caracterização que Worrollo faz das famílias como "times" exemplifica a propensão da indústria de marketing para tirar proveito das teorias de desenvolvimento infantil, psicologia social e dinâmica familiar atualmente em voga. Incentivar as crianças a pensarem em sua família como um time é uma estratégia comum e bastante útil para ajudá-las a vivenciar a família como uma unidade coesa, abundante em atributos como cooperação, lealdade e estabelecimento de metas mútuas. Para Worrollo, no entanto, o conceito de famílias-times é uma justificativa para transformar as crianças, e não somente os pais e as mães, em alvos do marketing. Contudo, Worrollo ignora as vulnerabilidades de desenvolvimento que tornam as crianças pequenas tão suscetíveis à manipulação do marketing.

O mesmo artigo se queixa de que direcionar anúncios a pais e mães em vez de mirar os filhos diminui a "escolha dos filhos como consumidores".[10]

---

* Emma Worrollo é erroneamente identificada como "Holly Worrollo" no artigo. [N.A.]

Isso me lembra de um entrevistador que certa vez me perguntou: "As crianças não têm o direito de receber publicidade?". Acredito com firme convicção que as crianças têm muitos direitos importantes e até cruciais. De acordo com a Convenção das Nações Unidas sobre os Direitos da Criança, as crianças têm direito à liberdade de expressão, a brincar, a viver sem discriminação racial e muito mais. Em nenhum lugar esse instrumento afirma que as crianças têm o direito de serem alvos de marketing.[11] A convenção atribui às crianças o direito de viverem livres de maus-tratos e exploração, o que – levando-se em conta que os profissionais de marketing exploram rotineiramente as vulnerabilidades das crianças – sem dúvida poderia incluir viverem livres de publicidade direcionada a elas.

Tornou-se tão habitual contar com o incremento das vendas por meio das insistentes exigências das crianças junto aos pais e mães para que comprem determinados produtos que os profissionais de marketing criaram até mesmo apelidos para o fenômeno. É chamado de "poder da persistente importunação" ou, com menos frequência, o "fator da amolação birrenta".* A versão em inglês da expressão "poder da persistente importunação" associada à publicidade para crianças surgiu em um artigo de 1979 no jornal *The Washington Post* em referência a ativistas dos direitos dos consumidores que defendiam que a Comissão Federal de Comércio dos Estados Unidos (FTC) proibisse a publicidade na televisão direcionada a crianças pequenas.[12] Os apelos deram com os burros na água** e, na década de 1990, os profissionais de marketing

---

* Em inglês, "*pester power*" e "*the nag factor*", respectivamente, expressões que entraram no vocabulário corrente sobretudo dos Estados Unidos para definir a tendência das crianças, bombardeadas por mensagens publicitárias, de solicitar implacavelmente a seu pai ou sua mãe a compra de determinados itens anunciados. As expressões são empregadas para descrever as conotações negativas da (cada vez maior) influência das crianças nos hábitos de consumo das famílias modernas. [N.T.]

** Embora nos Estados Unidos os esforços não tenham obtido sucesso, proibições semelhantes foram aprovadas na Suécia, Noruega e na província de Quebec nas décadas de 1980 e 1990. Ministério da Cultura da Noruega, Lei de Rádio e Televisão nº 127, 4 dez. 1992, https://www.regjeringen.no/en/dokumenter/broadcasting-act-/id420612/; Brandon Mitchener, "Sweden Encourages Rest of Europe to Restrict Children's Advertising" [A Suécia incentiva o restante da Europa a restringir a publicidade infantil], *The Wall Street Journal*, 22 de maio de 2001; Bill Jeffrey, "The

não se envergonhavam nem se desculpavam por seus escancarados esforços para aumentar os lucros transformando as crianças em pedintes birrentos. Em 1994, realizou-se em Londres uma conferência chamada "O poder da persistente importunação: como atingir as crianças".[13]

Quatro anos depois, a empresa de pesquisa de mercado Western Media International publicou um estudo sobre as importunações infantis intitulado "O fator da amolação birrenta".[14] Continua sendo um dos exemplos mais reveladores da indiferença da indústria do marketing ao bem-estar de crianças e suas famílias. O objetivo do estudo não era ajudar pais e mães a lidarem com as incômodas exigências e enfadonhas insistências das crianças ou reduzir suas reclamações; foi concebido para ajudar as empresas a obterem ferramentas que fizessem das crianças reclamões birrentos mais bem-sucedidos.*

O estudo "O fator da amolação birrenta" identificou dois tipos de importunações das crianças em sua exigência para a compra de produtos, os quais eles chamaram de "amolações de persistência" e "amolações de importância".[15] Como explicou Cheryl Idell, diretora de planejamento estratégico e pesquisa da Western Media International, "não se trata apenas de fazer as crianças baterem o pé para que o pai ou a mãe comprem um produto, é dar a elas uma razão específica para pedir o produto".[16]

Os pesquisadores da Western Media pediram a 150 mães de crianças pequenas que monitorassem as amolações de seus filhos durante um período de duas semanas. As mães registraram um total de 10 mil importunações, o que dá cerca de 67 importunações por filho.[17] O estudo constatou que as reclamações representavam até 46% das vendas de empresas voltadas para crianças,[18] o que se traduz em muito dinheiro. De acordo com um relatório de 2018 do conglomerado de mídia Viacom,** que à época era dono dos canais Nickelodeon, MTV,

---

Supreme Court of Canada's Appraisal of the 1980 Ban on Advertising to Children in Quebec: Implication for 'Misleading' Advertising Elsewhere" [A decisão da Suprema Corte do Canadá sobre a proibição de publicidade para crianças no Quebec em 1980: implicações para publicidade "enganosa" em outros lugares], *Loyola of Los Angeles Law Review* 39, n.º 1 (2006): pp. 237-76. [N.A.]

* Descrevo esse estudo em detalhes no capítulo 2 de *Crianças do consumo*. [N.A.]

** A Viacom fundiu-se com a CBS em 2019 e agora se chama ViacomCBS. [N.A.]

Paramount Pictures e outros mais,[19] crianças e pré-adolescentes "detêm 1,2 trilhão de dólares em poder de compra anual em gastos diretos e indiretos".[20] Segundo uma pesquisa incluída no relatório, 77% das crianças amolam o pai ou a mãe com pedidos insistentes para comprarem produtos que elas veem em comerciais – e 74% de pais e mães atendem a esses pedidos.[21]

Não é surpresa nenhuma o estudo de 1998 sobre "o fator da amolação birrenta" ter constatado que, quanto mais estressados estiverem os pais e as mães, maior a probabilidade de seus filhos serem reclamões bem-sucedidos em seus insistentes pedidos. Quais são os pais e as mães menos propensos a ceder às irritantes importunações dos filhos? Os mais ricos e os que provavelmente não têm recém-nascidos ou crianças pequenas em casa.[22]

Além de personificar o desrespeito da indústria de marketing pelo bem-estar das crianças e famílias, o estudo sobre "o fator da amolação birrenta" revela claramente um significativo problema inerente às pesquisas de mercado. No mundo acadêmico, os estudos e as pesquisas são regulamentados por um comitê de ética para pesquisas com seres humanos. Os pesquisadores acadêmicos devem informar os possíveis sujeitos da pesquisa sobre quaisquer riscos envolvidos em sua participação. Pelo menos nos Estados Unidos, as pesquisas de mercado não estão sujeitas a esse tipo de regulamentação. Imagine se um pesquisador se aproximar de você dizendo: "Você aceita participar de um estudo para descobrir como ajudar seus filhos a se tornarem reclamões birrentos mais eficazes?". Você participaria?

Quando fui entrevistada para o documentário *The Corporation*, de 2003, indagaram-me sobre as práticas mais flagrantes de marketing para crianças. O papel dos publicitários no sentido de estimular as crianças a importunarem os pais e as mães estava no topo da minha lista. O diretor do filme procurou Lucy Hughes, vice-presidente da Initiative Media, uma das empresas que patrocinaram o estudo, e também a entrevistou. Ela justificou nos seguintes termos o estudo sobre "o fator da amolação birrenta":

> Se entendermos o que motiva um pai ou mãe a comprar um produto [...] se desenvolvermos um comercial criativo – você sabe, um

comercial de trinta segundos que incentive a criança a choramingar [...] que a criança seja capaz de entender e reiterar ao pai e à mãe, então tivemos êxito.[23]

Quando questionada sobre a ética de estimular as crianças a choramingar e fazer birra exigindo que o pai ou a mãe compre determinado produto, a sra. Hughes diz: "É ético? Não sei. Mas nosso papel na Initiative é vender produtos. E, se sabemos que uma maneira de vender produtos é lançar mão de certa execução criativa sobre determinado tipo de veículo de mídia, então fizemos nosso trabalho".[24] Ao estimular as crianças a serem importunas e birrentas, um aspecto de "fazer o nosso trabalho" é promover o consumismo ao fomentar o estresse familiar.

De certa forma, o estudo sobre "o fator da amolação birrenta" foi uma dádiva para aqueles de nós que se mobilizam na tentativa de conter a escalada do marketing para crianças. *The Corporation* foi o primeiro de uma série de filmes, livros, artigos e outras mídias destacando "o fator da amolação birrenta" como emblemático de por que as crianças não devem ser alvos de marketing.[25] Lançar uma luz sobre o fato de que os profissionais de marketing corporativos "tentam intencionalmente transformar a vida de pais e mães num inferno"[26] ao transformar as crianças em resmungões birrentos foi suficientemente chocante para nos ajudar a apontar as falhas na postura até então dominante da indústria de marketing de que "medidas para impedir que as crianças vejam anúncios publicitários são completamente desnecessárias", pois "a publicidade para crianças é uma atividade totalmente inofensiva".[27]

Nos Estados Unidos, a indústria de publicidade reagiu à má repercussão eliminando de suas declarações públicas termos como "poder da persistente importunação" e "fator da amolação birrenta". Hoje, quando participo de conferências de marketing nos Estados Unidos, percebo que os profissionais de marketing raramente falam com todas as letras sobre fazer as crianças atormentarem os pais e as mães para comprarem seus produtos. Em vez disso, fazem das tripas coração para usar expressões agradáveis, porém pérfidas, como "tomada de decisão colaborativa" e "comunicação entre filhos e pais/mães" sobre produtos.

Em 2007, no entanto, a União Europeia proibiu a publicidade que incentivava de forma escancarada as crianças a importunarem os pais e as mães em busca de produtos.[28] Isso pode até ter impedido as empresas de criar anúncios pedindo de maneira explícita que as crianças chateassem seus pais e suas mães, mas ignora o problema de que qualquer anúncio concebido para criar desejo e anseio nas crianças as estimula implicitamente a serem insistentes em seus pedidos.

Em 2009, a Children's Advertising Review Unit (CARU), entidade que é o braço de autorregulamentação da indústria publicitária dos Estados Unidos, adotou uma postura semelhante ao abordar em suas diretrizes o tema das crianças importunas e birrentas: "A publicidade não deve incitar as crianças a pedir a pais, mães ou outras pessoas para comprar produtos. Não deve sugerir que um pai, mãe ou adulto que compra um produto ou serviço para uma criança é melhor, mais inteligente ou mais generoso do que aquele que não o faz".[29] O problema é que (*a*) a CARU não tem poder regulatório sobre os anunciantes e (*b*) de novo, não importa se um anúncio diz às crianças para importunarem os pais e as mães a comprarem alguma coisa ou não; o simples fato de mergulhar as crianças em um universo de anúncios projetados com astúcia para criar anseio está fadado a resultar em pedidos que podem se transformar em insistente amolação. Quatro anos depois, dois comerciais do console de jogos eletrônicos Wii, da Nintendo, deixaram claro o quanto é ineficaz depender de diretrizes para coibir a publicidade para crianças. Em ambos os anúncios, as crianças praticam "amolações de importância", apresentando a seus infelizes pais e mães uma lista de razões pelas quais eles deveriam comprar o Wii.[30]

Nos países em desenvolvimento, onde a publicidade direcionada às crianças é um fenômeno mais recente e onde a resistência ao marketing é menos organizada e menos voraz, aparentemente os profissionais da área ainda não sentem a necessidade de disfarçar suas intenções. Nos últimos anos, tenho visto estudos sobre a importunação das crianças induzida pelo marketing infantil em países tão diversos como Paquistão, Grécia, Irã e África do Sul – e em todos os continentes, exceto na Antártida.

Um estudo sobre crianças iranianas publicado em 2015 no periódico *British Food Journal* chega à conclusão nada surpreendente de que as embalagens afetam o desejo das crianças por produtos e que a persistente importunação das crianças durante as visitas a um supermercado influencia as compras de pais e mães.[31] O que é mais digno de nota nesse estudo específico é a conclusão dos autores de que suas descobertas são importantes porque ajudarão os profissionais de marketing a conceberem "maneiras eficazes de influenciar as decisões de compra das crianças com o objetivo de fazer com que influenciem de maneira mais poderosa as decisões de compra de pais e mães por meio do uso de diferentes formas do poder da persistente importunação, como chorar e implorar". Os autores concluem recomendando às empresas que "apresentem seus produtos de forma especialmente atraente para as crianças".[32]

Na Índia, os pesquisadores exortam os profissionais de marketing a apontar a mira para as crianças, porque "a criança ultrageracional de hoje é muito inteligente no sentido de formar colaboração com irmãos, irmãs, [e] avôs e avós para importunar pais e mães".[33] Outros descrevem que, para conseguir o que desejam, as crianças indianas "empregam diferentes estratégias de importunação, como negociação, barganha, solicitação, ameaça, choro e, muitas vezes, repetição vergonhosa".[34]

Nos países em desenvolvimento, os profissionais de marketing voltados para o público infantil tendem a ser mais diretos quanto à monetização das importunações das crianças. Um analista de mercado na África do Sul afirma que a amolação que as crianças impingem a pais e mães é tão poderosa que elas são responsáveis por 40% das escolhas da cor do automóvel da família.[35] Outro descobriu que em onze países as crianças de 8 a 14 anos são capazes de influenciar a escolha do automóvel da família em 60% das vezes. E, por falar em carros, um executivo do Publicis Groupe, o maior conglomerado publicitário do mundo, descreve assim o anúncio de um carro da marca ŠKODA Auto que foi veiculado na Índia:

> O maior desafio foi fazer um filme de produto puro no tom da marca ŠKODA. O que dá conta do recado muito bem para nós é criar uma história de família em torno das características que o produto oferece. O benefício adicional, obviamente, é o poder da persistente importunação ao qual apelamos e que vem desempenhando um papel cada vez mais importante nas compras de grande monta em qualquer família.[36]

No Paquistão, o autor de um artigo intitulado "The Payoff in Marketing to Kids" [O benefício do marketing para crianças] – *spoiler*: não é a harmonia familiar – explica que a publicidade para crianças "gira em torno de criar o poder da persistente importunação, porque os anunciantes sabem que isso pode ser uma força muito potente". Ela acrescenta que as pesquisas são de extrema importância, porque "os marqueteiros devem saber exatamente o que motiva as crianças. Devem ter um conhecimento profundo sobre o comportamento das crianças, suas necessidades emocionais e sociais em diferentes idades etc.".[37]

No mundo inteiro avolumam-se as evidências de que as importunações das crianças associadas ao marketing são prejudiciais tanto para elas mesmas como para as famílias. O fator da amolação birrenta contribui para conflitos familiares, gastos excessivos e dívidas. Na Austrália, pesquisas de mercado mostram que, durante as compras no supermercado, as crianças se envolvem em um enfrentamento com o pai ou a mãe em média a cada sete minutos.[38] Uma pesquisa de 2018 junto a mil pais e mães na Escócia constatou que mais de um terço deles contrai dívidas para satisfazer às exigências e importunações de seus filhos em relação à compra de produtos.[39] Uma mãe na Inglaterra escreve sobre o estresse de tentar limitar o tempo que seus filhos gastam jogando Fortnite, que foi considerado o videogame mais bem-sucedido e viciante de todos os tempos.[40] Ela descreve pais e mães que escondem consoles de jogos na geladeira ou na gaveta de roupas íntimas e fazem todo tipo de malabarismo porque parecem não conseguir suportar a irritante importunação de seus filhos.[41]

Durante minha participação em um programa de rádio, um sujeito sessentão, da geração do pós-Segunda Guerra, me disse que "é tudo culpa dos pais e das mães. Eles são muito tolerantes nos dias de hoje. Precisam aprender a dizer 'não'". Quando dou palestras sobre crianças e o mercado, com muita frequência ouço comentários desse tipo, sobretudo das pessoas na plateia cujos filhos já são adultos. Porém, depois de anos esmiuçando a publicidade e as práticas publicitárias que afetam as crianças, cheguei à seguinte conclusão: orientar pais e mães que "digam 'não'" a todos os pedidos dos filhos relacionados ao marketing que considerem inseguros, inacessíveis, irracionais ou contrários aos valores familiares é tão simplista e ineficaz quanto aconselhar um viciado em entorpecentes que "é só dizer 'não'" às drogas.

E está ficando mais difícil. Já era complicado quando a exposição das crianças ao marketing consistia principalmente em comerciais de televisão de trinta segundos anunciando brinquedos vinculados a programas ou filmes populares. Hoje, as famílias lidam com aplicativos e jogos que são verdadeiras febres entre as crianças e foram concebidos de caso pensado por empresas de tecnologia para criar hábitos.[42] Um pai que limita o tempo de tela de seu filho de 11 anos me disse que "é como se ele fosse uma criança diferente quando começa a jogar online. Ele me implora para entrar e depois, quando seu tempo combinado acaba, implora para não sair. Eu o mantenho dentro dos limites que definimos, mas odeio o fato de ele sempre me pressionar pedindo mais tempo". E não são apenas os aplicativos e jogos que mantêm as crianças online por longos períodos, mas muitos dos mais populares aplicativos e jogos para crianças as atacam com vários tipos de publicidade impossíveis de evitar.

Pesquisadores da Universidade de Michigan analisaram 135 dos aplicativos gratuitos e pagos mais baixados no Google Play Store para crianças de até 5 anos e descobriram que 95% deles continham algum tipo de publicidade.[43] Todos os aplicativos gratuitos tinham anúncios, mas pagar por um aplicativo não o tornava livre de anúncios. Alarmantes 88% dos aplicativos pagos também continham publicidade. Nos aplicativos categorizados como "educacionais", a publicidade sorrateira é tão abundante quanto em outros aplicativos.

Quase dois terços dos jogos "gratuitos" incluem os chamados "*teasers* do aplicativo completo", anúncios para instigar a atualização para a versão paga ou "completa" do aplicativo. No aplicativo Balloon Pop, para citar apenas um exemplo, somente na versão paga é possível estourar os balões mais vistosos ou mais interessantes. Eles aparecem na tela na versão gratuita para que, toda vez que tentarem estourar um deles, as crianças sejam lembradas de que a versão paga é muito melhor. Quase metade dos aplicativos são na verdade anúncios para outros produtos, na medida em que apresentam ícones comerciais, como os animais da *Patrulha Canina* ou personagens Lego. Outras técnicas de marketing habituais incluem sedutores chamarizes para que o usuário gaste dinheiro a fim de chegar a um nível mais alto, comprar itens extras para decorar e personalizar avatares, continuar jogando ou ter uma experiência mais divertida e variada.

A pediatra Jenny Radesky, pesquisadora-chefe do estudo da Universidade de Michigan, ficou profundamente transtornada com as descobertas. "A primeira palavra que me vem à mente é 'furiosa'", ela declarou ao jornal *The New York Times*. "Sou uma pesquisadora. Quero me manter objetiva [...] A minha reação de frustração decorre de todas as coisas surpreendentes e potencialmente enganosas que encontramos."[44]

O que também torna a vida mais difícil para pais, mães e filhos de hoje é que, pelo menos em parte devido à escassez de financiamento governamental para instituições públicas, as linhas entre o comércio e tudo o mais ficaram tão borradas que as crianças são alvos de marketing em lugares onde menos esperamos. Recentemente fui ao Museu de Ciências de Boston na companhia de uma prima e seus gêmeos de 7 anos. Ela teve a sabedoria de dizer com antecedência aos meninos que eles poderiam entrar na loja de presentes e olhar, mas que ela não compraria nada. Entretanto, não estavam preparados para o fato de que o museu tinha outra loja de presentes, perfeitamente integrada à exposição de trens e repleta de brinquedos bastante atraentes. Os gêmeos ficaram extasiados e – é claro – ansiosos para que ela comprasse todo tipo de coisa. Ela se manteve firme, e as crianças aceitaram sua decisão, mas isso acrescentou um estresse desnecessário ao passeio. Na mesma toada, uma amiga me contou sobre uma visita ao Museu de Belas-Artes de Boston após o Dia de Ação de Graças, bem a tempo de topar com uma grande feira no pátio do museu. Ela esbarrou em uma mãe que tentava lidar com o chilique de uma criança de 10 anos que, aos berros, insistia para que ela comprasse algumas das joias em exibição. "Achei que uma ida ao museu seria uma pausa no comercialismo", a mãe suspirou. "Eu estava redondamente errada."

O marketing para crianças tornou-se tão difundido, generalizado, onipresente, invasivo e sedutor que compete com os pais e as mães para capturar o coração, a mente e a alma das crianças. As crianças encontram publicidade na televisão, incorporada aos aplicativos e quando saem de casa; o marketing contribui para o estresse que isso causa nas famílias,[45] e os profissionais de marketing sabem disso muito bem,[46] o que, entanto, não os impede de mirar as crianças ou incentivar outras pessoas a fazer o mesmo.

Em uma conferência sobre marketing da qual participei, uma das palestras enfocou os "estados emocionais" e os "pontos de paixão" das famílias *millennials* de hoje. Na definição da ONG Pew Charitable Trusts, os *millennials* são as pessoas nascidas entre 1980 e 1997.[47] Em 2004, quando *Crianças do consumo* foi publicado, eram elas as crianças inundadas pelo marketing. Agora os alvos são seus filhos.

O palestrante principal foi George Carey, CEO de uma empresa de pesquisa de mercado chamada Family Room. A missão da Family Room é "elevar o papel das marcas na vida das famílias *millennials*, falando ao coração da família, não à sua cabeça".[48] Enquanto Carey discorria sobre o estado emocional das famílias *millennials*, comecei a me preocupar. A Family Room ajuda empresas a operacionalizar o conselho que ouvi pela primeira vez em outra conferência de marketing sobre inteligência artificial e emoção: os marqueteiros devem saber tudo sobre a "economia da emoção". As empresas não devem mais divulgar as qualidades de seus produtos ou usar a publicidade para explicar o que seus produtos fazem. Em vez disso, devem capturar nossas emoções e tirar proveito delas. Precisam monetizar nossos sentimentos.

Carey exortou as pessoas da plateia a se lembrarem de que os sentimentos das famílias *millennials* "têm uma incrível importância para quem atua na esfera comercial tentando criar soluções emocionalmente relevantes para as crianças e famílias".[49] Todas as empresas que vendem coisas, sejam carros, brinquedos infantis ou petiscos, seja entretenimento de mídia, devem se manter atualizadas e acompanhar a evolução das "soluções" que sejam "emocionalmente relevantes" para as famílias. "Soluções emocionalmente relevantes" é o jargão do marketing para a publicidade que funciona. No discurso que fez para a plateia, formada basicamente por clientes em potencial, o palestrante se dispôs a explicar de que maneira os estados emocionais das famílias *millennials* "estão incorporados às marcas de vocês, ou seu personagem, ou sua plataforma, ou seu cereal matinal".

Ele não fez a pergunta mais crucial, tampouco respondeu a ela: é realmente do interesse das crianças ou das famílias que seus estados emocionais sejam incorporados a marcas como a Nike, ou a personagens como o Homem-Aranha, ou a plataformas como o YouTube Kids, ou a cereais como o Honey Nut Cheerios? Provavelmente não. As famílias da geração *millennial* estão enfrentando as mais altas taxas de pobreza de todas as famílias jovens nos últimos 25 anos – mais de uma em cada cinco famílias da geração *millennial* vive na pobreza.[50] Elas são a geração mais afetada de todas pela Grande Recessão de 2008, então não pode ser positivo para o seu bem-estar emocional estarem incorporadas às coisas que compram.

Descobrimos que aquilo que os pais e as mães *millennials* mais desejam é tempo – tempo para estar com seus filhos. Isso é coerente com a pesquisas e os estudos de ciências sociais sobre famílias *millennials* que mostram que elas valorizam o equilíbrio entre vida profissional e pessoal, mas que nunca foi tão difícil alcançar esse equilíbrio. Cerca de 4 milhões de famílias *millennials* são chefiadas por um pai ou mãe solo.[51] Das famílias *millennials* com dois responsáveis, em 78% – mais do que qualquer outra geração – ambos trabalham em período integral.[52] E, mesmo antes da covid-19, a geração *millennial* se sentia mais obrigada do que outras gerações a trabalhar em casa, mesmo após o fim do expediente.[53]

Uma vez que sabemos que as crianças se beneficiam do tempo de convivência presencial com o pai, a mãe, seu tutor ou responsável, a escassez de tempo em família dos *millennials* é um problema que merece nossa atenção. Como sociedade, devemos ter uma discussão ponderada sobre possíveis soluções, incluindo aumentar o salário mínimo, permitir horários de trabalho flexíveis e garantir que os funcionários não sejam obrigados a trabalhar após o expediente – mas sem se limitar a essas medidas. Em vez disso, a solução apresentada aos profissionais de marketing na plateia é que eles precisam criar uma programação da qual toda a família possa desfrutar, o que aumenta a probabilidade de pais, mães e filhos da geração *millennial* passarem seu precioso tempo de lazer em família com todos os olhos voltados para a [adicione sua marca aqui].

Aprendemos também que pais e mães *millennials* são tão centrados nos filhos que renunciam a amizades externas. Carey diz que quase 70% das mães nos Estados Unidos e quase todas as mães na China afirmam que o filho ou a filha é seu melhor amigo. Ele prefacia seu ponto seguinte – talvez o mais importante de todos que ele apresenta – com um aparte: "Sei que aqui na plateia há alguns psicólogos do desenvolvimento que nos diriam que isso não é uma coisa boa. Mas é para onde estamos indo, e esses números continuam subindo ano após ano".

O que para Carey foi apenas um aparte aponta para uma das mais nocivas filosofias de marketing dominantes. Em sua interminável busca por oportunidades de publicidade, os marqueteiros tiram proveito das maneiras pelas quais a sociedade falha com as crianças e as famílias. O marketing direcionando às crianças exacerba uma tensão normal e contínua na vida familiar que vem à tona quando as crianças passam da total dependência da infância para a relativa independência da idade adulta.

Por fim, Carey chegou ao que talvez fosse, de seu ponto de vista, a informação mais decisiva que ele tinha a compartilhar: o fato de que hoje em dia pais, mães e filhos são melhores amigos tem implicações na maneira de as famílias fazerem escolhas, porque "você não vai ficar dando ordens ao seu melhor amigo quando ele tiver que tomar uma decisão". Apenas uma em cada quatro mães nos Estados Unidos se descreve como a responsável pelas decisões da família, muito abaixo dos 85% de sete anos atrás. Mais da metade (56%) das mães com filhos de 6 a 17 anos afirma que a tomada de decisões familiares agora é encabeçada pelos filhos, com a orientação do pai e/ou da mãe.[54] Carey prosseguiu: "As pessoas têm uma noção de família como uma hierarquia, mas estou aqui para dizer que isso acabou. Não é mais uma hierarquia – é uma teia. E fazer marketing para uma rede familiar e entretê-la é diferente de fazer marketing para uma hierarquia. É outra história, são outros quinhentos". Em outras palavras, o marketing para crianças é tão ou mais importante do que o marketing para adultos.

A maneira de pais, mães e filhos transitarem nesse terreno depende de fatores como o temperamento das crianças, o elenco de personagens na família imediata e estendida e os próprios temperamentos, cultura, religião e valores dos pais e das mães. Carey não ofereceu conselhos a pais e mães, mas os especialistas que proporcionam aconselhamento dão a seguinte orientação: "Escolha suas batalhas". Costumava ser um bom conselho. Mas, agora que as crianças estão sujeitas a uma infinidade de campanhas de marketing buriladas com precisão milimétrica para todo tipo de coisa, desde *junk food* a aplicativos inúteis, é quase impossível para pais e mães saberem quais batalhas escolher.

Especialistas em marketing e outros profissionais apontam, como fonte de estresse entre pais, mães e filhos, questões como famílias monoparentais, famílias em que pai e mãe trabalham fora, falta de creches adequadas e mais um tanto de outros motivos. Concordo que muitas dessas questões são preocupações de grande importância, mas também acredito que nem a indústria de marketing nem ninguém tem o direito de tirar proveito de crianças cujos pais e mães são incapazes de lhes fornecer cuidados ideais.

Exceto pelo fato de que crianças e famílias estão sendo prejudicadas, há algo de sombriamente cômico em viver em uma cultura comercializada que prospera com base em modelos de negócios dependentes do estímulo ao comportamento detestável de crianças. Nenhum pai ou mãe em sã consciência receberia de bom grado em sua casa pessoas cujas interações com seus filhos visassem a incutir neles desejos tão intensos que as crianças passariam a fazer uma birra incessante até que seus pedidos fossem atendidos. No entanto, esse é exatamente o objetivo de toda publicidade direcionada às crianças. Um estudo demonstrou que mais de um terço das mães entrevistadas julgava que limitar a exposição à mídia comercial reduzia os níveis de importunação birrenta dos filhos.[55]

Existe uma quantidade enorme de blogs voltados para pais e mães que estão repletos de sugestões para enfrentar e evitar todas as amolações das crianças. Geralmente se concentram no que os pais e as mães podem fazer em família; de raro em raro tratam da necessidade de limitar o marketing direcionado às crianças, que quase sempre está na raiz dos conflitos entre pais, mães e filhos sobre o que e quanto comprar.

7
Dispositivos divisivos

Tenho esperança de que a próxima geração de crianças, depois de nos ver morrendo de amores feito uns idiotas por nossos aparelhos, decidirá que nada disso vale a pena.

Dra. Jenny Radesky, Escola de Medicina da
Universidade de Michigan, autora de vários
estudos sobre crianças e tecnologia

Estou caminhando por um parque perto de casa depois de uma tempestade e por acaso encontro um menino que se esforça para carregar um galho enorme. A mãe está sentada em um banco a alguns metros de distância, absorta em seu celular. "Mamãe!", ele a chama enquanto se aproxima dela. A mãe, de cabeça baixa e fitando a tela do aparelho, não levanta os olhos. "Ahã", ela murmura. A duras penas, o menino arrasta o galho para mais perto. "Mamãe!", ele chama, agora com mais urgência na voz. "Hã?", ela responde com um muxoxo, ainda concentrada no celular. Perplexa, fico paralisada, me perguntando o que vai acontecer a seguir. Evidentemente frustrado, o menino se aproxima ainda mais e grita ainda mais alto: "MAMÃE!". Mesmo assim ela não se dá ao trabalho de olhar para ele, até que... ele dá um soco nela! Fica claro que é a única coisa em que o menino consegue pensar para chamar a atenção da mãe. E consegue, embora provavelmente não seja o tipo de atenção que ele esperava.

O discurso público sobre o efeito do comercialismo propiciado pela tecnologia no bem-estar das crianças costumava se concentrar principalmente na quantidade de tempo que elas gastavam às voltas com vários dispositivos ou em qualquer conteúdo que estivessem consumindo. Mas o advento dos smartphones mudou tudo. Hoje, não é apenas o uso excessivo da tecnologia pelas crianças que está nas manchetes. O mesmo acontece com pais, mães e responsáveis. Há montanhas de evidências de que a vulnerabilidade dos adultos à sedução do design persuasivo coloca uma nova pressão sobre suas interações e relacionamentos com os filhos, tão importantes para o bem-estar das crianças.*

Não acredito em castigos corporais para pais, mães ou filhos, mas admito que, na cena que acabo de descrever, minha simpatia está com a criança. No entanto, também reconheço que – por mais que amemos nossos filhos e por mais que nos tragam alegria – há momentos em que ser pai ou mãe de uma criança muito pequena pode ser enfadonho, estressante e, às vezes, ambos.

Quando minha filha era pequena, antes da onipresença dos smartphones e tablets, eu brincava com ela obviamente, mas claro que não o tempo todo. Muitas vezes estávamos próximas, mas ela brincava sozinha. E havia as muitas ocasiões em que eu me sentava com ela na mesma sala, ou na beira do cercadinho de areia de um parque próximo, e lia. Sempre que íamos ao parque, eu levava um livro comigo. Assim, quando pais e mães são criticados por ficarem tempo demais absortos em seus celulares, às vezes me pergunto o que faria se tivesse filhos pequenos hoje. Sei o que eu *esperaria* ser capaz de fazer, mas nunca enfrentei esse dilema. E como eu lia – um bocado – enquanto cuidava da minha filha, parece hipócrita da minha parte ser excessivamente crítica. Julgamentos à parte, no entanto, está cada vez mais claro que o sucesso da indústria de tecnologia em capturar e prender a atenção de seus usuários pode interferir nos relacionamentos familiares mais importantes.

Na verdade, há evidências cada vez mais numerosas de que a mãe e o filho pequeno que eu vi no parque – ela debruçada sobre o celular, ele pelejando para carregar um galho e cada vez mais frustrado com

---

* É cada vez mais extensa a literatura sobre o impacto do uso de dispositivos digitais nas interações e relacionamentos de adultos, mas não é o foco deste livro. Ver, por exemplo, *Reclaiming Conversation*, de Sherry Turkle. [N.A.]

suas malsucedidas tentativas de atrair o olhar da mãe – não são um caso isolado. Os estudos e as pesquisas sugerem que, quando absortos em seus dispositivos, pais e mães são mais propensos a ignorar os pedidos de atenção das crianças do que quando passam o tempo sem dispositivos,[1] por exemplo conversando com outros adultos enquanto os filhos brincam sozinhos.[2] Também é preocupante que, quando os pais e as mães imersos em um dispositivo respondem, o mais provável é que seja com hostilidade.[3]

É óbvio que os pais e as mães que estavam longe de seus dispositivos não necessariamente atendiam aos chamados de seus filhos.[4] O mais importante é que pelo menos reconheciam que o filho *havia feito* uma solicitação. Na minha experiência, e como me contam meus colegas que trabalham com terapia de casal ou de família, ignorar alguém de quem você é próximo intensifica a tensão ao incutir frustração, se não raiva, na pessoa cuja existência está, pelo menos momentaneamente, sendo negada. Ninguém gosta de ser ignorado, e as crianças não são exceção. E os estudos e as pesquisas atuais sugerem uma ligação entre o uso de dispositivos por pais e mães e o comportamento problemático de crianças pequenas, variando de chiliques e ataques de birra ao retraimento.[5] Uma conclusão possível é a de que se trata de um ciclo vicioso. Pais e mães estressados pelo comportamento de crianças pequenas podem recorrer aos dispositivos eletrônicos como válvula de escape e, quando as crianças não conseguem chamar a atenção do pai ou da mãe, expressam sua frustração comportando-se de forma anormal, com exagero ou algazarra.[6] Como a maioria das crianças pequenas, o garotinho que agrediu a própria mãe no parque não é dotado da linguagem para dizer "Estou magoado e zangado porque você não presta atenção em mim", tampouco tem o autocontrole para evitar a manifestação física de sua raiva.

Então, existe alguma diferença entre eu ler um livro enquanto minha filha brincava e os pais e as mães que hoje deslizam incessantemente a tela de seus celulares enquanto os filhos brincam? Sem dúvida, nossa intenção é a mesma – passar o tempo ou escapar por um momento do estresse do dia a dia. Mas as palavras impressas nas páginas de um livro são estáticas – não mudam em função das vulnerabilidades de quem lê. Elas não se movem, não apitam nem piscam para nós a fim de chamar atenção, e não esperamos recompensas externas instantâneas por manter o foco. Perder-se em um mundo evocado pela leitura é absorvente, mas o meio que transmite esse mundo – o livro em si – não foi concebido para fomentar o vício. "Mas e a leitura em um dispositivo?", uma amiga cética pergunta quando, à guisa de teste, exponho essa teoria a ela. "Não é a mesma coisa?" Eu de fato admito que ler por prazer em um dispositivo que não oferece acesso imediato a distrações sedutoras como e-mail, hiperlinks, textos ou redes sociais fornece uma experiência semelhante à leitura de um livro de papel (sobretudo porque a capa do meu leitor de livro digital imita a textura e o peso de um). Eu, no entanto, tenho dificuldade para ler qualquer coisa longa ou substancial em meu telefone, embora outras pessoas leiam artigos longos e até livros em uma telinha. Elas tendem, no entanto, a fazer isso no início da manhã ou tarde da noite,[7] o que sugere que os pais e as mães, em plenos horários mais críticos e agônicos dos cuidados das crianças pequenas, estão mais propensos a enviar mensagens de texto e e-mails, jogar ou navegar pelas redes sociais, e, portanto, mais sujeitos a serem capturados por recompensas variáveis, conteúdo personalizado e publicidade, bem como outras técnicas persuasivas.

Não consegui encontrar um estudo comparando a facilidade com que os adultos se desligam de um livro em comparação com um smartphone. No entanto, encontrei evidências de que crianças pequenas são mais propensas a acessos de raiva quando *elas* tiram os olhos de uma tela do que quando se desprendem de um livro.[8] E, assim como os adultos grudados em seus celulares, as crianças em idade pré-escolar imersas em telas parecem menos mais propensas a responder aos pedidos de atenção dos pais e das mães do que quando olham para livros ou brincam com brinquedos analógicos.[9] Isso não surpreende, pois, assim como os aplicativos para adultos, os apps para crianças utilizam recursos desenvolvidos especialmente para capturar e prender a atenção. Para as crianças, esses recursos incluem cores brilhantes e em excesso, reprodução automática e personagens ou apresentadores infantis adorados.[10]

Pais, mães, crianças na primeira infância e em idade pré-escolar não são os únicos membros da família cuja imersão nas telas pode afastar as pessoas ao seu redor. O mesmo vale para crianças mais velhas e adolescentes. A obsessão – ou o vício – de adolescentes e pré-adolescentes por videogames, redes sociais e outras formas de tecnologia é um problema familiar cada vez maior.[11] Para ampliar a tensão, os pais e as mães se sentem culpados pelo tempo que eles e seus filhos passam com a tecnologia. E muitas vezes se sentem impotentes para fazer qualquer coisa a esse respeito.[12]

Em meus momentos mais cínicos, me pego pensando que os setores de tecnologia e mídia agem de caso pensado para causar estragos não apenas nas famílias, mas em todos os nossos laços mais estreitos com outras pessoas. Afinal, quanto mais deixamos de priorizar nossos relacionamentos humanos íntimos, mais dependentes nos tornamos de nossos dispositivos para encontrar conforto e companhia. E, quanto mais tempo gastamos em nossos dispositivos, mais dinheiro geramos para as empresas de tecnologia e seus clientes corporativos. Em meus momentos menos cínicos, penso que a melhor palavra para descrever os criadores de nossos dispositivos – pelo menos em relação a grande parte do conteúdo que eles criam – é *amoral*, não *imoral*. Prejudicar propositalmente as pessoas não é o objetivo de seus planos de negócios, e sim vencer a concorrência na disputa por nossa atenção, gerando o maior lucro possível. Quanto aos danos potenciais, bem, em tese as pessoas podem escolher quando, como e o quanto usar seus dispositivos.

Aqueles de nós que se preocupam com os efeitos que o excesso de tempo dedicado à tecnologia causa nas crianças costumam apontar para as histórias presentes na mídia sobre executivos de tecnologia que matriculam os filhos em escolas livres de telas e/ou estabelecem limites de uso de tela em sua própria casa. Mais do que ninguém, as pessoas que criam essas tecnologias devem estar familiarizadas com os danos potenciais às crianças. Foi o falecido Steve Jobs que, quando indagado se seus filhos adoravam o iPad, respondeu: "Eles nunca usaram". Em seguida, explicou: "Em casa, nós limitamos o uso de tecnologia pelos nossos filhos".[13] Mas vejo aí outra mensagem, mais sutil. Se, de acordo com essa hipótese, as pessoas que criam as tecnologias protegem seus filhos contra o uso – ou abuso – delas, então outros pais e mães não deveriam ou não poderiam estabelecer limites também?

A falha nesse argumento tem a ver com duas mensagens implícitas na admissão de Steve Jobs de que mantinha seus filhos longe do iPad.

A primeira é: "Se eu posso proteger meus filhos, todos os outros também podem". A outra é: "O ônus de proteger as crianças deve recair exclusivamente sobre os pais e as mães, não sobre a minha empresa".

Na verdade, colocar a culpa apenas em pais e mães e imputar a eles esse ônus é absurdamente simplista. Acerca do autocontrole e do poder de sedução de nossos dispositivos digitais, Tristan Harris, cofundador da ONG Center for Humane Technology [Centro para Tecnologia Humanizada], afirma: "Podem até dizer que é minha responsabilidade [...], mas isso é não reconhecer que do outro lado da tela há milhares de pessoas cujo trabalho é analisar e destruir qualquer responsabilidade que eu possa ter".[14] E não se esqueça dos bilhões de dólares que são gerados graças ao sucesso delas. O Facebook sozinho rendeu 86 bilhões de dólares em 2020, mais de dez vezes sua receita em 2013, a maior parte proveniente de publicidade.[15]

[O cientista da computação americano] Jaron Lanier, muitas vezes chamado de "pai da realidade virtual", foi ainda mais direto:

> É importante lembrar que esses dispositivos são concebidos para ser viciantes. É uma verdade que os próprios executivos dessas empresas reconhecem. Em vez de pensar que a culpa é das crianças ou de pais e mães, temos que reconhecer que envolvem sistemas cruéis que se aproveitam das fragilidades humanas universais.[16]

Mais de quinze anos atrás, em uma conferência sobre marketing, participei de um painel sobre telefones celulares no qual o palestrante destacou o seguinte ponto: o mercado de celulares para adultos estava ficando saturado e, como todos os mercados, precisava se expandir. O mercado de celulares para adolescentes também estava ficando saturado e, portanto, o alvo seguinte seriam os pré-adolescentes e, depois, até as crianças mais novas. O palestrante sugeriu vender a pais e mães a ideia de que os celulares eram dispositivos de segurança e, a partir disso, investir em publicidade que os apresentasse para as crianças como itens "divertidos" ou "legais". Continua a ser uma estratégia tremendamente eficaz. Nos Estados Unidos, 53% das crianças de 11 anos têm um smartphone. O mesmo acontece com 32% das crianças de 10 anos e 19% das crianças de 8 anos.[17] Em 2005, fiquei especialmente preocupada com o impacto desses dispositivos portáteis nas brincadeiras, na criatividade e nas oportunidades das crianças de se envolver com o mundo ao seu redor. Mais de uma década e meia depois, agora entendo isso também como um ataque à importante experiência de formação de vínculos que ocorre durante as conversas entre pais, mães e filhos.

Quando minha filha estava no ensino fundamental, eu e as mães dos amiguinhos dela costumávamos trocar ideias sobre a estratégia de esperar a ocasião de um passeio ou viagem de carro para ter conversas potencialmente difíceis com nossos filhos. A intimidade de estarmos juntos em um espaço pequeno, mas não cara a cara – a mãe no banco da frente, o filho pequeno na cadeirinha no banco de trás –, parecia se prestar bem às conversas. Por volta de 2005, quando o conteúdo de vídeo se tornou disponível com mais facilidade em telefones celulares, as empresas de mídia começaram a ver os passeios e as viagens de carro como oportunidades lucrativas. Como escrevi no livro *Em defesa do faz de conta*, quando a [gigante das telecomunicações] Verizon abocanhou um contrato com a Sesame Workshop para disponibilizar o conteúdo do programa *Vila Sésamo* em seu serviço telefônico, J. Paul Marcum, então chefe da divisão interativa da Sesame Workshop, negou que a empresa defendesse a comercialização de telefones celulares para crianças pequenas. E acrescentou: "Não se pode ignorar o fator de conveniência quando as pessoas estão em movimento. O pai ou a mãe pode passar um celular para as crianças na parte de trás do carro. E é um dispositivo que as famílias vão levar consigo para todo lado".[18] Mais ou menos na mesma época, um porta-voz da Verizon afirmou: "Os pais e as mães que passam algum tempo com uma criança estão achando [os downloads de vídeo em telefones celulares] uma ótima diversão".[19] Ken Heyer, pesquisador de mercado da ABI Technologies, definiu assim a questão no jornal *The New York Times*: "É realmente conveniente, porque há um bocado de brincadeiras que as crianças podem jogar".[20]

É o ponto em que estamos hoje. Seja com relutância ou de braços abertos, convidamos para dentro de nossa casa um punhado de entidades poderosas e sedutoras engendradas para gerar lucros ao monopolizar nossa atenção. E que não dão a mínima para nossas relações familiares ou para o bem-estar de nossos filhos. Ao contrário de um charuto, que às vezes é apenas um charuto, nossos smartphones não são apenas máquinas. São canais por meio dos quais as empresas de tecnologia vigiam e moldam nossos comportamentos – uma espécie de espiões corporativos sedutores, divertidos, charmosos, infinitamente cativantes e de aparência benfazeja, que na verdade são especialistas em se intrometer na nossa vida e nos manipular para alcançar seus próprios objetivos. Nós os levamos conosco para jantar, nas viagens de férias, ao parque com nossos filhos e para a cama. Pedimos seus conselhos, contamos com eles para obter informações e contamos com eles para acalmar nossos filhos ou mantê-los entretidos. Embora pareçam estar a nosso serviço, a verdadeira missão dos smartphones é servir a nós e nossos filhos em uma bandeja aos anunciantes, com o intuito de gerar lucros corporativos. Em outras palavras, as corporações descobriram a maneira de se infiltrar na vida familiar e monetizá-la, e nós as pagamos para fazer isso.

A partir do século XX, à medida que as tecnologias de comunicação evoluíram, as corporações encontraram formas cada vez mais poderosas e extraordinárias de se insinuar em nosso lar e nossa família. Na década de 1930, jornais e revistas custeados por publicidade deixaram de ser vendidos por jornaleiros aos berros nas ruas para serem entregues de porta em porta.[21] Mais ou menos na mesma época, notícias e programas de entretenimento transmitidos pelo rádio e financiados por patrocínio publicitário – que alcançavam um número ainda maior de pessoas porque não exigiam dos ouvintes o pré-requisito da alfabetização – começaram a monopolizar o tempo da família e anunciaram a disseminação nos Estados Unidos da cultura de consumo habilitada pela tecnologia. Em 1941, dois terços dos programas de rádio tinham publicidade.[22] As famílias que se sentavam para ouvir o rádio não precisavam mais depender apenas de si mesmas para garantir formas de entretenimento doméstico e diversão. E o tempo que as pessoas passavam ouvindo rádio não era dedicado a conversas, a jogos ou a tocar instrumentos musicais juntos. Desde a década de 1950, como Robert Putnam descreve com eloquência em *Bowling Alone* [Jogando boliche sozinho], a televisão teve uma profunda influência para nos isolar de nossas comunidades.[23]

As novas tecnologias, porém, com sua capacidade para exercer vigilância, seu design persuasivo, seus recursos e atributos viciantes, seu marketing brilhante e sua capacidade de nos dar o que pensamos que queremos, desestruturam as famílias mais do que qualquer tecnologia anterior. Embora os smartphones sejam os invasores digitais mais visíveis e onipresentes em nossos relacionamentos, não são os únicos. Os pais e as mães falam menos com os filhos quando leem e-books e quando brincam juntos com as crianças com brinquedos eletrônicos.[24] Os floreios que os e-books aprimorados podem incorporar ao texto – imagens que se movem e falam quando tocadas ou deslizadas – e os barulhinhos emitidos pelos brinquedos eletrônicos preenchem silêncios que, de outra forma, poderiam ser preenchidos com conversas entre pais e filhos. Embora a redução da frequência das conversas seja invariavelmente citada como um exemplo das preocupações com a diminuição da aquisição da linguagem, também é outro exemplo de como os dispositivos se interpõem entre pais e filhos. Muitas vezes, quando lemos livros para crianças pequenas, nós as acarinhamos. A combinação de intimidade física e experiência compartilhada tem efeito calmante para pais, mães e filhos e pode ser um ponto de partida para conversas mais abrangentes que fortalecem nossa conexão. Acontece, no entanto, que pais, mães e filhos não apenas conversam menos quando leem em um tablet como também ficam menos aptos a trocar carinhos e se aconchegar uns aos outros.[25] E isso parece ser verdade mesmo quando o dispositivo que usam não tem aprimoramentos digitais.

Em seu livro *Reclaiming Conversation: The Power of Talk in a Digital Age* [Retomando a conversa: o poder da conversa na era digital], a psicóloga Sherry Turkle destaca a importância das conversas para o aprofundamento dos relacionamentos: "Nas conversas familiares, as crianças aprendem que o que mais importa não é a informação compartilhada, mas a manutenção do relacionamento".[26] Volta e meia me pego refletindo sobre isso enquanto penso sobre a Internet das Coisas (IoT), os chamados objetos inteligentes que se conectam à internet e vão desde torradeiras a vibradores e brinquedos para crianças.[27] São comercializados como itens desejáveis porque "aprendem" nossas preferências e hábitos mapeando o que fazemos com eles, analisando os dados que coletam e alterando seu próprio comportamento de acordo com o que aprendem. Podem também compartilhar o que aprenderam e coletar ainda mais dados "conversando" com nossos smartphones, tablets, computadores e outros objetos próximos.

O problema mais óbvio com qualquer dispositivo inteligente é a invasão de privacidade. Eles coletam incontáveis quantidades de informações sobre adultos e crianças. Por um lado, isso pode ser utilizado para personalizar os serviços dos dispositivos, tornando-os ainda mais atraentes para nós. Por outro lado, podem também ser utilizados para personalizar a publicidade, tornando-a ainda mais eficaz. Mas, quando se trata do potencial de interromper ou enfraquecer os laços familiares, o que mais me preocupa são os assistentes pessoais digitais, a exemplo da Alexa, da Amazon, principalmente quando seu alvo são crianças.

Os assistentes digitais ativados por voz e sua capacidade de "pesquisa" tornaram-se cada vez mais populares, onipresentes e invasivos. De acordo com o blog de uma empresa de aquisições de software chamada Ignite Technologies,

> os assistentes digitais não apenas reconhecerão você em casa ou no escritório ou quando você usar seu smartphone, eles reconhecerão você em todos os lugares. Você encontrará seu assistente digital no relógio, no painel do carro, nas mensagens de texto, na geladeira, na TV, no computador do trabalho – em qualquer lugar. Sempre foi este o objetivo: um assistente digital onipresente que conhece você tão bem quanto você mesmo – ou muito mais.[28]

Enquanto Google e Apple incorporam seus assistentes digitais a seus dispositivos, a Amazon lidera o mercado de alto-falantes inteligentes, que se conectam a seu assistente digital, a Alexa.[29] A Amazon nos vende a Alexa como uma combinação de criada, DJ e sabichona. É o centro de comando de dezenas de milhares de aplicativos, que a Amazon chama de "habilidades". A Alexa pode controlar as luzes da casa, trancar as portas, definir alarmes, operar outros dispositivos inteligentes, reproduzir música, responder a perguntas e muito mais.[30]

Por sua vez, a Amazon comercializa a Alexa como uma mina de ouro para potenciais desenvolvedores de habilidades. As empresas são incentivadas a investir nas habilidades da Alexa para "diminuir a distância entre sua marca e seus clientes e ganhar dinheiro vendendo experiências premium e produtos físicos".[31]

A Amazon lançou a Alexa e seu alto-falante inteligente, o Echo Dot, em novembro de 2014.[32] Quatro anos depois, chegou ao mercado uma edição infantil (Kids Edition) –, essencialmente o mesmo alto-falante em uma caixa protetora colorida junto com um serviço de assinatura que incluía "habilidades" especiais para crianças e controles parentais [conjunto de ferramentas que dá a pais e mães a possibilidade de controlar e restringir ações das crianças durante a navegação pela internet].[33]

No que diz respeito a cultivar futuros clientes leais à marca, Apple e Google levaram vantagem sobre a Amazon graças a seus esforços extremamente bem-sucedidos para atingir as crianças nas escolas. Na verdade, a edição infantil do Echo Dot não é o primeiro nem o único dispositivo da Amazon voltado para crianças. Desde 2014, a Amazon vem tentando desenvolver uma conexão direta com as crianças. A empresa lançou várias versões infantis de tablets[34] e uma edição infantil do seu leitor de livros digitais, o Kindle, além de criar um programa de compra especificamente para pré-adolescentes e adolescentes.[35] Um crítico afirmou que o Echo Dot, que em teoria leva em conta as necessidades das crianças, é "um claro esforço por parte da Amazon para fazer com que as crianças usem seu assistente de voz em vez do assistente do Google ou a Siri, da Apple".[36] É a versão das Big Techs de uma batalha pela lealdade vitalícia à marca.

Um enorme problema da edição infantil do Echo Dot, de acordo com uma reclamação apresentada em 2019 por dezenove grupos de defesa dos direitos das crianças junto à Comissão Federal de Comércio dos Estados Unidos (FTC), é que ela viola a privacidade das crianças. A queixa afirma que a versão infantil do Echo Dot "tem a capacidade de coletar grandes quantidades de informações pessoais confidenciais de crianças menores de 13 anos".[37] O dispositivo "grava a voz das crianças sempre que ouve a palavra *'wake'** e usa inteligência artificial para responder aos seus pedidos. A Amazon armazena essas gravações na nuvem, a menos ou até que o pai ou a mãe as exclua".[38] Antes de a reclamação ser

---

* "Wake" [acordar, despertar] é a palavra de ativação padrão para ligar o dispositivo. [N.A.]

protocolada, a Amazon guardava as informações obtidas mesmo depois que a gravação era apagada.[39]

Além disso, a Amazon monitora

> como a criança usa o Echo e pode usar essas informações para recomendar outros conteúdos de que a criança talvez goste. A Amazon pode coletar outros tipos de informações pessoais quando as crianças pedem ao Echo para se lembrar de algo ou quando uma "habilidade" infantil solicita de uma criança uma comunicação em aberto.[40]

Na época, apenas cerca de 15% das "habilidades" para crianças tinham links para políticas de privacidade.[41]

Os defensores dos direitos das crianças argumentam que a edição infantil do Echo Dot viola a Lei de Proteção à Privacidade Online das Crianças (COPPA, na sigla em inglês), uma das poucas restrições legais nos Estados Unidos que protegem as informações das crianças de serem exploradas comercialmente por empresas que coletam esses dados online. É lamentável que a FTC não tenha tomado nenhuma atitude sobre a reclamação. A Amazon fez algumas modificações, mas não atendeu de maneira adequada às recomendações dos preocupados defensores dos direitos das crianças. Agora, quando pais e mães excluem as gravações das interações de uma criança com a Alexa, tanto a gravação quanto as informações em si são excluídas, mas recai sobre eles o ônus de se lembrar de excluir os dados dos filhos, em vez de o dispositivo adotar a rotina de apagá-los quando não são mais necessários.[42]

Uma vez que a Amazon tem o potencial de armazenar os dados das crianças por tempo indefinido e que as crianças podem usar o Echo Dot (ou versões futuras desse dispositivo ou de outros produtos inteligentes da Amazon) até a idade adulta, a Amazon tem o potencial de capturar quase uma vida inteira de informações sobre as pessoas. Os defensores dos assistentes digitais podem alegar que a longevidade do dispositivo e o conhecimento adquirido o tornam cada vez mais útil, já que ele pode adaptar seu conteúdo para atender a diferentes interesses. Por outro lado, nas mãos de uma corporação gigante, que em larga medida não é submetida a regulamentações, esse conhecimento apenas fortalece as possibilidades e a eficácia da exploração comercial na forma de publicidade comportamental – neste caso, anúncios personalizados baseados na coleta de informações dos jovens usuários e engendrados especialmente para atrair seus interesses e desejos específicos.

Não há dúvida de que proteger a privacidade das crianças é crucial para evitar sua exploração, mas essa não é a única preocupação séria que devemos ter sobre a edição infantil do Echo Dot. A Amazon anuncia que o Echo Dot desbloqueará "um mundo de conteúdo para crianças"[43] por meio do Amazon Kid+ (grátis no primeiro ano e com o custo de 3,99 dólares por mês depois disso), incluindo "milhares de audiolivros, jogos interativos e aplicativos educacionais".[44] Além disso, o Echo Dot possui um recurso opcional chamado *drop-in*, que é como um interfone por meio do qual pais e mães podem se comunicar instantaneamente com seus filhos de outro cômodo da casa – desde que a família possua outro dispositivo Echo. Ele vem com controles parentais que permitem ajustes para definir alguns limites no conteúdo que as crianças podem acessar – por exemplo, músicas com letras que podem ser inadequadas ou inconvenientes para crianças por conterem obscenidade, referências a sexo e exaltação da violência. Pais e mães também têm a possibilidade de definir os limites de tempo e usar o Amazon Parent Dashboard [painel de controle parental] para monitorar o que as crianças realmente fazem com o Echo Dot.[45] O marketing da Amazon posiciona o Echo Dot como uma ferramenta que ajuda "as crianças a aprender e crescer"[46] e se vale da seguinte descrição: "As crianças podem fazer perguntas à Alexa, definir alarmes e obter ajuda com o dever de casa".[47] Então, qual é o problema?

Na verdade, são muitos. Do ponto de vista dos objetivos da Amazon, suspeito que "aprender e crescer"[48] significa também aprender a amar a Amazon e aumentar a dependência em relação a ela. Neal Shenoy, CEO e cofundador da BEGIN, empresa de tecnologia de aprendizagem precoce, foi direto sobre sua meta para assistentes pessoais quando afirmou:

> A tecnologia tem tido dificuldades com a pronúncia e a fluência das crianças, mas imagine um mundo onde as crianças – mesmo as que estão em idade pré-escolar e que ainda não aprenderam a ler – possam perguntar a seus dispositivos sobre fatos e sentimentos [...] Pode ser

tipo um *copai ou comãe* [grifo da autora] para ajudar as crianças a aprender de tudo.[49]

Queremos realmente que corporações como a Amazon treinem crianças pequenas a dependerem delas para responder a perguntas, contar histórias, jogar, cantar canções de ninar ou ajudar nos deveres de casa? Essas tarefas, tradicionalmente um importante componente do cuidado das crianças, há muito tempo são desempenhadas por pais, mães, amigos e parentes adultos, bibliotecários ou professores – pessoas cujo principal interesse em uma criança não é o ganho financeiro, mas o bem-estar dela.

Entre os muitos problemas de transferir as responsabilidades dos cuidados das crianças a algoritmos preditivos que selecionam as respostas da Alexa está o fato de que esses algoritmos são baseados no que os usuários gostam ou naquilo que aprenderam sobre os usuários por meio de seus comportamentos e atividades online e (cada vez mais, à medida que os dispositivos inteligentes se proliferam) offline. Na pior das hipóteses, esses algoritmos nos prendem em uma bolha onde as únicas informações que coletam são as que queremos ouvir. Mas até mesmo algo à primeira vista positivo, como basear as recomendações de livros infantis em outras coisas de que as crianças gostaram antes, não é necessariamente a melhor opção para os pequenos, porque exclui as oportunidades de expandir seus horizontes e sua compreensão de como o mundo funciona. As recomendações de algoritmos com fins comerciais não são feitas a partir de um poço de amor, nem de uma compreensão profunda das necessidades de uma criança, tampouco das esperanças para o futuro dessa criança que um pai, mãe, professor ou bibliotecário local poderiam alimentar.

Por falar em bibliotecários, quando eu era criança, minha irmã Nancy e eu passávamos bastante tempo em nossa biblioteca local. Minha irmã, que era e ainda é uma leitora voraz, desenvolveu um relacionamento próximo com a bibliotecária da seção infantil, a srta. Whitehead, que se interessava pelos livros que minha irmã estava lendo. Como muitas meninas, minha irmã passou por uma longa fase de fascínio por cavalos, quando tudo o que queria ler eram livros com cavalos. A srta. Whitehead achou que seria bom para minha irmã expandir suas experiências de leitura e a atraiu para outros livros desta forma: "Nancy", ela dizia, "você não gostaria de ser a primeira pessoa nesta biblioteca a ler este livro aqui sobre cavalos?". Nancy, é claro, gostaria. "Muito bem", a srta. Whitehead dizia, "vou reservá-lo para você. Mas primeiro você tem que tentar ler este outro aqui (que não era sobre cavalos, é claro)." E minha irmã lia. Esse tipo de suborno pode não funcionar para algumas crianças, mas a srta. Whitehead – que àquela altura já conhecia Nancy havia muito tempo – acertou em cheio ao pensar que daria certo com a minha irmã.

Além disso, compartilhar histórias, canções e brincadeiras de nossa própria infância pode aprofundar os laços familiares. Elas fornecem às crianças a segurança de se sentirem parte de relacionamentos baseados em uma longa história, e propiciam a pais e mães a oportunidade de transmitir seu legado. Enquanto eu trabalhava neste capítulo, minha filha, já adulta, me mandou uma mensagem com a foto de uma ponte sobre um riacho na floresta. Ela escreveu: "Isso me lembra uma coisa". Eu logo soube do que ela estava falando. "Gravetos do Pooh!", respondi. É um jogo que aparece em um dos livros do Ursinho Pooh, que envolve jogar gravetos de uma ponte em um riacho. O graveto que chegar primeiro ao outro lado da ponte vence. Brincávamos de "Gravetos do Pooh" quando ela era criança, e na minha infância eu brincava disso com minha família.[50]

É claro que muitas crianças pequenas não vivenciarão de imediato o significado da história familiar, mas é provável que façam isso quando adultas. E a continuidade dos relacionamentos pode ter significado especial para algumas crianças até mesmo no momento presente. Durante um de meus bate-papos virtuais com crianças no período em que tantos lugares foram obrigados a permanecer fechados por causa da pandemia de covid-19, Theodora, de 6 anos, decidiu ler uma história para a Patinha Audrey. Ela pegou um livro sobre trolls e monstros e explicou: "Meu pai tinha esse livro quando era criança". Claramente, a conexão do livro com o pai dela o tornava especial.

A publicidade da Amazon para comercializar o Echo Dot divulga as associações do dispositivo com conglomerados de entretenimento como Disney, Nickelodeon e Warner Brothers e ícones como Barbie e Bob Esponja, cujas imagens são licenciadas para vender brinquedos, comida, roupas e acessórios.[51] Quanto mais eu olhava para a versão infantil do Echo Dot, mais me perguntava como essas parcerias comerciais afetariam suas recomendações para as crianças. Então, comprei um aparelho, registrando-me como uma menina imaginária de 4 anos. Embora possa parecer pouca idade, a Amazon recomenda a edição infantil do Echo Dot para crianças a partir dos 3 anos[52] e permite que pais e mães selecionem conteúdo para crianças a partir dos 2 anos.[53]

Alguns minutos depois de minha primeira interação com a Alexa – antes de eu fazer qualquer solicitação específica da marca –, ela perguntou se eu queria ouvir uma história sobre uma garota americana chamada Julie Albright. Quem é Julie Albright, você pode estar se perguntando? Acontece que não se trata de uma garota americana qualquer. É uma das bonecas da série American Girl da Mattel, lançada em 2007 e atualizada em 2014.[54] A boneca Julie, acompanhada de um livro sobre a personagem, é vendida por 110 dólares no site American Girl. Há também móveis e acessórios disponíveis a preços que variam de 195 dólares (o "Banheiro Bacana de Julie") a 150 dólares (sua máquina de fliperama). Várias peças de roupa custam 30 dólares cada. O único item por menos de 10 dólares é outro livro.[55] Além disso, as crianças podem assistir aos filmes de Julie Albright, disponíveis nos Estados Unidos na Amazon[56] e no YouTube.[57]

Em seguida, decidi usar o recurso "Alexa, estou entediada" para ver o que o Echo Dot tinha a oferecer. "Você gostaria de jogar algum jogo?", Alexa perguntou, animadíssima. "Sim", respondi. "Jornadas Sonoras de Star Wars?", ela perguntou. "Não", respondi. Em seguida, ela perguntou várias vezes se eu queria experimentar o Disney Remix, o Desafio Bob Esponja, Você Pode Ser Qualquer Coisa da Barbie e o Livro de Perguntas do Mundo de Bruxarias de Harry Potter. Rejeitei todos, e Alexa ficou em silêncio. Tentei no dia seguinte e obtive as mesmas cinco sugestões. Depois tentei diversas vezes seguidas. Ora eu recebia as mesmas respostas, ora a lista de cinco sugestões incluía *American Girl Adventures*, *O poderoso chefinho* (animação de 2017 da DreamWorks) e *The Unlucky Adventures of Classroom Thirteen*, série de livros publicados nos Estados Unidos pela editora Little, Brown and Company. Sem entrar no mérito de se alguma dessas sugestões é apropriada para uma criança de 4 anos, há questões ainda mais preocupantes no fato de Alexa recomendá-las para a minha menina de 4 anos de mentirinha.

Não sabemos, porque os algoritmos corporativos são sigilosos, e desconhecemos de que maneira eles selecionam seu conteúdo e fazem suas escolhas. Será que funciona como os outros mecanismos de busca, em que o que aparece é influenciado pela quantidade de dinheiro que uma determinada empresa paga pelo privilégio, se é que paga? Ou tem a ver com o mecanismo de pesquisa ser dono da empresa?[58] O conteúdo de empresas que pagam mais é recomendado com mais frequência ou vai para o começo da fila? Quando se trata dos verdadeiros interesses das crianças, a Amazon não deveria ser transparente sobre as respostas a essas perguntas?

A Amazon prometeu que a Alexa não teria anúncios publicitários,[59] mas ao que parece a empresa quis dizer que não haveria publicidade tradicional, como comerciais na televisão ou no rádio. No entanto, a minha experiência de ter cinco propriedades comerciais impingidas a mim pelo simples fato de dizer à Alexa "estou entediada" é um bocado parecida com a publicidade que aparece em filmes, televisão e videogames – seja colocação de produto via marketing embutido (a inserção de um produto no conteúdo de um programa), seja merchandising (quando o apresentador de um programa de TV promove um produto dentro do conteúdo de um programa). Na verdade, o merchandising feito por apresentadores de TV tornou-se ilegal na programação infantil da televisão nos Estados Unidos em 1974 e até hoje não é permitida em TV aberta, a cabo ou via satélite.[60] No entanto, a Alexa funciona claramente como "apresentadora" da programação no Echo Dot, já que é a personificação do canal para os algoritmos que selecionam todo e qualquer conteúdo transmitido. É difícil entender por que a Alexa tem permissão para direcionar crianças a conteúdos de marcas, como o Desafio Bob Esponja, pois essa prática não é permitida em outras mídias.

A bem da verdade, as empresas que desejam monetizar a Alexa e outros assistentes de voz são incentivadas a criar conteúdos que sejam úteis para os usuários ao mesmo tempo que promovem seu produto. Em 2018, um blog de negócios intitulado "Amazon Alexa: como aproveitar os benefícios para sua marca" explicou que "os especialistas acreditam que a colocação de produtos e recomendações na Amazon Alexa e outras plataformas de inteligência artificial são uma questão de tempo. Enquanto isso, já recomendam que as marcas tenham uma habilidade Alexa associada".[61] Muitos já fazem isso. As crianças podem cantar com Frozen Sing! [Frozen canta] e aprender a falar como Chewbacca, o adorável Wookiee da franquia *Star Wars*, pedindo à Alexa para abrir o aplicativo C-3PO Translates! [O androide C-3PO traduz!].[62] E muito mais.

Correndo o risco de soar melodramática, o que me preocupa especialmente na edição infantil do Echo Dot (4ª geração) é o formato que o hardware adquiriu. As versões anteriores do Echo Dot para crianças eram muito parecidas com o Echo Dot para adultos – um alto-falante em miniatura –, exceto que os dos adultos eram pretos e os infantis eram coloridos. A quarta edição, no entanto, vem ou no formato de uma carinha de tigre redonda, gordinha e adorável, ou como um panda igualmente adorável. Não é por acaso que eles são fofinhos. Os humanos são loucos por fofura. Isso está embutido em nosso cérebro, talvez para nos manter perpetuamente apaixonados por bebês, apesar das dificuldades de cuidar deles, garantindo assim a propagação de nossa espécie.[63] Os designers de aparência física de robôs são estimulados a criar "fofura" para suscitar engajamento e uma resposta emocional a essas máquinas.[64] Para Sherry Turkle: "Não é que inventamos máquinas que nos amam ou se importam conosco de qualquer maneira, forma ou formato [...], mas é que estamos dispostos a acreditar que elas nos amam".[65]

Ao fazer a aparência do Echo Dot passar de uma máquina óbvia para o que parece ser um animal falante bonitinho e amável, a Amazon fortalece a probabilidade de que crianças e adultos desenvolvam ligações emocionais com esses dispositivos. Sobre a mesa da minha cozinha vejo, desligado da tomada, o rostinho de tigre alaranjado que personifica a maré crescente de outro tsunami tecnológico: robôs comunicativos, ou "bots sociáveis", que usam fac-símiles de conversas humanas para gerar relacionamentos de vínculo com as pessoas.

Fazer justiça às complexidades morais, éticas e sociais do papel dos robôs em nossa vida está além do escopo deste livro. Mas quero apontar a perigosa possibilidade de corporações utilizarem esses bots para tirar proveito comercial das crianças – da mesma forma que a Alexa me faz recomendações não solicitadas de jogos de marcas da propriedade da Disney, DreamWorks, Viacom (dona da Nickelodeon) e Mattel (dona da Barbie). Veja-se, por exemplo, o caso da Hello Barbie, a primeira incursão da Mattel na fabricação de brinquedos projetados para manter conversas personalizadas com crianças.* Várias das possíveis respostas da boneca incluem referências diretas e indiretas a outros brinquedos da marca.[66]

Embora possam interferir nas relações familiares das crianças, as tecnologias digitais comercializadas fortalecem o que chamamos de relações "parassociais". Para os fins da nossa discussão, os relacionamentos parassociais descrevem o senso de intimidade ou o relacionamento das crianças com robôs e personagens baseados em telas. Pesquisas e estudos sugerem que as crianças podem desenvolver sentimentos e forte apego pelos robôs. As crianças também atribuem a essas criaturas mecânicas sentimentos e uma vida interior, mesmo sabendo que não estão vivas de verdade.[67]

De resto, o poderoso e influente papel que os amados personagens desempenham na vida das crianças está bem documentado. Estampar ícones de desenhos animados conhecidos – Shrek e Bob Esponja, por exemplo – nas embalagens de comida pode influenciar as escolhas das crianças.[68] À medida que as tecnologias digitais se tornam cada vez mais sofisticadas, os pesquisadores analisam as interações parassociais das crianças. Essas interações com marionetes baseados nas telas e mídias e personagens animados geram o que recebe o nome de enunciados "socialmente contingentes" em resposta direta ao que uma criança diz, desse modo imitando as conversas humanas reais.

Um estudo de 2020, por exemplo, constatou que as crianças que interagem com um personagem das telas confiável e famoso – Dora, a Aventureira, por exemplo – aprenderam uma habilidade matemática

---

* A Hello Barbie funciona assim: a criança aperta um botão na cintura da boneca para "conversar" com ela. A fala é gravada e transmitida pela web através de uma conexão wi-fi até os servidores da Toy Talk, a fabricante de software parceira da Mattel. O software analisa a fala e responde através da boneca, de modo a parecer que a Barbie está conversando. [N.T.]

mais rapidamente do que as crianças de um grupo de controle. E, quanto mais as crianças gostavam de Dora e confiavam nela, melhor se saíam com a tarefa em questão.[69] O estudo conclui: "Essa dimensão interativa abrirá o caminho para que no século XXI as crianças aceitem os personagens da mídia e confiem neles como eficazes e inteligentes parceiros sociais e professores, além de ampliar os limites do que as crianças entenderão como estar vivo".[70]

A conclusão dos pesquisadores é emblemática de um problema central de grande parte das pesquisas sobre crianças e tecnologia. O estudo avalia as mensagens, ou possibilidades de aprendizagem, das tecnologias digitais como se elas existissem fora do escopo dos complicados planos de negócios que norteiam os produtos que estão sendo avaliados. Dora, a Aventureira, da Nickelodeon, é uma personagem maravilhosa, mas é também a fachada de um tremendo ataque comercial às crianças.[71] Deveriam as crianças (ou pais e mães) confiar em Dora, sabendo que as conversas com ela são gravadas pela Paramount Global, empresa controladora da Nickelodeon, e monetizadas? É ético estimular as crianças a "confiar" em Dora, uma vez que a imagem dela é utilizada para vender uma enxurrada de brinquedos, comida, roupas, acessórios e outras formas de mídia?

Falando na minha condição de ventríloqua que passou décadas envolvendo crianças em relacionamentos parassociais com meus fantoches, mais recentemente por meio de bate-papos por vídeo, vivenciei a alegria que esses relacionamentos podem propiciar. Não tenho dúvidas de que os relacionamentos parassociais das crianças com personagens de mídia envolventes, seja em uma tela, seja por meio de um objeto parecido com um robô, podem facilitar todos os tipos de benefícios positivos. Mas eis o elemento preocupante: à medida que a inteligência artificial se aprimora e os personagens controlados por máquinas se tornam capazes de conversas cada vez mais complexas, o apego das crianças a eles se torna mais forte. E o potencial para empresas de tecnologia e mídia não regulamentadas tirarem proveito comercial desse apego em nome da obtenção de ganhos financeiros também aumentará – mas não, como eu já disse, a serviço do bem-estar ou do interesse da criança.

8
Viés à venda

Preconceito, parcialidade, estereótipos e estigmas estão embutidos não apenas em muitos jogos, mas também em outras formas de representação de identidade em redes sociais, mundos virtuais e muito mais. No mundo real, têm efeitos sobre como vemos a nós mesmos e uns aos outros.

D. Fox Harrell, professor de mídias digitais e inteligência artificial, MIT

Em 2011, recebi um e-mail perturbador de uma apoiadora da Fair Play, que me perguntava: "Por que um anúncio do Your Baby Can Read aparece na tela quando faço uma busca por seu nome no Google?". Eu não fazia ideia, mas isso me incomodou. Your Baby Can Read [Seu bebê sabe ler] era um sistema de vídeos e cartões didáticos que pretendia, como o próprio nome indica, "ensinar recém-nascidos a ler". Era comercializado no YouTube, Twitter e Facebook e por meio de infomerciais de televisão e anúncios em rede nacional e canais a cabo.[1]

A Fair Play e nossos advogados do Instituto de Representação Pública da Universidade de Georgetown haviam apresentado uma queixa junto à Comissão Federal de Comércio dos Estados Unidos (FTC) para interromper meu falso endosso à publicidade enganosa da empresa. Entre outros meios de comunicação, o programa televisivo *Today* havia apresentado, semanas antes, um segmento sobre nossa campanha, e esperávamos que, independentemente da ação da FTC, conseguíssemos evitar que pais e mães acreditassem nos anúncios e gastassem significativas quantias de dinheiro em um produto comercializado com base em afirmações fraudulentas.

No fim das contas, descobriu-se que a empresa comprou o termo de pesquisa "Susan Linn" do Google para que seu anúncio aparecesse toda vez que alguém pesquisasse meu nome.[2] Ver-me associada à viabilização da publicidade de uma empresa cuja missão eu achava repugnante foi profundamente perturbador. Entrei em contato com um conhecido do Google e, após investigar a questão, ele me informou que não havia nada que eu pudesse fazer a respeito. Minha experiência serviu como um despertar pessoal bastante doloroso para o fato de que tecnologias com fins lucrativos, aparentemente tão desapaixonadas quanto um mecanismo de busca, podem e geram danos. No contexto mais amplo das coisas, é claro, minha experiência com o Your Baby Can Read não foi muito mais do que uma irritação pessoal. Acontece, no entanto, que permitir que as empresas comprem nosso nome como palavras-chave de pesquisa pode ter consequências muito mais abrangentes e destrutivas, por exemplo, para pessoas cujos nomes sugerem que são negras.

Dois anos depois, um estudo publicado na revista *ACM** *Queue* mostrou que buscas por nomes associados a pessoas negras tendiam a ativar anúncios sugerindo que a pessoa havia sido presa, duas vezes mais do que no caso dos anúncios associados a buscas por nomes relacionados a pessoas brancas. Por exemplo, uma pesquisa no Google por "Latanya Sweeney" acionava um anúncio de acesso a registros públicos com o título "Latanya Sweeney, presa?". Uma busca por "Kristin Linquist" disparava anúncios de registros públicos, mas todos tinham títulos mais neutros, como "Encontramos Kristin Linquist". Isso ficou comprovado, embora não houvesse absolutamente nenhum registro de prisão associado ao nome "Latanya Sweeney" (que por acaso é a autora do estudo) –, mas havia registros de prisão associados ao nome "Kristin Linquist".[3] Esse tipo de racismo embutido inflige uma infinidade de danos potenciais aos adultos, sobretudo aos candidatos a empregos cujos possíveis empregadores realizam buscas online em serviços de verificação de antecedentes. Mas também há danos para as crianças,

---

* Association for Computing Machinery [Associação para Máquinas Computacionais]. [N.A.]

em especial os filhos de adultos cujas perspectivas de emprego são prejudicadas por causa dessas pesquisas, mas também para as crianças que, por qualquer motivo, pesquisam no Google seu próprio nome – ou nomes associados à sua raça específica – e encontram resultados associados a atividades criminosas.

Não devemos subestimar o poder que os mecanismos de busca têm sobre o conhecimento das crianças acerca do mundo e como ele funciona. Em vez de recorrer a instituições públicas que são os repositórios tradicionais de conhecimento – bibliotecas e escolas –, nós e nossos filhos agora contamos com os algoritmos de empresas de tecnologia privadas com fins lucrativos para responder às nossas perguntas a respeito do mundo. Hoje, isso significa que nossas buscas por informações são dominadas por uma única empresa: o Google.

Em agosto de 2021, *em apenas um único segundo* foram realizadas 92.525 pesquisas no Google.[4] Impressionante. Cerca de nove em cada dez pesquisas online são realizadas no Google,[5] o que representa quase 90% das receitas do mecanismo de buscas.[6] O que é preocupante é que 66% dos usuários de mecanismos de pesquisa acreditam que as buscas que realizam resultam em fontes de informação justas e imparciais. Entre os usuários de 18 a 29 anos, o número de pessoas que acreditam nisso sobe para 72%.[7]

É óbvio que as informações fornecidas pelas bibliotecas e escolas não são isentas de preconceitos. Como todos nós, os bibliotecários, professores e administradores encarregados dessas instituições têm vieses conscientes e inconscientes, e isso provavelmente afeta as informações que eles e suas instituições escolhem fornecer. Uma diferença importante em relação ao Google, no entanto, é a transparência. As instituições públicas e as pessoas que nelas trabalham podem ser responsabilizadas pelas decisões que tomam. Ademais, o processo pelo qual essas decisões são tomadas é, ou deveria ser, transparente. As empresas de tecnologia que criam e detêm algoritmos que direcionam mecanismos de busca e outras plataformas online não estão sujeitas a nenhuma obrigação legal de compartilhar como ou por que são selecionadas as informações que apresentam.[8]

Uma vez que os resultados dos mecanismos de busca aparecem em nossos dispositivos com uma rapidez mágica, e por serem calculados por máquinas, podem parecer isentos do viés humano.

É importante, no entanto, ter em mente que, assim como bibliotecários e professores, as pessoas que criam algoritmos também têm preconceitos, preferências e pendores que influenciam suas criações. Além do mais, em vez de trabalhar para instituições cuja missão principal é servir ao interesse público, os funcionários das empresas de tecnologia cumprem o objetivo principal de garantir que ganhem dinheiro. Assim como o Facebook não é uma praça pública, o Google não é uma biblioteca pública.

Por exemplo, quando usamos a barra de buscas do Google, os critérios para a posição em que um site específico aparece em nossa lista de resultados podem incluir, entre outros fatores, o que o Google "pensa" que queremos ver, com base em nosso histórico de pesquisas, outras atividades online e quaisquer outros dados que tenha coletado sobre nós.[9] Os resultados também dependem de técnicas empregadas por empresas de otimização de mecanismo de busca (*search engine optimization*; SEO, na sigla em inglês), uma indústria multibilionária projetada para ajudar as empresas a garantir os primeiros lugares nas pesquisas na internet. Pagar por SEO não sai barato, o que faz com que os resultados da pesquisa tendam a favorecer grandes empresas em vez de pequenas empresas ou organizações não governamentais sem dinheiro.[10] Ao mesmo tempo, como os algoritmos do Google são confidenciais, não temos como saber exatamente quais são os fatores a influenciar as fontes que recebem prioridade em uma pesquisa, por isso é difícil avaliar a validade do que encontramos.

Quando pesquisamos informações no Google, os primeiros resultados que vemos são em geral anúncios, assim identificados, de empresas que fizeram lances bem-sucedidos para ter sua publicidade vinculada a qualquer termo de pesquisa que inserirmos. Em 2020, as receitas publicitárias geraram cerca de 147 bilhões de dólares ao Google, a maior parte desse montante por meio do leilão de termos de pesquisa para potenciais anunciantes.[11] Mas, como descrevi no parágrafo anterior, os "resultados de pesquisa orgânica", aqueles que acompanham os anúncios e em tese fornecem as informações que procuramos, não são priorizados de forma objetiva. E podem muito bem estar servindo aos interesses econômicos do Google. De acordo com *The Wall Street Journal*:

O Google empreendeu nos resultados de seu mecanismo de pesquisa alterações algorítmicas que favorecem as grandes empresas em detrimento das menores e, em pelo menos um caso, fez alterações em prol de um grande anunciante, o eBay Inc., contrariando sua posição pública de que nunca realiza esse tipo de ação. De acordo com pessoas familiarizadas com o tema, a empresa também impulsiona alguns sites importantes, como Amazon e Facebook.[12]

Safiya Umoja Noble é mais direta em seu revelador livro *Algorithms of Oppression* [Algoritmos da opressão]: "O Google direciona a pesquisa para seus próprios interesses econômicos, em nome de sua lucratividade e para reforçar seu domínio de mercado a qualquer custo".[13] O ímpeto de Noble para investigar de que forma os algoritmos do mecanismo de busca do Google perpetuam o racismo tem raízes em sua experiência pessoal: em 2011, ao usar o termo de pesquisa "Garotas negras", ela descobriu que os primeiros resultados eram um grande volume de material de cunho pornográfico, machista e sexista – não apenas nos anúncios associados ao termo de pesquisa, mas também nos resultados de pesquisa orgânica.[14]

Não foi um problema isolado. Quatro anos depois, por exemplo, as redes sociais e a grande imprensa relataram que os principais resultados em uma pesquisa no Google por "três adolescentes negros" eram fotos de registros policiais. Por outro lado, os resultados de uma busca por "três adolescentes brancos" revelavam simpáticas fotos de crianças brancas.[15] Uma das histórias mais perturbadoras a ilustrar os potenciais perigos dos mecanismos de busca que valorizam o lucro em detrimento da exatidão ocorreu em 2015, quando Dylann Roof assassinou nove afro-americanos em um culto dominical de uma comunidade negra em Charleston, Carolina do Sul. No tribunal e em outros lugares, Roof alegou que o caminho que o levou a cometer esse ato horrendo começou quando ele era adolescente e fez uma pesquisa no Google por "crimes de negros contra brancos". Os primeiros sites que encontrou não foram, por exemplo, estatísticas policiais ou do FBI sobre criminalidade. Em vez disso, o conteúdo que subiu ao topo dos resultados de sua busca foram sites repletos de propaganda de supremacistas brancos; Dylann Roof disse aos investigadores: "E pronto, foi isso".[16]

Em resposta ao clamor público, o Google corrigiu esses e outros resultados nocivos, mas sua gambiarra foi um tiro no escuro que não deu conta de resolver o problema maior. Em 2020, um grupo de fiscalização relatou que a ferramenta que o Google oferece para ajudar as empresas a decidir quais termos de pesquisa devem atrelar a seus anúncios ainda estava vinculando as palavras "garotas negras" (bem como "garotas asiáticas" e "garotas latinas") a termos de busca por pornografia.[17] A posição oficial da empresa é que os resultados de pesquisa racistas não são um problema do Google – apenas refletem os preconceitos da sociedade.[18] Sério mesmo? Diante da enorme popularidade do Google e o fato de o mecanismo de buscas ser comercializado para as escolas como uma plataforma educacional, não seria possível presumir que seus resultados influenciam os preconceitos da sociedade tanto quanto os refletem? Jessica Guynn, escrevendo no jornal *USA Today* sobre os resultados dos "três adolescentes negros", enquadrou o problema da seguinte forma:

> Com cortes na educação pública e maior dependência da tecnologia para fornecer respostas, os mecanismos de busca detêm mais poder do que nunca para decidir quais informações são vistas e quais informações são importantes. As pessoas veem o Google como uma irrefutável fonte de informações críveis e confiáveis. No entanto, o que geralmente falta aos resultados de pesquisa que não são selecionados por uma mão cuidadosa, digamos, um bibliotecário ou professor, é o seguinte: consciência dos estereótipos de gênero e preconceitos raciais.[19]

Como tantas empresas que reagiram ao assassinato de George Floyd e aos subsequentes protestos do movimento Black Lives Matter [Vidas negras importam], o Google divulgou uma declaração reiterando seu compromisso com a "igualdade racial" e detalhando seu plano para concretizá-lo. O plano incluía metas admiráveis, como aumentar a contratação de minorias, comprometer fundos para a educação antipreconceito e criar produtos úteis para a comunidade negra. Falta à declaração, no entanto, qualquer menção a *como* o Google garantirá que seus algoritmos de busca não perpetuem ou estimulem o racismo.[20]

Meredith Broussard, pesquisadora de Inteligência Artificial da Universidade de Nova York, disse muito bem no jornal *The New York Times*:

> Os computadores são excelentes para fazer matemática, mas a matemática não é um sistema social. E os sistemas algorítmicos falham repetidamente na tomada de decisões sociais. Os algoritmos não são capazes de monitorar ou detectar com eficácia o discurso de ódio, não conseguem substituir assistentes sociais em programas de assistência pública, não são capazes de prever crimes, não conseguem determinar quais candidatos a emprego são mais adequados do que outros, não são capazes de fazer reconhecimento facial eficaz e não conseguem corrigir redações nem substituir professores.[21]

Assino embaixo e concordo com Broussard. Por outro lado, conforme evidenciado pelas alterações que o Google fez nos resultados de busca por "meninas negras", os algoritmos podem ser ajustados para corrigir o viés racial, o que sugere, para começo de conversa, que esse viés pode ser evitado.[22]

Enquanto escrevia estes parágrafos, lembrei-me daquela edição infantil do Echo Dots com carinha de tigre ainda posicionada sobre a mesa da minha cozinha. Como a Amazon divulga que o recurso de pesquisa da Alexa é capaz de responder às perguntas das crianças e ajudar nos deveres de casa, decidi fazer à Alexa uma pergunta semelhante à pesquisa de Noble no Google. Claro, não era a mesma coisa, já que aparentemente o dispositivo não responde a declarações, apenas a comandos. Perguntei: "Alexa, o que são garotas negras?". Admito que não é a frase mais elegante, mas foi a melhor que consegui inventar na ocasião. A única resposta que recebi foi que *Black Girl* era o nome de uma peça teatral de J. E. Franklin. Então tentei novamente: "Alexa, o que são garotas afro-americanas?". Não sei o que eu esperava ouvir, mas certamente não foi a resposta que recebi: "De acordo com o site georgetown.edu, as meninas afro-americanas são o segmento que mais cresce no sistema de justiça juvenil dos Estados Unidos". Quando perguntei a Alexa "o que são meninos afro-americanos", ela respondeu: "De acordo com o site edweek.org, a maioria dos meninos americanos são afro-americanos, e muitos têm dificuldades de leitura e aprendizagem". Alexa tinha acabado de dizer à criança que eu estava fingindo ser que as crianças afro-americanas ou são "más" ou têm problemas para aprender a ler e se instruir.

Para uma criança negra, essas respostas são devastadoras em um nível profundamente pessoal. Para outras crianças, plantam sementes ou perpetuam estereótipos nocivos que alimentam o racismo. Isso já seria terrível o suficiente em uma tecnologia voltada para adultos. Mas é muito pior quando direcionado às crianças por uma empresa que afirma ser capaz de ajudar nos deveres de casa. Não é exagero imaginar que as crianças de hoje buscam todo tipo de informação sobre raça, gênero, sexualidade, religião e muito mais. De que maneira as informações fornecidas pelo Google e pela Alexa moldarão a autopercepção e a visão de mundo das crianças? A Amazon está incrementando seus esforços para deixar as crianças ainda mais viciadas na Alexa ao introduzir um novo recurso alegando que vai ajudá-las a aprender a ler.[23]

Obviamente, os mecanismos de pesquisa não são as únicas plataformas em que foram encontrados algoritmos para estimular e inculcar o racismo. Sites de rede social também têm culpa no cartório. Veja-se o caso da Meta, que também é dona do Instagram e às vezes é elogiada por promover movimentos de justiça social como Me Too [Eu também] e Black Lives Matter.[24] No entanto, a empresa também está sendo criticada por seu longo histórico de incentivo ao discurso de ódio e perpetuação do crescimento de grupos de supremacia branca.[25] Uma semana após o assassinato de George Floyd, um vídeo em que se afirmava que o crime era forjado atingiu 1,3 milhão de usuários do Facebook – a maioria em grupos administrados por supremacistas brancos declarados.[26]

Para entender como o racismo estimulado pelas redes sociais e outras plataformas tecnológicas populares está ligado ao comercialismo, precisamos ter em mente que os algoritmos que regem os conteúdos que vemos e não vemos são criados por pessoas que, além de terem seus próprios vieses e preconceitos, muitas vezes trabalham para imensos conglomerados cuja principal prioridade é gerar lucros para os acionistas. Para redes sociais movidas a anúncios – como TikTok, Instagram, Facebook e YouTube –, os lucros dependem do quanto as empresas estão dispostas a gastar em publicidade, e isso depende do sucesso do site em (*a*) chamar nossa atenção e (*b*) manter nossa atenção pelo maior tempo possível. Afinal de contas, quanto maior o número de pessoas que usam um site patrocinado por anúncios e quanto mais tempo elas permanecem lá, mais expostas ficam à publicidade incorporada – e mais lucrativo o site se torna.

Então, o que nos leva a continuar deslizando a tela? Entre os poderosos incentivos incluem-se indignação, comodismo, alívio da solidão e reforço de nossas convicções mais arraigadas. Por sua vez, cada clique que damos nas redes sociais, cada "curtida" ou emoji que postamos torna-se matéria-prima para influenciar quais notícias, informações e publicidade são enviadas para nossas telas. A partir daí, o que vemos não se baseia na verdade, na justiça social ou no que é melhor para a humanidade, mas no que provavelmente atrairá e prenderá nossa atenção.

Lógico que os principais sites de rede social são, em teoria, voltados apenas para adolescentes e adultos, então poderíamos pensar que seus preconceitos e predileções ou seu histórico de priorizar o lucro em detrimento da verdade ou rigor de informações não teriam efeito sobre as crianças. No entanto, há anos pré-adolescentes e até crianças pequenas usam sites como YouTube, Snapchat, TikTok, Instagram e Facebook.[27] Assim como os adultos, as crianças recorrem às redes sociais para obter informações sobre o mundo.[28] E, também como os adultos, as crianças usam as redes sociais para se representarem diante do mundo, incluindo postar *selfies* e outras fotos filtradas e selecionadas a dedo. Mas o "eu" que elas apresentam não corresponde necessariamente a como elas são na vida real. É problemático em muitos níveis o fato de o Instagram e o Snapchat, entre outros, fornecerem ferramentas que permitem aos usuários se "embelezarem". Para as meninas acanhadas e já pouco à vontade com o próprio corpo, essas ferramentas enviam a mensagem de que a aparência delas não é aceitável. E, infelizmente, as ferramentas incluem o recurso de clarear tons de pele, exacerbando o problema do colorismo [a hierarquização discriminatória contra pessoas de tez mais escura] ou o preconceito contra as peles escuras.[29] Mesmo sem a capacidade de clarear a pele digitalmente, os profundos e problemáticos preconceitos da sociedade relativos à cor da pele são inseridos nas redes sociais. Por exemplo, em 2021 ficou provado que o algoritmo do Twitter* para recortar fotos favorecia pessoas de pele mais clara do que pessoas de pele mais escura.[30]

O que torna tão pernicioso o racismo embutido nas novas tecnologias é que, enquanto as empresas geram lucro criando narrativas sobre pessoas, lugares, coisas e eventos do mundo real, elas também priorizam os conteúdos de fontes lucrativas e nos fornecem as informações que queremos ou de que "gostamos", não as que são necessariamente mais precisas ou verdadeiras. Mas as corporações que lucram com o mundo fictício das brincadeiras infantis – os fabricantes de brinquedos comercializados em massa e "antigas" tecnologias de entretenimento, como televisão e cinema – também têm uma longa folha corrida de criação de narrativas que fomentam o racismo.**

Em agosto de 2019, me vi comprando brinquedos em uma grande loja de departamentos em Tijuana, no México. Era o último dia de uma semana dedicada ao voluntariado no Projeto Al Otro Lado de Direitos de Fronteira, organização de direitos dos imigrantes. Passei a maior parte do tempo em um centro comunitário cuidando de crianças enquanto os pais e as mães se reuniam com advogados e membros de entidades de defesa de direitos na esperança de, de alguma forma, passar com sucesso pelo cada vez mais draconiano processo de pedido de asilo para entrada nos Estados Unidos. Um dos meus colegas voluntários postou nas redes sociais um pedido de doações para a compra de brinquedos. Como resultado da generosidade de seus amigos e familiares, pude ir às compras com dois jovens estudantes de Direito, já quase formados, da Universidade de Michigan, que foram extremamente gentis comigo e, ao que parece, estavam até gratos por meus critérios e requisitos – tão rigorosos que poderiam chegar a irritar – para o que eu estava disposta a comprar. Escolhi dois conjuntos de mesas e cadeiras pequenas, mas

---

* Também se descobriu que o algoritmo do Twitter prefere pessoas mais jovens e magras. [N.A.]

** Estou focando a discussão em brinquedos, tecnologia e outras mídias eletrônicas. É claro que os livros infantis também são uma fonte de estereótipos raciais, mas não os discutirei aqui. Para obter mais informações, consulte Roy Preiswerk, *The Slant of the Pen: Racism in Children's Books* [A inclinação da caneta: racismo em livros infantis] (Genebra: Conselho Mundial de Igrejas, 1981). [N.A.]

robustos, muitos materiais de arte e um monte de brinquedos não eletrônicos e, mais importante, sem marca.

Enquanto os estudantes de Direito procuravam jogos para crianças mais velhas, fui para o corredor das bonecas. Como estava em um país latino-americano, presumi que poderia encontrar facilmente pelo menos algumas bonecas de pele morena. Ledo engano. Todas as bonecas nas prateleiras eram brancas. Após meu desânimo inicial, voltei a examiná-las, pensando que conseguiria encontrar pelo menos algumas bonecas com cabelos castanhos ou pretos. Errei de novo. Quase todas eram loiras, com exceção de um par de bonecas de bebês carecas. Nenhuma se parecia nem sequer remotamente com as crianças que vi nas ruas no caminho de ida e volta do centro comunitário ou com as que conheci lá.

As histórias que contamos às crianças e os brinquedos que lhes damos são muito mais do que mero entretenimento. São componentes importantes do que os cientistas sociais chamam de "cultura material", definida como o agregado das criações predominantes, tangíveis e feitas pelo homem em qualquer sociedade. Ao mesmo tempo, a cultura material de uma sociedade reflete e influencia valores, normas, preferências e tabus dessa sociedade. Histórias e brinquedos representam um significativo componente da cultura material pertencente à infância e influenciam profundamente a maneira de as crianças entenderem o mundo ao seu redor, incluindo como veem e vivenciam a si mesmas e aos outros.[31]

Hoje, a maior parte das histórias infantis (incluindo programas de TV, aplicativos, videogames, redes sociais e livros) e brinquedos (quase sempre vinculados às mídias mencionadas) são produzidos em massa, promovidos e distribuídos por um pequeno número de conglomerados e consumidos por milhões, senão bilhões, de crianças. Nessas narrativas para as crianças, há lições profundamente enraizadas sobre quem é poderoso ou impotente, bonito ou feio, heroico ou covarde, bom ou mau, inteligente ou obtuso, forte ou fraco – e até mesmo quem é visível ou invisível. De maneira intencional ou não, as histórias e os brinquedos infantis estão repletos de preconceitos sociais – inclusive sobre raça e etnia.*

---

* Para os fins desta discussão, estou me concentrando nos aspectos de raça e etnia, que, é claro, também moldam atitudes sobre gênero, orientação sexual, habilidades e muito mais. [N.A.]

Para entender o poder das ferramentas da cultura comercial sobre as atitudes das crianças com relação a raça e etnia, é importante ter em mente que é falsa a noção de que as crianças "não veem cor" ou ignoram raça e etnia. As crianças percebem as diferenças raciais já nos primeiros anos de vida.[32] E, sem a intervenção ponderada de um adulto, podem acabar adotando – pela vida toda – as atitudes sociais predominantes e o status de grupos raciais e étnicos, incluindo o seu próprio.[33]

Nos Estados Unidos e em outros países do primeiro mundo, o tempo de lazer das crianças é tão inundado de tecnologia que ficou fácil descartar o poder e a influência dos brinquedos manuais. Mas minha experiência de não conseguir encontrar bonecas de pele morena para as crianças da América Central e do Sul com quem estava trabalhando não é trivial. Como as bonecas assumem formas humanas, elas transmitem inerentemente mensagens óbvias sobre as pessoas que representam e não representam. Em seu poderoso e doloroso romance *O olho mais azul*, Toni Morrison descreve em detalhes as camadas de raiva e anseio que as meninas negras que protagonizam a história sentem quando confrontadas com o ideal de beleza e excelência da sociedade, personificado nas bonecas brancas e loiras que elas ganham de presente no Natal e nas famosas estrelas, brancas e loiras, celebradas nas telas da TV e do cinema.

Quem me lembrou de *O olho mais azul* foi uma amiga e colega que dá aulas a estudantes universitários sobre as interseções de raça, gênero e cultura comercial e se identifica como afro-latina. Durante nossa conversa, ela descreveu sua alegria quando, em 1980, no supermercado de seu bairro, encontrou a Barbie hispânica de pele morena em meio a um mar de Barbies de pele branca. "Desde criança, eu já sabia que todas as Barbies eram consideradas lindas. E aquela era tão glamorosa, com a pele exatamente da cor da minha", ela explicou. "Eu me lembro de olhar para ela e pensar que algum dia eu talvez pudesse ser bonita e glamorosa também. Acho que esse pensamento nunca me ocorrera antes. Eu mal podia esperar para levar aquela boneca para a minha creche! Era a minha primeira Barbie. Minhas amiguinhas brancas sempre levavam as Barbies brancas delas. Eu mal podia esperar para que elas vissem que eu tinha a minha própria Barbie, que era linda e tão parecida comigo que poderia ser da minha família."

A história dela é muito multifacetada. Faz décadas que ela, eu e muitos de nossos colegas estamos escrevendo e falando sobre a influência negativa que a Barbie e outras bonecas da moda, todas com corpos impossíveis, podem ter nas percepções das meninas sobre o que significa ser mulher. O fato de a Mattel ter acrescentado uma Barbie hispânica à sua coleção quase vinte anos após o lançamento da marca não cancela as mensagens sexualizadas e materialistas há muito incorporadas à marca. E, para ser sincera, por algum tempo me perguntei se *realmente* é uma coisa boa sentir-se incluída em uma linha de bonecas que, no mundo dos brinquedos infantis, há tanto tempo representa o epítome das fantasias masculinas sobre as mulheres. Porém – e isto é importante –, seja qual for nosso ponto de vista sobre a cultura comercial em geral e sobre a Barbie em particular, é fundamental respeitar a alegria da minha amiga ao se identificar com sua Barbie hispânica quando menina. É injusto responsabilizar as crianças pelos anseios gerados pelo marketing corporativo direcionado a elas ou a seus pares.

Não obstante, podemos e devemos responsabilizar as corporações por inculcar e perpetuar preconceitos nocivos, sejam eles sobre paradigmas de feminilidade ou masculinidade, sobre raça e etnia, ou ambos. É especialmente revelador que, quando a Barbie hispânica foi lançada, a boneca podia ser encontrada sobretudo em lojas cuja clientela era predominantemente de populações latinas.[34] Os clientes daquela loja em Tijuana provavelmente presumiram que crianças de pele morena gostariam de bonecas brancas, mas também é provável que os mandachuvas da Mattel tenham julgado que as crianças brancas não teriam interesse em comprar uma Barbie de pele amarronzada. Talvez alguém tenha decidido que comercializar apenas Barbies brancas para crianças brancas fazia sentido financeiro, mas isso também envia às crianças brancas a falsa e prejudicial mensagem de que a pele branca é a condição humana padrão e dominante. Além disso, a Barbie hispânica e a Barbie negra produzidas em 1980 foram feitas exatamente a partir do mesmíssimo molde das Barbies brancas – em essência, apagando a existência de características associadas aos ancestrais indígenas e africanos de crianças latinas ou à herança africana refletida no rosto das crianças negras. A Mattel demorou 28 anos para lançar uma linha de Barbies negras com características faciais que se aproximassem das meninas e mulheres negras.[35]

Décadas de pressão de grupos ativistas produziram mudanças significativas no modo de as entidades comerciais retratarem vários grupos raciais e étnicos em produtos comercializados em massa. Todavia, como me disse certa vez um pai negro: "Está melhor do que costumava ser, mas ainda hoje é um desafio encontrar brinquedos que de fato se pareçam fisicamente com meus filhos ou os parentes deles". Minha colega Amrita Jain, que há muito tempo trabalha com crianças pequenas em Nova Déli, me diz que a mesma situação acontece na Índia. "Claro, a maioria das crianças na Índia não tem dinheiro nem para comprar bonecas. Mas, se você entrar em uma loja de brinquedos, as bonecas são em sua maioria brancas. E, mesmo que existam algumas bonecas vestidas com roupas identificadas com a cultura indiana, elas têm pele clara e feições europeias." Ela dá crédito aos ativistas que estão fazendo a diferença na Índia, mas ainda é um problema. "Até hoje, as mulheres que estrelam papéis românticos em filmes de Bollywood são loiras", ela explicou. "A brancura ainda é associada à beleza aqui."

Os danos da omissão, há muito incorporados às ferramentas culturais comercializadas em massa para crianças, elevam de forma infundada a branquitude à condição de raça padrão ou preferível, e apagam todas as demais. As crianças são validadas quando versões de si mesmas ganham representatividade nos brinquedos e na mídia que elas consomem, e violadas e deslegitimadas quando nunca se veem representadas ou são representadas apenas de forma marginal. Contudo, também são prejudicadas quando veem representações distorcidas, exageradas ou simplesmente mentirosas de sua raça ou etnia. Em outras palavras, a ausência não é o único dano relacionado à raça causado pelas indústrias de brinquedos e entretenimento.

Os Estados Unidos, entre outros países, têm um doloroso histórico de povoar os brinquedos e os produtos de entretenimento infantil produzidos em massa com uma enxurrada de personagens brancos e, ao mesmo tempo, criar e comercializar em massa estereótipos degradantes de pessoas de ascendência africana, asiática e indígena. Um dos argumentos mais poderosos sobre como os brinquedos infantis – e, por inferência, outras formas de entretenimento infantil comercializadas em massa – simultaneamente refletem, reforçam e enraízam estereótipos raciais é apresentado em um livro escrito por dois arqueólogos. Em *Historical Racialized Toys in the United States* [Brinquedos racializados históricos nos Estados Unidos] (título lamentavelmente seco), Christopher Barton e Kyle Somerville analisam brinquedos produzidos em massa desde a abolição da escravidão em 1865 até a década de 1930. De acordo com Barton e Somerville, "a cultura material retratando imagens racializadas e racistas de não brancos não era o produto de artesanato individual, mas de itens produzidos em massa que eram fabricados, anunciados e consumidos por milhões de pessoas".[36]

Os brinquedos que eles examinam foram produzidos por fábricas durante o período da história pós-escravidão dos Estados Unidos caracterizado por leis especificamente destinadas a legalizar a segregação e reprimir os direitos dos escravizados libertos, bem como por linchamentos e outros atos violentos sobretudo contra os negros, mas também contra outras raças e etnias.[37] Para citar apenas alguns: a fundação e o renascimento da organização de supremacia branca Ku Klux Klan (1866, 1915),[38] o Massacre de Tulsa (1921)[39] e *Plessy contra Ferguson*, a decisão da Suprema Corte que codificou a segregação (1882).[40] Levando-se em conta esse histórico, é trágico – mas não surpreendente – que a grande maioria desses 172 brinquedos racializados (83%) represente imagens humilhantes de pessoas negras. Os outros 17% incluem principalmente imagens degradantes de povos originários e asiáticos. Além disso, e para minha surpresa, dois dos brinquedos eram representações racializadas de imigrantes irlandeses. Descobri que uma das ferramentas utilizadas pela Grã-Bretanha para justificar a colonização da Irlanda era caracterizar a população irlandesa como gente sub-humana e não branca, e isso atravessou o Atlântico até os Estados Unidos.[41]

Esses brinquedos foram vendidos a milhões de crianças por meio das ferramentas de marketing de massa da época, incluindo catálogos de empresas como Sears e Montgomery Ward enviados pelo correio.[42] De forma intencional ou não, os brinquedos contribuíram para doutrinar as crianças brancas sobre a legitimidade da opressão racial e a superioridade de sua branquitude, diminuindo ou negando a humanidade dos negros que supostamente retratavam. Considerando-se a segregação racial imposta na época, para muitas crianças brancas esses brinquedos podem ter representado sua única experiência em relação aos negros.

A produção e venda de brinquedos escancaradamente racistas podem até ter diminuído na década de 1930, mas nas décadas seguintes houve uma explosão de estereótipos raciais apresentados em programas de cinema e televisão de grande audiência voltados para crianças e famílias. Era prática rotineira os populares filmes da Disney apresentarem estereótipos humilhantes, entre os quais se incluem *Peter Pan* (1953, nativos norte-americanos), *Dumbo* (1941, negros), *A dama e o vagabundo* (1955, asiáticos) e *Aladdin* (1993, árabes) – e não são os únicos exemplos. Em 2019, quando estreou o serviço de streaming Disney+, a empresa inseriu um aviso ridiculamente frouxo a alguns de seus filmes, recusando-se a reconhecer a realidade de suas representações racistas: "Este programa é apresentado como foi originalmente criado. Pode conter representações culturais ultrapassadas". Em termos de isenção de responsabilidade, é equivalente ao falso pedido de desculpas do tipo "Lamento que você se tenha se ofendido".

Em 2020, na esteira de protestos mundiais condenando o racismo, a Disney se juntou a outras empresas na corrida para proclamar seu compromisso com a diversidade e alterou seu aviso:

> Este programa inclui representações negativas e/ou tratamento incorreto de pessoas ou culturas. Esses estereótipos eram errados no passado e são errados hoje em dia. Em vez de eliminarmos esse conteúdo, queremos reconhecer seu impacto prejudicial, aprender com isso e provocar discussões para criarmos juntos um futuro mais inclusivo.[43]

Quando se trata de crianças pequenas, avisos e advertências são inúteis. Muitas crianças que assistem a essa programação nem sequer sabem ler, e muitas assistem a esses filmes sozinhas. Também não podemos contar com pais e mães que se sintam à vontade para falar sobre questões de raça e estereótipos com crianças pequenas.[44] Nesse meio-tempo, os estragos causados pela exposição a essas imagens estereotipadas podem muito bem incutir preconceito inconsciente em vez de consciente. Em alguns casos, esses filmes podem ser a primeira experiência de uma criança branca com diferentes raças e o primeiro encontro de uma criança negra com um retrato negativo de sua raça ou etnia. O fato de esses filmes ainda estarem disponíveis significa que milhões de crianças assistem a eles todos os anos, que são lucrativos para a Disney e que os preconceitos raciais neles embutidos são perpetuados.

É claro que os Estados Unidos não são de forma alguma o único país cuja indústria do entretenimento foi impregnada de racismo. Em 2006, por ocasião do lançamento de *Crianças do consumo* no Brasil, fui convidada a dar algumas palestras lá. No meu primeiro dia no Rio de Janeiro, meus anfitriões marcaram um encontro com uma produtora de programas infantis de um canal de televisão educativo, que me mostrou algumas maravilhosas animações feitas por crianças das favelas, as áreas economicamente mais pobres da cidade. Mas em seguida ela exibiu um filme de animação para crianças produzido por sua empresa e que apresentava um menino negro cujo rosto incorporava alguns dos estereótipos mais degradantes dos homens negros. Seus lábios salientes e olhos de inseto lembravam muitos dos animais da floresta que aparecia no filme, incluindo tamanduás. Seu comportamento também reproduzia estereótipos humilhantes de homens negros, alternando estupidez com covardia e uma subserviência sorridente.

Era meu primeiro dia em um país desconhecido e, embora soubesse que tinha que dizer algo, não confiei em mim mesma para falar nada naquele momento. Em vez disso, dei tempo ao tempo, refleti e depois expressei minhas preocupações em um e-mail no qual expliquei que temia pelas crianças que veriam um estereótipo tão degradante como aquele apresentado no filme. Em resposta, ela justificou o filme explicando que retratava uma lenda tradicional do folclore brasileiro. A lenda é sobre um espírito que vive nas florestas e protege a flora e a fauna dos caçadores, invasores e de qualquer pessoa que cause danos à natureza. É uma história com uma mensagem positiva, especialmente hoje, quando a floresta tropical brasileira está tão ameaçada. Mas as novas versões da história não precisam incluir personagens que rebaixam e estereotipam os homens negros. Meus colegas no Brasil me dizem que, assim como nos Estados Unidos e na Índia, os ativistas estão obtendo avanços ao forçar as empresas a enfrentarem o racismo. É verdade que meu encontro com esse filme específico foi há mais de quinze anos, mas a animação foi postada no YouTube em 2017 e permanece no site da empresa até hoje.

Entendo a importância de transmitir a cultura de uma nação por meio de contos populares. Também entendo e compartilho a nostalgia associada aos filmes da Disney aos quais pais, mães e avós de hoje assistiram quando crianças e que querem compartilhar com uma nova geração. Mas, quando esses filmes são veículos de transmissão de estereótipos nocivos, precisamos repensar seu valor e refletir sobre as consequências de continuar a exibi-los para crianças pequenas. Creio que, com crianças mais velhas, capazes de se envolver em pensamento abstrato, talvez seja possível usar os filmes como trampolim para falar sobre racismo. Porém, para crianças pequenas, acredito que o poder das imagens eclipsará qualquer discussão possível.

Sem intervenções ponderadas, sabemos que as crianças pequenas provavelmente adotarão as atitudes sociais predominantes sobre raça e etnia. Elas desenvolvem preconceitos com base em quem e no que encontram em suas famílias e comunidades. Levando-se em conta a quantidade de tempo que as crianças passam com brinquedos e mídia eletrônica, faz sentido que esses elementos também influenciem suas atitudes e crenças em relação a si mesmas e acerca de outras pessoas.

Tendo isso em mente, é importante lembrar que a determinação corporativa de priorizar o lucro em detrimento de qualquer outra coisa significa que, para essas empresas, atacar preconceitos implícitos ou explícitos em seus produtos não é automaticamente uma prioridade. Se as mudanças implementadas pelas corporações tiverem um impacto deletério no lucro, não podemos contar com elas para manter essas práticas. Além do mais, uma vez que os adultos que produzem e comercializam brinquedos e mídias infantis também já foram crianças que absorveram vieses e preconceitos sociais, é provável que tudo o que eles criam perpetue esses vieses e preconceitos – a menos que eles empreendam um esforço consciente, contínuo e coordenado para se assegurar de não fazer isso.

Escrevi em outros textos sobre as maneiras pelas quais as empresas cujos alvos são o público infantil tiram proveito do desejo inato das crianças de pertencer, enviando a falsa mensagem de que o consumo é um caminho para a aceitação.[45] É uma mensagem especialmente perniciosa para qualquer criança magoada por ser excluída pelos colegas. E é uma mensagem especialmente cruel para crianças excluídas por qualquer característica imutável, como raça ou etnia. A experiência de longa data da minha amiga com a Barbie hispânica é reveladora. "Depois que ganhei a boneca, as meninas brancas começaram a brincar de Barbie comigo, mas nunca tive a impressão de que gostassem muito de mim. Eu sabia que, mesmo com a minha própria Barbie, eu não era aceita por aquelas meninas em nenhum sentido profundo. Nunca fui convidada para dormir na casa delas. Elas nunca expressaram qualquer interesse em mim como pessoa. E faziam comentários ofensivos sobre meu cabelo."

Não é pela via do consumismo que se elimina o racismo. De maneira superficial, ter uma Barbie hispânica mudou para melhor as interações diárias de minha amiga na creche. Mas a compra de uma determinada boneca, brinquedo, dispositivo ou qualquer produto jamais seria capaz de alterar o tipo de preconceito profundamente arraigado que ela encontrou lá. Como acontece hoje, isso exigiria esforços conscientes e contínuos em todos os níveis da sociedade, incluindo o comprometimento da equipe de funcionários de sua creche, de trabalhar para efetuar mudanças tanto em si mesmos como nas crianças lá matriculadas e nas famílias delas.

9

Aprendizagem de marca

É necessário existir um lugar na sociedade onde as crianças sintam que suas necessidades vêm em primeiro lugar – não seu futuro na condição de consumidores. Na sociedade americana de hoje, a única opção são as escolas.

Marion Nestle, uma das autoras de *Food Politics: How the Food Industry Influences Nutrition and Health* [Políticas da comida: como a indústria alimentícia influencia a nutrição e a saúde]

Outro dia recebi um e-mail da mãe de um aluno do sétimo ano do ensino fundamental de Montgomery County, Maryland, perguntando se eu sabia da existência da organização Junior Achievement Finance Park. Eu não sabia, então combinamos um telefonema, em que ela me contou: "Acompanhei a turma do meu filho em uma excursão para um dos eventos deles. Parece o quarteirão de uma cidade de mentirinha, com falsas fachadas de estabelecimentos de marcas nacionais e locais e seus logotipos à mostra. Na verdade, os Finance Parks [parques de finanças] estão espalhados por todo o país. O que visitei tinha unidades da Capital One [grupo de serviços financeiros], GEICO [empresa de seguros de automóveis], Wells Fargo [maior banco americano em empréstimos hipotecários], Volkswagen, algumas empresas locais e empresas de serviços públicos. Quando você entra em uma delas, dá de cara com uma porção de panfletos promocionais".

Ela continuou: "As crianças recebem iPads e uma identidade fictícia, casa, salário, família e renda anual. Elas usam os iPads para descobrir como negociar uma hipoteca, comprar um carro ou fazer uma apólice de seguro. Em teoria, isso serve para aprender a fazer a contabilidade pessoal. Mas, se elas ficam olhando para um iPad o tempo todo, não entendo por que perder um dia inteiro de aula para levá-las até lá. Qual é o sentido disso?".

É uma boa pergunta. Essa viagem de estudos práticos é a pedra angular de um programa escolar de seis semanas que em tese serve para ensinar as crianças a administrar o dinheiro. As viagens ao Finance Park são apresentadas como uma forma de os alunos "conhecerem e aprenderem sobre diferentes categorias de orçamento, criar um orçamento pessoal, tomar decisões de compra e pagar suas despesas".[1] Mas uma olhada mais detida no discurso que a Junior Achievement alardeia para possíveis "parcerias" corporativas deixa claro que, para as empresas participantes, o objetivo é o *branding* – mais uma oportunidade de incutir em futuros adultos lealdade vitalícia à marca.

Por 25 mil dólares anuais, as empresas do parque recebem as seguintes vantagens:

- sinalização da fachada exibida com destaque para aproximadamente 10 mil alunos, professores e líderes corporativos e comunitários a cada ano de patrocínio;
- a oportunidade de exibir a marca em todo o exterior e interior da vitrine, incluindo (se desejar) repintura para as cores apropriadas à marca e instalação de móveis ou monitores de tela plana da empresa;
- a oportunidade de distribuir materiais informativos no interior da fachada para aproximadamente 7 mil alunos do ensino fundamental e médio;
- o logotipo da empresa exibido em iPads durante a simulação.[2]

Além disso, os patrocinadores corporativos podem "personalizar o conteúdo do software nos iPads durante as fases de pesquisa e compras da simulação, incluindo dez a doze carreiras existentes no âmbito dos negócios da organização patrocinadora".[3]

Você visitou a escola de seus filhos recentemente? Pode ser que eles estejam aprendendo sobre a natureza a partir de materiais de ensino que promovem propriedades da Disney, como *Piratas do Caribe, Mogli* ou *Procurando Dory*.[4] Talvez estejam aprendendo sobre produção e consumo de energia através das lentes de empresas multinacionais de petróleo e gás como Shell e British Petroleum (BP).[5] Talvez tenham assistido a uma palestra sobre vício apresentada pela empresa de cigarros eletrônicos JUUL.[6]

Pode ser que as inspirações de leitura de seus filhos estejam vindo da tentação de ganhar fatias de pizza grátis na Pizza Hut do bairro.[7] Ou talvez você e seus filhos estejam sendo pressionados a participar das "Noites dos McTeachers", nas quais os professores da escola trabalham durante o turno noturno em uma loja local do McDonald's.[8]

O acesso das crianças à tecnologia na escola pode ser propiciado por grandes empresas de tecnologia como Google ou Amazon, cujos modelos de negócios prosperam com base na coleta e monetização de informações pessoais das crianças, ou por empresas como a Apple, determinadas a cultivar a fidelidade à marca de seu hardware. Claro que não é surpresa alguma o fato de as empresas tentarem com unhas e dentes colocar seus produtos dentro das escolas. Do ponto de vista do marketing, as escolas são um local ideal para atingir as crianças.

Na verdade, a publicidade nas escolas pode ser ainda mais eficaz do que o marketing que as crianças encontram em outros lugares. Não só os estudantes são um público cativo como a escola tem um significado especial para eles. Quaisquer que sejam os sentimentos – positivos ou negativos – que as crianças tenham em relação à escola, há a expectativa de que as coisas que aprendem lá sejam boas para elas, da mesma forma que comer frutas, verduras e legumes é bom para a saúde. No mínimo, os alunos confiam que os adultos vinculados às escolas acreditam que o que acontece lá é bom para as crianças – e essa aura de "coisa boa" se estende a qualquer produto que a escola endosse ou anuncie.

A escola também tem um peso especial aos olhos de pais e mães, que provavelmente a consideram essencial para o sucesso futuro de seus filhos. É provável que vejam os professores como especialistas em educação, que têm em mente os interesses das crianças. Qualquer coisa que os professores ou os administradores da escola recomendem de maneira implícita ou explícita carrega aquele verniz de "coisa boa" que torna tanto as crianças quanto pais e mães especialmente suscetíveis à publicidade na escola.

O marketing direcionado às crianças na escola não é novidade. Nos Estados Unidos, as corporações têm como alvo os alunos desde o advento das escolas públicas. Em 1929, a Associação Nacional de Educação (NEA, na sigla em inglês) publicou um relatório que alertava os professores sobre a aceitação de materiais corporativos "gratuitos". A associação argumentou que as apostilas corporativas só deveriam ser utilizadas nas salas de aula se fossem essenciais para a aprendizagem das crianças.[9] Na década seguinte, foram traçadas linhas de batalha. De um lado, o crescente movimento de proteção aos consumidores; do outro, os fabricantes de bens de consumo e a indústria da publicidade.[10] Para empresas como Heinz, General Motors e Hershey's, criar materiais didáticos complementares foi uma forma de promover seus produtos para futuros consumidores. O setor publicitário, no entanto, tinha um objetivo mais amplo: queria "persuadir os alunos a aceitar a publicidade e os valores corporativos como parte de sua experiência educacional".[11] Ao macular os ativistas dos direitos dos consumidores pespegando neles o rótulo de "antiamericanos" e ao cooptar os grupos de consumidores mais moderados, os grupos empresariais do setor foram capazes de desestimular os esforços para manter os materiais de ensino livres de interesses comerciais.[12] No final daquela década, uma em cada cinco empresas patrocinava materiais de sala de aula.[13]

A publicidade dentro das escolas começou a se intensificar para valer na década de 1990, mas as bases para sua escalada foram lançadas na década de 1980, durante a presidência de Ronald Reagan. Em 1983, o Departamento de Educação do governo Reagan divulgou um relatório sobre a situação das escolas nos Estados Unidos. Entre outras sugestões, o documento "A Nation at Risk" [Uma nação em risco] instigou as empresas a se envolverem nas escolas.[14] Ao mesmo tempo, o governo federal começou a cortar verbas para programas estaduais, e a privatização dos serviços públicos, incluindo escolas, estava ganhando força.[15]

Na verdade, o financiamento federal nunca representou a maior parte do financiamento escolar, que majoritariamente vem dos estados, cidades grandes, pequenos municípios e condados.[16] É um sistema de financiamento da educação pública inerentemente injusto, que favorece as comunidades ricas. As escolas que atendem sobretudo crianças de famílias de baixa renda e crianças negras recebem menos financiamento estadual e local do que outras escolas.[17] De acordo com uma pesquisa do Centro para o Progresso dos Estados Unidos (CAP, na sigla em inglês), cerca de 4,5 milhões de crianças de famílias de baixa renda frequentam escolas que recebem cerca de 1.200 dólares a menos por aluno do que escolas mais ricas, ainda que na mesma diretoria de ensino.[18]

Enquanto as escolas públicas apertam os cintos e enfrentam dificuldades financeiras, as corporações seduzem as instituições de ensino com todos os tipos do que a indústria publicitária chama de *parcerias* como panaceias para a escassez de recursos. Na luta para vender produtos para crianças, qualquer diretoria de ensino que esteja passando por um sufoco orçamentário é uma dádiva para as empresas. Sob o pretexto de trazer dinheiro, suprimentos, equipamentos ou serviços muito necessários para escolas em dificuldades, as empresas ganham a permissão para anunciar, adquirindo direitos de nome [acordos para batizar com o nome da marca ginásios, estádios e auditórios, por exemplo], estampar a marca nos uniformes esportivos, patrocinar eventos de alunos e muito mais.[19] Não é de surpreender que as escolas às voltas com perrengues financeiros recorram aos profissionais de marketing corporativo em busca de ajuda. Mas submeter os alunos ao marketing quase nunca chega perto de reabastecer os orçamentos escolares cada vez mais minguados.[20]

Embora raramente contribua de maneira significativa para os cofres escolares, o marketing nas escolas beneficia as corporações. Os anunciantes há muito se entusiasmam com os benefícios de atingir os alunos em salas de aula, ônibus escolares, refeitórios e ginásios. Mais de vinte anos atrás, um entusiasta da publicidade escolar proclamou: "Os profissionais de marketing perceberam que todos os caminhos levam às escolas".[21] Outro explicou assim a atração que a publicidade exerce sobre as crianças enquanto estão na escola: "O anunciante atinge crianças que não podem sair para ir ao banheiro, não podem mudar de canal, não ouvem a mãe gritando ao fundo e não podem jogar Nintendo".[22] É por isso que, em 1995, a Consumers Union [União dos Consumidores, entidade de defesa do consumidor dos Estados Unidos] intitulou seu relatório sobre o comercialismo escolar de "Captive Kids" [Crianças no cativeiro].[23]

Mesmo que a incorporação de verbas publicitárias contribuísse para um significativo aumento dos orçamentos escolares, está claro que o marketing nas escolas contribui para toda sorte de efeitos nocivos. Diante dos vínculos entre a publicidade de *junk food* e a alimentação insalubre das crianças, por exemplo,[24] é inconcebível que gigantes da alimentação como a Coca-Cola, a PepsiCo e o McDonald's ainda anunciem rotineiramente nas escolas.[25] Mas as consequências para a aprendizagem das crianças vão além dos danos potenciais de um determinado produto.

Alex Molnar, professor pesquisador da Universidade Estadual do Colorado, há décadas acompanha as influências corporativas nas escolas. Ele escreve que a comercialização da educação atende aos interesses corporativos não apenas por anunciar produtos e serviços, mas também por fornecer às empresas um "palanque para disseminar ideias corporativas sobre temas importantes para seus interesses".[26] Transformar em alvo do marketing um público cativo de estudantes permite que as corporações "comuniquem uma mensagem ideológica mais ampla, promovendo o consumo como a principal fonte de bem-estar e felicidade".[27] E a publicidade nas escolas parece ser um meio eficaz de transmitir essa mensagem.[28]

O que você pensa a respeito da comercialização das escolas pode depender de como você vê o propósito fundamental da educação. Minhas convicções se alinham com as de John Dewey, o filósofo e educador americano do início do século XX que defendeu com vigor escolas que cultivassem e priorizassem habilidades e atributos essenciais para uma população democrática: pensamento crítico, curiosidade, criatividade, gentileza e responsabilidade social, para citar apenas alguns.[29]

A filosofia educacional de Dewey contrastava frontalmente com a de seus contemporâneos, incluindo o psicólogo americano Edward Bernays, o primeiro a usar os princípios da psicologia para tornar a publicidade mais eficaz,[*] e Edward Filene, o magnata americano das lojas de departamentos. Bernays legitimou a publicidade como educação a serviço da ideia de que a "manipulação consciente e inteligente dos hábitos e opiniões organizados das massas é um elemento importante na sociedade democrática". Ele argumentou que "aqueles que manipulam

---

[*] Bernays chamou isso de *propaganda* ou *relações públicas*, mas basicamente ele estava falando sobre o que hoje chamamos de publicidade ou marketing. [N.A.]

esse mecanismo invisível da sociedade constituem um governo invisível que é o verdadeiro poder que manda em nosso país".[30] Filene acreditava que o verdadeiro propósito da educação pública (que ela chamava de "educar as massas") era gerar uma mão de obra submissa e capaz de produzir em massa e com eficiência tanto os bens quanto os consumidores obedientes para comprar tudo o que as fábricas produzissem.[31] Nenhum dos dois estava interessado em educar o público a pensar de forma crítica ou independente. Embora a divergência com Dewey tenha ocorrido há mais de um século, é fundamental para os atuais desacordos sobre se e o quanto as corporações devem influenciar como e o que as crianças aprendem nas escolas.[32]

É fácil, por exemplo, ver de que maneiras o marketing nas escolas enfraquece a visão de Dewey de uma educação destinada a estimular a cidadania democrática e promove o ideal de empresários como Filene e Bernays de adestrar estudantes para serem uma mão de obra eficiente e uma multidão de consumidores devotados. Escolas que negociam com empresas como Nike, Coca-Cola ou PepsiCo para trocar espaço publicitário por financiamento provavelmente estarão menos dispostas a incentivar os alunos a avaliar com pensamento crítico as práticas trabalhistas ou o impacto ambiental da fabricação de tênis ou o efeito do marketing de refrigerantes e *fast-food* na saúde das crianças.[33] Seja qual for o conteúdo oficial ensinado abertamente aos alunos em sala de aula, a simples incorporação dissimulada de publicidade em um ambiente escolar obscurece os limites entre fins lucrativos e sem fins lucrativos, civil e comercial, bem como fato e exagero. Ao fazer isso, as escolas comercializadas – de forma consciente ou involuntária – condicionam os alunos a serem alvos complacentes da publicidade e a adotar o consumo irrefletido como um componente normal da vida diária.

Acredito que as escolas devem ser livres de qualquer publicidade, mas hoje em dia ando especialmente preocupada com as maneiras pelas quais a comercialização da aprendizagem interfere na aquisição de habilidades e atributos essenciais para preservar e perpetuar uma democracia que funcione bem. Entre muitos outros exemplos, isso inclui proporcionar aos alunos acesso a informações factuais sobre o mundo, fornecendo-lhes ferramentas para pensar de forma crítica, estimular a liberdade de expressão, incentivar o amor pela aprendizagem e ajudá-los a lidar com complexos enigmas democráticos, como o equilíbrio entre os direitos individuais e os de uma comunidade mais ampla.

Por essa razão, considero muito preocupantes os materiais de ensino patrocinados por empresas – tanto online quanto offline. Como geralmente são produzidos de maneira engenhosa, não exigem nenhum desembolso inicial de dinheiro e conseguem driblar os conselhos escolares para ser enviados diretamente aos professores, podem parecer uma dádiva em salas de aula carentes de verbas. No entanto, os Materiais Educacionais Patrocinados (SEMs, na sigla em inglês) podem até não custar dinheiro, mas na verdade não saem de graça. Financiados e criados por empresas ou setores da atividade econômica inteiros cujos lucros dependem de promover pontos de vista específicos, esses materiais normalmente cobram um preço: a inviabilidade de fornecer aos alunos informações equilibradas e baseadas em fatos concretos.

Durante minha gestão na Fair Play, fomos contatados pela organização Rethinking Schools [Repensando as escolas]. A Scholastic, gigantesco conglomerado editorial para o público jovem, estava distribuindo para alunos do quarto ano do ensino fundamental um conjunto de livros intitulado *The United States of Energy* [Os Estados Unidos da energia], supostamente elaborado para ensinar às crianças os diferentes tipos de materiais produtores de energia. O problema? O material foi pago pela Fundação Americana do Carvão, cuja missão declarada é promover "o poder, a promessa e o orgulho da indústria carvoeira dos Estados Unidos".[34]

A Fair Play e a Rethinking Schools, juntamente com a Friends of the Earth [Amigos da Terra] e outros grupos ambientalistas, lançaram uma bem-sucedida campanha para convencer a Scholastic a parar de distribuir os materiais.[35] Nossos esforços ganharam cobertura do jornal *The New York Times*.

> Os materiais da Scholastic afirmam que o carvão é produzido em metade dos cinquenta estados do país, que os Estados Unidos detêm 27% dos recursos mundiais de carvão e que o carvão é a fonte de metade da eletricidade produzida no país, com cerca de seiscentas usinas movidas a carvão operando 24 horas por dia para fornecer eletricidade. O que eles não mencionam são os efeitos negativos da

mineração e queima de carvão: a remoção dos cumes das montanhas na cordilheira dos Apalaches; a liberação de dióxido de enxofre, mercúrio e arsênico; os resíduos tóxicos; os acidentes mineiros; as doenças pulmonares.[36]

Estou orgulhosa do nosso sucesso. A Scholastic não apenas abandonou os materiais da indústria do carvão como também se comprometeu a estabelecer limites mais rígidos para os materiais de ensino patrocinados pela empresa. Mas é claro que ainda há muito trabalho a ser feito. Hoje, muitas vezes em nome da educação baseada no movimento STEM [acrônimo em língua inglesa que designa o modelo de ensino com foco em Ciência, Tecnologia, Engenharia e Matemática], a indústria de combustíveis fósseis continua a distribuir materiais didáticos sobre fontes de energia e meio ambiente. No entanto, são materiais elaborados para promover os interesses da indústria e negar, ou subestimar, os potenciais danos por ela causados. Os alunos podem acabar aprendendo sobre fraturamento hidráulico com a Shell Oil Company.[37] Podem assistir a um vídeo online produzido pela British Petroleum (BP) – lembra-se do derramamento de óleo no Golfo do México? Por um lado, o vídeo mostra como os seres humanos podem ter um efeito negativo no meio ambiente. Por outro, oferece como soluções apenas reservas naturais e placas indicando circulação de animais silvestres, omitindo menções sobre conservação, fontes alternativas de energia ou aquecimento global.[38]

O que está acontecendo com as escolas em Oklahoma, estado onde o petróleo representa uma parcela significativa da economia dos Estados Unidos, é ainda mais preocupante. Em 2017, 14 mil professores estavam usando um currículo de ciências – do jardim de infância até o terceiro ano do ensino médio – criado pelo Conselho de Recursos Energéticos de Oklahoma (OERB, na sigla em inglês), que é financiado por empresas de petróleo e gás do estado.[39] Assim como os materiais da BP, os conteúdos produzidos pelo OERB não incluem menção a nenhum aspecto negativo da extração e do refino de petróleo. E o pior é que as crianças não tomam contato com as ciências através das lentes de empresas de combustíveis fósseis em apenas uma etapa de sua educação básica e média – as crianças ensinadas por esses 14 mil professores de Oklahoma podem passar a vida letiva inteira sem jamais encontrar uma avaliação honesta e factual dos riscos e benefícios do consumo de combustíveis fósseis.

Uma das iniciativas mais preocupantes é a da Koch Industries, chefiada pelo bilionário Charles Koch. A Koch Industries é um conglomerado de empresas de combustíveis fósseis e está entre as maiores poluidoras corporativas dos Estados Unidos.[40] Portanto, não surpreende que tenha se esforçado para garantir que os materiais didáticos de ciências neguem os fatos das mudanças climáticas, incluindo os efeitos humanos na degradação ambiental. Em 2017, o Instituto Heartland, financiado por Koch, enviou exemplares gratuitos de seu livro *Why Scientists Disagree About Global Warming* [Por que os cientistas discordam sobre o aquecimento global], obra que refuta as alterações climáticas, para 25 mil professores de ciências nos Estados Unidos.[41]

Por meio do Bill of Rights Institute [Instituto Declaração dos Direitos], fundado por Charles Koch e financiado em parte pela Fundação Charles Koch, a Koch Industries também é responsável pela elaboração e distribuição de materiais didáticos para aulas de história, educação cívica, governo e atualidades do ensino médio.[42] Quando analisei esses materiais,[43] não pude deixar de notar que destacam a liberdade, os direitos individuais, as virtudes individuais e os benefícios de um governo limitado. São conceitos importantes para as crianças aprenderem, e são componentes fundamentais da democracia. O que não consegui encontrar, no entanto, são os igualmente importantes contrapesos para esses conceitos, também essenciais para uma democracia bem-sucedida: os benefícios de um governo cujas leis assegurem a educação pública, protejam os direitos dos menos poderosos, mitiguem a desigualdade social e financeira e regulem comportamentos corporativos capazes de prejudicar o meio ambiente e o bem-estar dos trabalhadores. Não é surpresa alguma que esses conceitos estejam ausentes. Educar alunos que logo serão eleitores para se concentrarem principalmente em liberdade, direitos individuais, responsabilidade pessoal e governo limitado é lançar os alicerces para uma visão antigovernamental e antirregulatória do que é melhor para o país. Essa apresentação desequilibrada da democracia beneficia o conglomerado Koch Industries ao permitir lucros astronômicos isentos de leis e normas que zelem pela obrigatoriedade de práticas trabalhistas e ambientais responsáveis.

Claro que a indústria de combustíveis fósseis não está sozinha. Muitas outras empresas de outros setores também criam materiais engendrados para incentivar a fidelidade à marca e ignorar ou minimizar os potenciais danos de seus produtos e práticas. Uma maneira de as empresas neutralizarem as críticas da opinião pública é desenvolver materiais de ensino que deem a impressão de combater os problemas que elas são acusadas de criar. De 2014 a 2016, por exemplo, o McDonald's distribuiu nas escolas um programa de nutrição exaltando as virtudes do *fast-food*. O programa só acabou quando as críticas públicas de pais, mães, professores e ativistas obrigaram a empresa a encerrá-lo.[44]

Empresas de cartão de crédito como a Discover e a Visa distribuem materiais com o suposto objetivo de ensinar educação financeira a crianças de todas as idades. Os materiais da Discover são voltados para alunos dos anos finais do ensino fundamental até o último ano do ensino médio. Os materiais da Visa abrangem alunos da pré-escola ao último ano do ensino médio e até da faculdade.

"Caminhos para o sucesso financeiro", o programa curricular da Discover, afirma que "capacitará os alunos do ensino fundamental e médio a assumir o controle de seu futuro financeiro."[45] Fingindo ser uma aluna do sétimo ano, consegui chegar a uma unidade chamada "Fazendo compras diárias". Aprendi que usar um cartão de crédito é uma ótima maneira de garantir um bom crédito na praça. Aprendi que os cartões de crédito são uma proteção melhor contra roubo do que os cartões de débito. Fui ensinada que os cartões de crédito cobram juros se eu não pagar o valor total da fatura todo mês.[46] Eis o que não me ensinaram: que as taxas de juros cobradas pelas empresas de cartão de crédito costumam ser exorbitantes – e é por isso que elas *realmente querem* que eu pague apenas meu valor mínimo a cada mês. É assim que essas empresas ganham dinheiro. É assim que as empresas cobram taxas astronômicas se você não pagar a fatura na data de vencimento ou se atrasar um pagamento. A Discover geralmente cobra 27 dólares por um único dia de atraso, e as taxas e os encargos por atraso são adicionados aos juros acumulados de compras anteriores, e, se houver novos atrasos, a dívida pode aumentar feito uma bola de neve.[47]

Rebaixando-me do ensino médio para a pré-escola, enfrentei a unidade do material da Visa para as sérias iniciais. Como o material é elaborado para crianças entre 4 e 7 anos, fico aliviada por não tentarem me vender cartões de crédito. No entanto, o conteúdo incentiva comportamentos e valores muito mais propensos a beneficiar a Visa do que as crianças pequenas. Vejamos o exemplo da lição número 1, "O que custa dinheiro", na qual aprendo que "preciso" de dinheiro para comprar lanches e brinquedos. Isso é verdade, claro. Mas o texto se esquece de me dizer que preciso de dinheiro para comprar comida nutritiva e pagar por moradia, assistência médica ou qualquer uma das necessidades da vida. Também não me diz que pagar pelas necessidades deve ter prioridade financeira sobre lanches e brinquedos. Na verdade, o que está faltando é uma das lições mais básicas e cruciais sobre como administrar o dinheiro: como diferenciar desejos de necessidades.

O fato de que é do interesse das crianças entender essa diferença não é um conhecimento esotérico. Uma rápida pesquisa na internet resulta numa avalanche de conselhos de especialistas em educação, primeira infância, finanças, cuidados parentais, e pelo menos um sobre acumular riqueza – do investidor Warren Buffett.[48]

É fácil, no entanto, entender por que isso está ausente no material didático das aulas de alfabetização financeira da Visa para crianças pequenas. Educar as crianças para saber distinguir entre necessidades e desejos é um passo em direção ao desenvolvimento de hábitos duradouros de gastar de maneira menos impulsiva, acumular menos dívidas e economizar mais dinheiro, comportamentos que ameaçam os lucros da Visa.

Sigo para a lição número 2, "Plano de gastos".[49] Pedem-me para recortar e colar três envelopes e identificar cada um com uma etiqueta diferente: "gastos", "economias" e "presentes". Aprendo que o objetivo da poupança é "ter mais dinheiro para gastar depois" e que, se eu não tiver "dinheiro suficiente para comprar algo agora", posso "poupar mais dinheiro, guardar e comprar depois".[50] O que não aprendo, porque não está na lição, é o que devo fazer com o dinheiro que coloco no envelope de "presentes".

Desconfio que a inclusão superficial do item "presentes" nos materiais seja um aceno à crescente convicção entre educadores da primeira infância, consultores de finanças familiares e defensores da justiça social de que, além de ensinar às crianças que o dinheiro serve para gastar e poupar, também se pode compartilhar a riqueza. Os especialistas que – ao contrário dos executivos da Visa – não têm interesse financeiro no que as crianças aprendem sobre dinheiro enfatizam a importância de ajudar as crianças pequenas a aprender a dividir o dinheiro que elas acumulam em três recipientes, identificados como "compartilhar", "guardar" ou "gastar", e de conversar com as crianças sobre como usar o dinheiro que se acumula,[51] incluindo para quem elas podem querer doar ou as pessoas com quem desejam "compartilhar" seu dinheiro. As crianças pequenas talvez não entendam os significados de *responsabilidade social, desigualdade* ou *filantropia*. No entanto, quando lecionei na pré-escola, os pequenos entendiam e ficavam apaixonados pelo conceito e pela importância de *compartilhar*.

O manual do professor da Visa sobre como "Criar um plano de gastos" afirma que essa unidade do material apresenta às crianças o conceito de dividir o dinheiro nas categorias "compartilhar", "guardar" e "gastar". No entanto, além de pedir às crianças que façam um envelope de "presentes", os materiais se concentram na necessidade de gastar ou poupar "porque assim você terá mais dinheiro para gastar". Do ponto de vista do que é lucrativo para as administradoras de cartão de crédito, faz sentido que ensinem às crianças que a importância do dinheiro é o fato central para o consumo e a satisfação de seus desejos pessoais. Do ponto de vista do que é melhor para as crianças, contudo, essa é uma mensagem incompleta e, portanto, potencialmente destrutiva. Nesses materiais estão ausentes quaisquer mensagens acerca da importância fundamental da generosidade para uma sociedade benévola. As crianças precisam aprender a usar o dinheiro não apenas para beneficiar a si mesmas, mas para ajudar a tornar o mundo um lugar melhor e mais justo. Em vez disso, tal como os materiais científicos produzidos pelas empresas de energia, os materiais de educação financeira produzidos pela Visa e pela Discover comunicam uma filosofia sobre a gestão do dinheiro impregnada de valores que estimulam o consumo individual.

Isso me leva a um tipo diferente de consumo. Fiquei interessada ao descobrir que a Impossible Foods, fornecedora de alimentos à base de plantas (proteína vegetal) que substituem a carne, está marcando presença nas escolas. Tudo começou com um programa-piloto em vários estados, em que os Impossible Burgers – cada hambúrguer ostentando uma bandeirinha com a marca da empresa – começaram a ser vendidos em refeitórios escolares. Despertou minha curiosidade a seguinte declaração de Pat Brown, CEO da empresa.

> As escolas desempenham não apenas um papel importante na formação dos padrões alimentares das crianças, mas têm também um papel significativo no que diz respeito a fornecer educação precoce sobre as mudanças climáticas e suas principais causas. Estamos entusiasmados por fazer parceria com diretorias regionais de ensino para crianças desde a pré-escola até o último ano do ensino médio em todo o país, a fim de diminuir as barreiras de acesso à nossa carne à base de plantas para essa geração transformadora.[52]

Acredito piamente que as escolas devem ensinar as crianças sobre as principais causas do aquecimento global, e entendo que imensos rebanhos de gado de criação industrial são um perigo ambiental. Porém, ao ler essa declaração, fiquei intrigada sobre de que forma se limitar a servir "hambúrgueres impossíveis" nas escolas educaria as crianças sobre as alterações climáticas. Foi quando me dei conta de que a Impossible Foods poderia estar desenvolvendo seus próprios materiais didáticos. No fim, ficou claro que está mesmo. E isso é um problema. Os métodos de que a empresa lança mão para produzir produtos de carne falsa com gosto de carne são controversos. Ambientalistas expressaram preocupação com o uso de soja geneticamente modificada,[53] ao passo que especialistas em segurança alimentar levantaram questões sobre seus efeitos na saúde.[54] Quando questionei a diretora de marketing da Impossible Foods se os materiais didáticos tratariam das polêmicas em torno da soja geneticamente modificada, ela se esquivou da pergunta.

Sou totalmente a favor de que as escolas ensinem a ciência por trás das mudanças climáticas. Em prol da saúde e do meio ambiente, defendo incentivar as pessoas a comerem muito menos carne bovina. Contudo, embora possa até concordar com a missão declarada desses materiais, tenho minhas dúvidas sobre se a Impossible Foods, com sua participação financeira na conversão de alunos em clientes, tem condições de criar apostilas que estimulem as crianças a pensar de forma crítica sobre as causas e soluções para o aquecimento global.

A ascensão da tecnologia digital transformou a maneira de as empresas distribuírem seus materiais nas escolas. Mas os criadores e proprietários dessas plataformas também criam materiais didáticos. Em meados de 2017, as Big Techs juntaram-se a outras indústrias gigantes também empenhadas em criar programas curriculares para resolver os problemas que elas próprias causam. Foi quando o Google lançou o projeto Be Internet Awesome [Seja incrível na internet], website interativo com aulas e atividades escolares criadas para ensinar a versão da empresa de "cidadania digital e segurança" a alunos do terceiro ao sétimo ano do ensino fundamental.[55]

O momento escolhido não foi mera coincidência. Depois de tirar proveito do amor dos consumidores por todas as coisas digitais – e se darem muito bem nessa empreitada –, as empresas de tecnologia começaram a enfrentar críticas públicas sem precedentes. Nos anos anteriores, houve um significativo aumento no grau de preocupação acerca da culpabilidade da indústria na disseminação de desinformação, golpes e fraudes, ataques à privacidade, vários vícios digitais, cyberbullying, exposição de crianças à pornografia e muito mais.

O Google não foi a única grande empresa de tecnologia a receber críticas negativas (a Meta, por exemplo, ficou sob fogo cerrado por permitir a interferência russa nas eleições presidenciais de 2016 nos Estados Unidos). No entanto, em 2015, o Google tornou-se alvo de três queixas de alto nível de grupos de defesa dos direitos das crianças junto à Comissão Federal de Comércio dos Estados Unidos (FTC). Uma das reclamações girava em torno da prática de marketing injusto e enganoso para crianças no YouTube, incluindo anúncios de marcas como McDonald's e Barbie disfarçados de vídeos de entretenimento, limites pouco claros entre anúncios e conteúdo, e vídeos de *unboxing* que parecem ser gerados pelo usuário, mas na verdade são financiados por empresas de brinquedos.[56]

Outra queixa documentou conteúdo impróprio no YouTube Kids. De acordo com uma postagem no blog do *The Wall Street Journal*, grupos de defesa dos direitos das crianças encontraram "linguagem sexual explícita em desenhos animados; piadas sobre pedofilia e uso de drogas; atividades como fazer malabarismo com facas, beber ácido de bateria de carro e atar um nó corrediço de forca; e discussões adultas sobre violência familiar, pornografia e suicídio infantil".[57] Uma terceira reclamação expôs a prática do Google de usar o Apps for Education [Aplicativos educacionais], conjunto de aplicativos oferecidos gratuitamente às escolas, para violar a privacidade dos alunos. A Education Week [organização de notícias independente que cobre a área da educação] informou que a queixa foi registrada porque o Google estava "violando o compromisso voluntário de privacidade dos estudantes, rastreando os milhões de alunos que usam o Apps for Education quando se aventuram em outros aplicativos do Google, como Maps e YouTube, e usando as informações para criar perfis comportamentais".[58]

O projeto Be Internet Awesome consiste de cinco unidades e quatro estilosos e irresistíveis videogames projetados em cores e gráficos bem à moda do Google. As crianças são ensinadas a tomar cuidado com o que compartilham, a criar senhas seguras, a evitar o bullying online e a denunciá-lo quando o virem, a reconhecer quando estão sendo enganadas e a conversar com um adulto se encontrarem algo online que as deixar constrangidas. Essas mensagens são boas, mas – como acontece com os materiais de ensino da Visa, Discover e Koch Industries – o que me incomoda é o que está ausente.

Vejamos por exemplo a privacidade, tema ao qual o Google dá atenção apenas no escopo limitado da responsabilidade pessoal. A mensagem? Toda e qualquer violação de sua privacidade online é culpa do usuário. Se você estiver atento ao que publica e com quem o compartilha, sua privacidade estará segura online. O Google ignora o truísmo dos tempos modernos sobre a mídia comercial: Você não é o cliente. Você é o produto. Essa frase foi originalmente cunhada com referência à televisão.[59] No entanto, levando-se em conta a capacidade da indústria de tecnologia de rastrear o comportamento online, endereços de e-mail e endereços de IP, localização e muito mais, nunca foi tão importante que as crianças aprendam que, se alguma coisa online é gratuita – e, muitas vezes, mesmo que paguemos –, então é você que está sendo vendido, na forma de seus dados pessoais. Ademais, os materiais não divulgam o mais importante: que as empresas de tecnologia como o Google acumulam lucros gigantescos colhendo dia após dia grandes quantidades de informações pessoais dos usuários. O Google agrega os dados coletados e cria perfis, que em seguida vende para profissionais de marketing que tiram proveito comercial dos usuários por meio de publicidade personalizada. Além disso, como aponta uma das poucas críticas ao Be Internet Awesome, "o programa ignora os riscos decorrentes de violações de dados organizacionais e retrata a confiança em organizações como o Google como uma sólida estratégia de segurança na internet".[60] Os materiais tampouco mencionam o risco muito real de que qualquer informação pessoal compartilhada com uma empresa é vulnerável a ataques de hackers.

Além de ensinar meias-verdades sobre privacidade online, os materiais omitem outras informações importantes para as crianças. Eles não discorrem sobre os vários tipos de vícios em tecnologia nem sequer insinuam que as crianças podem se beneficiar gastando menos tempo em seus dispositivos e mais tempo fora de casa e ao ar livre, fazendo exercícios, lendo, brincando sozinhas e com amigos ou participando de inúmeras outras atividades comprovadamente benéficas e gratificantes para elas.

A introdução do Google ao Be Internet Awesome observa com orgulho que "em 2019 a Sociedade Internacional de Tecnologia em Educação (ISTE, na sigla em inglês) concluiu uma auditoria *independente* [grifo da autora] do programa e o reconheceu como um recurso que prepara jovens alunos para atender aos critérios das Normas para Estudantes. A ISTE premiou o Be Internet Awesome com o 'Selo de Alinhamento a Padrões de Alta Qualidade'".[61]

O que os materiais não mencionam é que o Google é um dos vários membros corporativos da ISTE e há muito tempo um dos maiores patrocinadores da conferência anual da sociedade,[62] desembolsando o montante de 95 mil dólares.[63] Sabendo que a ISTE depende de empresas de tecnologia para financiamento, a possibilidade de uma auditoria verdadeiramente objetiva de qualquer material de tecnologia é bastante improvável. O fato de o Google ser membro da ISTE e principal patrocinador de sua conferência anual torna o termo "independente" sem sentido. O Google também é membro de outro endossante, o Instituto de Segurança Online para as Famílias (FOSI, na sigla em inglês), cujos membros consistem de empresas de tecnologia e comunicação, bem como associações comerciais afins.[64] A ISTE e o FOSI não foram as únicas organizações financiadas pelo Google a demonstrar publicamente seu apoio ao Be Internet Awesome quando o programa foi lançado. O mesmo aconteceu com a Associação Nacional de Pais e Mestres (National PTA, em inglês), que tem o Google como patrocinador.[65]

Decidir de que maneira nós, como sociedade, escolhemos as informações que as crianças devem receber na escola é uma tarefa hercúlea e complexa que vai muito além do escopo deste livro. Todo educador incumbido de desenvolver programas curriculares, todo autor de livro didático ou criador de qualquer tipo de material educacional tem valores e pontos de vista que influenciam as informações que escolhe fornecer às crianças e a forma de apresentá-las. Como disse o falecido historiador e educador americano Howard Zinn: "Em um mundo onde a justiça é mal distribuída, ao longo da história e agora, não existe uma recapitulação 'neutra' ou 'representativa' dos fatos".[66] Isso significa que as lições que escolhemos para ensinar aos alunos não são neutras – e essas lições são importantes.[67]

Meu objetivo ao escrever sobre os materiais didáticos patrocinados não é considerar se pontos de vista progressistas ou conservadores devem prevalecer nos currículos escolares, ou quais fatos devem ou não ser incluídos. É uma discussão sobre os perigos de permitir que pautas de prioridades com fins lucrativos influenciem o que ensinamos aos alunos. É inevitável o conflito entre as corporações – cujo interesse primordial é gerar e proteger lucros – e as escolas, cujo objetivo primordial é gerar e proteger a educação e o bem-estar das crianças. Isso é especialmente verdadeiro para setores de atividade cujos lucros dependem de os clientes permanecerem em grande medida inconscientes de quaisquer consequências negativas resultantes do uso ou fabricação de tudo o que suas empresas produzem.

As indústrias de combustíveis fósseis lucram com a ignorância generalizada acerca das causas humanas do aquecimento global e da poluição. Compreender essas causas e o que pode ser feito a respeito delas é essencial para as crianças, que certamente sofrerão o impacto da degradação ambiental. Os lucros das empresas de *fast-food* e *junk food* dependem do consumo irrefletido de alimentos nada saudáveis. Crianças em risco de obesidade e diabetes tipo 2, doenças que ameaçam sua vida, precisam de informações honestas e factuais sobre nutrição. Os lucros das empresas de cartão de crédito aumentam quando os clientes vivem enforcados por dívidas que aumentam exponencialmente devido às exorbitantes taxas de juros. Crianças que crescem em um mundo cada vez mais desprovido de dinheiro e que, ao se tornarem jovens adultos, correm o risco de se endividar no cartão de crédito precisam entender as tentações e consequências de gastar o dinheiro que não têm. As grandes empresas de tecnologia, que lucram com a venda de informações pessoais para anunciantes, precisam de usuários que não pensem muito em políticas de privacidade. As crianças, como os objetos de vigilância que permitem a publicidade altamente personalizada na web, se beneficiam de uma compreensão aprofundada de como e quando suas informações pessoais são usurpadas e exploradas para fins comerciais.

O que as crianças aprendem diretamente nas salas de aula e o que elas absorvem do ambiente escolar refletem e moldam seus valores sociais. Em uma democracia, as divergências sobre os conteúdos ensinados nas escolas são inevitáveis. Não é, entretanto, inevitável que as escolas se tornem veículos para o incremento dos lucros corporativos e, ao fazer isso, privem as crianças de oportunidades decisivas para desenvolver sua capacidade de pensamento crítico.

10
As Big Techs vão à escola

Tenho curiosidade de saber quantas vezes os professores dos meus filhos usam a palavra "Google" em uma determinada aula. "Tarefas" e "fichamentos de livros" agora são "documentos do Google". Fazer pesquisa agora é "pesquisar no Google". Quando você se transforma tanto em um substantivo quanto em um verbo, sabe que conquistou o mercado!

Lisa Cline, cofundadora do Student Data Privacy Project [Projeto de proteção da privacidade dos dados dos estudantes]

Estou conversando com um repórter que escreve para um site sobre pais, mães e filhos. Durante nossa conversa, ele menciona seus dois filhos pequenos, então inverto o jogo e pergunto a ele sobre a experiência de sua família com marketing direcionado a crianças. "Você conhece o Prodigy?", ele pergunta. Não conheço.

Foi a professora do meu filho de 8 anos quem recomendou. Ela nos disse que era um jogo de matemática online gratuito e que deveríamos usá-lo para que meu filho pudesse fazer exercícios em casa. Minha esposa e eu limitamos o tempo de tela de nossos filhos, mas, como a professora dele sugeriu e era um jogo de matemática, achamos que não haveria problema. Mas no mesmo dia em que ele começou a jogar em casa, começou a nos pedir para comprar a versão *premium*. Claro, você pode obter o jogo de graça, mas, toda vez que meu filho joga, ele vê anúncios dizendo que é melhor comprar a versão *premium*, longe de ser gratuita.

Historicamente, a frequência e a eficácia do marketing corporativo nas escolas estão atreladas ao poder e à sofisticação cada vez maiores das tecnologias de mídia disponíveis. Na década de 1950, quando eu era criança, às vezes assistíamos a filmes "educativos" na escola. Em 1954, mais de 3,5 milhões de estudantes assistiram a cerca de 60 mil exibições de filmes da Associação Nacional de Fabricantes (NAM, na sigla em inglês). A Associação Americana de Empresas de Gás nos ensinou a fazer um sanduíche: atum cozido em banho-maria em "fogo brando" em um fogão a gás e depois servido com pão tostado em forno a gás, tudo no estilo *rarebit*, com as torradas cobertas por um molho de queijo cremoso.[1] A Shell Oil celebrava a importância e a segurança dos combustíveis fósseis.[2] Mesmo quando a General Electric despejou a toxina bifenilo policlorado no rio Hudson, a empresa se posicionou como inimiga da poluição da água ao distribuir o filme *Clean Water* [Água limpa] em escolas de todo o país.[3]

À medida que as tecnologias de entretenimento e comunicação evoluíram, as corporações encontraram maneiras cada vez mais poderosas de anunciar nas escolas. De 1989 a 2018,[4] milhões de crianças em milhares de escolas de ensino fundamental e médio nos Estados Unidos eram obrigadas a assistir diariamente aos doze minutos do Channel One News, programa de notícias de um canal a cabo que incluía dois minutos inteiros de comerciais criados exclusivamente para escolas.[5]

O Channel One não existe mais, mas teve importância por dois motivos. Primeiro, porque marcou a primeira vez em que crianças no ambiente escolar foram expostas diariamente à publicidade possibilitada pela tecnologia; e segundo, porque a natureza contínua da exibição das notícias permitiu que os pesquisadores avaliassem a qualidade de seu conteúdo e o impacto da publicidade nele contida. O valor educacional das notícias transmitidas aos alunos naqueles doze minutos do dia letivo era questionável.[6] Os dois minutos de publicidade, entretanto, tinham uma eficácia extraordinária. Um estudo da Universidade de Missouri constatou que os alunos não apenas se lembravam dos anúncios como alguns relatavam que até sonhavam com os comerciais.[7] Em outro estudo, descobriu-se que os anúncios no Channel One estimulavam preferências pelos produtos anunciados. Fato ainda mais preocupante: os anúncios pareciam também influenciar os alunos a encampar as mensagens materialistas subjacentes embutidas em toda publicidade comercial.[8] Os alunos obrigados a assistir ao Channel One dia após dia eram mais propensos a concordar com afirmações como "dinheiro é tudo; pessoas com mais dinheiro são mais felizes do que pessoas com menos dinheiro; produtos de grife e marca fazem a diferença; um bom carro é mais importante que a educação; pessoas com mais dinheiro são mais felizes do que pessoas com menos dinheiro".*

Hoje em dia, esses filmes patrocinados por empresas e até mesmo a existência do Channel One parecem estranhos em comparação com as estratégias de marketing invasivas e persuasivas empregadas pela atual indústria de tecnologia digital.

Um dos grandes desafios para quem escreve sobre o negócio da tecnologia educacional é que *"edtech"* é um termo abrangente para uma ampla gama de produtos e serviços que, em linhas gerais, podem ser divididos em três categorias. Por exemplo, sistemas como o Workspace for Education do Google são comercializados sobretudo como ferramentas para organizar, simplificar e tornar mais eficiente o gerenciamento da sala de aula. Esses sistemas são capazes de fornecer aos alunos maneiras de trabalhar em tarefas e enviá-las digitalmente. E podem também permitir aos professores monitorar o progresso estudantil, comunicar-se com os pais e armazenar informações pessoais dos alunos, incluindo notas, frequência às aulas e muito mais. Há muito tempo os defensores dos direitos das crianças apontam que um grande prejuízo para os alunos é a possível violação de privacidade caso as empresas de tecnologia tenham acesso às suas informações pessoais. Esses dados são um bem valioso que pode, por exemplo, ser vendido a anunciantes ou compartilhado com a polícia ou outras entidades.[9]

Outra categoria da indústria de *edtech* é a prática de distribuição de hardware como tablets para alunos desde o jardim de infância. Já

---

* Os pesquisadores compararam alunos de uma escola que usava o Channel One aos de uma escola que não usava. Fizeram questão de se certificar de que as escolas atendessem a comunidades com composição racial e étnica, status socioeconômico e acesso à televisão comercial semelhantes. Essas similaridades aumentam a probabilidade de que assistir ou não ao Channel One influenciava as respostas dos alunos. [N.A.]

se escreveram rios de tinta sobre os problemas associados ao que a teórica de mídia Criscillia Benford chama de "despejo de hardware", a noção de que o simples ato de entregar às crianças seu próprio iPad ou Chromebook, por exemplo, melhora o desempenho em sala de aula.[10] Não melhora.

A Organização para a Cooperação e Desenvolvimento Econômico (OCDE) estudou milhões de alunos do ensino médio no mundo todo e descobriu que aqueles que faziam intenso uso de computadores na escola "se saem muito pior na maioria dos resultados de aprendizagem, mesmo depois de contabilizar a origem social e o perfil demográfico dos estudantes".[11] Uma pesquisa global recente constatou que, quando se trata de aprender leitura, matemática e ciências, os melhores resultados ocorrem quando os alunos estão em aulas nas quais os professores utilizam sozinhos a tecnologia como ferramenta auxiliar no ensino.[12] Nos Estados Unidos, as pesquisas sugerem que, em média, as crianças que usam tablets em "todas ou quase todas" as aulas têm desempenho nas avaliações em leitura equivalente a uma nota total mais baixa do que as crianças que nunca usaram tablets em sala de aula. Em alguns estados, as crianças que usam tablets na maioria das vezes obtiveram pontuações ainda mais baixas.[13]

Está claro que distribuir montes de dispositivos sem um plano bem definido e baseado em evidências acerca de quando, como e o quanto usá-los não é uma estratégia eficaz de educar os alunos. Os principais beneficiários do despejo de hardware são empresas como Apple e Google, que fabricam os dispositivos e seus sistemas operacionais. O Google, por exemplo, cobra uma taxa de administração de 30 dólares por cada Chromebook,[14] mas isso é apenas um benefício parcial. O maior benefício para o Google é o provável potencial de lealdade vitalícia à marca por parte de milhões de estudantes que usam o sistema operacional e os produtos da empresa durante anos até se formarem na escola. Mike Fisher, analista de *edtech* da empresa de pesquisa de mercado Futuresource Consulting, declarou ao jornal *The New York Times*: "Se a empresa consegue atrair as pessoas para seu sistema operacional desde cedo, então assegura essa lealdade desde cedo e potencialmente por toda a vida".[15]

A *edtech* inclui também um número cada vez maior de jogos digitais e "ferramentas de aprendizagem personalizadas" como o Prodigy, o aplicativo de matemática que tanto irritou o repórter que me contou a respeito dele.[16] Esses aplicativos e "jogos de aprendizagem" alegam a intenção de ensinar de tudo às crianças, desde matemática até leitura, mas há pouca pesquisa independente documentando sua eficácia ou a sabedoria de usá-los para substituir ou diminuir a duração ou a frequência das interações entre alunos e professores.[17]

Uma declaração divulgada pela Fair Play em 2020 e assinada por mais de cem organizações e indivíduos (inclusive por mim) com experiência em educação, saúde e primeira infância definiu assim a questão:

> O valor da instrução de qualidade, orientada pelo professor, é bem fundamentado por pesquisas. Não existem estudos confiáveis que corroborem as alegações da indústria de que os programas de aprendizagem personalizados online melhoram os resultados acadêmicos. As pontuações nos testes e nas avaliações de desempenho não sobem. As taxas de evasão escolar não diminuem. O número de alunos que concluem os estudos não aumenta.[18]

O Prodigy é apenas um dos muitos produtos voltados para crianças disponíveis hoje, mas vale a pena descrevê-lo em detalhes porque sua popularidade vem aumentando em ritmo vertiginoso. O jogo é produzido por uma empresa canadense que recentemente mudou seu nome de Prodigy Game para Prodigy Education e em 2019 figurou entre as empresas de crescimento mais rápido do Canadá.[19] Um comunicado de imprensa da Prodigy Education afirma que atualmente o aplicativo é utilizado no mundo todo por 50 milhões de alunos e 1,5 milhão de professores.[20] De acordo com o mesmo comunicado, a missão da empresa é "ajudar a fazer com que todos os alunos do mundo *amem* aprender".[21] O que parece levar as escolas a recomendar o Prodigy e os professores a permitir que os alunos o joguem em sala de aula é o fato de o jogo ser alardeado como uma forma "divertida" de ajudar as crianças a aprender matemática.

Enquanto escrevia este capítulo, passei muitas horas jogando Prodigy; para isso, fiz login fingindo ser diferentes crianças de idades diversas, mentindo várias vezes sobre meu ano na escola, meu nome e o país onde moro. O jogo combina elementos de propriedades de mídia infantil de sucesso, como Harry Potter (bruxos, varinhas e feitiços!), Pokémon (escolha sua própria criaturinha fofinha para ser seu animal de estimação!) e Fortnite (Trave batalhas! Mate outros para ganhar! Jogue com amigos! Dance!). Além disso, o Prodigy incorpora muitas das técnicas de design persuasivo de comprovada eficácia para prender e manter a atenção das crianças: recompensas intermitentes, avatares personalizáveis, níveis, coisas virtuais para adquirir e muito mais.

O Prodigy consiste em batalhas entre magos e várias outras criaturas. Ao longo do caminho, os jogadores passam o tempo escolhendo e personalizando um avatar (trocam cor de cabelo, pele e olhos, com grande variedade de opções), selecionando armas mágicas, aprendendo amalucados passos de dança e muito mais. É como uma versão de segunda categoria do Fortnite.

Mas espere aí um pouco! E a matemática? É verdade que toda vez que os jogadores se envolvem em uma escaramuça, o método para vencer é resolver um problema de matemática. No entanto, a matemática não é realmente integrada no jogo. Uma das primeiras coisas que notei quando comecei a jogar em 2019 é que os problemas de matemática poderiam ser removidos e substituídos por perguntas sobre estudos sociais, ciências ou qualquer assunto baseado nas matérias escolares. Suspeitei que a Prodigy Education acabaria expandindo suas ofertas além da matemática. Isso provou ser verdade. Em outubro de 2021, a Prodigy Education começou a promover uma versão de 2022 chamada Prodigy English, que em tese deveria ensinar "artes da língua inglesa".[22]

Como não sou especialista em ensinar matemática para crianças, pedi a Rheta Rubenstein, professora emérita de educação matemática da Universidade de Michigan-Dearborn, que passasse algum tempo jogando o Prodigy. Sua resposta: "Não apenas a matemática é totalmente extrínseca ao jogo como também não há nada ali que ajude os alunos a aprender de verdade a matemática (compreender, encontrar relações, usar o raciocínio, resolver novos problemas, defender um argumento e assim por diante)".[23] Mas, mesmo que o Prodigy tivesse feito um bom trabalho no ensino de matemática, seu modelo de negócios ainda é problemático.

O que é especialmente preocupante sobre a utilização do Prodigy em escolas públicas é aquilo que os profissionais de marketing de tecnologia chamam de "*freemium*".* O jogo é comercializado como um produto totalmente gratuito, ao mesmo tempo que obtém lucros ao sujeitar as crianças a anúncios e incentivos repetidos e sedutores no jogo, sob a promessa de que se divertirão muito mais e progredirão bem mais rápido se conseguirem que seus responsáveis atualizem para uma versão paga ou "*premium*", com funcionalidades extras e recursos mais avançados. A pressão para convencer "meu pai e minha mãe" a me deixar atualizar para a versão *premium* do Prodigy começou no instante em que escolhi meu avatar. Às vezes, era um anúncio pop-up instigando-me a obter "hoje uma assinatura gratuita de sete dias". Vez por outra eu recebia um vídeo animado com música tilintante e um narrador animadíssimo me incentivando a me tornar *premium* para que pudesse "desfrutar de caixas de assinatura mensal com um montão de coisas, avançar de nível 50% mais rápido... equipamento bacana, giros da roleta extras, evolução de todos os animais de estimação e nuvens incríveis para você montar e muito mais. Peça a seu pai, mãe ou responsável para ajudá-lo hoje".[24] Em uma queixa protocolada junto à Comissão Federal de Comércio dos Estados Unidos (FTC), meus colegas da Fair Play observaram que "durante um período de dezenove minutos, vimos dezesseis anúncios exclusivos de adesão, bem como oportunidades de ver anúncios por meio de compras e jogos sociais, e apenas quatro problemas de matemática. São quatro anúncios para cada oportunidade de concentração em matemática".[25]

À medida que avançava em minha jornada no jogo, aumentava a pressão para que eu atualizasse para a versão paga. Se importunasse meu pai e minha mãe para adquirirem o pacote pago, não apenas conseguiria mais coisas legais como também "subiria de nível" mais rapidamente. E subir de nível com mais rapidez se tornava mais atraente toda vez que me ofereciam feitiços mágicos para me ajudar em combate, mas ao mesmo tempo me diziam que eu não estava em um nível alto o suficiente para obtê-los. Às vezes, ofereciam-me um pote repleto de estrelas virtuais e diziam que, se não me tornasse membro *premium* em

---

* *Freemium* é a junção dos termos "*free*" (gratuito) e "*premium*", que passa a ideia de algo de qualidade superior ou mais exclusivo. [N.T.]

alguns dias, as estrelas desapareceriam. E assim por diante. Quando comecei a jogar o Prodigy, o que nunca se dizia à criança que eu fingia ser – mas o que "meu pai e minha mãe" descobririam assim que eu os convencesse – é que uma conta *premium* custaria entre 4,99 e 8,95 dólares por mês. Isso significa 59,88 a 107,40 dólares anualmente por criança.[26] Porém, em agosto de 2021, a Prodigy Education aumentou o custo de uma assinatura *premium* (agora chamada de assinatura Level Up) para 74,95 ou 119,40 dólares por ano, dependendo de se os pais e mães comprassem uma assinatura mensal ou anual. A empresa também adicionou um novo nível, o Prodigy Ultimate, que custa de 99,95 a 179,40 dólares anuais.[27] A empresa afirma que o Prodigy Ultimate é seu "plano mais abrangente para ajudar a maximizar a diversão *E* a aprendizagem".

Além de incentivar esses milhões de crianças a implorar a pais e mães pela atualização para o plano pago, o Prodigy também pressiona diretamente os adultos. No portal dirigido aos pais e às mães, a Prodigy Education afirma – sem nenhuma evidência visível – que "os membros *premium* avançam além de seu nível de escolaridade em questão de meses, enfrentando mais desafios de matemática para subir de nível e receber recompensas especiais".[28]

Como prova da eficácia do jogo no ensino de matemática, o site destaca em letras garrafais a seguinte citação de uma pesquisa realizada pela Universidade Johns Hopkins: "O aumento do uso do Prodigy teve uma significativa correlação com o aumento dos ganhos de desempenho dos alunos em uma avaliação padronizada de matemática".[29] Uma olhada no verdadeiro estudo, no entanto, mostra que "um aluno precisaria completar cerca de 888 perguntas no jogo para obter o incremento de um ponto no resultado de seu desempenho em uma avaliação padronizada".[30] São muitas perguntas, ocupando um bocado de tempo. Se cada aluno levar em média apenas um minuto respondendo a cada pergunta, gastará mais de 14,5 horas com o Prodigy – e isso não inclui o tempo necessário para adquirir novos animais de estimação e equipamentos, escolher feitiços e se envolver em outras atividades que nada têm a ver com matemática. Os alunos poderiam passar o equivalente a um dia e uma noite inteira jogando o Prodigy para obter esse aumento de um ponto.

O discurso de vendas do Prodigy afirma também que as crianças que usam o aplicativo vão adorar aprender matemática.[31] Como não encontrei nenhuma pesquisa que comprovasse que o Prodigy é mais eficaz do que qualquer outra técnica em termos de ajudar as crianças a aprender matemática, ou que as crianças que jogam o Prodigy aprendem realmente a amar a matemática, liguei para o suporte ao cliente da empresa a fim de perguntar se eles tinham alguma pesquisa. Não têm. Não estou surpresa. Há muitas maneiras de ajudar as crianças a gostar de matemática, ou pelo menos levá-las a ter uma noção da utilidade da matemática e sua conexão com a vida e as atividades cotidianas delas. Dependendo da idade, isso inclui construir com blocos, fazer demarcações, tirar as medidas de si mesmas, de umas das outras e das coisas ao redor, construir modelos e muito mais. Nessas atividades, trabalhar com números, medidas, diagramas, escalas e conceitos numéricos é essencial para a experiência.

No Prodigy, ainda que resolver problemas matemáticos seja o caminho para vencer as batalhas, a matemática é algo pelo qual o jogador tem que passar para se divertir no resto do jogo. Na verdade, uma mensagem que as crianças podem tirar do Prodigy é que a matemática é como um remédio amargo disfarçado de sobremesa – tão desagradável que a única maneira saborosa de consumi-lo é misturado com algo muito mais apetitoso. Mas vamos supor que jogar o Prodigy realmente faça com que as crianças se apaixonem pela matemática. E se esse jogo for de fato a melhor forma de reforçar as aulas de matemática ensinadas na escola? Ainda assim, seu modelo de negócios, baseado apenas em manipular crianças para importunar pais e mães tentando convencê-los a pagar por uma atualização, o torna inadequado para uso em escolas. Na análise crítica que uma professora fez do jogo, lê-se: "DETESTO IMENSAMENTE os pop-ups constantes sobre como se tornar membro do plano pago. Entendo que a empresa precise ganhar dinheiro, mas muitos dos meus alunos não têm condições de pagar por uma assinatura e se sentem mal quando são o tempo todo agredidos por isso".[32]

O problema vai muito além dos sentimentos feridos ou do constrangimento que as crianças podem sentir quando são expostas a lembretes contínuos para comprar a atualização de um jogo que seu pai ou sua mães talvez não tenha condições de pagar. Em sua tentativa de induzir crianças a convencerem os adultos a comprar uma assinatura ou um plano de adesão, o Prodigy fomenta também a inveja e a vergonha. O site funciona como uma rede social modificada, o que significa que os jogadores podem ver outros jogadores. Podem ver quem tem o reluzente emblema que os identifica como os membros pagos e autorizados a ter mais privilégios – e quem não tem. Percebem que os membros pagos ganham mais pontos e adquirem mais coisas virtuais. E, em um toque particularmente cruel, podem ver que os assinantes conseguem flutuar nas nuvens enquanto os outros têm que se arrastar a duras penas na terra.[33] O Prodigy cria o que equivale a diferentes níveis de alunos na sala de aula. No dizer de Josh Golin, "o que torna isso ainda pior é que todos podem ver quem é membro pago e consegue pegar as coisas legais e quem não é e não consegue. Creio que a desigualdade seja um dos exemplos mais claros de priorização do lucro em detrimento do que é bom para as crianças".[34]

O Prodigy exemplifica a presença cada vez maior nas escolas de aplicativos e jogos de *edtech* com fins comerciais. É claro que, durante os meses de pandemia, a escola foi totalmente virtual para milhões de crianças, o que para programas como o Prodigy foi uma bênção e uma máquina de fazer dinheiro. Entretanto, mesmo antes do fechamento das escolas em decorrência da covid-19, a *edtech* já era um negócio em expansão. Em 2019, apenas nos Estados Unidos, o mercado de *edtech* arrecadou 28,3 bilhões de dólares.[35] No mesmo ano, uma pesquisa da Gallup mostrou que 89% dos alunos do terceiro ano do ensino fundamental ao último ano do ensino médio usavam produtos de *edtech* na escola pelo menos alguns dias por semana.[36] A mesma pesquisa mostrou que metade dos alunos estava satisfeita com a quantidade de tecnologia que usa e que 42% gostariam de usá-la com mais frequência. Claro, as crianças adoram todo tipo de coisa que podem ou não ser boas para elas – ou que podem ou não ser ótimas ferramentas de ensino e aprendizagem. De acordo com a Gallup, o pessoal da escola, incluindo professores, diretores e administradores, também estava entusiasmado com as ferramentas digitais de ensino – embora um número consideravelmente maior de diretores e administradores do que de professores apoiasse de forma integral o aumento do uso dos recursos digitais na sala de aula.[37]

Além disso, para a maioria dos funcionários das escolas pesquisadas, o entusiasmo pela tecnologia não se originava do conhecimento de evidências abalizadas. De acordo com o relatório de pesquisa, menos de três em cada dez professores afirmam haver muita informação disponível sobre a eficácia das ferramentas digitais de aprendizagem que eles utilizam. Mais ou menos a metade diz ter alguma informação sobre esses recursos, ao passo que quase um quarto alega ter pouca ou nenhuma informação.[38] Ao mesmo tempo, uma avaliação da eficácia da *edtech* publicada no periódico *MIT Technology Review* sugere que o pessoal da escola precisa moderar seu fervor.[39]

É público e notório que os profissionais de marketing são bons em identificar tendências ou movimentos sociais e cooptar as palavras usadas para descrevê-los a fim de atrair compradores para o que quer que estejam vendendo. Veja-se o caso da palavra *green* ("verde"), que no início dos anos 1970 foi adotada por ambientalistas como uma abreviação para o que se relacionava ao mundo natural ou à defesa do equilíbrio ecológico do meio ambiente. À medida que o movimento ambiental ganhava força, especialistas em marketing começaram a alertar as empresas de que seria melhor conquistar "a lealdade da crescente legião de consumidores verdes".[40] O "verde" entrou na moda e se transformou em um jargão de marketing empregado até mesmo por empresas de combustíveis fósseis e companhias aéreas, que se notabilizam por seu impacto prejudicial ao meio ambiente. A palavra "verde" era um descritor tão mal utilizado que em 1986 um cientista ambientalista chamado Jay Westerveld cunhou o termo *greenwashing* ou "lavagem verde": uma estratégia de marketing de empresas, indústrias públicas e privadas que anunciam seus produtos, práticas e ações sustentáveis como benéficas para o meio ambiente quando comprovadamente não são.[41]

Eu me peguei pensando muito sobre a prática de *greenwashing* enquanto pesquisava produtos de *edtech*, e encontrei inúmeras vezes o termo "aprendizagem personalizada" inserido nos materiais de marketing desses produtos. Atualmente, é um slogan usado para comercializar programas de *edtech* que, tal qual o Prodigy, são projetados para que as crianças os utilizem por conta própria, sem a contribuição ou participação dos professores. O termo é usado para maximizar o uso de tecnologias digitais na aprendizagem das crianças. Ao fazer isso, minimiza, e até mesmo descarta, a importância central dos professores no processo de aprendizagem.

Na verdade, pesquisas e estudos mostram que os professores são essenciais para uma aprendizagem "personalizada" ou "pessoal" eficaz – quer as crianças utilizem materiais de *edtech* ou não.[42] Alfie Kohn, autor de *Punidos pelas recompensas* e outros livros sobre educação, declarou ao site *Psychology Today*: "[a verdadeira aprendizagem pessoal requer] a presença de um professor atencioso, que conheça bem cada criança" *e* "trabalhe com cada criança para criar projetos de descoberta intelectual que reflitam as necessidades e interesses singulares desses meninos e meninas".[43]

Na realidade, a aprendizagem "personalizada" ou "pessoal" antecede a *edtech* em décadas. Assim como ocorreu com a palavra "verde", o conceito foi corrompido pela prática da indústria de marketing de tirar proveito comercial de um movimento social – neste caso, as teorias e práticas da educação progressiva – e usá-lo para vender produtos que têm pouco a ver com o significado original do termo e são a antítese dele.

O significado de "aprendizagem personalizada" está enraizado em pesquisas e práticas que apontam para as seguintes conclusões: as crianças têm um impulso inato para aprender, e a melhor maneira de aprender varia de criança para criança. As crianças não são recipientes vazios e passivos esperando para ser preenchidos com fatos, mas sim investigadores ativos e curiosos por natureza.

Dois conceitos associados à versão que a educação progressiva tem de aprendizagem personalizada são um bocado intrigantes para mim. Um é "construir conhecimento", o outro é "criar significado". A expressão "construir conhecimento" evoca uma imagem de crianças participando ativamente da aprendizagem, e de que as coisas que aprenderam servem como base para construir sua compreensão das novas informações que encontram. Por sua vez, o termo "criar significado" descreve o impulso humano de entender, dar sentido e se relacionar com tudo o que encontram. Na educação, criar significado sugere que a aprendizagem real e utilizável ocorre quando as crianças apreendem um conceito de maneira tão profunda que são capazes de aplicar ativamente o que aprenderam em um contexto aos desafios e dificuldades que surgem em outro contexto.[44]

Quem quiser ter a experiência de ver as crianças construindo conhecimento e criando significado pode passar algum tempo com pequenos recém-iniciados na verbalização enquanto descobrem o mundo. Com frequência, eles narram processos de pensamento que as crianças mais velhas já aprenderam a manter internamente. Um exemplo: quando minha filha era pequena, viu pela primeira vez uma azeitona preta. Depois de estudá-la um pouco, olhou para cima e anunciou: "Isto não é uma uva!". Ela encontrou algo novo (a azeitona) e, por conta própria, sentiu-se compelida a entender o que era. Ela procurou em seus cerca de 22 meses de experiência de vida pistas para dar sentido àquela coisa, até que encontrou uma. Embora não soubesse o que era (uma azeitona), pelo menos sabia o que não era (uma uva).

Minha compreensão da aprendizagem personalizada vem também de ter lecionado em uma pré-escola lúdica. E a experiência de minha filha nesse tipo de pré-escola reforçou minha crença em seu valor. Lá todas as crianças tinham acesso a recursos como livros, materiais de arte, blocos, areia, água, fantasias e projetos especiais que, na maioria das vezes, elas podiam avaliar e esmiuçar em seu próprio tempo, dependendo de seus interesses. O envolvimento das crianças com os materiais era impulsionado por seus interesses e inclinações, mas os professores estavam sempre disponíveis para participar, aconselhar, supervisionar, manter distância, observar ou ajudar as crianças a refletir sobre suas experiências.

Um relatório de 2019 do Centro Nacional de Políticas de Educação (NEPC, na sigla em inglês) da Universidade do Colorado é uma veemente condenação da versão *edtech* da aprendizagem personalizada. O documento encontrou "premissas educacionais questionáveis embutidas em programas influentes, defesa interesseira dos objetivos da indústria de tecnologia, sérias ameaças à privacidade dos alunos e falta de apoio à pesquisa".[45]

Pensar sobre as "premissas educacionais questionáveis" embutidas no Prodigy me leva diretamente ao popular fenômeno da "gamificação", ou "aprendizagem gamificada", que aplica alguns dos recursos mais viciantes dos videogames aos conteúdos ensinados na escola, incluindo distintivos e emblemas, níveis, prêmios digitais, competição e recompensas variáveis.

Atualmente os produtos gamificados de *edtech* são um negócio lucrativo. Em âmbito global, a aprendizagem baseada em jogos deve arrecadar 29,7 bilhões de dólares em 2026, acima dos 11 bilhões em 2021.[46] O fundamento lógico que os defensores da educação gamificada apresentam é que as crianças gostam de videogames e se mantêm interessadas por eles durante horas a fio.[47] Faz sentido lógico, segundo esse raciocínio, transferir os recursos de jogos que mantêm as crianças grudadas nas telas para o ensino e a aprendizagem em sala de aula. E, uma vez que esses produtos são jogos, e os jogos estão associados à diversão, também faz sentido para o marketing vincular esses produtos às robustas evidências de que a diversão é a base do aproveitamento intelectual e de habilidades cruciais que enriquecem a vida, como resolução de problemas, raciocínio, alfabetização, aptidões sociais, criatividade e autorregulação.[48]

Uma diferença óbvia é que, quando os produtos dependem fortemente de motivações externas, tais como competição e prêmios virtuais, eles ensinam as crianças a descartar o valor da experiência e promovem o valor da aquisição. Em contrapartida, o tipo de brincadeira que facilita a aprendizagem, o crescimento e o desenvolvimento das crianças é sua própria recompensa. É uma experiência profundamente gratificante por si só. As oportunidades de aprendizagem baseadas em brincadeiras ajudam as crianças a aprender que o mundo é um lugar intrigante, e que tentar conhecê-lo e descobrir as coisas são processos interessantes e valiosos em si mesmos.

As empresas de *edtech* tentam vincular seus produtos aos jogos, alardeando que são "divertidos". Por exemplo, um anúncio no YouTube proclama que o Prodigy "tornará divertida a aprendizagem da matemática!".[49] Na verdade, assim como a "aprendizagem personalizada", a "diversão" é um grande componente do marketing de produtos gamificados de *edtech*. Variações sobre o tema "tornar divertida a aprendizagem" aparecem repetidamente no marketing dos produtos de *edtech*, com manchetes do tipo "Gamificação: a aprendizagem pode ser divertida e genial"[50] ou "Na Khan Academy a aprendizagem se torna diversão".[51] As variações do slogan sobre "tornar divertida a aprendizagem" podem gerar muitas vendas, mas têm implicações problemáticas para a aprendizagem das crianças *e* para sua capacidade de se divertir.

O *Dicionário Oxford da língua inglesa* define o verbete "diversão" como "prazer, divertimento leve e despreocupado; alegria ou farra ruidosa; festividade, entretenimento".[52] Acredito que a diversão é crucial para o bem-estar das crianças – e para o meu. Comecei a fazer meus bate-papos virtuais da Patinha Audrey com crianças no início da pandemia porque queria dar minha contribuição e oferecer momentos de bobeira pura e espontânea em meio a um período bastante estressante. O que eu não esperava, no entanto, era que a diversão gerada por esses bate-papos se transformasse em uma contínua fonte de prazer, energia e esperança, que me ajudou a superar meu próprio estresse relacionado à pandemia.

Diversão é bom, mas é uma falsa promessa sugerir que a aprendizagem deve ser sempre "leve e despreocupada", "divertimento" ou "entretenimento", ou que o oposto de diversão é o tédio. Às vezes, aprender é divertido, mas também pode ser gratificante e envolvente, mesmo quando é um trabalho árduo. Você já testemunhou a intensidade e o impulso de um bebê aprendendo a andar ou uma criança aprendendo a pedalar uma bicicleta ou dominar qualquer habilidade que ela decida dominar? Eu não descreveria o interesse em aprender a andar de bicicleta como algo divertido, mas as crianças voltam e tentam de novo porque aprender a pedalar é importante para elas. A aprendizagem é recompensadora quando tem significado, não apenas quando é "diversão", "brincadeira" ou "entretenimento".

Mesmo que os discursos de marketing da *edtech* sobre como "tornar divertida a aprendizagem" distorçam o processo de aprendizagem, o conteúdo dos aplicativos e jogos de *edtech* extremamente comercializados que analisei promovem a mesma narrativa falsa que descrevo no capítulo 5. Divertir-se nesses jogos depende de recompensas externas como aplausos, torcida, efeitos especiais como chuva de estrelas ou prêmios virtuais. É uma ótima mensagem para os profissionais de marketing de *edtech* que procuram inculcar o consumismo nas crianças, mesmo quando estão na escola, mas é uma péssima lição de vida para as crianças.

Claro, certamente é possível usar tecnologias digitais para promover uma aprendizagem significativa. Os aplicativos que permitem que as crianças criem ou "construam" de verdade fazem isso, a exemplo do processo de codificação ou de design e construção de robôs reais. Um artigo corroborado por evidências e publicado no periódico *Psychological Science in the Public Interest* sugere que, com base na ciência da aprendizagem, os aplicativos podem facilitar a aprendizagem significativa, contanto que as crianças que os usam estejam

> *ativamente* envolvidas ("atentas", "com a mente ligada"), *engajadas* com os materiais de aprendizagem e sem distrações de elementos periféricos; assim elas vivenciam experiências *significativas* que têm a ver com sua vida, e interagem socialmente com outras pessoas em trocas e contatos de alta qualidade em torno de novos materiais, no âmbito de um contexto que propicia um claro objetivo de aprendizagem.[53]

Isso é bom, até certo ponto, mas o artigo deixa de abordar o problema central da indústria da *edtech* com fins lucrativos, que, por definição, deve priorizar os ganhos financeiros em detrimento dos alunos que alega atender. Suponha, por exemplo, que um aplicativo atenda a todos esses critérios, mas – tal qual o Prodigy – gere lucro como um *freemium* que pressiona as crianças a importunar os adultos por um *upgrade*. Suponha que a receita desse aplicativo venha de anúncios ou compras dentro do próprio aplicativo. Suponha que, ao coletar dados sobre os alunos com o propósito declarado de permitir que professores, pais e mães e administradores escolares monitorem o progresso acadêmico, as empresas vendam as informações pessoais dos alunos a outras empresas, que por sua vez convertem as crianças em alvos de publicidade comportamental ou utilizam as informações internamente para esse propósito. E aí?

À medida que a tecnologia de realidade virtual e realidade aumentada evolui, a *edtech* vai ficando cada vez mais atraente. Os educadores já estão entusiasmados com a aprendizagem resultante, por exemplo, da imersão das crianças em representações virtuais do mundo pré-histórico.[54] Infelizmente, com notáveis exceções, a exemplo das análises do Centro Nacional de Políticas de Educação ou os esforços de organizações de defesa dos direitos das crianças, o discurso público sobre os prós e contras da incorporação da *edtech* tende a omitir qualquer descrição de como exatamente esses aplicativos geram lucro e as maneiras pelas quais os recursos desses aplicativos podem prejudicar as crianças. Quem será o dono dos mundos virtuais a serem esquadrinhados pelos alunos? Esses mundos conterão publicidade incorporada? A privacidade dos alunos será protegida? Serão coletados dados sobre as atividades dos alunos em mundos virtuais? O que acontecerá com esses dados?

É compreensível que, quando a pandemia obrigou as escolas de todo o mundo a se lançarem às pressas em uma corrida desenfreada para educar as crianças de forma remota, as decisões sobre a *edtech* tenham sido tomadas sem muito tempo de reflexão. Contudo, em circunstâncias normais, é do interesse das crianças que todos nós, incluindo professores, administradores e conselhos escolares, tratemos com ceticismo saudável as ofertas de *edtech*.[55] E, como qualquer material utilizado em escolas, os programas, as plataformas e os dispositivos de *edtech* devem estar livres de quaisquer recursos que tirem proveito de crianças para fins lucrativos.

11

Será isso esperança?

Ninguém pode sugerir a sério que as crianças são consumidores racionais dotados do mesmo poder, informação e liberdade que em tese os adultos têm para tomar parte livremente de contratos de bens e serviços. A publicidade para crianças é, então, uma espécie de guerra imoral contra a infância, travada para o lucro dos adultos que deveriam ser os guardiões da infância.

Alex Molnar e Faith Boninger, "A transformação comercial das escolas dos Estados Unidos"

Em 2014, o romancista americano Russell Banks foi convidado para discursar no ciclo de palestras Ingersoll na faculdade Divinity School, em Harvard. Iniciadas em 1893, essas palestras tratam do tema da imortalidade. Uma vez que Banks se autodeclarava ateu, ele foi uma escolha interessante. Em vez de discutir a imortalidade no contexto de crenças religiosas ou espirituais, ele falou de maneira bela e pungente sobre as crianças como nossa vida após a morte. Em termos mais específicos, falou sobre os danos causados às crianças e, portanto, à sobrevivência de nossa espécie, quando elas estão imersas em uma cultura comercializada que é fruto de nossa própria lavra.[1]

Em um sentido existencial, considerando-se os vínculos entre o consumo excessivo e a destruição do planeta, pensar nas crianças como vida após a morte é uma metáfora extremamente poderosa de por que é imperativo protegê-las da manipulação dos marqueteiros. Mas também existem muitas razões "aqui e agora". Nestas páginas, concentrei-me principalmente nos danos que uma cultura comercializada causa aos relacionamentos, aos valores e à aprendizagem das crianças. Mas permitir que os profissionais de marketing tenham acesso irrestrito às crianças também é um fator bem documentado em uma miríade de outros problemas enfrentados pelas crianças de hoje, incluindo obesidade infantil, sexualização, violência juvenil e consumo de álcool e tabaco por menores de idade. Hoje em dia, as influências corporativas no entretenimento infantil, nas atividades de lazer e na educação são tão generalizadas que é injusto e irreal esperar que pais e mães carreguem sozinhos o fardo de proteger seus filhos pequenos de setores da economia que gastam bilhões de dólares para capturar o coração e a mente das crianças como meio de chegar ao bolso de pais e mães e pegar seu suado dinheiro.

Não obstante, claro que os pais e as mães têm um papel importante a desempenhar com relação a seus próprios filhos, e no capítulo 12 dou sugestões de coisas que eles podem fazer. Porém, a verdadeira solução está na mudança sistêmica.

Precisamos acabar com o que equivale a uma aquisição corporativa da infância. E, apesar dos protestos em contrário, a história nos diz com todas as letras que não podemos esperar que as indústrias deixem de mirar as crianças por conta própria quando seus lucros são baseados em fisgá-las.[2]

Independentemente das ligações bem documentadas entre tabagismo, doenças cardíacas e vários tipos de câncer, as Big Tobacco continuam colocando as crianças na alça de mira.[3] As Big Food* fazem a mesma coisa. Em 2006, em resposta ao crescente alarme sobre a obesidade infantil e aos apelos para regulamentar o marketing de alimentos e bebidas para crianças, a indústria se uniu com promessas de proibir o marketing de *junk food* para crianças.[4] Mais de catorze anos depois, não mudou muita coisa: as crianças ainda são alvo de anúncios de *junk food*.[5] E com as Big Techs não é diferente.

---

* O termo Big Tobacco se refere às quatro maiores empresas transnacionais da indústria do cigarro: Philip Morris International, British American Tobacco, Japan Tobacco International e Imperial Brands, também chamadas de Big 4. Já Big Food designa as corporações do ramo de alimentos e bebidas ultraprocessados, ricos em gorduras e carboidratos. [N.T.]

Em geral, as raízes de qualquer doença social estão em problemas sistêmicos mais profundos. O ataque comercial às crianças de hoje em dia está vinculado a políticas governamentais que contribuem para a escalada do poder corporativo e o declínio da regulamentação governamental, a diminuição do apoio a escolas públicas, parques e áreas de recreação, a rápida evolução das tecnologias digitais e consolidação da propriedade da mídia. É por isso que precisamos tratar de questões sociopolíticas mais amplas que deixam as crianças mais vulneráveis à exploração pelas Big Techs e outras indústrias que prosperam à custa do marketing infantil.

A reforma do financiamento de campanha, sobretudo revertendo a prática atual de permitir que corporações canalizem fundos ilimitados para campanhas políticas, reduzirá a influência indevida das corporações em todos os tipos de políticas governamentais, incluindo aquelas que afetam o marketing infantil. Financiar de maneira adequada as escolas públicas, incluindo os anos anteriores à pré-escola e programas pós-escolares, deixará as escolas menos propensas a depender de publicidade corporativa para sua manutenção ou a utilizar material didático patrocinado em salas de aula. Propiciar apoio financeiro e a manutenção de espaços externos seguros e acessíveis para as crianças brincarem e passarem tempo na natureza pode reduzir a quantidade de tempo que elas passam em ambientes fechados conectadas a seus dispositivos.

Nos Estados Unidos, dois tipos de leis ajudariam a impedir que empresas de tecnologia tirassem proveito comercial de crianças. Uma lei nacional de proteção à privacidade de dados, que não temos, e leis adequadas de proteção dos direitos das crianças, que também não temos. Na verdade, hoje somente os Estados Unidos não ratificaram a Convenção sobre os Direitos da Criança da Organização das Nações Unidas.[6] [O Brasil ratificou em 24 de setembro de 1990.]

Normalmente, o primeiro passo para qualquer tipo de mudança social é mudar a opinião pública. Quando a Fair Play iniciou suas atividades, e até bem pouco tempo atrás, a probabilidade de aprovação de qualquer tipo de legislação era praticamente inexistente. Marcamos reuniões com congressistas e apresentamos queixas à Comissão Federal de Comércio dos Estados Unidos (FTC), mas nosso foco era obter apoio salientando alguns dos piores exemplos de marketing para crianças. A maior parte de nossos esforços se concentrou em campanhas corporativas como as que mencionei anteriormente – desde impedir que a Hasbro lançasse bonecas baseadas em uma trupe de dançarinas seminuas[7] até impedir a Disney de comercializar vídeos da coleção Baby Einstein como materiais educativos.[8] Entre outros êxitos, fechamos uma empresa que transmitia rádios comerciais nos ônibus escolares[9] e impedimos o McDonald's de fazer anúncios nos boletins escolares das crianças.[10] Mas os tempos mudaram. A Fair Play e outros grupos de defesa dos direitos das crianças ainda organizam campanhas corporativas, mas agora também estão ativamente envolvidos com legisladores em nível nacional e estadual empenhados na regulamentação de como as empresas de tecnologia miram as crianças.[11]

Pela primeira vez, no mundo todo, há sinais positivos para os defensores dos direitos das crianças que tentam conter algumas das formas mais flagrantes de marketing infantil baseado em tecnologia. Como proclamou uma manchete do jornal *Australian Financial Review*: "Finalmente o mundo enfrenta as Big Techs".[12] Claro que a palavra "enfrenta" é fundamental. É verdade que os governos do mundo inteiro estão tomando medidas para refrear o poder de conglomerados de tecnologia como Amazon, Google e Meta, mas é óbvio que essas empresas estão revidando.[13]

Quando se trata de crianças e tecnologia, talvez a notícia mais auspiciosa venha da Grã-Bretanha. Em 2020, o Parlamento britânico adotou o Código de Design Adequado à Idade, que se tornou lei em setembro de 2020 e entrou em vigor um ano depois. O código determina que "as empresas que projetam aplicativos, plataformas de rede social, jogos online e brinquedos conectados tenham como consideração principal os melhores interesses das crianças".[14] O que é especialmente importante é que o código define "criança" como qualquer pessoa com menos de 18 anos, o que protege tanto os adolescentes quanto as crianças mais novas.

Também é importantíssimo que o código não incumbe apenas as empresas de decidirem o que é melhor para as crianças. Em vez disso, exige um rigoroso conjunto de configurações padrão para empresas que oferecem "serviços online que podem ser acessados por crianças".[15]

Isso inclui configurações estritas para limitar o compartilhamento de dados e garantir a privacidade. Essas restrições visam, entre outras coisas, a impedir que as empresas utilizem indevidamente o comportamento de crianças e informações pessoais para publicidade personalizada. Elas também pretendem impedir que as empresas enviem às crianças notificações do tipo *push* – mensagens pop-up de alerta e conteúdos "empurrados" para o usuário sem que ele tenha solicitado –, com o intuito de estender seu engajamento com um conteúdo específico. Além disso, qualquer coisa que as crianças postarem online será automaticamente protegida por um alto nível de privacidade por padrão, o que significa que o conteúdo poderá ser visto apenas por amigos.

É uma vitória o fato de o código exigir configurações padrão que priorizem claramente o que é melhor para as crianças em detrimento do que é melhor para as empresas. Mas "padrão" não significa que as configurações necessariamente devem permanecer assim. As crianças podem optar por alterar ou substituir os padrões, o que, por exemplo, tornaria suas postagens nas redes sociais disponíveis ao público. O que talvez tivesse um impacto muito mais amplo e potencialmente preocupante, no entanto, é que as empresas também podem alterar as configurações padrão se demonstrarem "uma razão convincente para fazê-lo, levando em consideração os melhores interesses da criança". No momento, simplesmente não sabemos como isso vai acontecer em tempo real. Por exemplo, não sabemos a que tipo de argumentos as empresas poderão recorrer para explicar de que maneira a mudança dos padrões atenderá aos melhores interesses das crianças. Também não sabemos como o governo britânico interpretará a noção de "melhores interesses das crianças" ou com que rigor essas regras serão aplicadas. O que sabemos, no entanto, é que, quando se trata de proteger as crianças da exploração comercial por empresas de tecnologia, mídia e marketing, confiar que as corporações se autorregularão não funciona. Por esse motivo, a adoção do Código de Design Adequado à Idade pela Grã-Bretanha é um passo significativo no sentido da proteção das crianças.

De uma perspectiva internacional, o que o código tem de importante é que suas regras se estendem além das empresas britânicas para incluir qualquer empresa que ofereça qualquer produto online que possa ser usado por crianças residentes no Reino Unido. Transformar em padrão as configurações de privacidade estritas não eliminará a publicidade para crianças, mas é menos provável que elas sejam facilmente manipuladas pela publicidade que encontrarem online, porque os anúncios não serão selecionados com base nos dados que as empresas coletam sobre os interesses e as vulnerabilidades individuais delas. As empresas em conformidade com o código, por exemplo, não poderão mais identificar crianças suscetíveis a fumar ou beber e a elas dirigir anúncios destinados a estimular seu interesse por esses e outros comportamentos prejudiciais à saúde, tampouco compartilhar com anunciantes informações sobre o estado emocional das crianças.

A Grã-Bretanha pode ter sido a pioneira, mas outros países também estão começando a avançar.[16] Nos Estados Unidos, a Lei de Proteção à Privacidade Online das Crianças (COPPA) entrou em vigor em 2000. A lei exige que sites direcionados a crianças menores de 13 anos obtenham o consentimento expresso e verificável do pai ou da mãe [solicitado por e-mail, via telefônica, carta ou formulário assinado], antes de coletar ou usar informações pessoais de crianças ou compartilhar essas informações com terceiros. Mas a COPPA está lamentavelmente desatualizada, por ter sido promulgada antes que gigantes da tecnologia como Google, Snapchat e TikTok aprimorassem sua capacidade de vigiar crianças e monetizar quaisquer dados que coletam. Em recente depoimento perante o Congresso dos Estados Unidos, Angela Campbell, professora emérita de Direito da Universidade de Georgetown, afirmou: "Quando a COPPA entrou em vigor, em 1998, não existiam YouTube, redes sociais, smartphones, alto-falantes inteligentes nos quartos das crianças e brinquedos conectados à internet".[17]

Devo dizer que, a meu ver, Angela é uma heroína anônima. Há mais de vinte anos, ela e seus alunos do Instituto de Representação Pública de Georgetown, trabalhando de forma voluntária, permitiram que organizações sem fins lucrativos, incluindo a Fair Play, registrassem inúmeras queixas junto à Comissão Federal de Comércio dos Estados Unidos (FTC), instigando a entidade a usar sua autoridade legal a fim de impedir empresas de tecnologia e mídia de tirar proveito comercial das crianças. Na verdade, em 1996, o instituto apresentou a primeira denúncia desse tipo contra o site de uma empresa de tecnologia por bombardear crianças com marketing injusto e manipulador. Isso acabou levando o Congresso a aprovar a COPPA. Angela se aposentou do instituto em 2020, mas o trabalho que ela iniciou continua até hoje, e ela ainda é uma das principais especialistas em (entre outras coisas) leis relacionadas à mídia e à tecnologia no que diz respeito a seus efeitos sobre as crianças.

Em seu depoimento de 2021 ao Congresso, Angela apontou outro problema de longa data, que não tem a ver com a COPPA em si, mas com a falta de vontade de aplicá-la com rigor suficiente para fazer a diferença:

> O descumprimento da COPPA é desenfreado [...]. A bem da verdade, nos 21 anos desde que a Regra da COPPA entrou em vigor, a FTC moveu apenas 34 ações de execução, a maioria contra empresas menores. Todas foram resolvidas sem litígio por decretos de consentimento. Com frequência, os acordos apenas exigiam que o réu cumprisse a lei e apresentasse relatórios periódicos à FTC. Nos casos em que a FTC avaliou as penalidades civis, sua atuação foi lamentavelmente insuficiente no que tange a estimular a conformidade com a COPPA.[18]

A boa notícia para as crianças e os defensores de seus direitos é que o cenário parece estar mudando. Pela primeira vez, vários projetos de lei que limitariam significativamente as maneiras pelas quais as empresas de tecnologia podem tirar proveito comercial crianças estão tramitando no Congresso dos Estados Unidos. É outra questão saber se algum deles se tornará lei, mas sua mera existência é um grande passo à frente – não o passo definitivo, mas o sinal de uma importante mudança social. A indignação pública acerca das formas de exploração comercial das crianças online cresceu a ponto de os legisladores finalmente procurarem maneiras de contê-la. E, pela primeira vez, os esforços legislativos para restringir a exploração de crianças pelas Big Techs têm o apoio explícito de um presidente americano. Em seu discurso sobre o Estado da União de 2022, o presidente Joe Biden pediu o fortalecimento das proteções de privacidade online, com a proibição de publicidade direcionada a crianças e medidas para impedir que empresas de tecnologia coletem informações pessoais de crianças.[19] Tendo isso em mente, vale a pena examinar o tamanho da conquista com a aprovação desses projetos de lei.

Seria melhor se houvesse uma lei única que assegurasse proteção total às crianças, mas, em conjunto, os projetos atualmente em consideração são impressionantes. Na Câmara dos Deputados, a Kids PRIVACY Act [Lei de privacidade das crianças] reflete o Código de Design Adequado à Idade da Grã-Bretanha, estipulando que o bem-estar das crianças se torna a consideração primordial do design da web [o aspecto visual dos conteúdos digitais], estendendo a proteção a crianças de 18 anos ou menos e aplicando restrições a qualquer site que elas possam usar.[20] O projeto de lei autoriza a proibição total de publicidade para crianças com base em dados coletados sobre seu comportamento e informações pessoais. Além disso, para áreas que o projeto de lei não abarca de forma explícita, autoriza-se a FTC a decidir como exatamente a garantia do bem-estar das crianças se transfere para o design da web.[21] Claro, não há como saber o que a FTC decidiria. A atual presidente da FTC, Lina Kahn, tem um histórico de exigir a regulamentação de grandes conglomerados de tecnologia.[22] Pela primeira vez, é possível que as Big Techs não tenham mais licença para invadir a privacidade de crianças e adolescentes nos Estados Unidos e tirar proveito de suas informações pessoais para fins lucrativos.

Um projeto de lei no Senado, o Kids Online Safety Act [Lei de segurança online para crianças] (KOSA, na sigla em inglês), é promissor porque foi apresentado por políticos dos dois grandes partidos do país, o Republicano e o Democrata. A proposta instaura uma auditoria externa independente de sites voltados para crianças, exige que as empresas de tecnologia considerem em seu design o bem-estar das crianças, capacita os procuradores-gerais dos estados e a FTC a responsabilizar as empresas de tecnologia por ações que prejudiquem as crianças e exige que todas as configurações para crianças sejam definidas no nível máximo de proteção.[23]

Outro projeto de lei proposto, o Kids Internet Design and Safety Act [Lei de design e segurança para crianças na internet], conhecido como KIDS Act,[24] aborda técnicas de marketing de tecnologia inescrupulosas cujo alvo são crianças e adolescentes com menos de 16 anos – não apenas em plataformas abertamente voltadas para crianças, mas também em plataformas como Instagram e Snapchat, que ignoram o fato de serem usadas em peso por crianças.[25] Se for aprovado, o KIDS Act protegerá crianças e adolescentes de técnicas projetadas para mantê-los online indefinidamente, proibindo reprodução automática, notificações *push*, rolagem infinita e aquelas sequências no Snapchat que têm o poder de manter as crianças acordadas a noite inteira. A lei também protegerá as crianças de marketing sorrateiro e insidioso que se disfarça de conteúdo, ao proibir o marketing de influenciadores com vídeos de *unboxing* como os do canal Ryan's ToysReview. O projeto de lei abrange o conteúdo, bem como o design, e "proíbe que sites voltados para crianças e adolescentes amplifiquem conteúdo violento, inapropriado e perigoso".[26] Além disso, estipula financiamento para conteúdos educacionais sem anúncios comerciais para crianças e financiamento para pesquisas acadêmicas sobre o impacto que a mídia e os conteúdos baseados em telas exercem sobre as crianças.

Os estados também estão enfrentando as Big Techs e a indústria do entretenimento. Em todo o país, as legislaturas estaduais aprovaram ou estão analisando projetos de lei para proteger a privacidade online das crianças e impedir que empresas de tecnologia vendam informações pessoais coletadas na internet. Hoje, 29 estados e Washington, DC, limitam ou proíbem o tempo de tela para crianças menores de 2 anos em creches e outros ambientes da primeira infância.[27] E o poder legislativo do estado de Minnesota está examinando um projeto de lei com endosso bipartidário que limitaria o uso de dispositivos de tela individuais na pré-escola e no jardim de infância.[28]

Além disso, em nível estadual e nacional foram apresentados vários projetos de lei exigindo o ensino de alfabetização midiática nas escolas.[29] Acredito que há valor em ajudar as crianças a aprenderem a decodificar as mensagens da mídia e identificar as técnicas de marketing das Big Techs, mas meu apoio vem com uma ressalva. A alfabetização midiática é importante, mas é crucial lembrar que não podemos e não devemos confiar apenas nas crianças para se protegerem do marketing baseado nas telas. Concentrar-se apenas na alfabetização midiática sem limitar as práticas corporativas é como culpar as vítimas pelos danos causados a elas por outrem. E considerando-se o quanto os adultos são vulneráveis à manipulação de empresas de tecnologia e entretenimento, não é justo nem razoável esperar que as crianças se protejam sozinhas.

12

Parentalidade e resistência: sugestões para manter sob controle as Big Techs e as grandes corporações

Gerenciar o uso que as crianças fazem da tecnologia pode ser uma tarefa avassaladora. A verdade é que seu filho não precisa de aplicativos para "acompanhar", "recuperar o atraso" ou "avançar". Você tem todo o poder para limitar ou dizer "não" ao tempo de tela.
Rachel Franz, Fair Play, *Safe, Smart, and Secure: A Guide to Choose Tech for Your Preschooler* [Seguro, inteligente e protegido: um guia para escolher a tecnologia para seu filho em idade pré-escolar]

Não há dúvida de que, apesar das inúmeras alegrias e satisfações, ser pai ou mãe é um desafio. É um desafio ainda mais árduo quando a vida fica complicada por conta de agentes estressores como preocupações financeiras, pressões de trabalho, discórdia conjugal, doenças na família e muito mais. Podemos e devemos aspirar a ser os melhores pais e mães que somos capazes de ser – mas devemos também nos isentar de culpa pelos inevitáveis momentos em que nossa realidade não atende às nossas aspirações. E, na atualidade, um agente estressor exclusivo para pais e mães é a atraente onipresença de tecnologias cativantes e sedutoras, projetadas para capturar, manter e monetizar nossa atenção e a de nossos filhos.

A maneira mais duradoura e traiçoeira com que as Big Techs e as grandes corporações prejudicam as crianças é atraí-las para dispositivos digitais desde o nascimento, mantê-las viciadas e treiná-las para serem consumidores irracionais e acríticos. Por si só, para o bem ou para o mal, nossos celulares, tablets e outros dispositivos são poderosas ferramentas para influenciar o comportamento humano. O que torna o uso da tecnologia tóxico para crianças e famílias está enraizado nas estratégias de geração de lucro predominantes da indústria. Isso inclui invasões de privacidade, publicidade baseada em dados, rolagem infinita e outras técnicas de manipulação engendradas para capturar e prender nossa atenção e nos deixar ansiosos por mais. O problema não é que crianças pequenas sejam prejudicadas se vez por outra dermos a elas um telefone celular para brincarem. O problema é que, depois que começamos a fazer isso, muitas vezes é uma batalha para que nós e nossos filhos não tornemos tal prática a norma padrão.

Ao compilar os pensamentos e as sugestões que apresento aqui, lembrei-me de que as disparidades de riqueza e circunstância são um fator a se levar em consideração quando refletimos sobre o impacto da tecnologia nas crianças. Muitas das recomendações que ofereço são bem mais fáceis de implementar em famílias chefiadas por dois adultos que criam filhos em bairros seguros, com assistência adequada aos filhos pequenos e acesso a espaços verdes. Provavelmente as recomendações são mais difíceis de implementar no caso de famílias cujo pai e mãe têm de trabalhar em vários empregos para conseguir sobreviver ou que estão lutando contra o desemprego ou outros tipos de estresse – ou que moram em bairros com poucos parques seguros ou poucas áreas de lazer ao ar livre. Também reconheço que algumas crianças são mais difíceis de criar – por exemplo, crianças cujo controle de impulsos é mais instável do que outras de sua idade. É por isso que acredito no seguinte: **a prática das indústrias de tecnologia, brinquedos e entretenimento de monetizar a infância é um problema para toda a sociedade e só pode ser resolvido por meio de mudanças sociais**. Uma família não tem condições de combater sozinha grandes conglomerados que lançam mão de tecnologias onipresentes e irresistíveis, mobilizam psicólogos infantis e investem bilhões de dólares para tirar proveito das vulnerabilidades de desenvolvimento das crianças. Não é de forma alguma um campo de jogo nivelado, e a situação é especialmente difícil para pais e mães sob estresse. Mas o fato é que a mudança social leva tempo e as famílias precisam de ajuda agora.

As perguntas e preocupações que mais ouço de pais e mães hoje em dia giram em torno de quanto e que tipo de experiências tecnológicas devemos oferecer aos nossos filhos e com que idade eles devem começar. Responder de maneira ponderada a essas perguntas requer uma compreensão básica de como as crianças crescem e se desenvolvem. Para esse fim, recorro à minha colega Nancy Carlsson-Paige, professora emérita de desenvolvimento infantil da Universidade Lesley e cofundadora da ONG Defending the Early Years [Defendendo os primeiros anos de vida] (DEY, na sigla em inglês). Os seis princípios de desenvolvimento infantil baseados em evidências que ela identifica, enumerados nas páginas a seguir, são um guia útil para decidir de que maneira as crianças podem gastar seu tempo, incluindo se, como, quando e o quanto usam dispositivos digitais.

Em combinação com uma compreensão básica de como as crianças crescem, aprendem e se desenvolvem, também é útil levar em consideração as pesquisas e os estudos disponíveis sobre os efeitos da tecnologia e da mídia em crianças pequenas, incluindo seus possíveis benefícios e danos. Mas isso é problemático por dois motivos. Por um lado, não é razoável esperar que pais e mães ocupados esmiúcem por conta própria os resultados de estudos e pesquisas. Por outro, embora o volume de estudos e pesquisas sobre crianças pequenas e tecnologias digitais venha crescendo, essa área ainda está em seus estágios iniciais. Basicamente, temos duas opções. Uma delas é reconhecer que os estudos e as pesquisas são incompletos, então dizemos a pais e mães para não se preocuparem com o tempo que as crianças passam com a tecnologia até que haja resultados científicos robustos sugerindo danos. Outra é empregar o princípio da precaução. Reconhecemos que os estudos e as pesquisas estão incompletos, mas insistimos junto a pais e mães que limitem a exposição de crianças pequenas à tecnologia até que haja estudos e pesquisas robustos sugerindo que ela é benéfica ou, pelo menos, inofensiva.

Quando se trata de saúde e bem-estar das crianças, esta última opção faz mais sentido para mim. Por essa razão, a meu ver as recomendações mais úteis com base em estudos e pesquisas disponíveis vêm da comunidade internacional de saúde pública pediátrica.[1]

No mundo todo, as organizações de saúde pública pediátrica concordam de modo quase universal que é melhor evitar o tempo de tela para bebês e crianças bem pequenas e limitar o tempo para crianças em idade pré-escolar a menos de uma hora por dia. Para as crianças em idade escolar, alguns recomendam não mais do que duas horas por dia. Outras entidades já não recomendam mais limites de tempo para crianças e adolescentes mais velhos. No entanto, aconselham a pais e mães que trabalhem com seus filhos a fim de desenvolverem juntos um plano familiar para o papel que a tecnologia desempenha ou não em sua vida doméstica, e os orientam a revisarem e reavaliarem juntos o plano à medida que as crianças crescem. Insistem em coerência e enfatizam a importância de garantir que as crianças passem a maior parte do tempo envolvidas em atividades sabidamente benéficas para o desenvolvimento saudável, por exemplo, brincadeiras ativas e criativas, tempo presencial com amigos e familiares, leitura e outras coisas.

Seis princípios de desenvolvimento infantil para ajudar os adultos a tomarem decisões sobre a introdução de tecnologia para crianças pequenas [*]

1. **As crianças pequenas vivem e aprendem no contexto das relações sociais.** O desenvolvimento emocional e social das crianças acontece lentamente ao longo do tempo, tal qual o desenvolvimento cognitivo. O processo de desenvolvimento da consciência e de habilidades é vagaroso e se dá a partir das experiências de interação com os outros.

2. **As crianças pequenas usam todo o corpo e todos os sentidos para aprender sobre o mundo.** A melhor maneira de dar respaldo ao desenvolvimento de uma criança, incluindo o

---

[*] Adaptado com permissão de Nancy Carlsson-Paige, "Young Children in the Digital Age: A Guide for Parents" [Crianças pequenas na era digital: um guia para os pais], Defending the Early Years, nov. 2018, dey.org/wp-content/uploads/2018/11/young_children_in_the_digital_age_final_final.pdf. [N.A.]

desenvolvimento do cérebro, é propiciar a bebês e crianças pequenas oportunidades completas de usar todo o corpo e todos os sentidos para atividades, brincadeiras e interações sociais.

3. **As crianças pequenas aprendem mais plenamente e se beneficiam mais das experiências diretas e de primeira mão no mundo dos relacionamentos e objetos reais.** Isso ocorre porque as experiências tridimensionais são holísticas, envolvem integralmente a criança – corpo, mente e sentimentos –, e esse nível de envolvimento é maior do que aquele que pode ser obtido com experiências bidimensionais.

4. **As crianças pequenas são aprendizes ativos que aprendem inventando ideias.** Para que aconteça uma aprendizagem genuína, as crianças precisam construir ideias para si mesmas, em sua própria mente. Esse é o tipo de aprendizagem real e genuína, que permanece conosco.

5. **Crianças pequenas desenvolvem resiliência interior e habilidades de enfrentamento por meio de brincadeiras.** Quanto mais os elementos em uma tela moldarem as brincadeiras, menos as brincadeiras de uma criança podem vir de dentro. Quanto mais direção externa, menos acesso à vida interior da imaginação e da emoção. Quanto menos a brincadeira de uma criança vier de dentro, mais difícil será para ela desenvolver resiliência interior e habilidades de enfrentamento.

6. **As crianças pequenas entendem o mundo por meio de brincadeiras.** Os adultos têm a capacidade de usar pensamentos e palavras para processar experiências. Mas as crianças não dispõem dessas ferramentas. É por meio das brincadeiras que as crianças pequenas processam e dão sentido às suas experiências.

Um caso atípico cujas recomendações julgo surpreendentes é o centro de saúde infantil britânico Faculdade Real de Pediatria e Saúde Infantil (RCPCH, na sigla em inglês), que opta por não emitir diretrizes de tempo nem mesmo para bebês e crianças muito pequenas. Em vez disso, sua principal recomendação é que "as famílias negociem com seus filhos os limites de tempo de tela, com base nas necessidades de cada criança, em como as telas são usadas e no grau em que o uso das telas parece atrapalhar (ou não) os recursos físicos e atividades sociais e sono".[2] Isso faz sentido para crianças mais velhas e é semelhante às diretrizes emitidas por outras organizações de saúde. Mas é decepcionante que não levem em consideração as diferenças de desenvolvimento entre bebês, crianças em idade pré-escolar, pré-adolescentes e adolescentes e que não defendam zero tempo de tela para crianças de colo e limites de tempo predeterminados para crianças mais novas.

O que se segue é uma compilação de diversos pensamentos, sugestões e informações sobre como administrar a tecnologia e a cultura comercializada em casa.* Alinham-se com o foco que mantive ao longo deste livro: o público infantil que vai de recém-nascidos até crianças mais ou menos na pré-adolescência, com cerca de 10 ou 11 anos. Como sou cética em relação a soluções tecnológicas para problemas induzidos pela tecnologia (vem à mente o ditado sobre raposas guardando o galinheiro), não incluí nem avaliei aplicativos projetados para ajudar pais e mães ou seus filhos a gerenciar o tempo de tela.

Como as necessidades das crianças e de suas famílias evoluem à medida que as crianças crescem, começo com sugestões organizadas de acordo com a idade e os estágios de desenvolvimento das crianças. Em seguida, porque como *nós* usamos e não usamos a tecnologia afeta nossos filhos, ofereço sugestões para reduzir nosso próprio tempo de tela. Ofereço também algumas sugestões gerais a serem consideradas quando você pensar no uso de dispositivos digitais por toda a sua família. Por último, mas não menos importante, ofereço sugestões para ajudar as crianças a resistirem a comportamentos e valores destrutivos e induzidos pelo marketing.

Bebês e crianças

Os bebês não nascem ávidos por tecnologia. Nós treinamos os recém-nascidos para que se tornem ansiosos por tecnologia e por

---

* Agradeço a Josh Golin por sua ajuda com as sugestões aqui apresentadas. [N.A.]

tempo com dispositivos digitais nas mãos, e fazemos isso quando, continuamente, recorremos a smartphones e outros dispositivos sempre que os bebês precisam ser acalmados, estimulados ou entretidos. Dessa maneira, nós os privamos de oportunidades de aprender a se acalmar e se divertir, de encontrar estímulos no mundo ao seu redor e de gerar seu próprio entretenimento.

Os bebês também não nascem amando Elmo, os personagens do Cocomelon, da Patrulha Canina, ou qualquer outro ícone de marca. No entanto, os bebês sentem imenso prazer com coisas com as quais estão familiarizados. É por isso que as empresas de mídia comercializam parafernália para crianças pequenas – até mesmo para recém-nascidos – com personagens famosos. Funciona assim: os bebês que nascerem rodeados de, por exemplo, móbiles, roupas, roupas de cama e brinque-dos da Peppa Pig começarão a sorrir ou gargalhar sempre que virem a imagem da Peppa. A esperança das empresas é que pais, mães e outros parentes interpretem essas expressões de alegria como prova de que há algo especial na marca Peppa Pig, o que, portanto, aumentará as chances de comprarem itens para os bebês com a imagem da Peppa. E essas compras intensificarão o apego da criança à popular porquinha cor-de-rosa, o que impulsionará ainda mais as vendas.

- **Evite iniciar bebês e crianças pequenas nas telas.** Exceção feita aos bate-papos por vídeo com parentes distantes, não há nada de necessário ou exatamente significativo que bebês e crianças bem pequenas possam aprender com vídeos, jogos ou aplicativos. E o tempo dedicado às telas tira o tempo de atividades comprovadamente benéficas para o desenvolvimento do cérebro: a descoberta ativa do mundo em espaços seguros com todos os seus sentidos, leitura de histórias e interação com os adultos que os amam. Além disso, quanto mais tempo os bebês e as crianças bem pequenas passarem na frente de uma tela, mais tempo provavelmente passarão com telas quando ficarem mais velhos.[3]

Portanto, tendo em mente os princípios de desenvolvimento infantil já mencionados e lembrando-se da natureza formadora de hábitos desse excesso de conteúdo tecnológico, pense seriamente em adiar a introdução de bebês e crianças bem pequenas a vídeos, jogos, aplicativos e programas digitais – com exceção dos bate-papos por vídeo – pelo menos até os 2 anos e, depois disso, pelo máximo de tempo *que fizer sentido* para você. Isso facilitará sua vida de uma porção de maneiras. Seus filhos terão a chance de desenvolver os recursos interiores para se acalmar e se divertir sem depender das telas, e você poderá evitar, ou pelo menos adiar, a desagradável experiência de conflitos por conta do tempo conectado.

- **Lembre-se de que, quanto mais um brinquedo *pode* fazer, menos a criança *precisa* fazer.** E, quanto menos uma criança faz com um brinquedo, menos útil essa brincadeira infantil é para um desenvolvimento saudável. Evite brinquedos incrementados com chips, que, por meio do simples apertar de um botão, são capazes de cantar, dançar, andar ou falar. Brinquedos que bombardeiam as crianças com sons tiram oportunidades essenciais para bebês e crianças de colo de balbuciar, falar, cantar ou fazer qualquer tipo de barulho. Brinquedos que se movem sozinhos tiram de bebês e crianças bem pequenas as oportunidades para aprimorarem suas habilidades motoras finas enquanto empurram carrinhos ou deslocam os bichos de pelúcia. Brinquedos que entram em ação com o simples apertar de um botão privam bebês e crianças bem pequenas da oportunidades de desenvolver a capacidade de agir e um senso de competência no mundo.

- **Adquira o hábito de ler para as crianças desde a primeira infância.** Há muitas evidências de que ler para crianças desde bebezinhas traz vários benefícios. Ajuda a desenvolver os blocos de construção da linguagem e ajuda a prepará-las para se saírem bem na escola. Segurar um bebê no colo e ler um livro ilustrado para ele também é uma oportunidade perfeita para acarinhá-lo. A combinação de leitura e aconchego juntos é uma incrível experiência de união para pais, mães e filhos. E tem o benefício adicional de levar a uma série de associações positivas com os livros. Se você optar por usar um e-book para ler para crianças, escolha um sem aprimoramentos digitais, que interferem na compreensão da história. Como descrevo no capítulo 7, no entanto, há evidências de que ler para as crianças os livros em papel em vez de nos leitores digitais – mesmo os *e-readers* sem aprimoramentos – favorece conversas que são benéficas para a alfabetização e contribui para ocasionar carinhos e carícias![4] Faça uso de bibliotecas e aproveite sebos e feiras de livros usados. E lembre-se de que, embora a leitura seja essencial para as crianças, os leitores de livros digitais não são. Assim que as crianças aprenderem a ler por conta própria, se você quiser comprar um *e-reader* e puder pagar as despesas de download de livros, escolha um que permita apenas a leitura. É mais difícil se concentrar quando você está lendo em um dispositivo que também oferece acesso instantâneo a jogos, vídeos, redes sociais e outras distrações digitais.

Pré-escola e jardim de infância

A primeira infância é o momento mais fácil para construir hábitos, rotinas e atividades familiares que reflitam seus valores. É a melhor chance que você terá de moldar as escolhas oferecidas a seus filhos sobre do que brincar, com o que brincar, com quem e como. A principal recomendação da comunidade de saúde pública para crianças em idade pré-escolar é de não mais do que uma hora por dia de tempo de tela. E muitas famílias optam por menos do que isso, ou até mesmo determinam zero tempo de tela.

- **Lembre-se de que não há evidências de que as crianças devam começar a usar tecnologias de tela na primeira infância para alcançar o sucesso em um mundo digital.** Na verdade, as tecnologias disponíveis hoje, a exemplo das telas sensíveis ao toque, são projetadas de caso pensado para serem fáceis de usar e provavelmente estarão desatualizadas quando as crianças de hoje atingirem a idade adulta.

- **Comece a conversar com seus filhos sobre suas escolhas e os valores em que se baseiam.** Continue tendo essa conversa conforme eles crescem e se desenvolvem. Quando começarem a brincar com outras crianças ou passarem a frequentar creches ou a pré-escola, provavelmente encontrarão brinquedos e tecnologias que não têm em casa. É útil apontar para elas que pode haver diferenças e semelhanças entre as famílias e entre os valores de cada uma.

- **Lembre-se de que é mais fácil aumentar o tempo das crianças com a tecnologia do que reduzi-lo.** Você sempre tem a opção de apresentar a seus filhos o entretenimento baseado nas telas, mas depois disso é mais difícil reduzir ou até eliminar. Não obstante, uma amiga psicóloga que trabalha com famílias me lembrou que é importante que pais e mães se lembrem de que é possível reduzir ou alterar o tempo que as crianças passam com as telas. Ela orienta: "Você pode dizer às crianças que cometeu um erro e explicar por que acha que as regras combinadas e em vigor não estão funcionando".

- **Lembre-se de que, embora as crianças pequenas tenham muitas semelhanças em termos de desenvolvimento, elas também têm temperamentos, interesses, pontos fortes e vulnerabilidades diferentes.** Preste atenção à atitude da criança em relação aos dispositivos digitais. É difícil para ela parar de usá-los? Ela reclama ou tem ataques de raiva quando você nega seus pedidos para usá-los? Ela fica irritada depois? O uso da tecnologia a impede de se envolver em atividades sabidamente benéficas? Se ela apresenta algum desses comportamentos, cogite reduzir a quantidade de tempo de tela ou até mesmo fazer uma pausa total.

- **Desconfie das distinções entre mídia "ativa" e "passiva".** Quando os aplicativos apareceram como novidade, os entusiastas das novas tecnologias menosprezaram a TV e os filmes e os descartaram como entretenimento "passivo", pois as crianças não são capazes de afetar o que acontece na tela. Os mesmos fãs das novas tecnologias atribuíram às redes sociais ou aos aplicativos e jogos digitais o rótulo de "ativos", porque agora as crianças podem interferir no conteúdo, principalmente tocando, rolando ou deslizando os dispositivos. Mas a meu ver essa é uma distinção enganosa. Muitos aplicativos interativos sufocam o jogo criativo, oferecendo opções pré-embaladas, o que torna o envolvimento das crianças mais reativo do que ativo. Por sua vez, filmes e programas de televisão lineares e baseados em histórias podem evocar sentimentos profundos, estimular as pessoas a pensar, expandir nossa visão do mundo, apresentar-nos palavras e conceitos novos e despertar a empatia. Em outras palavras, envolver-se com filmes e programas de TV não é necessariamente passivo. Produções originárias da televisão pública, por exemplo, costumam ser uma boa opção de programas de qualidade adequados à idade, mas não são necessariamente livres de comerciais. Pais e mães devem estar preparados para lidar com as solicitações das crianças por brinquedos, roupas e acessórios associados aos programas a que elas assistem.

- **Desconfie de aplicativos que o Google Play ou a loja de aplicativos da Apple classificam como "educacionais".** Os desenvolvedores de aplicativos podem escolher suas próprias categorias e não estão sujeitos a escrutínio. Na verdade, a maioria dos aplicativos para crianças classificados como "educativos" não o são.[5]

- **Tente escolher aplicativos e programas adequados à idade.[6]** O ideal seria que, com antecedência, pais, mães e responsáveis jogassem os jogos e usassem os aplicativos que oferecem aos filhos, ou que primeiro assistissem aos filmes e vídeos antes de mostrá-los às crianças. Na realidade, muitos – se não a maioria dos pais e mães – não têm tempo para assistir a um filme ou vídeo inteiro, jogar um jogo ou usar um aplicativo antes de oferecê-los aos filhos. É por isso que organizações como Common Sense Media (CSM) e Children and Media Australia (CMA), que oferecem cuidadosas análises e críticas de aplicativos, jogos, filmes e programas de televisão, são um recurso bastante útil para as famílias. As análises da CMA são sempre gratuitas. A CSM permite que os usuários leiam três avaliações gratuitas por mês.

- **Lembre-se de que os aplicativos anunciados como "gratuitos" podem, na verdade, ser *freemiums*.** Com os *freemiums*, apenas uma versão limitada do aplicativo é gratuita, e seu filho provavelmente será incentivado a pagar por uma atualização e/ou a fazer compras dentro do aplicativo. Se possível, avise seu filho com antecedência se quer pagar pela versão *premium*. E esta é outra instância em que reconhecer a validade dos desejos de seu filho é importante, mesmo que você recuse seus pedidos de atualização ("Sei que você quer muito ter a versão atualizada, mas nós não vamos fazer isso."). Você também pode compartilhar o que pensa sobre os *freemiums* ("Acho muito injusto da parte da empresa fazer você se sentir mal por não ter a versão *premium*.").

- **Escolha aplicativos que sejam o mais livres de comerciais possível.** As lojas de aplicativos identificam se os apps incluem anúncios ou compras dentro do jogo. Tenha em mente, no entanto, que aplicativos com personagens licenciados, mesmo os mais amados, são na verdade anúncios de todo e qualquer produto que tenha a imagem desses personagens. Um dos aspectos mais complicados sobre a mídia infantil hoje é que grande parte dela é projetada para vender programas, aplicativos e filmes relacionados às crianças, bem como brinquedos, roupas, alimentos e acessórios licenciados por marcas.

- **Escolha aplicativos que incentivem atividades criativas reais, como desenho livre e criação de música.** Muitos aplicativos alegam estimular a criatividade, mas oferecem apenas imagens preconcebidas ou opções "certas e erradas" para a criação de arte.

Crianças do ensino fundamental

Enquanto algumas organizações de saúde pública recomendam não mais do que duas horas por dia de tecnologia de entretenimento, outras pedem a pais e mães que envolvam os filhos na elaboração de planos coerentes de uso de tecnologia que funcionem especificamente para cada família. As decisões sobre o uso da tecnologia ficam mais complicadas à medida que as crianças deixam para trás a primeira infância. Por um lado, elas se tornam mais suscetíveis à pressão dos colegas. Por outro, é provável que a vida social delas passe a ser cada vez mais ligada à tecnologia. Além disso, é mais provável que os trabalhos escolares exijam acesso online.

- **Adie a compra de um smartphone para seu filho até pelo menos o oitavo ano do ensino fundamental.** No que diz respeito a criar os filhos, os smartphones são provavelmente os mais perniciosos de todos os dispositivos tecnológicos. Nós os carregamos para todos os lugares e os usamos em excesso. Ao fazer isso, fornecemos às Big Techs toneladas de informações sobre quem somos, os lugares aonde vamos, quem são nossos amigos e muito mais. Em troca, somos constantemente bombardeados com publicidade personalizada projetada para nos fisgar nos pontos onde somos mais vulneráveis. E, quanto mais usamos os smartphones, mais apegados a eles nos tornamos. Lembre-se: Bill Gates atrasou a compra dos smartphones de seus filhos até eles terem 14 anos.[7]

- **É melhor começar a pensar em como você lidará com a questão do smartphone quando seu filho estiver nos anos iniciais do ensino fundamental.** Visto que, conforme relatei no capítulo 7, quase 20% das crianças de 8 anos têm um smartphone (e há todos os motivos para acreditar que esse número aumentará), é melhor começar a planejar de que maneira você lidará com a probabilidade de seu filho pedir um muito antes de você estar pronto para lhe dar um.

- **É mais fácil adiar a compra de um smartphone para seu filho se as famílias dos amigos de seu filho estiverem fazendo o mesmo.** Em outras palavras, há força nos números. A organização Wait Until 8th [Espere até o oitavo ano] (www.waituntil8th.org) fornece uma grande quantidade de informações e recursos para ajudar você a reunir os pais e as mães dos amigos de seu filho e convencê-los a adiar a compra de um smartphone para as crianças até que elas cheguem ao oitavo ano do ensino fundamental.

- **Incentive as crianças a brincar com amigos na vida real. Lembre-se de que os jogos digitais estilo *"sandbox"* (que**

permitem que as crianças joguem remotamente com seus amigos), como Minecraft, Roblox e Fortnite, não substituem os jogos e brincadeiras presenciais com os amigos. Para começo de conversa, esses jogos não satisfazem a nossa necessidade básica de contato humano. Por outro lado, quando as crianças criam estruturas com blocos de montar de verdade ou estão correndo e fingindo lutar contra criaturas do espaço, a brincadeira em si e a devoção delas à brincadeira não sofrem monetização contínua. Sim, os brinquedos ou ferramentas que elas usam custam dinheiro. Mas a experiência real e concreta das crianças de brincar juntas não é monetizada o tempo todo. Não é interrompida pela publicidade. Ninguém rastreia todos os movimentos das crianças para transformá-las em alvos fáceis ou descobrir como mantê-las jogando por mais tempo. Crianças que se dedicam a jogos como Minecraft e Fortnite estão sujeitas a uma pressão contínua para comprar complementos digitais, como decorações para seus avatares ou pacotes de figurinhas para incrementar suas mensagens de texto.

- **Lembre-se de que redes sociais como Instagram e TikTok, que alegam restringir o acesso a crianças com menos de 13 anos, podem ser problemáticas até mesmo para adolescentes e adultos – portanto, é melhor manter longe delas as crianças mais novas.** Assim como muita coisa que a tecnologia oferece, esses sites até têm um potencial positivo. É verdade que são capazes de ajudar adolescentes marginalizados a encontrar conexões sociais, mas também podem ser extremamente problemáticos. Como são bons em capturar e prender nossa atenção, eles se prestam ao uso excessivo – e esse abuso está relacionado a altos índices de adolescentes com depressão, baixa autoestima e sentimentos negativos sobre o próprio corpo.[8] Há, ainda, outras complicações também.

Nas redes sociais é difícil separar a verdade da ficção, e as empresas de tecnologia ainda deixam a desejar nesse quesito. Além de serem primordialmente plataformas de publicidade para os usuários, também fomentam a inveja a partir do momento em que nos convidam a nos vendermos feito produtos para outros usuários. Se para nós, adultos, já é bastante difícil ter em mente que o que nós e nossos "amigos" postamos é uma versão selecionada e filtrada da vida, pensada para que o mundo nos veja como queremos ser vistos, é ainda mais difícil para as crianças que tendem a acreditar no que veem.

- **Por fim, sobre as versões infantis desses sites:** lembre-se de que os aplicativos para crianças do Facebook Messenger e do Instagram – proposta que no momento foi adiada – são concebidos para estimular as crianças a usarem os sites regulares, servindo à mesma função que os cigarrinhos de açúcar e chocolate serviam à Big Tobacco.

Se você deseja reduzir seu próprio tempo com a tecnologia

Antes de podermos ajudar as crianças a resistir à poderosa atração do entretenimento comercializado e baseado em tecnologia e ao consumismo que ele estimula, precisamos entender nossas próprias vulnerabilidades à tecnologia e ao comercialismo. É com o pai ou a mãe ou seus responsáveis mais próximos que as crianças aprendem a se orientar no mundo. Elas aprendem interagindo conosco, mas também observando nosso comportamento. Portanto, se quisermos reduzir ao mínimo o uso de tecnologia pelas crianças e se quisermos que elas usem tecnologia por uma decisão de sua própria vontade em vez de por força do hábito, precisamos limitar de forma consciente a quantidade de tempo que nós mesmos passamos com nossos dispositivos – sobretudo quando estamos com nossos filhos. Claro, não estou falando dos momentos em que o trabalho nos prende às telas. Mas precisamos analisar com honestidade as razões que nos levam a gastar tempo em demasia e desnecessariamente com tecnologia e descobrir como evitar ou mitigar essas situações.

- **Use um relógio de pulso "burro".** Uma característica brilhante, sedutora e problemática dos smartphones é que eles combinam muitos serviços em um único dispositivo. Assim que o pegamos na mão por qualquer motivo, inclusive para verificar a hora, é difícil não começar a navegar pelas redes sociais, responder a mensagens de texto ou verificar e-mails. Usar um relógio de pulso é uma maneira fácil de reduzir o número de vezes que você verifica seu celular. E sugiro usar um relógio "burro", do tipo que apenas marca as horas. Relógios "inteligentes" (smartwatches), que reproduzem os recursos fornecidos por smartphones, como acesso a aplicativos, internet, mensagens de texto e muito mais, são apenas mais um dispositivo projetado para capturar nossa atenção e nos vigiar.

- **Desative as notificações e alertas, pelo menos quando estiver com crianças.** Esses bipes e zumbidos que funcionam como alertas são projetados de modo a nos tragar para dentro de nossos celulares e nos afastar de todas as coisas que estivermos fazendo e de todas as pessoas com quem estivermos interagindo. E não apenas atrapalham nosso foco como também atrapalham o foco de todos ao nosso redor. Reflita profundamente sobre a exigência real de seu trabalho ou sua situação familiar para que você responda de imediato a mensagens de texto e e-mails. Uma mãe de dois meninos me contou como foi libertador desligar as notificações: "Agora sinto que estou no controle do meu celular, não que meu telefone está me controlando".

- **Esteja ciente de todas as vezes que você está propenso a verificar desnecessariamente seu celular e se esforce para resistir ao impulso.** Apenas tomar consciência de todas as vezes que você está prestes a fazer isso já é um passo para ganhar mais controle. Como sugere Danah Boyd, pesquisadora parceira da Microsoft: se você estiver com crianças e precisar verificar seu celular, diga a elas por que está fazendo isso. Por exemplo: "Estou esperando uma mensagem da mãe de seu amigo para ver a que horas podemos visitá-los". Boyd afirma: "Quando você começa a dizer em voz alta toda vez que olha para um dispositivo de tecnologia, também percebe a quantidade de tempo que está dedicando à tecnologia. E o quanto está normalizando esse tipo de coisa para seus filhos".[9]

Emily Cherkin, que trabalha com famílias que lutam com problemas de tempo de tela, aconselha: "Viva sua vida em voz alta".[10] Anunciar em voz alta o motivo de verificar o celular provavelmente também é um obstáculo que impedirá você de verificá-lo o tempo todo. Talvez seja constrangedor dizer às crianças: "Não sei por que estou fazendo isso, mas me sinto compelido" ou "Estou verificando quantas 'curtidas' a foto que postei no Instagram já teve".

- **Se você optar por ler em um *e-reader*, escolha um que seja exclusivamente para leitura e sem acesso a outras distrações digitais.** Pode ser difícil resistir à sedução do acesso imediato a todas as outras plataformas.

- **Encontre uma atividade sem celular para fazer quando estiver vendo as crianças brincarem sozinhas ou com amigos.** Viver com acesso constante a uma blitz de informações 24 horas por dia, sete dias por semana, tornou mais difícil tolerar a ideia de ficarmos sem fazer nada. Como descrevo no capítulo 7, nossos celulares podem ser tão absorventes que nos irritamos quando nossos filhos nos interrompem. Tente encontrar algo envolvente para fazer que o afaste do desejo de distração induzida por tecnologia. Se você gosta de fazer coisas manuais, pegue linhas para tricotar ou fazer crochê, um bloquinho para desenhar ou outros materiais de arte portáteis. Outra possibilidade é ter sempre à mão algo para ler que não seja seu celular ou tablet.

Ao tomar decisões para sua família sobre tecnologia e cultura comercial:

- **Pense sobre seus valores e prioridades e, na medida do possível, desenvolva um plano em torno da cultura tecnológica e comercial que reflita esses valores e prioridades.** Se você está criando filhos com um parceiro ou parceira, converse sobre como a tecnologia e a comercialização fortalecem ou prejudicam os valores que desejam transmitir a seus filhos. Tentem chegar a um acordo sobre o uso da tecnologia em casa, sejam coerentes e mantenham a constância na implementação de seu plano. As crianças se saem melhor quando as expectativas são coerentes, e é muito mais fácil obter coerência e constância em qualquer coisa relacionada à criação dos filhos quando os adultos responsáveis pela criação deles concordam com valores e prioridades.

- **Seja cético com relação aos conselhos sobre crianças e tecnologia apresentados por qualquer blog, especialista ou organização que aceite financiamento de empresas de tecnologia ou mídia.** Uma das consequências do financiamento corporativo de organizações sem fins lucrativos – nas áreas de saúde pública, defesa de direitos, alfabetização midiática, educação ou primeira infância, por exemplo – é que é potencialmente perigoso e até mesmo catastrófico morder a mão que alimenta. É possível que sugestões desse tipo sejam imparciais, mas também é possível que sejam influenciadas e enviesadas, de forma consciente ou inconsciente, por um desejo de não desagradar e afugentar seus financiadores corporativos. Os sites de muitas ONGs enumeram os nomes de seus principais financiadores – às vezes, essas listas aparecem como "parceiros" ou "apoiadores", ou estão disponíveis em relatórios publicados anualmente online.

- **Desconfie da conveniência.** É raro alguém que não opta, pelo menos de vez em quando, pela conveniência em vez das melhores práticas na criação dos filhos. E a conveniência é um dos principais atrativos dos dispositivos digitais, sobretudo para pais e mães pressionados por tempo, recursos e energia. Os dispositivos fornecem uma maneira rápida, fácil, multifuncional e completa de manter as crianças felizes e ocupadas, e nos dão tempo para fazer as coisas, relaxar ou conversar com nosso parceiro ou amigos. Mas a conveniência é uma espiral descendente, um caminho ladeira abaixo.

O problema de optar pela conveniência momentânea é que ela pode ter consequências inesperadas no futuro. Entregar celulares ou tablets nas mãos de bebês ou crianças pequenas a fim acalmá-los ou mantê-los ocupados talvez resolva um problema imediato, mas é fundamental ter em mente que esses dispositivos podem criar hábitos. Você está incentivando as crianças a precisarem de um dispositivo para se divertir ou se acalmar.

É verdade que as crianças tendem a ficar quietas e ocupadas por longos períodos quando utilizam dispositivos, o que pode facilitar as coisas no momento. Porém, adiar o máximo possível a introdução das crianças ao uso de dispositivos digitais – até o ponto em que isso fizer sentido para você – tornará a criação mais fácil no longo prazo. Seus filhos terão mais oportunidades de desenvolver estratégias para se acalmar e se divertir sem depender de aparelhos eletrônicos. Você evitará possíveis aborrecimentos relacionados a limites de tempo, exposição a publicidade irritante e intermináveis decisões sobre qual conteúdo é realmente apropriado.

- **Seja cético em relação ao mito vigente de que o uso precoce de dispositivos pelas crianças tornará a criação dos filhos mais fácil.** Josh Golin define assim a questão: "Muitas vezes, nas discussões sobre crianças pequenas, apresenta-se uma falsa dicotomia: ou você está no chão brincando com o filho ou, se você fizer uma pausa, ele vai para a tela. Nessa narrativa, as necessidades dos adultos que precisam de tempo para fazer outras coisas ou descansar estão em desacordo com a necessidade da criança de brincar offline".[11] O que falta ao cenário que Golin descreve é o fato de que muitas crianças são capazes de se ocuparem sozinhas sem telas. Procure ter à mão brinquedos e materiais adequados à idade e aos interesses de seu filho. Isso pode incluir, para citar apenas alguns exemplos, materiais de arte, livros, quebra-cabeças, coisas para construir, bonecas e bichos de pelúcia.
- **Crie algum tempo livre de tecnologia e sem comerciais para a família.** Faça das refeições em família sem tecnologia uma prioridade. Refeições sem dispositivos estimulam conversas sobre grandes e pequenos acontecimentos do dia a dia. Além de ajudar as crianças a adquirir o hábito de se separar dos dispositivos quando comem, mantê-las afastadas durante as refeições envia a mensagem de que o tempo com a família é mais importante

do que as distrações eletrônicas. Algumas famílias optam por estender o tempo livre de tecnologia além das refeições, reservando dias ou noites sem tecnologia para jogar baralho ou jogos de tabuleiro, montar quebra-cabeças, fazer caminhadas, ler em voz alta, ouvir ou tocar música, jogar bola ou fazer o que quiserem juntos.

- **Pense no seu espaço e em como você deseja que a tecnologia seja organizada em sua casa.** Tente não fazer da sua TV a peça central da sua casa. Se o espaço permitir, crie zonas livres de tecnologia e, independentemente disso, mantenha os dispositivos fora dos quartos das crianças. Dormir horas suficientes de sono é essencial para o desenvolvimento saudável das crianças e para o bem-estar dos adultos. Estudos e pesquisas sugerem fortemente que o uso de telas antes de dormir interfere no sono.[12] Algumas famílias definem um horário e um local específicos em que todos guardam seus dispositivos durante a noite.

- **Passe um tempo ao ar livre, livre de tecnologia.** Permita que as crianças tenham tempo livre em contato direto com a natureza – para brincar, conectar as emoções e os sentidos, fuçar, descobrir, criar e se maravilhar. Nosso objetivo deve ser ajudá-las a aprender a amar o mundo natural e a se conectar profundamente com ele. Usar a tecnologia para categorizar plantas e bichos e aprender fatos sobre a flora e a fauna pode ser divertido para as crianças, mas é algo que vocês podem fazer juntos quando chegarem em casa. Para crianças pequenas que vivenciam a natureza no momento, o mais importante ao encontrar um pássaro, por exemplo, é apreciar sua beleza ou a maravilha de ser capaz de voar e reconhecer a ave como uma criatura viva. Estudos e pesquisas sugerem que as crianças brincam de forma mais criativa nos espaços verdes, então deixe que construam coisas com paus e pedras e se deleitem na lama, areia e água.

- **Ofereça às crianças muitas oportunidades de criarem suas próprias soluções analógicas para enfrentar o tédio.** Se seus filhos já estão acostumados a recorrer a tablets ou celulares quando estão entediados, isso pode ser já de saída um baita desafio.

Talvez as crianças fiquem mal-humoradas e irritadas, o que é difícil para elas e para nós. Se seus filhos já estão acostumados a depender de telas para estímulo, a melhor maneira de iniciar o processo de desmame é primeiro planejar atividades sem tela e depois incentivar as crianças a escolher o que gostariam de fazer. No começo há dificuldades, mas, em última análise, as oportunidades de brincadeiras sem tela podem levar a todos os tipos de criatividade e ajudar as crianças a desenvolverem os recursos interiores para crescer, criar as próprias atividades, apreciar a própria companhia e não precisar constantemente de estimulação externa.

- **Tente encontrar outros pais e mães e comunidades cujas decisões sobre tecnologia estejam pelo menos no mesmo patamar que as suas.** É mais difícil resistir por conta própria às normas sociais. E é útil para seus filhos ter pelo menos um amigo cuja família adote regras semelhantes às suas em relação à tecnologia. Converse com outros pais e mães sobre o gerenciamento do uso que as crianças fazem da tecnologia. Compartilhe suas preocupações a respeito da questão. Nas escolas e comunidades há um número cada vez maior de bons livros e filmes disponíveis, excelentes trampolins para discussões sobre tecnologia, crianças e cultura comercializada.* Esses recursos não apenas aumentam e aprofundam a conscientização como também são uma ótima maneira de encontrar pais e mães que comungam de suas preocupações. Pelo menos enquanto seus filhos são pequenos, você pode definir algumas regras básicas compartilhadas para brincadeiras. Entre essas diretrizes você pode incluir a proibição de dispositivos digitais ou limites de tempo para seu uso, o veto a conteúdos violentos e muito mais.

- **Tente envolver toda a família.** É mais difícil manter seus filhos longe da tecnologia se os primos deles viverem grudados em aplicativos ou se os avós constantemente lhes entregarem smartphones para brincar. Tente conversar com os parentes

---

* Para sugestões de livros e filmes, consulte a página 275. [N.A.]

para ver se conseguem chegar a um acordo sobre como seus filhos passarão o tempo durante as visitas. Se isso não funcionar, você pode explicar a seus filhos que pessoas diferentes têm valores diferentes e, embora as regras sobre tecnologia possam ser diferentes na casa dos parentes, sua família tem suas próprias maneiras de administrar a tecnologia.

Ajude as crianças a resistirem a comportamentos e valores destrutivos induzidos pelo marketing

- **Lembre-se de que uma das consequências mais problemáticas de nossa cultura comercializada é que ela prospera ao exacerbar algumas das piores tendências humanas: inveja, egoísmo, impulsividade irrefletida e desrespeito ao bem comum.** Se queremos que nossos filhos absorvam atributos positivos como bondade, generosidade e altruísmo, é importante deixá-los acompanhar nossos esforços para levar uma vida que reflita esses valores. Algumas famílias envolvem seus filhos na entrega de doações a bancos de alimentos ou no voluntariado em centros que servem refeições para pessoas carentes. Se você doar dinheiro para instituições de caridade, envolva seus filhos no processo. Algumas famílias reservam uma noite da semana para apoiar causas, organizações e instituições que incorporam seus valores. Uma família que conheço recolhe itens como sapatos e livros de amigos ou vizinhos para doar a um abrigo municipal. Envolver as crianças em atos como esses pode levar a conversas e experiências transformadoras que nutrirão o senso de responsabilidade de seus filhos para com uma comunidade mais ampla.

- **Depois de começar a oferecer uma mesada, incentive as crianças a administrarem o dinheiro com cuidado.** Uma maneira de fazer isso com crianças pequenas é instruí-las a dividir seu dinheiro em três categorias designadas como "compartilhar" (dinheiro para doar para caridade), "poupar" (uma reserva para guardar e acumular aos poucos) e "gastar" (dinheiro para comprar coisas que elas possam querer de imediato).

- **Pense em maneiras de ajudar as crianças a encontrarem nas celebrações significados que se estendam além do aspecto comercial.** Feriados que envolvem trocas de presentes podem acabar perdendo suas raízes nas tradições espirituais ou culturais, sobretudo quando as crianças ficam soterradas na avalanche de mimos que recebem. Conte e reconte as histórias de origem dos feriados e cante canções festivas com as crianças. Junto de seus filhos, prepare alimentos que estejam ligados à sua família e às tradições culturais dos festejos. Desde cedo, inclua na lista presentes que estimulem passar tempo juntos e compartilhar experiências. Peça aos parentes que façam o mesmo.

Lembre-se de que, muitas vezes, menos é mais. As crianças pequenas podem ficar facilmente sobrecarregadas pelo excesso de estímulos, inclusive ao se depararem com uma tonelada de presentes. Ganhar presentes demais pode levar as crianças a se concentrarem apenas na emoção da aquisição, privando-as de oportunidades de prestar atenção ao que estão recebendo e se sentir gratas.

- **Lembre-se de que não há problema em dizer "não" às crianças, mas é importante reconhecer a validade dos desejos delas.** Tente evitar a tentação de ceder à importunação das crianças para que você compre coisas, pois isso só levará a mais amolação e mais compras. Tenha em mente, no entanto, que os sentimentos de desejo e anseio das crianças são concretos, assim como os nossos. É doloroso e frustrante quando os sentimentos que expressamos são menosprezados, ignorados, negados ou diminuídos por pessoas importantes em nossa vida. Mas validar os sentimentos de nossos filhos não significa que temos de atender a seus pedidos. Por exemplo, você pode dizer: "Eu sei que você quer muito ter isso, mas não vou comprar para você". E depois tente explicar suas razões para essa recusa.

Também é importante diferenciar a expressão do desejo por algo e a importunação, e vale a pena ajudar seus filhos a aprenderem a fazer isso. As crianças precisam se sentir à vontade para expressar seus desejos, por isso precisam saber que não há problema em pedir as coisas que elas desejam. E precisam também de limites claros e coerentes para aprender que choramingar e ter ataques de birra não é uma estratégia eficaz para conseguir o que querem.

- **Antes de levar as crianças às compras, incluindo o supermercado, avise-os com antecedência sobre o que vai comprar ou não ou quanto dinheiro está disposto a gastar.** Depois, atenha-se à sua decisão. Fica mais fácil para adultos e crianças se todos conhecerem as regras com antecedência.

- **Converse com as crianças sobre publicidade e marketing e compartilhe com elas o que você pensa a esse respeito.** Embora as crianças pequenas não consigam entender totalmente a intenção persuasiva da publicidade, começarão a absorver as atitudes que você tem acerca do tema. E apontar formas menos óbvias de publicidade, como colocação de produtos ou vídeos de *unboxing*, pode ajudar as crianças a pelo menos distinguir entre anúncios e outras formas de conteúdo. Reconheça que, quando seu filho é exposto a qualquer tipo de publicidade, digital ou não, é provável que passe a ter mais desejo por qualquer coisa que os anúncios estejam vendendo.

Assim como existem semelhanças e diferenças entre as crianças, entre as famílias também há. Algumas das sugestões aqui incluídas funcionarão para você e seus filhos, outras não. Escolha e selecione. O que é importante, no entanto, é reconhecer que as indústrias de tecnologia, brinquedos e entretenimento exercem um poder enorme na vida das crianças, que sua influência absoluta pode ser prejudicial e que medidas podem ser tomadas para ajudar seu filho a desenvolver um forte senso de identidade, de modo que não seja escravizado por interesses comerciais. O que é igualmente importante, e uma das principais razões pelas quais meus colegas e eu fundamos a Fair Play, é reconhecer que os filhos de outras pessoas também precisam de ajuda.

13

Fazer a diferença para as crianças do mundo todo

É extremamente fácil manipular as pessoas. Preocupam-me as formas como a tecnologia é e será usada para fins políticos ou comerciais. Uma vez que as máquinas são cada vez mais capazes de ler nossas emoções, saber o que estamos fazendo e nos levar a enviar mensagens para outras pessoas, será possível fazer acontecer quase de tudo. Eu só acho que isso é muito, muito assustador. O que podemos fazer por meio da educação e da legislação está se tornando cada vez mais importante.

Joseph Bates, cientista especializado em
inteligência artificial e empresário

Quando minha filha era pequena e fazia algo que para ela era difícil – uma caminhada muito longa ou um quebra-cabeça mais complicado –, eu conversava com ela sobre resiliência. Quando ouviu a palavra pela primeira vez, ela não conseguiu pronunciá-la direito e em vez disso trocou por "reticências". Desde então a palavra se tornou uma espécie de slogan para nós, um bordão no qual eu pensava com frequência durante meus quinze anos na Fair Play. Até hoje ouço ecos de "reticências, reticências, reticências" sempre que penso em trabalhar no combate ao marketing corporativo para crianças. Como a maioria das realizações dignas de valor, mudanças sociais significativas não ocorrem de modo fácil ou rápido.

Como o lucro é o elemento central para os conglomerados direcionados às crianças, está claro que não somos capazes de estancar

– nem sequer reduzir de maneira significativa – o marketing infantil sem regulamentação governamental nos níveis nacional, estadual e local. Porém, via de regra as políticas e práticas que promovem a justiça social não emanam do topo. Em uma sociedade em que os candidatos a cargos políticos dependem de doações corporativas para financiar suas campanhas, e as empresas de tecnologia e entretenimento gastam milhões todos os anos fazendo lobby junto aos representantes eleitos,[1] é improvável que propostas e projetos de legislação que ameacem os lucros corporativos se tornem lei efetivas sem os esforços da população, de baixo para cima, que comecem – muitas vezes com anos de antecedência – com algumas pessoas decidindo trabalhar juntas para corrigir alguns erros.

Repete-se com frequência uma citação atribuída à antropóloga cultural americana Margaret Mead: "Nunca duvide que um pequeno grupo de pessoas conscientes e engajadas possa mudar o mundo. De fato, sempre foi assim que o mundo mudou". Pense naqueles doze quakers na Inglaterra que, em 1797, decidiram acabar com a escravidão no Império Britânico. Eles levaram 41 anos, mas conseguiram.[2] Entre a Convenção de Seneca Falls (a primeira assembleia nacional dos direitos da mulher) em 1848 e a aprovação da Décima Nona Emenda, ratificada pelo Congresso em 1920, dando às mulheres nos Estados Unidos o direito de voto, se passaram 72 anos.[3] A revolta de Stonewall ocorreu em 1969, mas somente em 2015 o casamento entre pessoas do mesmo sexo foi legalizado em âmbito nacional.[4] Em seu belo livro *There Is a River* [Há um rio], Vincent Harding vincula o movimento pelos direitos civis do século XX às rebeliões a bordo de navios negreiros durante a terrível Passagem do Meio.[5,*]

A cultura digitalizada e comercializada de hoje é tão difundida, generalizada e poderosa que sua influência sobre os valores, a aprendizagem e os relacionamentos das crianças é uma séria ameaça – não apenas ao bem-estar das crianças que são seu alvo como também ao bem-estar da democracia e do planeta. Uma vez que reconhecemos que

---

* Travessia no Oceano Atlântico entre o oeste da costa africana e as Antilhas e as Bahamas, uma etapa da rota triangular de tráfico negreiro entre a Europa, África e América. [N.T.]

é inescrupuloso deixar as crianças desprotegidas contra a comunicação mercadológica, podemos tomar medidas no sentido da mudança.

Se e como você colocará em prática qualquer uma dessas medidas dependerá de seu tempo, recursos, paixões e inclinações. É, no entanto, um terrível erro permitir que as Big Techs e as grandes corporações tenham licença irrestrita para interferir nos relacionamentos, nos valores e nas aprendizagens das crianças ou em qualquer aspecto de seu desenvolvimento. As crianças precisam ser criadas por pessoas que as amam, em comunidades que as valorizam, não por entidades que lucram com a exploração comercial delas. Transformar crianças em alvos de marketing ameaça seu desenvolvimento saudável. Exacerba os problemas das crianças e das famílias cuja vida já suporta o peso do estresse e também cria novos problemas, mesmo para aqueles que são afortunados o suficiente para levar uma vida relativamente livre de estresse.

Como escrevi na introdução, hoje novas tecnologias se desenvolvem a uma velocidade vertiginosa, no contexto de pouca ou nenhuma regulamentação. Máquinas de inteligência artificial que operam com independência e autoridade cada vez maiores já tomam decisões capazes de alterar vidas – por exemplo, quais presidiários estão aptos a receber liberdade condicional.[6] E os robôs já servem como cuidadores e acompanhantes em asilos e casas de repouso.[7] Você já ouviu falar do Delphi, o computador que está sendo treinado para tomar decisões morais? Ainda em desenvolvimento, o software Delphi já está disponível online para que as pessoas enviem perguntas (aliás, ele *não* acha que o marketing para crianças seja uma questão moral – eu mesma o consultei!).

Não subestimo as poderosas forças empenhadas na manipulação de crianças para a obtenção de lucros. Entre elas incluem-se as maiores corporações do mundo, que de longa data têm os bolsos cheios e laços estreitos com formuladores de políticas públicas. A boa notícia para as pessoas interessadas em promover mudanças em nível nacional ou internacional é que organizações estabelecidas como as americanas Fair Play, Color of Change [Cor da mudança], Center for Digital Democracy [Centro para a democracia digital], o Instituto Alana no Brasil e a 5Rights Foundation [Fundação dos cinco direitos] no Reino Unido estão trabalhando, em separado e em conjunto, para modificar leis, políticas e práticas que favorecem as Big Techs e as grandes empresas em detrimento das crianças. Procure mais informações sobre essas e outras organizações da sua região para descobrir de que maneira você pode se envolver.

Ainda é um desafio e tanto, mas pode ser um pouco mais fácil para indivíduos ou pequenos grupos fazerem a diferença em nível local. Você está satisfeito com as políticas da escola de seu filho em relação à *edtech* ou ao comercialismo? A diretoria de ensino da sua região tem essas políticas? Pais e mães de todo o país obtiveram êxito no que diz respeito a impedir que as escolas de seus filhos usassem produtos tecnológicos projetados para direcionar publicidade às crianças ou invadir sua privacidade. Vejamos o caso de Nora Shine, por exemplo. Nora é psicóloga e faz parte da comissão escolar da cidade onde mora. Em 2021, ela encabeçou uma nova diretriz que impede que produtos de *edtech* sejam usados nas salas de aula do sistema escolar do município. Tudo começou com o Prodigy, o aplicativo *freemium* que descrevo no capítulo 10.

"Meus filhos estudam em uma escola pública em Massachusetts, na Diretoria Regional de Ensino de Acton-Boxborough", Nora explica. "Minha menina de 9 anos foi apresentada ao Prodigy na aula de matemática. Quando ela começou a me importunar para comprar uma assinatura *premium*, pedi que me mostrasse o jogo. Vi que o Prodigy não serve para aprender matemática. É basicamente um RPG, com personagens voando de um lado para o outro, batalhas e compras. Resolver alguns problemas simples de matemática para 'vencer' uma batalha não faz dele um jogo de matemática eficaz. Para mim, a pior parte foi que, assim como a minha filha, as crianças foram manipuladas para querer comprar uma assinatura *premium*. Fiquei imaginando a situação das crianças cujas famílias não podiam pagar.

"A primeira coisa que fiz foi conversar com a professora da minha filha. A resposta dela foi apenas que 'os alunos precisariam aprender a ignorar a publicidade'. Em seguida fui falar com o diretor da escola, que disse que 'os professores tinham liberdade para testar e experimentar os materiais de ensino a serem usados em suas salas de aula'. Ele sugeriu que levasse minhas preocupações ao nível da diretoria de ensino, e foi o que fiz. Aí descobri que nas diretorias regionais de ensino havia administradores que compartilhavam minhas preocupações sobre as empresas de *edtech* que vinham tirando proveito comercial das crianças.

Na verdade, esses administradores já estavam desenvolvendo uma política para expandir as proteções à privacidade dos alunos e melhorar a representação equitativa nos materiais de sala de aula.

"Trabalhei com o pessoal do distrito de ensino e da diretoria de ensino, instigando-os a empregar uma linguagem mais veemente em relação à publicidade invasiva e manipuladora a que os alunos eram submetidos. A comissão escolar aprovou nossa diretriz e agora começa o trabalho para garantir que os professores a sigam. Por conta de todos os novos truques usados pelas corporações, talvez não seja fácil. Mas espero que outras diretorias regionais de educação façam o mesmo."

Em seus esforços para banir de todas as escolas de sua diretoria de ensino o Prodigy e outros programas de *edtech* aproveitadores e interesseiros, Nora procurou também o apoio da Fair Play. Isso levou à queixa que a Fair Play e outros grupos de defesa dos direitos das crianças protocolaram junto à Comissão Federal de Comércio dos Estados Unidos (FTC) em 2021.

A preocupação de Nora era com a natureza inerentemente interesseira e aproveitadora do uso de um *freemium* como o Prodigy nas salas de aula. Alguns anos antes, Rachael Stickland encontrou um problema diferente de *edtech* na diretoria de ensino de seus filhos: uma proposta de plataforma administrativa baseada em nuvem chamada inBloom.

Em 2013, os filhos de Rachael estavam matriculados em uma escola do condado de Jefferson, no Colorado, quando ela soube que sua diretoria de ensino se inscreveu para servir de piloto de testes do projeto inBloom, a ferramenta de *edtech* de 100 milhões de dólares da Fundação Bill e Melinda Gates projetada para capturar, armazenar e agregar uma surpreendente variedade de dados de alunos, incluindo registros de disciplinas, histórico de saúde e registros de consultas a psicólogos e orientadores educacionais. O objetivo declarado do inBloom era fornecer um repositório que tornaria mais fácil para os professores atender às necessidades individuais de cada aluno, mas os dados coletados também seriam disponibilizados para outros fornecedores de *edtech* ávidos em vender seus produtos.[8]

Rachael afirmou: "Fiquei preocupada com a quantidade e a natureza dos dados que seriam coletados e quem teria acesso a eles. Não houve, com pais e mães, debate público, votação ou informações sobre a iniciativa, nem antes nem depois da decisão da diretoria de ensino assinar o acordo com a inBloom. Nos meses seguintes, entrei em contato com o superintendente, o conselho de educação, as lideranças da Associação de Pais e Mestres e o sindicato dos professores. Mas não consegui encontrar nenhum apoio em nível local.

"Entretanto, encontrei aliados em todo o país. Eram pais e mães que, como eu, queriam proteger a privacidade dos filhos. Trabalhamos juntos, compartilhamos recursos e buscamos ajuda e orientação de grupos de defesa como Class Size Matters [O tamanho das salas importa] e Fair Play. O apoio dessa comunidade me ajudou a envolver a imprensa, o que pressionou os funcionários da escola. No fim das contas, o inBloom tornou-se tão controverso que virou um problemão na eleição do conselho escolar naquele outono.

"Na noite em que os novos membros do conselho tomariam posse, os membros do conselho que estavam de saída votaram pela rejeição do inBloom, e o diretor de ensino anunciou sua renúncia ao cargo. Semanas depois, o Conselho de Educação do Estado do Colorado encerrou o acordo com o inBloom."

Felizmente, pequenos grupos de pais e mães estavam protestando contra o inBloom em todas as outras diretorias-piloto do país. Em muitas dessas diretorias de educação, os protestos tiveram tanto êxito em interromper a utilização da plataforma que a Fundação Gates decidiu encerrar o projeto em abril de 2014.[9]

Uma lição a ser aprendida com as experiências de Nora e Rachael é a importância de encontrar aliados. É difícil, quase sempre ineficaz e às vezes doloroso ser uma voz solitária pedindo mudança. Nora teve sorte. Embora a princípio a professora de sua filha e o diretor da escola tenham minimizado suas preocupações, Nora encontrou diretores de ensino que compartilhavam de sua inquietação e tinham o poder de fazer algo a respeito. A busca de Rachael por aliados foi mais difícil. De início ela não conseguiu encontrar nenhum apoio local para suas inquietações – nem de pais e mães tampouco de professores ou administradores. Em vez disso, encontrou aliados ao entrar em contato com os pais e mães que protestavam contra o projeto inBloom em outras diretorias-piloto. Além disso, Nora e Rachael procuraram organizações de âmbito nacional para obter apoio e orientação.

Hoje, sobretudo quando se trata de preocupações acerca do papel superdimensionado e pouco regulamentado que as Big Techs desempenham na vida das crianças, é mais fácil do que nunca encontrar aliados. Basta ver o exemplo da Screen Time Action Network [Rede de ação sobre o tempo de tela] da Fair Play, coalizão de mais de 1.600 organizações e indivíduos que trabalham para reduzir o excesso de tecnologia que prejudica as crianças. Você pode encontrar colegas, obter recursos, aprender com especialistas e descobrir maneiras de amplificar sua própria voz. Arregace as mangas e junte-se aos grupos de trabalho da rede para educadores, profissionais de saúde mental, defensores dos direitos dos pais e das mães e muito mais.

Você também pode organizar uma "semana sem telas" em sua comunidade, cidade, escola ou organização. É uma ótima maneira de aumentar a conscientização sobre o tempo excessivo de tela, encontrar pessoas que compartilham suas preocupações e ajudar as famílias que desejam reduzir o tempo com a tecnologia, mas ainda não deram os primeiros passos.*

Se a sua cidade ou comunidade ainda não tiver um grupo de defesa de direitos local, talvez seja hora de você criar o seu próprio grupo. Estamos em um momento fértil para todos os tipos de ativismo sobre essas questões. Isso significa que existem modelos para ajudá-lo, para que você não precise começar completamente do zero. Entre em contato com organizações existentes focadas em promover esforços locais, como a Turning Life On [Ligando a vida], em Massachusetts. Algumas organizações têm trabalhado com êxito junto a autoridades do governo estadual e local no sentido de aprovar leis e decretos. Isso é o que KK Myers e Maree Hampton conseguiram fazer. Eles se uniram em 2019 para fundar a LiveMore, ScreenLess [Mais vida, menos telas], organização sem fins lucrativos focada em trabalhar para e com jovens a fim de promover o bem-estar digital – o uso equilibrado e intencional da tecnologia.

Veterana professora de língua e literatura inglesa do ensino médio em Minnesota, KK percebeu uma mudança no comportamento e no bem-estar dos alunos depois de 2012, quando sua escola distribuiu um iPad para todos os alunos: "Nos anos seguintes, notei um drástico

---

* O site screenfree.org oferece informações, sugestões e materiais de apoio. [N.A.]

aumento nos problemas de saúde mental de meus alunos, em especial ansiedade e depressão. Em 2019, os relatórios do Levantamento Sobre o Corpo Discente de Minnesota, com dados sobre a saúde mental de alunos do ensino fundamental e médio do estado, confirmaram minhas observações. Mas foi a leitura do livro *iGen*, de Jean Twenge, que abriu meus olhos para as ligações entre a explosão de dispositivos digitais e os problemas que eu estava vendo.

"Maree Hampton e eu somos amigas há anos, e ela compartilha minhas preocupações. Marie é educadora em saúde, com vasta experiência em programas de promoção da saúde e desenvolvimento de jovens. Nós duas acreditamos, e os dados corroboram amplamente nossa convicção, que o uso excessivo e indevido do tempo de tela afeta a saúde, o bem-estar e a aprendizagem das crianças. Também estamos convencidas de que todos, incluindo os jovens, têm um papel relevante a desempenhar na promoção do bem-estar digital.

"Bem no início, formamos um conselho de jovens e criamos vídeos com alunos do ensino médio falando sobre como suas experiências com a mídias digitais afetavam seu bem-estar. Em janeiro de 2020, em um fórum dos condados de Minnesota, fizemos uma apresentação para autoridades eleitas sobre saúde mental de adolescentes. Em seguida, um legislador estadual nos procurou dizendo: 'Precisamos de um projeto de lei. Vocês podem redigir um?'. Não tínhamos a mínima ideia de como fazer esse tipo de coisa. Mas pesquisamos para aprender e mergulhamos de cabeça."

Em 2021, com autoria de representantes dos partidos Republicano e Democrata e copatrocinadores, o projeto de lei de bem-estar digital foi aprovado pela Câmara de Deputados de Minnesota, fornecendo 1 milhão de dólares ao longo de dois anos para o desenvolvimento, implementação e avaliação de quatro projetos para promover o bem-estar digital no estado: uma biblioteca online de recursos para pais e mães, educadores e jovens; uma campanha de comunicação em todo o estado; educação e formação de adultos; e um programa de educação e liderança entre pares criado para e com jovens a fim de apoiar o uso intencional e equilibrado de dispositivos digitais.

Uma coisa que me impressionou durante minha conversa com KK é que, embora ela e Maree compartilhem um objetivo comum, cada uma delas traz para o trabalho diferentes habilidades, experiências, redes de contatos e conhecimentos, o que beneficia a sua colaboração. Em meu trabalho construindo a Fair Play, descobri que ter uma ideia clara de minhas próprias forças e limitações significava que eu sabia quando as habilidades ou os conhecimentos de outra pessoa beneficiariam a organização. E descobri também que construir relacionamentos fora da organização era crucial – para divulgar nossa mensagem, para aprofundar minha compreensão dos problemas e para obter ajuda quando precisávamos.

Também fiquei impressionada com a reação de KK e Maree quando o legislador estadual lhes perguntou se já haviam redigido algum projeto de lei. Elas não tinham nenhuma experiência nessa área, mas isso não as deteve. Elas conseguiram encontrar a ajuda e o apoio de que precisavam para elaborar um projeto de lei. Poderíamos dizer que foi sorte terem encontrado um legislador que ouviu sua apresentação e reconheceu a necessidade de um projeto de lei, mas o mais importante é que elas tinham o comprometimento, a capacidade e a coragem para aproveitar ao máximo esse encontro fortuito.

Por fim, é impressionante que, desde o início, a LiveMore, ScreenLess tenha dado voz aos jovens. Toda vez que KK e Maree prestavam um depoimento em apoio ao projeto de lei do Bem-Estar Digital ou se reuniam com legisladores, levavam consigo membros do conselho de jovens, que contavam as próprias histórias sobre como o tempo de tela afetava sua vida. A autenticidade dos jovens que decidem falar sobre questões sociais que os afetam pode ser uma ferramenta poderosa e convincente. Não podemos esperar que crianças mais novas, cuja capacidade de pensamento abstrato e de controle de impulsos ainda está nos estágios iniciais de desenvolvimento, sejam capazes de analisar de forma crítica sua experiência com a tecnologia. Mas isso é possível para os adolescentes. Eles podem ser uma força potente e influente na educação de colegas, pais e crianças mais novas.

É promissor e animador que os adolescentes estejam falando com franqueza o que pensam e o que sentem e expressando suas próprias preocupações sobre a influência das Big Techs em sua vida.[10] Alguns jovens formaram seus próprios grupos de apoio e defesa de seus direitos, a exemplo do movimento Log Off [Desligue].[11] O fato de os jovens estarem trabalhando para resistir às práticas comerciais mais nocivas das principais empresas de tecnologia é bom para uma futura geração de adultos que reconheçam a importância de reduzir a influência das Big Techs na vida das crianças e queiram fazer algo a esse respeito.

É claro que a maioria das pessoas não tem tempo nem recursos para criar uma organização ou para se dedicar em tempo integral à defesa de direitos. Mas há muitas maneiras de se envolver, em vários níveis. Você pode ajudar a aumentar a conscientização acerca do tema convidando palestrantes ou realizando exposições e discussões de filmes ou vídeos relevantes em sua casa, escola, centro comunitário ou local de culto religioso. Se você tem fundos para fazer doações de caridade, pode apoiar grupos de defesa de direitos já atuantes, sobretudo os que adotam como política não aceitar financiamento corporativo. Todos eles trabalham à sua maneira para impedir que as Big Techs e as grandes empresas tirem proveito comercial das crianças. A maioria desses grupos de defesa de direitos se dedica à educação pública, e alguns deles organizam conferências para reunir indivíduos e entidades engajadas. Alguns trabalham em parceria com legisladores e junto a agências reguladoras e se envolvem em campanhas corporativas. Outros se concentram em ajudar pais e mães a administrarem o uso da tecnologia em sua família e apoiar atividades sabidamente benéficas para as crianças.

Se você pertence a uma organização profissional, trabalhe com colegas que pensem da mesma forma para tentar impedir que sua entidade receba financiamento de corporações ou, no mínimo, de empresas que lucram com o marketing direcionado às crianças. Parcerias entre corporações e organizações profissionais podem criar barreiras intransponíveis à mudança. Como é possível, por exemplo, que a Associação Nacional de Pais e Mestres (National PTA) assuma uma posição objetiva sobre os custos e benefícios da tecnologia educacional quando entre seus "orgulhosos patrocinadores nacionais" incluem-se o Google e o TikTok?[12] Sob o título "ofertas de adesão", o site da PTA declara que "não endossa nenhum tipo de comércio produto ou serviço comercial". No entanto, a frase seguinte afirma: "As empresas que fizerem uma contribuição financeira para a Associação Nacional de Pais e Mestres poderão ter direito a uma consideração promocional e, em alguns casos, poderão ter uso limitado das marcas e ativos da

PTA". A promoção de um produto, e mais ainda o uso de seu logotipo, não sinaliza um endosso?

Organizações profissionais nas áreas de saúde e educação fornecem um ótimo serviço criando materiais, ou distribuindo materiais existentes, que ajudam pais e mães e futuros pais e mães, bem como educadores e cuidadores de creches, a tomar decisões ponderadas e adequadas ao desenvolvimento das crianças sobre como os pequenos podem usar seu tempo. Um exemplo extraordinário é o recurso *Be Tech Wise with Baby!* [Tecnologia com sabedoria para os bebês], da Associação Americana de Fala, Linguagem e Audição (ASHA), que se concentra em como ajudar os bebês a desenvolverem habilidades de comunicação, incentiva os pais e as mães a conversarem com as crianças desde o nascimento e inclui sugestões para adiar a introdução ao tempo de tela.

Se você já estiver envolvido com uma igreja, sinagoga, mesquita ou templo, compartilhe suas preocupações com o clero ou líderes leigos. Os valores embutidos nas mensagens de marketing e fomentados pelas redes sociais, como materialismo, ganância, autoindulgência e submissão aos desejos, são opostos aos valores da maioria das religiões tradicionais. É por isso que há muito tempo fico surpresa e consternada diante da escassez de líderes religiosos e espirituais que tenham algum envolvimento ativo nos esforços para acabar com o marketing para crianças. Mas isso pode estar mudando.

Em janeiro de 2022, 75 líderes representando dez tradições religiosas e espirituais enviaram uma carta pública a Mark Zuckerberg em que pediam que encerrasse permanentemente a ideia de lançar uma versão do Instagram voltada para usuários jovens, porque a rede social "seria desastrosa para o desenvolvimento espiritual das crianças".[13]

A carta descreve ações em várias comunidades religiosas que refletem esse sentimento: "Os muçulmanos estão reduzindo o uso de smartphones durante o Ramadá, algumas escolas católicas estão proibindo as telas como modos de educação, os mosteiros estão realizando sessões de meditação sobre tecnologia e estado de atenção plena, as famílias judias estão praticando o sabá sem tela, e o papa Francisco alertou oficialmente a Igreja Católica sobre os impactos do tempo de tela. É inegável que nossas apreensões espirituais representam crenças sinceras, que em larga medida são comuns às comunidades de fé e devem ser devidamente levadas em consideração". Fiquei animada ao ver esses esforços. Assim como as organizações profissionais, as comunidades religiosas e espirituais ocupam uma posição propícia para facilitar os esforços das instituições de base e aumentar a conscientização pública.

Uma lição importante que aprendi durante o período em que atuei na Fair Play é a necessidade de articular uma visão positiva para o futuro, bem como uma crítica ao *status quo*. As pessoas me faziam perguntas como: "Qual é a diferença entre um mundo livre de marketing direcionado a crianças e o que temos agora?". Ou, de maneira mais franca: "Entendo que você é contra um bocado de coisas, mas você *é a favor do quê?*". Eis a minha resposta: sou a favor de um mundo onde as crianças sejam universalmente valorizadas por quem são, não por aquilo que elas ou seus pais e suas mães podem comprar. Onde os valores familiares e comunitários não competem mais com os valores comerciais por primazia na vida das crianças. Onde as crianças passam bastante tempo "no mundo real" com seus amigos e com os adultos que as amam e cuidam delas. Onde as amizades das crianças podem florescer sem interferência e monetização por empresas de tecnologia e mídia. Onde a programação de tecnologia e mídia é projetada para enriquecer a vida das crianças, não os cofres corporativos. Onde a experiência de contato das crianças com a natureza é real e sem a mediação de marcas. Onde as oportunidades de admiração são abundantes. Onde os conteúdos que as crianças aprendem na escola promovem aprendizagem, pensamento crítico e cidadania democrática, em vez de consumismo e lealdade irrefletida a marcas.[14]

Ao escrever este livro, tive a sorte de trocar ideias com todo tipo de pessoas sobre a influência das Big Techs e das grandes corporações na vida das crianças. Em longas e abrangentes conversas comigo, algumas pessoas compartilharam suas preocupações imediatas, outras admitiram suas preocupações em relação ao futuro. Um executivo de tecnologia me disse que é capaz de imaginar um futuro daqui a cinquenta anos, mas não além disso. Ele reconheceu que as máquinas nunca serão mais inteligentes do que os humanos, mas provavelmente se tornarão mais poderosas do que nós. Quando isso acontecer, ele não tem ideia de como será o mundo. Também não tenho.

Mas o que eu sei é que as crianças de hoje, vivendo como adultos neste mundo futuro, serão muito melhores se lhes dermos oportunidades que estimulem, frutifiquem e materializem em realidade concreta qualidades como curiosidade, empatia, bondade, criatividade, pensamento crítico e compaixão. Se elas aprenderem a enxergar e resistir às falsas promessas e danos ambientais do consumo induzido pelo marketing. Se forem capazes de reconhecer as importantes diferenças entre o mundo real e o que Mark Zuckerberg agora chamou de metaverso. Nenhuma dessas qualidades ou habilidades pode ser ensinada ou inspirada por corporações que buscam tirar proveito de crianças para obter lucro.

Impedir que as Big Techs e as grandes corporações comerciais transformem as crianças em alvos não é uma panaceia. Por si só, isso não acabará com a fome, com a pobreza ou com as guerras. Mas libertar as crianças dos ditames da cultura comercial proporcionará a milhões delas a chance de viver uma vida mais significativa e desenvolver os valores, habilidades e atributos de que precisam para prosperar no mundo que herdarão. É a infância que as crianças merecem.

POSFÁCIO

A vida continua. Livros acabam. Nos mundos sobrepostos das Big Techs e das grandes corporações, os acontecimentos evoluem (ou involuem) com uma rapidez surpreendente. Assim, poucas semanas depois de eu enviar para a editora o que deveria ser o manuscrito final deste livro, a União Europeia votou a favor de um marco de regulação mais rígido dos gigantes da tecnologia,[1] ainda que especialistas nos Estados Unidos expressem suas dúvidas de que o Congresso americano aprovaria qualquer um dos projetos de lei atuais com o mesmo objetivo.[2] Nesse meio-tempo, a Lego e a Epic Games, desenvolvedora do Fortnite, anunciaram sua nova parceria com a intenção de atrair crianças para o metaverso;[3] vieram à tona novas evidências que detalham o terrível desrespeito do Instagram ao bem-estar de crianças e adolescentes;[4] e as manchetes alardearam o aumento do número de jovens que resistem contra a tirania da tecnologia em sua vida.[5] Além disso, de acordo com um estudo do Centro Pew de Pesquisas, é maior o número de pais e mães de crianças pequenas preocupados com a quantidade de tempo que seus filhos passam com videogames e smartphones do que antes da covid-19.[6]

Quando este livro for publicado, o panorama da luta de longo prazo entre o que é melhor para os lucros corporativos e o que é melhor para as crianças terá mudado. Mas as questões subjacentes – os danos de mergulhar as crianças em uma cultura dominada pela ganância mesclada com tecnologias cada vez mais sedutoras – permanecem constantes. E também prevalece a mesma necessidade de fazer tudo o que pudermos para garantir que as corporações não sejam a força dominante a moldar o que as crianças aprendem, o que elas valorizam e o modo como se relacionam com as pessoas ao seu redor.

AGRADECIMENTOS

Sou profundamente grata a quatro colegas que também são bons amigos: Criscillia Benford, Angela Campbell, Josh Golin e Tim Kasser. Devo gratidão a cada um de vocês por seu olhar crítico, sua sabedoria, sua integridade e seu apoio infalível durante os altos e baixos de tornar este livro realidade.

Meu agradecimento às seguintes pessoas por lerem e comentarem os rascunhos à medida que o livro evoluía: Rheta Rubenstein, Grigory Tovbis, Lynda Paull, Ellen Bates-Brackett, Shaya Gregory-Poku, Ana Lucia Villela, Karen Motylewski, Shara Drew, Rachael Franz, Tamar Paull, Tara Grove, Faith Boninger, Ari Craine, Nora Shine, Rinny Yourman e Susan Wadsworth.

Muitas pessoas tiveram a generosidade de compartilhar comigo seus conhecimentos e experiências pessoais: Jean Rogers, David Monahan, Doug Gentile, Pamela Hurst-Della Pietra, Russell Banks, Joe Bates, Alvin Poussaint, Alice Hanscam, Genessa Trietsch, Brooke Lowenstein, Jenn Klepesch, Lauren Paer, Melinda Brown, Aliza Kopans, Suzanne Kopans, Sarah Stannard, Shaunelle Curry, Mindy Holohan, Frannie Shepherd-Bates, Paula Rees, Alissa Hoyt, Alex Stening, LeAnna Heinrich, Lisa Cline, Sara Stannard, Sharon Maxwell e Linda Zoe Podbros.

Foi um prazer trabalhar com toda a equipe da New Press [que publicou a edição original desta obra], em especial minha editora, Ellen Adler, que acreditou neste livro mesmo quando eu tinha dúvidas, e Emily Albarillo, Jay Gupta e Derek Warker. Agradeço ao meu agente,

Andrew Stuart, por seu apoio e sua orientação de longa data. Tive a sorte de contar com dois esplêndidos assistentes de pesquisa, Cecilia Wallace e Priscilla Okama. Alice Peck, Michelle Memran e Joe Kelly foram muito prestativos nos estágios iniciais da escrita. Agradeço especialmente a Alice por me ajudar a ver que existia mesmo um livro em meio à batelada de páginas que lhe enviei.

A equipe da Fair Play sempre foi generosa em sua disposição para responder a perguntas, oferecer sugestões e disponibilizar documentação sempre que precisei. Professores, pais e alunos da pré-escola Corner Co-op me receberam em diversas ocasiões para que eu pudesse observar as crianças brincando. Encontrei pela primeira vez a frase "Será isso esperança?" no boletim informativo *What a Day*, da Crooked Media [rede de mídia política progressista dos Estados Unidos], título que me pareceu especialmente adequado para o capítulo 11. Meu obrigada e um abraço a Sasha por torcer por mim quando precisei.

Por fim, sou grata ao Linden Place Pod: Sherry Steiner e David, Rhoda e Kara Trietsch, por proporcionarem boa conversa, boa comida e muita diversão durante nossos meses de confinamento.

SUGESTÕES PARA LER, VER E OUVIR

Para ler

Benjamin, Ruha. *Race After Technology*. Cambridge, Reino Unido: Polity Press, 2019.

Brickman, Sofia. *Baby Unplugged: One Mother's Search for Reason and Sanity in the Digital Age*. Nova York: HarperOne, 2021.

Cantor, Patricia A.; Cornish, Mary M. *Teachwise Infant and Toddler Teachers: Making Sense of Screen Media for Children Under Three*. Charlotte, Carolina do Norte: Information Age Publishing, 2016.

Clement, Joe; Miles, Matt. *Screen Schooled: Two Veteran Teachers Expose How Technology Overuse Is Making Our Kids Dumber*. Chicago: Chicago Review Press Incorporated, 2018.

Dunckley, Victoria L. *Reset Your Child's Brain: A Four-Week Plan to End Meltdowns, Raise Grades, and Boost Social Skills by Reversing the Effects of Electronic Screen-Time*. Novato, Califórnia: New World Library, 2015.

Ewen, Stuart. *Captains of Consciousness: Advertising and the Social Roots of the Consumer Culture*. Nova York: McGraw-Hill, 1977.

Freed, Richard. *Wired Child: Debunking Popular Technology Myths*. North Charleston, Carolina do Sul: CreateSpace Independent Publishing, 2015.

Gonick, Larry; Kasser, Tim. *Hyper-Capitalism: The Modern Economy, Its Values, and How to Change Them*. Nova York: New Press, 2018.

Hains, Rebecca C.; Jennings, Nancy A. (Orgs.). *The Marketing of Children's Toys*. Cham, Suíça: Palgrave Macmillan, 2021.

Harding, Vincent. *There Is a River: The Black Struggle for Freedom*. Nova York: Harcourt Brace Jovanovich, 1981.

Hill, Jennifer. *How Consumer Culture Controls Our Kids: Cashing in on Conformity*. Santa Barbara, Califórnia: Praeger, 2016.

Hochschild, Adam. *Bury the Chains: Prophets and Rebels in the Fight to Free an Empire's Slaves*. Boston: Houghton Mifflin, 2005.

Kasser, Tim. *The High Price of Materialism*. Cambridge, Massachusetts: MIT Press, 2003.

Linn, Susan. *The Case for Make Believe: Saving Play in a Commercialized World*. Nova York: New Press, 2008. [Ed. bras.: *Em defesa do faz de conta: preserve a brincadeira em um mundo dominado pela tecnologia*. Trad. Débora Guimarães Isidoro. Rio de Janeiro: BestSeller, 2010.]

Linn, Susan. *Consuming Kids: The Hostile Takeover of Childhood*. Nova York: New Press, 2004. [Ed. bras.: *Crianças do consumo: a infância roubada*. Trad. Cristina Tognelli. São Paulo: Instituto Alana, 2006.]

Molnar, Alex; Boninger, Faith. *Sold Out: How Marketing in School Threatens Children's Well-Being and Undermines Their Education*. Lanham, Maryland: Rowman e Littlefield, 2015.

Noble, Safiya Umoja. *Algorithms of Oppression: How Search Engines Reinforce Racism*. Nova York: New York University Press, 2018. [Ed. bras.: *Algoritmos da opressão: como o Google fomenta e lucra com o racismo*. Trad. Felipe Damorim. Rio de Janeiro: Rua do Sabão, 2021.]

Norris, Trevor. *Consuming Schools: Commercialism and the End of Politics*. Toronto: University of Toronto Press, 2011.

Plante, Courtney; Anderson, Craig A.; Allen, Johnie J.; Groves, Christopher L.; Gentile, Douglas A. *Game On! Sensible Answers About Video Games and Media Violence*. Ames, Iowa: Zengen, 2007.

Schor, Juliet B. *Born to Buy: The Commercialized Child and the New Consumer Culture*. Nova York: Scribner, 2004.

Turkle, Sherry. *Alone Together: Why We Expect More from Technology and Less from Each Other*. Nova York: Basic Books, 2011.

Turkle, Sherry. *Reclaiming Conversation: The Power of Talk in a Digital Age*. Nova York: Penguin, 2015.

Wu, Tim. *The Attention Merchants: The Epic Scramble to Get Inside Our Heads*. Nova York: Knopf, 2016.

Zomorodi, Manoush. *Bored and Brilliant: How Spacing Out Can Unlock Your Most Productive and Creative Self*. Nova York: St. Martin's Press, 2017.

Zuboff, Shoshana. *The Age of Surveillance Capitalism: The Fight for a Human Future at the New Frontier of Power*. Londres: Profile, 2019. [Ed. bras.: *A era do capitalismo de vigilância: a luta por futuro humano na nova fronteira do poder*. Trad. George Schlesinger. Rio de Janeiro: Intrínseca, 2021.]

Para ver
(documentários)

Coded Bias. Direção: Shalini Kantayya. Nova York: 7th Empire Media, 2020. (86 min.)

O Dilema das redes. Direção: Jeff Orlowski-Yang. Boulder, Colorado: Exposure Labs, 2020. (94 min.)

The Illusionists. Direção: Elena Rossini. Northampton, Massachusetts: Media Education Foundation (distribuidor), 2015. (84 min.)

The No Good, Very Bad Truth About the Internet and Our Kids. Produtores: Adam Westbrook, Lucy King e Emily Holzknetch. 2021, *The New York Times*. (10 min.) Disponível em: https://www.youtube.com/watch?v=d6G3QNPQy80. Acesso em: 11 mai. 2023.

Para ouvir
(podcasts em inglês)

Unplug and Plug In. Apresentadora: Lisa Honold. Disponível em: podcasts.apple. com/us/podcast/unplug-and-plug-in/id1561352061; acesso em: 11 mai. 2023.

Unruffled. Apresentadora: Janet Lansbury. Disponível em: www.janetlansbury. com/podcast-audio; acesso em: 11 mai. 2023.

Defending the Early Years. Apresentadora: Kisha Reid. Disponível em: dey.org/ early-childhood-education-podcasts; acesso em: 11 mai. 2023.

NOTAS

Nota ao leitor

Seth Godin, *All Marketers Are Liars: The Power of Telling Authentic Stories in an Untrusting World*. Nova York: Portfolio, 2005, p. 8. [Ed. bras.: *Todo marqueteiro é mentiroso! A verdade como um diferencial de vendas: o perigo dos exageros na comunicação*. Trad. Ricardo Bastos Vieira. Rio de Janeiro: Editora Elsevier, 2005.]

[1] Aaron Rupar, "Trump's Friday Night Effort to Weaponize Coronavirus Against His Enemies Has Already Aged Poorly". *Vox*, 29 fev. 2020.

[2] Coletiva de imprensa na Casa Branca, "Remarks by President Trump, Vice President Pence, and Members of the Coronavirus Task Force in Press Briefing", Casa Branca, 24 mar. 2020, trumpwhitehouse.archives.gov/briefings-statements/remarks-president-trump-vice-president-pence-members-coronavirus-task-force-press-briefing-10.

[3] Uma excelente síntese dos danos que a publicidade e o marketing causam às crianças negras e pardas pode ser encontrado em "Black Childhood Matters" [A infância negra importa], Campanha por uma Infância Livre de Comercialismo, commercialfreechild hood.org/black-childhood-matters.

[4] Safiya Umoja Noble, *Algorithms of Oppression: How Search Engines Reinforce Racism* (Nova York: New York University Press, 2018); Ruha Benjamin, *The New Jim Code* (Cambridge: Polity Press, 2019).

Introdução

Crianças e Telas, "Ask the Experts: Advertising and Kids: Let's Take a (Commercial) Break", vídeo do YouTube, 27 nov. 2020, www.youtube.com/watch?-v=lJyDLN4rkbY.

[1] Tamar Lewin, "No Einstein in Your Crib? Get a Refund", *The New York Times*, 24 out. 2009.

[2] Sara Miller Llana, "Have the Heirs of Barbie Hit Limit for Risqué Dolls?", *Christian Science Monitor*, 26 maio 2006.

[3] "NFL Informs Health Advocacy Groups It Will Curb Fantasy Football Marketing to Young Kids", Fair Play (blog), 13 jul. 2016, Fair Playforkids.org/nfl-informs-health-advocacy-groups-it-will-curb-fantasy-football-marketing-young-kids.

[4] Natasha Singer, Jack Nicas e Kate Conger, "YouTube Said to Be Fined Up to $200 Million for Children's Privacy Violations", *The New York Times*, 30 ago. 2019.

[5] Sheri Madigan *et al.*, "Association Between Screen Time and Children's Performance on a Developmental Screening

Test", *JAMA Pediatrics* 173, n. 3 (1º mar. 2019), pp. 244-250; Yolanda (Linda) Reid Chassiakos *et al.*, "Children and Adolescents and Digital Media", *Pediatrics* 138, n. 5 (1º nov. 2016).

6 "Self-Generated Child Sexual Abuse Material: Attitudes and Experiences in 2020", Thorn, 14 nov. 2021, info.thorn. org/hubfs/Research/SGCSAM_Attitudes&Experiences_YouthMonitoring_FullReport_2021.pdf; acesso em: 11 mai. 2023.

7 Mary Beth Quirk, "Park Service Approves Policy That Allows Corporate Names Inside National Parks", *Consumerist*, 4 jan. 2017, consumerist.com/2017/01/04/park-service-approves-proposal-to-allow-ads-inside-national-parks.

8 Tim Kasser, *The High Price of Materialism* (Cambridge: MIT Press, 2002).

9 Juliet Schor, "How Consumer Culture Undermines Children's Well-Being", in: *Born to Buy: The Commercialized Child and the New Consumer Culture* (Nova York: Simon and Schuster, 2004), p. 141; Tim Kasser, "Frugality, Generosity, and Materialism in Children and Adolescents", in: *What Do Children Need to Flourish?*, Kristen Anderson Moor e Laura Lippman (Org.) (Nova York: Springer, 2005), p. 371.

10 Alex Hern, "CloudPets Stuffed Toys Leak Details of Half a Million Users", *The Guardian*, 28 fev. 2017; Lorenzo Franceschi-Bicchierai, "Hacker Obtained Children's Headshots and Chatlogs from Toymaker Vtech", *Vice*, 30 nov. 2015.

Capítulo 1: Do que as crianças precisam e por que as corporações não são capazes de fornecer o que é necessário

Kathy Hirsh-Pasek, citada em *Brain Matters: Putting the First Years First*, direção de Carlota Nelson, brainmattersfilm.com, 2019.

1 Susan Linn, Joan Almon e Diane Levin, *Facing the Screen Dilemma: Young Children, Technology and Early Education* (Boston: Campanha por Uma Infância Livre de Comercialismo; Nova York: Aliança para a Infância, 2012), PDF.

2 Nicholas Carr, *The Shallows: What the Internet Is Doing to Our Brains* (Nova York: Norton, 2010), p. 34. [Ed. bras.: *A geração superficial: o que a internet está fazendo com os nossos cérebros*. Trad. Mônica Gagliotti Fortunato Friaça. Rio de Janeiro: Agir, 2011.]

3 Academias Nacionais de Ciências, Engenharia e Medicina, *Communities in Action: Pathways to Health Equity* (Washington, DC: The National Academies Press, 2017).

4 The NPD Group (empresa americana de pesquisa de mercado), Retail Tracking Service [Serviço de Rastreamento de Varejo], Estados Unidos.

5 Alexander Kunst, "Available Toys for Children in the Household in the U.S." (Statista, 6 jan. 2020).

6 Ver Susan Linn, *The Case for Make Believe: Saving Play in a Commercialized World* (Nova York: New Press, 2008), pp. 66-67.

7 Linn, *The Case for Make Believe*, p. 68.

8 Jack P. Shonkoff e Deborah A. Phillips (Orgs.). From Neurons to Neighborhoods: The Science of Early Childhood Development (Washington, DC: National Academy Press, 2000); Kenneth R. Ginsburg, "The Importance of Play in Promoting Healthy Child Development and Maintaining Strong Parent-Child Bonds", *Pediatrics*, 119, n. 1 (1º jan. 2007), pp. 182-191, doi.org/10.1542/peds.2006-2697.

9 Walter Loeb, "Geoffrey's Hot Toy List Kicks Off Holiday Sales at Macy's and Toys 'R' Us", *Forbes*, 28 set. 2021.

10 Liza Corsillo, "The Top Holiday Toys to Buy Before They Sell Out, According to Toy Experts", *Strategist*, 1º out. 2021, nymag.com/strategist/article/top-kids-toys-for-christmas-2021.html.

11 Paul K. Piff *et al.*, "Awe, the Small Self, and Prosocial Behavior", *Journal of*

12. *Personality and Social Psychology*, 108, n. 6 (jun. 2015), pp. 883-899, doi. org/10.1037/pspi0000018.

12. Walter Isaacson, *Einstein: His Life and Universe* (Nova York: Simon and Schuster, 2007), 13. [Ed. bras.: *Einstein: sua vida, seu universo*. Trad. Celso Nogueira, Isa Mara Lando, Fernanda Ravagnani e Denise Pessoa. São Paulo: Companhia das Letras, 2007.]

13. Abraham J. Heschel, *Who Is Man?* (Stanford, Califórnia: Stanford University Press, 1965), pp. 81-93.

14. Trechos dos últimos três parágrafos apareceram em *The Case for Make Believe: Saving Play in a Commercialized World* (*Em defesa do faz de conta: preserve a brincadeira em um mundo dominado pela tecnologia*), pp. 193-196.

15. Melanie Rudd, Kathleen D. Vohs e Jennifer Aaker, "Awe Expands People's Perception of Time, Alters Decision Making, and Enhances Well-Being", *Psychological Science* 23, n. 10 (ago. 2012), pp. 1130-1136; Paul K. Piff *et al.*, "Awe, the Small Self, and Prosocial Behavior", *Journal of Personality and Social Psychology* 108, n. 6 (2015), pp. 883-899; Nora Davis, "The Role of Transcendent Nature and Awe Experiences on Positive Environmental Engagement" (tese de doutorado, Universidade da Califórnia, Irvine, 2016).

16. Dachar Keltner, *Born to Be Good: The Science of a Meaningful Life* (Nova York: W.W. Norton, 2009), p. 268.

17. Rachel Carson, *The Sense of Wonder* (Nova York: Harper and Row, 1998), p. 55.

18. Fred Rogers, *Mister Rogers' Neighborhood* (7 abr. 1970), episódio 1112, www. neighborhoodarchive.com/mrn/episodes/1112/index.html.

19. Fred Rogers, *Mister Rogers' Neighborhood* (14 maio 1985), episódio 1547, www.neighborhoodarchive.com/mrn/episodes/1547/index.html.

20. Organização Mundial da Saúde – Escritório Regional para a Europa, *Environmental Noise Guidelines for the European Region* [Diretrizes de ruído ambiental para a região europeia] (2018), www.who.int/europe/publications/i/item/9789289053563.

21. Conselho de Direitos Humanos das Nações Unidas, "Special Rapporteur on Torture and Other Cruel, Inhuman or Degrading Treatment or Punishment" [Relator Especial sobre tortura e outros tratamentos ou penas cruéis, desumanas ou degradantes] (Relatório do Relator Especial, 43ª Sessão, versão editada antecipada, 20 mar. 2020), p. 8.

22. Jennifer L. Harris *et al.*, *Fast Food FACTS 2021: Billions in Spending, Continued High Exposure by Youth* (Storrs, Connecticut: Centro Ruud para Políticas de Alimentação e Obesidade da Universidade de Connecticut, jun. 2021), PDF.

23. Craig A. Anderson e Brad J. Bushman, "Effects of Violent Video Games on Aggressive Behavior, Aggressive Cognition, Aggressive Affect, Physiological Arousal, and Prosocial Behavior: A Meta-Analytic Review of the Scientific Literature", *Psychological Science* 12, n. 5 (set. 2001), pp. 353-359; Anna T. Prescott, James D. Sargent e Jay G. Hull, "Meta-Analysis of the Relationship Between Violent Video Game Play and Physical Aggression over Time", *Proceedings of the National Academy of Sciences* 115, n. 40 (out. 2018), pp. 9882-9988.

24. Meus livros *Crianças do consumo* e *Em defesa do faz de conta* têm capítulos dedicados ao tema da sexualização. Ver também Diane Levin e Jean Kilbourne, *So Sexy So Soon: The New Sexualized Childhood and What Parents Can Do About It* (Nova York: Ballantine Books, 2009); Peggy Ornstein, *Cinderella Ate My Daughter: Dispatches from the Front Lines of the New Girlie-Girl Culture* (Nova York: HarperCollins, 2011); Sharon Lamb e Lynn Mikkel Brown, *Packaging Girlhood: Rescuing Our Daughters from Marketers' Schemes* (Nova York: St. Martin's, 2007).

25. Um exemplo desse exercício pode ser encontrado em um vídeo da minha

palestra no primeiro TEDxPittsburgh, gravado em 14 nov. 2009, disponível no YouTube, www.youtube.com/watch?-v=8huWSQKnllE&t=7s.

26 Patricia Marks Greenfield *et al.*, "The Program-Length Commercial", in: *Children and Television: Images in a Changing Sociocultural World*, Gordon Berry e Joy Keiko Asamen (Eds.) (Newbury Park, Califórnia: Sage, 1993), pp. 53-72.

27 Jennifer M. Zosh *et al.*, "Talking Shape: Parental Language with Electronic Versus Traditional Shape Sorters", *Mind, Brain, and Education* 9, n. 3 (2015), pp. 136-144.

28 *Encyclopaedia Britannica Online*, s.v. "Hello Kitty", 28 ago. 2014.

29 Kyung Hee Kim, "The Creativity Crisis: The Decrease in Creative Thinking Scores on the Torrance Tests of Creative Thinking", *Creativity Research Journal* 23, n. 4 (1º out. 2011), pp. 285-295.

30 Dale Kunkel, "Children and Television Advertising", in: *Handbook of Children and the Media*, Dorothy G. Singer e Jerome L. Singer (Org.) (Thousand Oaks, Califórnia: Sage, 2001), pp. 387-388; Irvin Molotsky, "Reagan Vetoes Bill Putting Limits on TV Programming for Children", *The New York Times*, 7 nov. 1988.

31 D. C. Dennison, "The Year of Playing Dangerously", *The Boston Globe Magazine*, 8 dez. 1985, pp. 14-16.

Capítulo 2: No jogo com as grandes corporações tecnológicas, quem ganha?

Adam Alter, *Irresistible: The Rise of Addictive Technology and the Business of Keeping Us Hooked* (Nova York: Penguin, 2017), p. 8. [Ed. bras.: *Irresistível – Por que você é viciado em tecnologia e como lidar com ela*. Trad. Cássio de Arantes Leite. Rio de Janeiro: Objetiva, 2018.]

1 "Real Time Billionaires" *Forbes*, www.forbes.com/real-time-billionaire. Estes dados em tempo real são atualizados a cada cinco minutos diariamente quando do se abrem os mercados de ações. Da primeira vez que verifiquei, em nov. 2020, Jeff Bezos e Bill Gates estavam em primeiro e segundo lugares, respectivamente, e Mark Zuckerberg em quarto. Em mar. 2022, Mark Zuckerberg caiu pelas tabelas, e Elon Musk, Jeff Bezos e Bill Gates ocupavam a primeira, segunda e quarta posições, respectivamente.

2 Ver, por exemplo, *American Heritage Medical Dictionary* (Boston: Houghton Mifflin, 2007), medical-dictionary.thefreedictionary.com/technophobe; *Cambridge English Dictionary*, Cambridge University Press, dictionary.cambridge.org/dictionary/nstagr/technophobe; Merriam-Webster.com Dictionary, Merriam-Webster, www.merriam-webster.com/dictionary/technophobia.

3 Rachel Rabkin Peachman, "Mattel Pulls Aristotle Children's Device After Privacy Concerns", *The New York Times*, 5 out. 2017.

4 Rachel Peachman.

5 Rachel Peachman.

6 Rachel Peachman.

7 Harry Harlow e Robert R. Zimmermann, "Affectional Responses in the Infant Monkey", *Science* 130, n. 3373 (1959), pp. 421-432, www.jstor.org/stable/1758036.

8 Lauren Slater, "Monkey Love: Harry Harlow's Classic Primate Experiments Suggest That to Understand the Human Heart You Must Be Willing to Break It", *The Boston Globe*, 21 mar. 2004.

9 Felix Gillette, "Bringing Home Baby's First Virtual Assistant", *Bloomberg*, 3 jan. 2017.

10 "Mattel's Nabi Brand Introduces First-Ever Connected Kids Room Platform in Tandem with Microsoft and Qualcomm – Aristotle Mattel, Inc.", corporate.mattel.com/news/mattel-s-nabiR-brand-introduces-first-ever-connected-kids-room-platform-in-tandem-with-microsoft-and-qualcomm-aristotleTM [sem acesso].

11 "Experts and Advocates Ask Mattel to Stop AI 'Aristotle' from Spying on Babies

and Kids", *Fair Play* (blog), 9 maio 2017, Fair Playforkids.org/experts-and-advocates-ask-mattel-stop-ai-aristotle-spying-babies-kids; "Advocates Commend Mattel for Scrapping 'Aristotle' AI Device for Babies and Children", *Fair Play* (blog), 27 out. 2017, Fair Playforkids.org/advocates-commend-mattel-scrapping-aristotle-ai-device-babies-children; Rabkin Peachman, "Mattel Pulls Aristotle Children's Device After Privacy Concerns".

[12] Carta do senador Ed Markey e do deputado Joe Barton a Margaret H. Georgiadis, CEO da Mattel, 28 set. 2017, www.markey.senate.gov/imo/media/doc/Mattel%20letter.pdf [sem acesso].

[13] Rabkin Peachman, "Mattel Pulls Aristotle Children's Device After Privacy Concerns".

[14] Jonathan B. Wiener e Michael D. Rogers, "Comparing Precaution in the United States and Europe", *Journal of Risk Research*, 5, n. 4 (2002), pp. 317-349.

[15] Comissão Mundial sobre a Ética do Conhecimento Científico e Tecnológico, *The Precautionary Principle* (Paris: Unesco, 2005), p. 14.

[16] Para uma excelente discussão sobre o impacto da mídia e da violência midiática, incluindo videogames violentos, nas crianças, ver Courtney Plante *et al.*, *Game On! Sensible Answers About Video Games and Media Violence* (Ames: Zengen, 2020). Também: Craig A. Anderson *et al.*, "Violent Video Game Effects on Aggression, Empathy, and Prosocial Behavior in Eastern and Western Countries: A Meta-Analytic Review", *Psychological Bulletin*, 136, n. 2 (mar. 2010), pp. 151-173; Craig A. Anderson *et al.*, "Media Violence and Other Aggression Risk Factors in Seven Nations", *Personality and Social Psychology Bulletin*, 43, n. 7 (jul. 2017), pp. 986-998.

[17] Anderson *et al.*, *Personality and Social Psychology Bulletin*, 136, pp. 151-173.

[18] Victoria Rideout e Michael B. Robb, *The Common Sense Census: Media Use by Kids Age Zero to Eight* (São Francisco: Common Sense Media, 2020), p. 3.

[19] Victoria Rideout e Michael B. Robb, *The Common Sense Census: Media Use by Tweens and Teens* (São Francisco: Common Sense Media, 2019).

[20] Rideout e Robb, *Media Use by Tweens and Teens*, p. 3.

[21] Rideout e Robb, *Media Use by Tweens and Teens*, p. 25; Rideout e Robb, *Media Use by Kids Age Zero to Eight*, p. 18.

[22] Matt Richtel, "Children's Screen Time Has Soared in the Pandemic, Alarming Parents and Researchers", *The New York Times*, 16 jan. 2021.

[23] *Holding Big Tech Accountable: Legislation to Build a Safer Internet: Hearings Before the Subcommittee on Consumer Protection and Commerce of the Committee on Energy and Commerce* [Responsabilizando as Big Techs: Legislação para construir uma internet mais segura: audiências perante o Subcomitê de Proteção ao Consumidor e Comércio do Comitê de Energia e Comércio], *117º sessão do Congresso* (2021) (depoimento por escrito de Josh Golin, diretor-executivo da Fair Play).

[24] Rideout e Robb, *Media Use by Kids Age Zero to Eight*, p. 4.

[25] Associação Nacional para a Educação de Crianças Pequenas e Centro Fred Rogers, "Technology and Interactive Media as Tools in Early Childhood Programs Serving Children from Birth through Age 8, National Associate for the Education of Young Children", jan. 2012, www.naeyc.org/sites/default/files/globally-shared/downloads/pdfs/resources/position-statements/ps_technology.pdf.

[26] Rideout e Robb, *Media Use by Kids Age Zero to Eight*, p. 4.

[27] Anne Fernald, Virginia A. Marchman e Adriana Weisleder, "SES Differences in Language Processing Skill and Vocabulary Are Evident at 18 Months", *Developmental Science*, 16 (2013), pp. 234-248, doi:10.1111/desc.12019; K. Ashana Ramsook, Janet A. Welsh e Karen L. Bierman, "What You Say, and How You Say It: Preschoolers' Growth

in Vocabulary and Communication Skills Differentially Predict Kindergarten Academic Achievement and Self-Regulation", *Social Development*, 29, n. 3 (2020), pp. 783-800, doi.org/10.1111/sode.12425.

28 Roberta Michnick *et al.*, "(Baby) Talk to Me: The Social Context of Infant-Directed Speech and Its Effects on Early Language Acquisition", *Current Directions in Psychological Science*, 24, n. 5 (1º out. 2015), pp. 339-344, journals-sagepub-com.ezp-prod1.hul.harvard.edu/doi/10.1177/0963721415595345 [acesso restrito].

29 Patricia K. Kuhl, Feng-Ming Tsao e Huei-Mei Liu, "Foreign-Language Experience in Infancy: Effects of Short-Term Exposure and Social Interaction on Phonetic Learning", *Proceedings of the National Academy of Sciences*, 100, n. 15 (22 jul. 2003), pp. 9096-9101, doi.org/10.1073/pnas.1532872100.

30 "Be Tech Wise with Baby! Create a Healthy Technology Environment for Your Baby to Thrive", Associação Americana de Fala, Linguagem e Audição e Campanha por uma Infância Livre de Comercialismo, 2020, screentimenetwork.org/sites/default/files/resources/Be%20Tech%20 Wise%20With%20 Baby%20final%20Engish.pdf.

31 Jenny Radesky *et al.*, "Maternal Mobile Device Use During a Structured Parent-Child Interaction Task", *Academic Pediatrics*, 15, n. 2 (1º mar. 2015), pp. 238-244.

32 Sherry Madigan *et al.*, "Associations Between Screen Use and Child Language Skills: A Systematic Review and Meta-Analysis", *JAMA Pediatrics*, 174, n. 7 (23 mar. 2020): 665-675, doi:10.1001/jamapediatrics.2020.0327.

33 Cortney A. Evans, Amy B. Jordan e Jennifer Horner, "Only Two Hours? A Qualitative Study of the Challenges Parents Perceive in Restricting Child Television Time", *Journal of Family Issues*, 32, n. 9 (mar. 2011), pp. 1223-1244.

34 Conselho de Comunicações e Mídia, "Media and Young Minds", *Pediatrics*, 138, n. 5 (1º nov. 2016), pp. 2016-2591, doi.org/10.1542/peds; ver também Bernard G. Grela, Marina Krcmar e Yi-Jiun Lin, "Can Television Help Toddlers Acquire New Words?", Speechpathology.com, 17 maio 2004, www.speechpathology.com/Articles/article_detail.asp?article_id=72; ver também Patricia K. Kuhl, Feng-Ming Tsao e Huel-Mel Liu, "Foreign-Language Experience in Infancy: Effects of Short-Term Exposure and Social Interaction", *Proceedings of the National Academy of Science*, 100 (2003), pp. 9096-9101; Daniel R. Anderson e Tiffany A. Pempek, "Television and Very Young Children", *American Behavioral Scientist*, 48, n. 5 (2005), pp. 505-522.

35 Conselho de Comunicações e Mídia, *Pediatrics* 138, pp. 2016-2591; ver também Ana Maria Portugal *et al.*, "Saliency-Driven Visual Search Performance in Toddlers with Low-vs High-Touch Screen Use", *JAMA Pediatrics*, 175, n. 1 (1º jan. 2021), pp. 96-97; Anderson e Pempek, *American Behavioral Scientist* 48, pp. 505-522.

36 Elizabeth A. Vandewater, David S. Bickham e June H. Lee, "Time Well Spent? Relating Television Use to Children's Free-Time Activities", *Pediatrics*, 117, n. 2 (2006), pp. 181-191.

37 Vandewater, Bickham e Lee, *Pediatrics*, 117, pp. 181-191.

38 Ana Maria Portugal *et al.*, "Longitudinal Touchscreen Use Across Early Development Is Associated with Faster Exogenous and Reduced Endogenous Attention Control", *Scientific Reports*, 11, n. 1 (2021), p. 2205, doi.org/10.1038/s41598-021-81775-7.

39 Dylan P. Cliff *et al.*, "Early Childhood Media Exposure and Self-Regulation: Bidirectional Longitudinal Associations", *Academic Pediatrics*, 18, n. 7 (1º set. 2018), pp. 813-819, doi.org/10.1016/j.acap.2018.04.01.

40 Laura K. Certain e Robert S. Kahn, "Prevalence, Correlates, and Trajectory of Television Viewing Among Infants and Toddlers", *Pediatrics*, 109 (2002), pp. 634-642; Aletha C. Huston *et al.*,

"Development of Television Viewing Patterns in Early Childhood: A Longitudinal Investigation", *Developmental Psychology* (1990), pp. 409-420; Dimitri A. Christakis e Frederick Zimmerman, "Early Television Viewing Is Associated with Protesting Turning Off the Television at Age 6", *Medscape General Medicine*, 8, n. 2 (2006), p. 63, www.medscape.com/viewarticle/531503.

41 Jenny S. Radesky e Dimitri A. Christakis, "Increased Screen Time: Implications for Early Childhood Development and Behavior", *Pediatrics Clinics of North America*, 65, n. 5 (out. 2016), pp. 827-839, doi.org/10.1016/j.pcl.2016.06.006.

42 Marjorie J. Hogan e Victor C. Strasburger, "Media and Prosocial Behavior in Children and Adolescents", in: *Handbook of Moral and Character Education*, Larry Nucci e Daria Narvaez (Orgs.) (Mahwah, Nova Jersey: Lawrence Erlbaum, 2008), pp. 537-553.

43 Patricia Greenfield, "Technology and Informal Education: What Is Taught, What Is Learned", *Science*, 323, n. 5910 (2009), pp. 69-71.

44 Conselho de Comunicações e Mídia, *Pediatrics*, 138 (2009), pp. 2016-2591.

45 Conselho de Comunicações e Mídia, *Pediatrics*, 138, pp. 2016-2591; Conselho de Comunicações e Mídia, "Media Use in School-Aged Children and Adolescents", *Pediatrics*, 138, n. 5 (1º nov. 2016), doi.org/10.1542/peds.2016-2592.

46 Aric Sigman, "Virtually Addicted: Why General Practice Must Now Confront Screen Dependency", *British Journal of General Practice*, 64, n. 629 (1º dez. 2014), pp. 610-611, doi.org/10.3399/bjgp14X682597.

47 "Advocates Ask American Psychological Association to Condemn Tactics Used to Hook Kids on Screen Devices", Campanha por uma Infância Livre de Comercialismo, 6 ago. 2018, commercialfreechildhood.org/advocates-ask-american-psychological-association-condemn-tactics-used-hook-kids-screen-devices.

48 Susan Weinschenk, "The Dopamine Seeking-Reward Loop", *Psychology Today*, 28 fev. 2016, www.psychology-today.com/us/blog/brain-wise/201802/the-dopamine-seeking-reward-loop; Simon Parkin, "Has Dopamine Got Us Hooked on Tech?", *The Guardian*, 4 mar. 2018.

49 Transparency Market Research *[empresa de inteligência de mercado que fornece relatórios de pesquisa de negócios globais e serviços de consultoria]*, "Smart Toys Market to Observe Stellar Growth in Future with Growth Projected at Whopping 36.4% CAGR for 2018-2026, Integration of Futuristic Internet of Toys Technology to Open Large Growth Vistas-TMR", *PR Newswire*, 13 abr. 2021.

50 Linda Neville, "Kids' Brand Must Exercise Pest Control", *Brand Strategy*, 2 nov. 2001, p. 17.

51 Craig Timberg, "The YouTube Conundrum: Site Says It Bans Preteens, but Children Are Still Able to Stream Troubling Content with Very Little Effort", *Owen Sound Sun Times*, 29 mar. 2019, advance-lexis-com.ezp-prod1.hul.harvard.edu/api/document?collection=news&id=urn:contentItem:5VS2-55V1-JC4X-J541-00000-00&context=1516831 [acesso restrito].

52 K.G. Orphanides, "Children's YouTube Is Still Churning Out Blood, Suicide and Cannibalism", *Wired UK*, 23 mar. 2018, www.wired.co.uk/article/youtube-for-kids-videos-problems-algorithm-recommend.

53 Madhav, "Fortnite Business Model: How Does Fortnite Make Money?", *SEOAves*, 13 jun. 2021, seoaves.com/how-does-fortnite-make-money-fortnite-business-model.

54 Brett Hershman, "7 Crazy 'Fortnite' Stats – and How Virtual Fashion Is Driving In-Game Purchases", *Benzinga*, 6 set. 2018, www.benzinga.com/news/18/09/12317014/7-crazy-fortnite-stats-and-how-virtual-fashion-is-driving-in-game-purchases

55 "How Much Money Does Fortnite Make? 2020 Revenue Revealed", *Elecspo*

(blog), 4 maio 2021, www.elecspo.com/games/fortnite/how-much-does-fortnite-make.

56 Richard Freed, "The Tech Industry's War on Kids", *Medium*, 12 mar. 2018, medium.com/@richardnfreed/the-tech-industrys-psychological-war-on-kids-c452870464ce.

57 Para uma boa história da publicidade, o papel da psicologia e o aumento da cultura do consumo, ver Stuart Ewen, *Captains of Consciousness: Advertising and the Social Roots of the Consumer Culture* (Nova York: Basic Books, 2008).

58 Ver Dan S. Acuff e Robert H. Reiher, *What Kids Buy and Why: The Psychology of Marketing to Kids* (Nova York: The Free Press, 1997), p. 16, para uma descrição das ligações entre a psicologia do desenvolvimento e o bem-sucedido marketing para crianças.

59 Brian L. Wilcox *et al.*, "Report of the APA Task Force on Advertising and Children", Associação Americana de Psicologia, 20 fev. 2004, www.apa.org/pubs/info/reports/advertising-children.

60 "Advertising Recommendations", *American Psychological Association*, 35, n. 6 (4 jun. 2004), p. 59, www.apa.org/monitor/jun04/apatask.

61 "Our Letter to the American Psychological Association", Children's Screen Time Action Network [Rede de ação sobre o tempo de tela], 8 ago. 2018, screentimenetwork.org/apa.

62 Freed, *Medium*, 12 mar. 2018.

63 Genxee, "7 Years Later: Minecraft $2.5B Deal Microsoft's Most Successful Acquisition?", *Influencive*, 30 jun. 2021, www.influencive.com/7-years-later-minecraft-2-5b-deal-microsofts-most-successful-acquisition.

64 Globe Newswire, "ThinkGeek and Mojang Build on Licensing Deal", comunicado à imprensa, *Dow Jones Institutional News*, 15 jun. 2011.

65 Alex Cox, "The History of Minecraft–the Best Selling PC Game Ever", *TechRadar*, 4 set. 2020, www.techradar.com/news/the-history-of-minecraft.

66 Sandra Fleming, "The Parents Guide to the Minecraft Marketplace", *Best Apps for Kids* (blog).

67 Sherry Turkle, "Opinion: There Will Never Be an Age of Artificial Intimacy", *The New York Times*, 11 ago. 2018.

Capítulo 3: O show (das marcas) não pode parar

Robert Iger, citado em Gary Gentile, "Toy Story: Disney Aims to Capture Elusive Boys Market", *Pittsburgh Post-Gazette*, 9 nov. 2004.

1 "PlayCon–Overview", Associação de Fabricantes de Brinquedos, www.toyassociation.org/toys/events/playcon-home.aspx.

2 Sarah Whitten, "If Toys R Us Liquidates, 10 to 15 Percent of All Toy Sales Could Be Lost Forever", *CNBC*, 9 mar. 2018, www.cnbc.com/2018/03/09/10-percent-15-percent-of-all-toy-sales-could-be-lost-forever-if-toys-r-us-liquidates.html.

3 "Tears 'R' Us: The World's Biggest Toy Store Didn't Have to Die", *Bloomberg*, 6 jun. 2018.

4 Charisse Jones, "Who Are the Winners and Losers After Toys 'R' Us Fall? Walmart, Amazon and Mattel So Far", *USA Today*, 26 jul. 2018.

5 Kristen Korosec, "Toys 'R' Us Closings: How Mattel, Hasbro, and Lego Will Be Affected", *Fortune*, 16 mar. 2018.

6 Bryce Covert, "The Demise of Toys 'R' Us Is a Warning", *Atlantic*, jul./ago. 2018.

7 Chavie Lieber, "Thousands of Toys 'R' Us Workers Are Getting Severance, Following Months of Protests", *Vox*, 21 nov. 2018.

8 Joseph Pereira, "Toys 'R' Us, Big Kid on the Block, Won't Stop Growing: Retailer's Grand-Scale Strategy Works, to the Dismay of Competitors", *The Wall Street Journal*, 11 ago. 1988.

9. Emily Walsh, "Macy's Wants to Hire 76,000 Workers Before the Holidays, Nearing Pre-Pandemic Levels of Employment", *Business Insider*, US Edition, 22 set. 2021.

10. Kathleen Elkins, "How James Patterson, the Richest Writer in the World, Helped Create the Iconic Toys 'R' Us Jingle", *CNBC*, 19 mar. 2018.

11. "Tears 'R' Us: The World's Biggest Toy Store Didn't Have to Die", *Bloomberg*, 6 jun. 2018.

12. Derek Thompson, "Who Bankrupted Toys 'R' Us? Blame Private Equity and Millennial Parents", *The Atlantic*, 24 jan. 2018.

13. Julia Horowitz, "How Toys 'R' Us Went from Big Kid on the Block to Bust", *CNN Business*, 17 mar. 2018.

14. Michael S. Rosenwald, "Toys 'R' Us: The Birth– and Bust– of a Retail Empire", *Chicago Tribune*, 19 set. 2017.

15. "Toys 'R' Us, Inc.", Company-Histories, www.company-histories.com/Toys-R-Us-Inc-Company-History.html.

16. Caroline E. Mayer, "Happy Campers at the Store, Retailers Find Summer Kids Programs Pay Off", *The Washington Post*, 12 jul. 2003.

17. James B. Twitchell, *Lead Us into Temptation* (Nova York: Columbia University Press, 1999), p. 30.

18. Ron Harris, "Children Who Dress for Excess: Today's Youngsters Have Become Fixated with Fashion, the Right Look Isn't Enough – It Also Has to Be Expensive", *Los Angeles Times*, 12 nov. 1989.

19. Richard Fry e Kim Parker, "'Post-Millennial' Generation on Track to Be Most Diverse, Best-Educated", *Pew Research Center's Social and Demographic Trends Project* (blog), 15 nov. 2018, www.pewresearch.org/social-trends/2018/11/15/early-benchmarks-show-post-millennials-on-track-to-be-most-diverse-best-educated-generation-yet.

20. *Merriam-Webster Word Central*, s.v. "tribe (n.)", www.wordcentral.com/cgi-bin/student?book=Student&va=tribe [sem acesso].

21. Amy Chua, *Political Tribes: Group Instinct and the Fate of Nations* (Nova York: Penguin, 2018).

22. Anotações da autora, conferência PlayCon, São Francisco, 8 maio 2018.

23. Ranyechi Udemezue, "The Seven Teen Tribes You Need to Know Now", *Sundaytimes.co.uk*, 6 fev. 2021.

24. "Brand Communities and Consumer Tribes", Vivid Brand, vividbrand.com [sem acesso].

25. Tina Sharkey, "What's Your Tribe? Tap into Your Core Consumers' Aspirations Like Nike, Gatorade, BabyCenter and REI Do", *Forbes*, 25 jan. 2012.

26. "CCFC to Unilever: Ax the Axe Campaign If You Care About 'Real Beauty'", Campanha por uma Infância Livre de Comercialismo.

27. Urie Bronfenbrenner, "Toward an Experimental Ecology of Human Development", *American Psychologist*, 32, n. 7 (jul. 1977), pp. 513-531, doi.org/10.1037/0003-066X.32.7.513.

28. Katherine Sell *et al.*, "The Effect of Recession on Child Well-Being: A Synthesis of the Evidence by Policy Lab and Children's Hospital of Philadelphia", *Foundation for Child Development*, 6 nov. 2010.

29. Laura Ly, "Judge Gives Final Approval of $626 Million Settlement for People Affected by Flint Water Crisis", *CNN*, 10 nov. 2021, www.cnn.com/2021/11/10/us/flint-michigan-water-crisis-judge-approves-settlement/index.html.

30. "Reputation vs. Brand: What's the Difference?", *Mail and Guardian*, 30 set. 2016.

31. Bloomberg Business News, "Brand Loyalty Is the New Holy Grail for Advertisers; Marketing: Making Sure the Customer Keeps Coming Back Is Viewed as Path to Maximum Profit", *Los Angeles Times*, 18 jul. 1996.

32. Paul M. Connell, Merrie Brucks e Jesper H. Nielsen, "How Childhood Advertising Exposure Can Create Biased Product Evaluations That Persist into Adulthood", *Journal of Consumer*

32. *Research*, 41, n. 1 (1º jun. 2014), pp. 119-134, doi.org/10.1086 /675218.

33. Julia Fein Azoulay, "Brand Aware", *Children's Business*, 15, n. 6 (jun. 2000), pp. 46-48.

34. Thomas N. Robinson *et al.*, "Effects of Fast Food Branding on Young Children's Taste Preferences", *Archives of Pediatrics and Adolescent Medicine*, 161, n. 8 (ago. 2007), pp. 792-797, doi.org/10.1001/archpedi.161.8.792.

35. Christina A. Roberto *et al.*, "Influence of Licensed Characters on Children's Taste and Snack Preferences", *Pediatrics*, 126, n. 1 (1º jul. 2010), pp. 88-93, doi.org/10.1542/peds.2009-3433.

36. Carl F. Mela, Sunil Gupta e Donald R. Lehmann, "The Long-Term Impact of Promotion and Advertising on Consumer Brand Choice", *Journal of Marketing Research*, 34 (1997), p. 248.

37. Mela, Gupta e Lehmann, *Journal of Marketing Research*, 34, p. 248.

38. Ben Kamisar, "Trump: I Could Shoot People in Streets and Not Lose Support", *The Hill*, 23 jan. 2016, thehill.com/blogs/ballot-box/gop-primaries/266809-trump-i-could-shoot-people-in-streets-and-not-lose-support.

39. Neal Larson, "Apple Would Be in Trouble with Customers If They Weren't a Cult", *Idaho State Journal*, 31 dez. 2017, idahostatejournal.com/opinion/columns/apple-would-be-in-trouble-with-customers-if-they-weren/article_feb63db0-7e47-51a2-a17d-6e95a8ebbf69.html [sem acesso]; Lindsay Willott, "10 Brand Loyalty Statistics for 2017", *Customer Thermometer*, 25 maio 2017, www.customerthermometer.com/customer-retention-ideas/brand-loyalty-statistics-2017; Kurt Badenhausen, "The World's Most Valuable Brands 2019: Apple on Top at $206 Billion", *Forbes*, 22 maio 2019; Marty Swant, "Apple, Microsoft and Other Tech Giants Top Forbes' 2020 Most Valuable Brands List", *Forbes*, 22 maio 2019; Communications, "*Forbes* Releases Seventh Annual World's Most Valuable Brands List", *Forbes*, 23 maio 2017.

40. "Apple 1984 Super Bowl Commercial Introducing Macintosh Computer", www.youtube.com /watch?v=2zfqw8n-hUwA.

41. "Apple CEO Tim Cook: 'Privacy Is a Fundamental Human Right'", NPR, 1º out. 2015, www.npr.org/sections/all-techconsidered/2015/10/01/445026470/apple-ceo-tim-cook-privacy-is-a-fundamental-human-right.

42. Chen Guangcheng, "Apple Can't Resist Playing by China's Rules", *The New York Times*, 23 jan. 2018.

43. Jack Nicas, Raymond Zhong e Daisuke Wakabayashi, "Censorship, Surveillance and Profits: A Hard Bargain for Apple in China", *The New York Times*, 17 maio 2021.

44. Elisabeth Bumiller, "Reagan's Ad Aces", *The Washington Post*, 18 out. 1984.

45. Matthew Creamer, "Obama Wins! Ad Age's Marketer of the Year", *AdAge*, 17 out. 2008, adage.com/article/moy-2008/Obama-wins-ad-age-s-marketer-year/131810.

46. Ellen McGirt, "The Brand Called Obama", *Fast Company*, 1º abr. 2008.

47. Staci M. Zavattaro, "Brand Obama: The Implications of a Branded President", *Administrative Theory and Praxis*, 32, n. 1 (mar. 2010), pp. 123-128, www.jstor.org /stable/25611043.

48. Robert Schlesinger, "Ka-Ching: Donald Trump Is Raking in Big Bucks from Emoluments Foreign and Domestic", *US News and World Report*, 5 mar. 2018.

49. Jordan Libowitz, "Profiting from the Presidency: A Year's Worth of President Trump's Conflicts of Interest", *CREW*, 19 jan. 2018, www.citizensforethics.org/press-release/crew-releases-report-profiting-presidency-years-worth-president-trumps-conflicts-interest.

50. Reid J. Epstein, "The G.O.P.'s Official Stance in 2020 Is That It Is for Whatever Trump Says", *The New York Times*, 25 ago. 2020.

51. Steve Chapman, "Donald Trump Is a Profoundly Incompetent President", *Chicago Tribune*, 7 jun. 2017.

52 Kenneth P. Vogel, "Trump Leaves His Mark on a Presidential Keepsake", *The New York Times*, 24 jun. 2018; Tara McKelvey, "How Trump Uses Reagan's Playbook on the White House Lawn", *BBC News,* 23 fev. 2018, www.bbc.com/news/world-us-canada-42969951; Savannah Rychcik, "Chris Christie Claims Trump Loved 'Trappings' of the Office 'Most Days' More than the Job Itself", *IJR* (blog), 20 jan. 2021, ijr.com/chris-christie-trump-loved-trappings-of-office/; Ken Thomas e Julie Pace, "Trump Getting Better at Using the Trappings of Office", *AP News*, 2 mar. 2017, apnews.com/article/96f175ae266c43bcaadea39c831e13a1 [sem acesso].

53 Steve Fogg, "10 Common Branding Mistakes That Churches Make", Steve Fogg, 21 nov. 2012, www.stevefogg.com/2012/11/21/branding-churches.

54 Natasha Singer, "Silicon Valley Courts Brand-Name Teachers, Raising Ethics Issues", *The New York Times*, 2 set. 2017.

55 Bob Roehr, "Pharma Gifts Associated with Higher Number and Cost of Prescriptions Written", *BMJ* 359 (26 out. 2017), j4979, doi.org/10.1136/bmj.j4979.

56 Paris Martineau, "The WIRED Guide to Influencers", *Wired*, 6 dez. 2020, www.wired.com/story/what-is-an-influencer

57 Natalya Saldanha, "In 2018, an 8-Year-Old Made $22 Million on YouTube. No Wonder Kids Want to Be Influencers", *Fast Company*, 19 nov. 2019, www.fastcompany.com/90432765/why-do-kids-want-to-be-influencers.

58 Madeline Berg e Abram Brown, "The Highest-Paid YouTube Stars of 2020", *Forbes*, 18 dez. 2020, www.forbes.com/sites/maddieberg/2020/12/18/the-highest-paid-youtube-stars-of-2020/?sh=3185e9a56e50.

59 "Ryan's World – Shop by Category", Target.com, www.target.com/c/ryan-s-world/-/N-nxa8t.

60 Jay Caspian Kang, "Ryan Kaji, the Boy King of YouTube", *The New York Times Magazine*, 9 jan. 2022, p. 22.

61 Mariska Kleemans *et al.*, "Picture Perfect: The Direct Effect of Manipulated Instagram Photos on Body Image in Adolescent Girls", *Media Psychology* 21, n. 1 (2 jan. 2018), pp. 93-110, doi.org/10.1080/15213269.2016.1257392.

62 Jean M. Twenge, Gabrielle N. Martin e W. Keith Campbell, "Decreases in Psychological Well-Being Among American Adolescents After 2012 and Links to Screen Time During the Rise of Smartphone Technology", *Emotion*, 18, n. 6 (2018), pp. 765-780, doi.org/10.1037/emo0000403.

63 Mary Aiken, "The Kids Who Lie About Their Age to Join Facebook", *The Atlantic,* 30 ago. 2016; "Under-Age Social Media Use 'on the Rise,' Says Ofcom", *BBC News*, 29 nov. 2017, www.bbc.com/news/technology-42153694; Alise Mesmer, "YouTube Says It Removed over 7M Accounts Belonging to Users Under 13 This Year Alone", *Newsweek*, 26 out. 2021.

64 Marika Tiggemann e Amy Slater, "NetTweens: The Internet and Body Image Concerns in Preteenage Girls", *Journal of Early Adolescence*, 34, n. 5 (1º jun. 2014), pp. 606-620, doi.org/10.1177/0272431613501083.

65 Ryan Mac e Craig Silverman, "Facebook Is Building an Instagram for Kids Under the Age of 13", *BuzzFeed News*, 18 mar. 2021, www.buzzfeednews.com/article/ryanmac/facebook-instagram-for-children-under-13.

66 Julie Jargon, "Life and Arts–Family and Tech: Facebook Messenger Kids: A Chat App for Tweens?", *The Wall Street Journal*, 13 maio 2020.

67 Russell Brandom, "Facebook Design Flaw Let Thousands of Kids Join Chats with Unauthorized Users", *Verge*, 22 jul. 2019, www.theverge.com/2019/7/22/20706250/facebook-messenger-kids-bug-chat-app-unauthorized-adults.

68 Samantha Murphy Kelly, "Facebook Says It's Moving Forward with Instagram for Kids Despite Backlash", *CNN Business*, 27 jul. 2021.

69 "House Hearing on Combating Online Misinformation and Disinformation", C-SPAN.Org, 25 mar. 2021,

www.c-span.org/video/?510053-1/house-hearing-combating-online-misinformation-disinformation.

70 Deepa Seetharaman, Georgia Wells e Jeff Horwitz, "The Facebook Files: Facebook Knows Instagram Is Toxic for Teen Girls, Its Research Shows – Internal Documents Show a Youth Mental-Health Issue that Facebook Plays Down in Public", *The Wall Street Journal*, 15 set. 2021.

71 Seetharaman, Wells e Horwitz, "The Facebook Files".

72 Sam Machkovech, "Report: Facebook Helped Advertisers Target Teens Who Feel 'Worthless' [Updated]", *Ars Technica*, 1º maio 2017, arstechnica.com/information-technology/2017/05/facebook-helped-advertisers-target-teens-who-feel-worthless.

73 Dylan Williams, Alexandra McIntosh e Rys Farthing, "Profiling Children for Advertising: Facebook's Monetisation of Young People's Personal Data", Reset Australia, 26 abr. 2021, au.reset.tech/news/profiling-children-for-advertising-facebooks-monetisation-of-young-peoples-personal-data.

74 Josh Taylor, "Facebook Allows Advertisers to Target Children Interested in Smoking, Alcohol and Weight Loss", *The Guardian*, 28 abr. 2021.

75 Williams, McIntosh e Farthing, "Profiling Children for Advertising".

76 Natasha Singer, "Mark Zuckerberg Is Urged to Scrap Plans for an Instagram for Children", *The New York Times*, 15 abr. 2021.

77 Adam Barnes, "44 US Attorneys General Urge Facebook to Cancel 'Instagram for Kids'", *The Hill*, 11 maio 2021, thehill.com/changing-america/well-being/552797-44-us-attorneys-general-urge-facebook-to-cancel-instagram-for.

78 O senador Ed Markey e as deputadas Kathy Castor e Lori Trahan escreveram uma carta pública a Mark Zuckerberg insistindo que não levasse adiante o "Instagram Para Crianças", www.markey.senate.gov/imo/media/doc/fb_wsj_report.pdf, 15 set. 2021.

79 Adam Mosseri, "Pausing 'Instagram Kids' and Building Parental Supervision Tools", Instagram, 27 set. 2021, about.instagram.com/blog/announcements/pausing-instagram-kids.

80 Mosseri, "Pausing 'Instagram Kids'".

81 Georgia Wells e Jeff Horwitz, "Facebook's Effort to Attract Preteens Goes Beyond Instagram Kids, Documents Show", *The Wall Street Journal*, 28 set. 2021, www.wsj.com/articles/facebook-instagram-kids-tweens-attract-11632849667.

82 Kevin Roose, "Facebook Is Weaker Than We Knew", *The New York Times*, 4 out. 2021.

Capítulo 4: Navegue pelos sites! Clique! Compre! Repita!

"Amazon CEO Jeff Bezos Tip #37: 'Reduce Friction'", YouTube, 10 mar. 2013, www.youtube.com/watch?v=hU-tQv8YWCGE [sem acesso].

1 Tim Kasser, *The High Price of Materialism* (Cambridge: MIT Press, 2002).

2 Minha discussão favorita desse fenômeno é a de Donald Woods Winnicott, *Playing and Reality* (Nova York: Basic Books, 1971). [Ed. bras.: *O brincar e a realidade*. Trad. Breno Longhi. São Paulo: Ubu, 2019.]

3 Tim Kasser *et al.*, "Some Costs of American Corporate Capitalism: A Psychological Exploration of Value and Goal Conflicts", *Psychological Inquiry*, 18, n. 1 (1º mar. 2007), pp. 1-22.

4 Comitê para a Integração da Ciência ao Desenvolvimento da Primeira Infância, *From Neurons to Neighborhoods: The Science of Early Childhood Development*, National Academies Press, 13 nov. 2000.

5 *Merriam-Webster*, s.v. "materialistic (*adj.*)", www.merriam-webster.com/dictionary/materialistic.

6 *Urban Dictionary*, s.v. "materialistic", www.urbandictionary.com/define.php?term=materialistic.

7 Para uma visão geral condensada e baseada em estudos e pesquisas sobre materialismo, crianças e publicidade,

ver Campanha por uma Infância Livre de Comercialismo, "Get the Facts: Marketing and Materialism", www.commercialfreechildhood.org/sites/default/files/devel-generate/wri/materialism_fact_sheet.pdf; para estudos de pesquisa, ver Suzanna J. Opree *et al.*, "Children's Advertising Exposure, Advertised Product Desire, and Materialism: A Longitudinal Study", *Communication Research* 41, n. 5 (jul. 2014), pp. 717-735, doi.org/10.1177/0093650213479129; Moniek Buijzen e Patti M. Valkenburg, "The Effects of Television Advertising on Materialism, Parent-Child Conflict, and Unhappiness: A Review of Research", *Journal of Applied Developmental Psychology* 24, n. 4 (1º set. 2003), pp. 437-456, doi.org/10.1016/S0193-3973(03)00072-8; Marvin E. Goldberg e Gerald J. Gorn, "Some Unintended Consequences of TV Advertising to Children", *Journal of Consumer Research* 5, n. 1 (1º jun. 1978), pp. 22-29, doi.org/10.1086/208710; Vanessa Vega e Donald F. Roberts, "Linkages Between Materialism and Young People's Television and Advertising Exposure in a US Sample", *Journal of Children and Media*, 5, n. 2 (15 abr. 2011), pp. 181-193, doi.org/10.1080/17482798.2011.558272.

8   Para uma metanálise sobre os vínculos entre materialismo e degradação ambiental, ver Megan Hurst *et al.*, "The Relationship Between Materialistic Values and Environmental Attitudes and Behaviors: A Meta-Analysis", *Journal of Environmental Psychology*, 36 (2013), pp. 257-269.

9   Judith Stephenson *et al.*, "Population, Development, and Climate Change: Links and Effects on Human Health", *Lancet*, 382, n. 9905 (16 nov. 2013), pp. 1665-1673, doi.org/10.1016/S0140-6736(13)61460-9.

10 Joe Pinsker, "A Cultural History of the Baseball Card", *The Atlantic*, 17 dez. 2014.

11 Ver "Happy Meal" in: *Wikipedia*, en.wikipedia.org/w/index.php?title=Happy_Meal&oldid=1043595386.

12 Craig Donofrio e Brittany Alexandra Sulc, "Most Valuable Beanie Babies", *Work + Money*, 4 jan. 2022, www.workandmoney.com/s/most-valuable-beanie-babies-e902756fef944af3.

13 *Bulbapedia, the Community-Driven Pokémon Encyclopedia*, s.v. "History of Pokémon", bulbapedia.bulbagarden.net/wiki/HistoryofPok%C3%A9mon.

14 Fundação Ellen Macarthur, *The New Plastics Economy: Rethinking the Future of Plastics*, Fórum Econômico Mundial, jan. 2016, www3.weforum.org/docs/WEF_The_New_Plastics_Economy.pdf.

15 GrrlScientist, "Five Ways That Plastics Harm the Environment (And One Way They May Help)", 23 abr. 2018, www.forbes.com/sites/grrlscientist/2018/04/23/five-ways-that-plastics-harm-the-environment-and-one-way-they-may-help/#4b9d6e1567a0; Chris Wilcox, Erik Van Sebille e Britta Denise Hardesty, "Threat of Plastic Pollution to Seabirds Is Global, Pervasive, and Increasing", *Proceedings of the National Academy of Sciences of the United States of America*, 112, n. 38 (22 set. 2015), pp. 11899-11904, doi.org/10.1073/pnas.1502108112; Qamar A. Schuyler *et al.*, "Risk Analysis Reveals Global Hotspots for Marine Debris Ingestion by Sea Turtles", *Global Change Biology*, 22, n. 2 (fev. 2016), pp. 567-576, doi.org/10.1111/gcb.13078; Bianca Unger *et al.*, "Large Amounts of Marine Debris Found in Sperm Whales Stranded Along the North Sea Coast in Early 2016", *Marine Pollution Bulletin*, 112, n. 1 (15 nov. 2016), pp. 134-141, doi.org/10.1016/j.marpolbul.2016.08.027.

16 Alana Semuels, "The Strange Phenomenon of L.O.L. Surprise Dolls", *The Atlantic*, 29 nov. 2018.

17 "Toymaker Opens Up About the Season's Hot New Toy", *CBS News*, 17 dez. 2017, www.cbsnews.com/news/lol-surprise-hot-new-toy.

18 "Toy of the Year Awards", Associação de Fabricantes de Brinquedos, www.toyassociation.org/toys/events/toy-of-the-year-awards-home.aspx.

[19] Lutz Muller, "Collectibles Drive the Toy Market and Funko Is at the Wheel", 12 mar. 2018, *Seeking Alpha*, seekingalpha.com/article/4155536-collectibles-drive-toy-market-and-funko-is-wheel.

[20] Louise Grimmer e Martin Grimmer, "Blind Bags: How Toy Makers Are Making a Fortune with Child Gambling", The Conversation, theconversation.com/blind-bags-how-toy-makers-are-making-a-fortune-with-child-gambling-127229.

[21] Spring-Serenity Duvall, "Playing with Minimalism: How Parents Are Sold on High-End Toys and Childhood Simplicity", in: *The Marketing of Children's Toys: Critical Perspectives on Children's Consumer Culture*, Rebecca C. Haines e Nancy A. Jennings (Orgs.) (Cham: Palgrave Macmillan, 2021).

[22] Juliet B. Schor, *Born to Buy: The Commercialized Child and the New Consumer Culture* (Nova York: Scribner, 2004).

[23] Kirk Warren Brown e Tim Kasser, "Are Psychological and Ecological Well-Being Compatible? The Role of Values, Mindfulness, and Lifestyle", *Social Indicators Research*, 74, n. 2 (2005), pp. 349-368.

[24] Juliet B. Schor, *Born to Buy: The Commercialized Child and the New Consumer Culture* (Nova York: Scribner, 2004); Helga Dittmar *et al.*, "The Relationship Between Materialism and Personal Well-Being: A Meta-Analysis", *Journal of Personality and Social Psychology*, 107, n. 5 (2014), pp. 879-924, doi.org/10.1037/a0037409.

[25] "If Not Only GDP, What Else? Using Relational Goods to Predict the Trends of Subjective Well-Being", *International Review of Economics*, 57, n. 2 (1º jun. 2010), pp. 199-213, https://doi.org/10.1007/s12232-010-0098-1.

[26] Thomas Gilovich, Amit Kumar e Lily Jampol, "A Wonderful Life: Experiential Consumption and the Pursuit of Happiness", *Journal of Consumer Psychology*, 25, n. 1 (2015), pp. 152-165, www.jstor.org/stable/26618054;

Stefano Bartolini e Ennio Bilancini, "If Not Only GDP, What Else? Using Relational Goods to Predict the Trends of Subjective Well -Being", *International Review of Economics*, 57, n. 2 (1º jun. 2010), pp. 199-213, doi.org/10.1007/s12232-010-0098-1.

[27] Schor, *Born to Buy*.

[28] Ronnel B. King e Jesus Alfonso D. Datu, "Materialism Does Not Pay: Materialistic Students Have Lower Motivation, Engagement, and Achievement", *Contemporary Educational Psychology*, 49 (1º abr. 2017), pp. 289-301.

[29] King e Datu, *Contemporary Educational Psychology*, 49, pp. 289-301; Agnes Nairn, Jo Ormrod e Paul Andrew Bottomley, "Watching, Wanting and Well-being: Exploring the Links–a Study of 9 to 13 Year-Olds", Monograph (Londres: Conselho Nacional do Consumidor, jul. 2007), orca.cf.ac.uk/45286.

[30] Jean M. Twenge e Tim Kasser, "Generational Changes in Materialism and Work Centrality, 1976-2007: Associations with Temporal Changes in Societal Insecurity and Materialistic Role Modeling", *Personality and Social Psychology Bulletin*, 39, n. 7 (1º maio 2013), pp. 883-897, doi.org/10.1177/0146167213484586.

[31] Universidade de Sussex, "Pressure to Be Cool, Look Good Is Detrimental to Many Children", *ScienceDaily*, 11 set. 2015, www.sciencedaily.com/releases/2015/09/150911094908.htm.

[32] Marvin E. Goldberg e Gerald J. Gorn, "Some Unintended Consequences of TV Advertising to Children", *Journal of Consumer Research*, 5, n. 1 (1º jun. 1978), pp. 22-29, doi.org/10.1086/208710.

[33] Anna McAlister e T. Bettina Cornwell, "Children's Brand Symbolism Understanding: Links to Theory of Mind and Executive Functioning", *Psychology and Marketing* 27, n. 3 (11 fev. 2010), pp. 203-228, doi.org/10.1002/mar.20328.

[34] *High Fidelity (Alta Fidelidade)*, direção de: Stephen Frears (2000; Burbank, Califórnia: Touchstone Pictures).

[35] Yalda T. Uhls, Eleni Zgourou e Patricia M. Greenfield, "21st Century Media, Fame, and Other Future Aspirations: A National Survey of 9-15 Year Olds", *Cyberpsychology: Journal of Psychosocial Research on Cyberspace*, 8, n. 4 (2014), doi.org/10.5817 /CP2014-4-5; Anna Maria Zawadzka *et al.*, "Environmental Correlates of Adolescent Materialism: Interpersonal Role Models, Media Exposure, and Family Socio-economic Status", *Journal of Child and Family Studies* (6 dez. 2021), doi.org/10.1007/ s10826-021-02180-2.

[36] Alyssa Bailey, "Ariana Grande Just Released '7 Rings' and It's All About Being Rich as Hell", *Elle*, 18 jan. 2019, www. elle.com/culture/celebrities/a25938429/ riana-grande-7-rings-lyrics-meaning.

[37] Natalie Weiner, "Billboard Woman of the Year Ariana Grande: 'There's Not Much I'm Afraid of Anymore'", *Elle*, 12 maio 2018, www.billboard.com/articles/ events/women-in-music/8487877/ari-ana-grande-cover-story-billboard-wom-en-in-music-2018.

[38] "Ariana Grande Lyrics – '7 Rings'", AZLyrics, www.azlyrics.com/lyrics/ arianagrande/7rings.html.

[39] Mary T. Schmich, "A Stopwatch on Shopping", *Chicago Tribune*, 24 dez. 24, 1986.

[40] George W. Bush, "At O'Hare, President Says 'Get on Board'", comentários para funcionários de companhias aéreas, 27 set. 2001; George W. Bush, "'Islam Is Peace' Says President", comentário no Centro Islâmico de Washington, DC, 17 set. 2021; George W. Bush, "Statement by the President in His Address to the Nation", *pbs NewsHour*, 11 set. 2001.

[41] Tim Kasser, "Cultural Values and the Well-Being of Future Generations: A Cross-National Study", *Journal of Cross-Cultural Psychology*, 42, n. 2 (21 fev. 2011), pp. 206-215, doi. org/10.1177/0022022110396865

[42] Tim Kasser, mensagem de e-mail à autora, 5 abr. 2019.

Capítulo 5: Até que ponto as recompensas são recompensadoras?

Alfie Kohn, *Unconditional Parenting: Moving from Rewards and Punishments to Love and Reason* (Nova York: Simon and Schuster, 2006), p. 32.

[1] *Lego City Game*, Apple Store, itunes. apple.com/us/app/lego-city-game/ id1117365978?mt=8.

[2] "Know Before You Load App Reviews", Children and Media Australia, chil-drenandmedia.org.au/app-reviews.

[3] Shalom H. Schwartz, "An Overview of the Schwartz Theory of Basic Values", *Online Readings in Psychology and Culture* 2, n. 1 (dez. 2012), doi. org/10.9707/2307-0919.1116.

[4] Schwartz, *Online Readings in Psychology and Culture*, 2.

[5] Tim Kasser, *The High Price of Materialism* (Cambridge: MIT Press, 2002).

[6] Kasser.

[7] Kasser.

[8] Frederick M. E. Grouzet *et al.*, "The Structure of Goal Contents Across 15 Cultures", *Journal of Personality and Social Psychology* 89, n. 5 (2005), pp. 800-816, doi.org/10.1037/0022-3514.89. 5.800.

[9] Tim Kasser *et al.*, "The Relations of Maternal and Social Environments to Late Adolescents' Materialistic and Prosocial Values", *Developmental Psychology*, 31, n. 6 (1995), pp. 907-914, doi.org/10.1037/0012-1649.31.6.90; Jean M. Twenge e Tim Kasser, "Generational Changes in Materialism and Work Centrality, 1976-2007: Associations with Temporal Changes in Societal Insecurity and Materialistic Role Modeling", *Sage*, 9, n. 7 (2013), doi. org/10.1177/0146167213484586.

[10] Kennon M. Sheldon e Tim Kasser, "Psychological Threat and Extrinsic Goal Striving", *Motivation and Emotion*, 32, n. 1 (1º mar. 2008), pp. 37-45, doi. org/10.1007/s11031-008-9081-5.

11 Marsha Richins e Lan Nguyen Chaplin, "Material Parenting: How the Use of Goods in Parenting Fosters Materialism in the Next Generation", *Journal of Consumer Research*, 41, n. 6 (2015), pp. 1333-1357.

12 Para uma excelente revisão das robustas pesquisas sobre o impacto dos motivadores intrínsecos e extrínsecos nas escolas, ver Richard M. Ryan e Edward L. Deci, *Self-Determination Theory: Basic Psychological Needs in Motivation, Development, and Wellness* (Nova York: Guilford Press, 2017), especialmente relevante para nossa discussão, pp. 319-381.

13 D. G. Singer, J. L. Singer, H. D'Agostino e R. DeLong, "Children's Pastimes and Play in Sixteen Nations: Is Free -Play Declining?", *American Journal of Play* (inverno de 2009), pp. 283-312.

14 Edward L. Deci, "Effects of Externally Mediated Rewards on Intrinsic Motivation", *Journal of Personality and Social Psychology*, 18, n. 1 (abr. 1971), pp. 105-115, doi.org/10.1037/h0030644.

15 David Greene e Mark R. Lepper, "Effects of Extrinsic Rewards on Children's Subsequent Intrinsic Interest", *Child Development*, 45, n. 4(1974), pp. 1141-1145, doi.org/10.2307/1128110.

16 Alina Bradford, "Here Are All the Countries Where Pokémon Go Is Available", CNET, www.cnet.com/tech/gaming/pokemon-go-where-its-available-now-and-coming-soon.

17 "Analysis of Pokémon GO: A Success Two Decades in the Making", *Newzoo*, 30 set. 2016, newzoo.com/insights/articles/analysis-pokemon-go.

18 Alysia Judge, "Pokémon GO Has Been Downloaded More Than a Billion Times", *IGN*, 1º ago. 2019, www.ign.com/articles/2019/08/01/Pokémon-go-has-been-downloaded-more-than-a-billion-times [sem acesso].

19 "Global Mobile Games Consumer Spending 2021", Statista, 22 set. 2021, www.statista.com/statistics/1179913/highest-grossing-mobile-games.

20 Susan Linn, "Confessions of a Pokémon GO Grinch: Ethical Questions About World's Most Popular App", *American Prospect*, 3 ago. 2016, prospect.org/article/confessions-pok%c3%a9mongo-grinch-ethical-questions-about-world%e2%80%99s-most-popular-app.

21 "Pokémon STOP! Don't Lure Kids to Sponsor's Locations", Campanha por uma Infância Livre de Comercialismo.

22 "Letter to Niantic", Common Sense Media, 19 jul. 2016, www.commonsensemedia.org/sites/default/files/uploads/kids_action/niantic_letter.7.19.16.pdf [sem acesso].

23 "The Mediatrician Speaks – Pokémon GO!", Centro de Mídia e Saúde Infantil, 22 jul. 2019, cmch.tv/the-mediatrician-speaks-Pokemon-go [sem acesso].

24 Rachael Rettner, "'Pokémon GO' Catches High Praise from Health Experts", *Live Science*, 12 jul. 2016, www.livescience.com/55373-Pokemon-go-exercise.html [sem acesso].

25 Amy Donaldson, "Pokémon GO Manages to Disguise Exercise as Play in Ways that May Make Us Healthier Physically and Emotionally", *Deseret Morning News*, 10 jul. 2016; Matthew Byrd, "Pokémon GO and a Brief History of Accidental Exercise Through Gaming", *Den of Geek,* 24 ago. 2016.

26 Kate Silver, "Pokémon GO Leading to a 'Population-Level' Surge in Fitness Tracker Step Counts", *The Washington Post*, 15 jul. 2016.

27 Rachel Bachman e Sarah E. Needleman, "Want to Exercise More? Try Screen Time; 'Pokémon GO' Got Millions of People Moving; New Research Shows Potential for Smartphone Apps and Games to Boost Physical Activity", *The Wall Street Journal Online*, 17 dez. 2016, www.wsj.com/articles/want-to-exercise-more-try-screen-time-1481976002.

28 Katherine B. Howe *et al.*, "Gotta Catch 'Em All! Pokémon GO and Physical Activity Among Young Adults: Difference in Differences Study", *BMJ* 355 (13 dez. 2016): i6270, doi.org/10.1136/bmj.i6270.

29 Alessandro Gabbiadini, Christina Sagioglou e Tobias Greitemeyer, "Does

Pokémon GO Lead to a More Physically Active Life Style?", *Computers in Human Behavior* 84 (1º jul. 2018), pp. 258-263, doi.org/10.1016/j.chb.2018.03.005.

[30] Tiffany May, "Pokémon Sleep Wants to Make Snoozing a Game Too", *The New York Times*, 29 maio 2019.

[31] May, "Pokémon Sleep".

[32] May, "Pokémon Sleep".

[33] "Infographic: Sleep in the Modern Family", Fundação Nacional do Sono, www.sleepfoundation.org/articles/infographic-sleep-modern-family.

[34] Jennifer Falbe *et al.*, "Sleep Duration, Restfulness, and Screens in the Sleep Environment", *Pediatrics* 135, n. 2 (fev. 2015): e367-75, doi.org/10.1542/peds.2014-2306.

[35] Rob Newsom, "Relaxation Exercises for Falling Asleep", Fundação Nacional do Sono, 18 dez. 2020, www.sleepfoundation.org/articles/relaxation-exercises-falling-asleep.

[36] "Sleep, n.", *Oxford English Dictionary Online* (Oxford University Press), 3 fev. 2022, www.oed.com/view/Entry/181603.

[37] May, "Pokémon Sleep".

[38] "Pokémon Smile", the Pokémon Company, smile.Pokémon.com/en-us.

[39] "Pokémon Smile."

[40] "Pokémon Smile."

[41] Biscoito Oreo Colecionável Mew Edição Limitada Rachado", eBay, www.ebay.com/itm/324797022990?_trkparms=ispr%3D1&hash=item4b9f69430e:g:bVUAAOSwVh5hSXDn&amdata.

[42] "Desafio do Biscoito Mew Oreo!!! Tente Ganhar até 1.000.000! Vamos lá!", eBay, www.ebay.com/itm/353684751511?hash=item5259410497:g:plcAAOSwJmZhSSrC.

[43] Lulu Garcia-Navara, "Gotta Catch 'Em All: Pokémon Fans Go Crazy Over New Oreos", NPR Weekend Edition, 26 set. 2021, www.npr.org/2021/09/26/1040756485/gotta-catch-them-all-Pokémon-fans-go-crazy-over-new-oreos.

[44] Mohammad Alkilzy *et al.*, "Improving Toothbrushing with a Smartphone App:

Results of a Randomized Controlled Trial", Caries Research 53, n. 6 (2019), pp. 628-635, doi.org/10.1159/000499868.

[45] Fair Play, "CCFC Announces 2013 TOADY Award Nominees for Worst Toy of the Year", comunicado à imprensa, 21 nov. 2013.

Capítulo 6: O irritante problema do poder da persistente importunação

David Sprinkle, "Packaged Facts: 3 Mega Trends Impacting Kids Food Industry", Cision PR Newswire, 30 mar. 30, 2016, www.prnewswire.com/news-releases/packaged-facts-3-mega-trends-impacting-kids-food-industry-300242013.html.

[1] Moniek Buijzen e Patti M. Valkenburg, "The Unintended Effects of Television Advertising: A Parent-Child Survey", *Communication Research* 30, n. 5 (out. 2003), pp. 483-503, doi.org/10.1177/0093650203256361; Moniek Buijzen e Patti M. Valkenburg, "The Effects of Television Advertising on Materialism, Parent-Child Conflict, and Unhappiness: A Review of Research", *Journal of Applied Developmental Psychology*, 24, n. 4 (1º set. 2003), pp. 437-456, doi.org/10.1016/S0193-3973(03)00072-8.

[2] Ver Kalpesh B. Prajapati, Trivedi Payal e Sneha Advani, "A Study on Pester Power's Impact: 'Identify Pester Power's Impact on the Purchase Decision of Guardians with Specific Focus on Snacks Category'", *Asian Journal of Research in Business Economics and Management*, 4, n. 2 (2014), pp. 143-149; Eileen Bridges e Richard A. Briesch, "The 'Nag Factor' and Children's Product Categories", *International Journal of Advertising*, 25, n. 2 (maio 2006), pp. 157-187.

[3] Holly K. M. Henry e Dina L. G. Borzekowski, "The Nag Factor", *Journal of Children and Media*, 5, n. 3 (2011), pp. 298-317; Buijzen e Valkenburg, *Communication Research*, 30, pp. 483-503.

4 Laura McDermott *et al.*, "International Food Advertising, Pester Power and Its Effects", *International Journal of Advertising*, 25, n. 4 (2006), pp. 513-540.

5 Widmeyer Communications, *Kids and Commercialism Final Results*, relatório para o Centro Para um Novo Sonho Americano, 13 dez. 2002, 7, newdream.org/resources/poll-kids-and-commercialism-2002 [sem acesso].

6 Henry e Borzekowski, *Journal of Children and Media*, 5, pp. 298-317.

7 James U. McNeal, *On Becoming a Consumer: Development of Consumer Behavior Patterns in Childhood* (Londres: Elsevier, 2007), pp. 240-241.

8 Elliott Haworth, "Banning Junk Food Ads Won't Stem the Flow of Fat Kids", *CITY A.M.*, 12 dez. 2016, www.cityam.com/255380/banning-junk-food-ads-wont-stem-flow-fat-kids.

9 Elliott Haworth, "#Advert #Kids; Holly Worrollo Teaches Elliott Haworth How to Target Young People", *CITY A.M.*, 7 ago. 2017, advance-lexis-com.ezp-prod1.hul.harvard.edu/api/document?collection=news&id=urn:contentItem:5P67-FWX1-DY9P-N1F1-00000-00&context=1516831 [acesso restrito].

10 Haworth, "#Advert #Kids".

11 Assembleia Geral da ONU, Resolução 44/25, Convenção das Nações Unidas sobre os Direitos da Criança, A/RES/44/25 (20 nov. 1989), undocs.org/en/A/RES/44/25.

12 Larry Kramer, "Kids Advertising Hearings to Open", *The Washington Post*, 28 fev. 1979.

13 "Stop Press", *Marketing*, 25 nov. 1993, advance-lexis-com.ezp-prod1.hul.harvard.edu/api/document?collection=news&id=urn:contentItem:419K-5BS0-00X8-J4PV-00000-00&context=1516831 [acesso restrito].

14 Western Media International, "The Fine Art of Whining: Why Nagging Is a Kid's Best Friend", *Business Wire*, 11 ago. 1998.

15 Amy Frazier, "Market Research: The Old Nagging Game Can Pay Off for Marketers", *Selling to Kids* 3, n. 8 (15 abr. 1998).

16 Frazier, *Selling to Kids* 3.

17 "From Nag to the Bag", *Brandweek*, Nova York, 13 abr. 1998.

18 Elena Morales, "The Nag Factor: Measuring Children's Influence", *Admap*, mar. 2000, pp. 35-37.

19 Megan Sanks, "Your Complete Guide to Everything Owned by Viacom", Zacks, 10 jul. 2017, www.zacks.com/stock/news/267014/your-complete-guide-to-everything-owned-by-viacom.

20 "Kidfluence: How Kids Influence Buying Behavior", Viacom, 28 mar. 2018, www.paramount.com/news/audience-insights/kidfluence-kids-influence-buying-behavior. A Viacom se baseia na estimativa amplamente citada de Martin Lindstrom de 2004 sobre o poder de compra anual em Martin Lindstrom, "Branding Is No Longer Child's Play!", *Journal of Consumer Marketing* 21, n. 3 (1º maio 2004), pp. 175-182, doi.org/10.1108/07363760410534722.

21 "Kidfluence: How Kids Influence Buying Behavior", Viacom, 28 mar. 2018, www.paramount.com/news/audience-insights/kidfluence-kids-influence-buying-behavior.

22 Western Media International, *Business Wire*, 1998.

23 Lucy Hughes, entrevista de Mark Achbar, *The Corporation*, dirigido por Mark Achbar (Nova York: Big Picture Media Corporation, 2005), DVD.

24 Achbar, *The Corporation*.

25 Ver *Consuming Kids, The Commercialization of Childhood* (Nova York: Media Education Foundation, 2008), eVideo; Margo G. Wootan, *Pestering Parents: How Food Companies Market Obesity to Children* (Washington, DC: Centro de Ciência de Interesse Público, 1º nov. 2003), www.cspinet.org/new/200311101.html; Juliet B. Schor, *Born to Buy: The Commercialized Child and the New Consumer Culture* (Nova York: Scribner, 2004); Susan Linn, *Consuming Kids: The Hostile Takeover of Childhood* (Nova York: New Press, 2005).

26 Gary Ruskin, citado em *Consuming Kids, The Commercialization of Childhood* (Nova York: Media Education Foundation, 2008), eVideo).

27 Peter Waterman, citado em Diane Summers, "Harnessing Pester Power", *Financial Times*, 23 dez. 1993, p. 8.

28 Comissão Europeia, "Consumers: New EU Rules Crackdown on Misleading Advertising and Aggressive Sales Practices", comunicado à imprensa, 12 dez. 2007, europa.eu/rapid/press-release_IP-07-1915en.htm.

29 Children's Advertising Review Unit, "Self-Regulatory Program for Children's Advertising", fkks.com/uploads/news/6.30.11_CARU_Ad_Guidelines.pdf.

30 Nintendo, "Why We Need Wii U", 2013, www.ispot.tv/ad/75j9/nintendo-wii-u-why-we-need-wii-u.

31 Mahsa-Sadat Taghavi e Alireza Seyedsalehi, "The Effect of Packaging and Brand on Children's and Parents' Purchasing Decisions", *British Food Journal* 117, n. 8 (2015), pp. 2017-2038, doi.org/10.1108/BFJ-07-2014-0260.

32 Taghavi e Seyedsalehi, "The Effect of Packaging and Brand on Children's and Parents' Purchasing Decisions", pp. 2017-2038.

33 Monica Chaudhary, "Pint -Size Powerhouses: A Qualitative Study of Children's Role in Family Decision-Making", *Young Consumers*, 19, n. 4 (2018), pp. 345-357, doi.org/10.1108/YC-04-2018-00801.

34 Rituparna Bhattacharyya e Sangita Kohli, "Target Marketing to Children: The Ethical Aspect" (Anais da Conferência Internacional de Marketing sobre Marketing e Sociedade, Instituto Indiano de Gestão, Kozhikode, Índia, abr. 2007), pp. 69-74.

35 Lindstrom, *Journal of Consumer Marketing* 21, pp. 175-182.

36 ŠKODA Auto India, "ŠKODA Launches Rapid Onyx in India; Unveils Integrated Ad Campaign to Promote the New Model", comunicado à imprensa, *Adobo Magazine*.

37 Zainub Ali, "The Payoff in Marketing to Kids", *Slogan*, 17, n. 1 (jan. 2012), p. 24.

38 Callie Watson, "Parents Resisting Pester Power", *The Advisor* (3 jun. 2014), p. 7.

39 "Press Release: A Third of Parents in Scotland Say 'Pester Power' Regularly Gets the Better of Them", *Money Advice Service*", 27 nov. 2018, www.moneyadviceservice.org.uk/en/corporate/press-release-a-third-of-parents-in-scotland-say-pester-power-regularly-gets-the-better-of-them.

40 Helena Pozniak, "*Fortnite* Fury: The Extremes Parents Are Going To, to Get Their Children Off This Addictive Game", *Telegraph*, 27 set. 2018.

41 Pozniak, "Fortnite Fury". Ver também Jef Feeley e Christopher Palmeri, "Kids Are So Addicted to *Fortnite* They're Being Sent to Gamer Rehab", *Bloomberg*, 27 nov. 2018, www.bloomberg.com/news/articles/2018-11-27/fortnite-addiction-prompts-parents-to-turn-to-video-game-rehab; Elizabeth Matsangou, "How Fortnite Became the Most Successful Free-to-Play Game Ever", *The New Economy*, 14 nov. 2018, www.theneweconomy.com/business/how-fortnite-became-the-most-successful-free-to-play-game-ever.

42 Ver Nir Eyal, *Hooked: How to Build Habit-Forming Products* (Nova York: Portfolio /Penguin, 2014); Adam Alter, *Irresistible: The Rise of Addictive Technology and the Business of Keeping Us Hooked* (Nova York: Penguin, 2017).

43 Marisa Meyer *et al.*, "Advertising in Young Children's Apps: A Content Analysis", *Journal of Developmental and Behavioral Pediatrics*, 40, n. 1 (2019), pp. 32-39.

44 Nellie Bowles, "Your Kid's Apps Are Crammed with Ads", *The New York Times*, 30 out. 2018.

45 Charles K. Atkin, "Observation of Parent-Child Interaction in Supermarket Decision-Making", *Journal of Marketing*, 42, n. 4 (1978), pp. 41-45, doi.org/10.2307/1250084.

46 James U. McNeal, *Kids as Customers: A Handbook of Marketing to Children*

(Lanham, Maryland: Lexington Books, 1992), p. 79.

[47] Richard Fry, "Millennials Overtake Baby Boomers as America's Largest Generation", Centro Pew de Pesquisas, 25 abr. 2016, www.pewresearch.org/fact-tank/2016/04/25/millennials-overtake-baby-boomers.

[48] "Brand Research, Strategy, and Innovation", The Family Room, familyroomllc.com.

[49] "As citações de George Carey neste parágrafo e na seção seguinte são de "The Day the Universe Changed" [O dia em que o universo mudou], discurso de abertura que o ouvi proferir em 12 fev. 2018 no Kidscreen Summit em Miami, Flórida, summit.kidscreen.com/2018/sessions/68723/keynotethedaythe.

[50] Os dados do censo de 2014 foram citados em Konrad Mugglestone, "Finding Time: Millennial Parents, Poverty and Rising Costs", Young Invincibles, maio 2015, younginvincibles.org/wp-content/uploads/2017/04/Finding-Time-Apr29.2015-Final.pdf.

[51] Richard Fry, "5 Facts About Millennial Households", Centro Pew de Pesquisas, 6 set. 2017, www.pewresearch.org/fact-tank/2017/09/06/5-facts-about-millennial-households.

[52] Ryan Jenkins, "This Is Why Millennials Care So Much About Work-Life Balance" Inc., 8 jan. 2018, www.inc.com/ryan-jenkins/this-is-what-millennials-value-most-in-a-job-why.html.

[53] Ace Casimiro, "Employee Engagement: Out of Office, Seldom Away from Work", *Randstad*, rlc.randstadusa.com/for-business/learning-center/workforce-management/employee-engagement-out-of-office-seldom-away-from-work.

[54] Steve McClellan, "Moms Relinquish Role as Family Decision Maker", 11 maio 2017, Media Post, www.mediapost.com/publications/article/300952/moms-relinquish-role-as-family-decision-maker.html.

[55] Henry e Borzekowski, *Journal of Children and Media*, 5, pp. 298-317.

Capítulo 7: Dispositivos divisivos

Jenny Radesky, "What Happens When We Turn to Smartphones to Escape Our Kids?", *Pacific Standard*, 22 abr. 2019, psmag.com/ideas/what-happens-when-parents-cant-put-their-phones-down.

[1] Jenny S. Radesky *et al.*, "Patterns of Mobile Device Use by Caregivers and Children During Meals in Fast Food Restaurants", *Pediatrics*, 133, n. 4 (mar. 2014), pp. 843-849, doi.org/10.1542/peds.2013-3703; Alexis Hiniker *et al.*, "Texting While Parenting: How Adults Use Mobile Phones While Caring for Children at the Playground" (CHI'15: Anais da 33ª Conferência Annual da ACM sobre Fatores Humanos em Sistemas de Computação, abr. 2015), pp. 727-736.

[2] Hiniker *et al.*, "Texting While Parenting", pp. 727-736.

[3] Radesky *et al.*, *Pediatrics*, 133, pp. 843-849.

[4] Hiniker *et al.*, "Texting While Parenting", pp. 727-736.

[5] Brandon T. McDaniel e Jenny S. Radesky, "Technoference: Parent Distraction with Technology and Associations with Child Behavior Problems", *Child Development*, 89, n. 1 (2018), pp. 100-109, doi.org/10.1111/cdev.12822.

[6] McDaniel e Radesky, *Child Development* 89, pp. 100-109.

[7] Adrienne LaFrance, "The Golden Age of Reading the News", *The Atlantic*, 6 maio 2016.

[8] Tiffany G. Munzer *et al.*, "Tablets, Toddlers and Tantrums: The Immediate Effects of Tablet Device Play", *Acta Paediatrica*, 110, n. 1 (1º jan. 2021), pp. 255-256.

[9] Alexis Hiniker *et al.*, "Let's Play: Digital and Analog Play Between Preschoolers and Parents" (CHI'18: Anais da Conferência da CHI 2018 sobre Fatores Humanos em Sistemas Computacionais, abr. 2018), pp. 1-13, doi.org/10.1145/3173574.3174233.

10 Kathy Hirsh-Pasek *et al.*, "Putting Education in 'Educational' Apps: Lessons from the Science of Learning", *Psychological Science in the Public Interest*, 16, n. 1 (2015), pp. 3-34; Meyer *et al.*, *Journal of Developmental and Behavioral Pediatrics* 40, pp. 32-39.

11 Douglas A. Gentile *et al.*, "Pathological Video Game Use Among Youths: A Two-Year Longitudinal Study", *Pediatrics* 127, n. 2 (fev. 2011): e319-29; Clifford J. Sussman *et al.*, "Internet and Video Game Addictions: Diagnosis, Epidemiology, and Neurobiology", *Child and Adolescent Psychiatric Clinics of North America*, 27, n. 2 (abr. 2018), pp. 301-326.

12 Betsy Morris, "How Fortnite Triggered an Unwinnable War Between Parents and Their Boys; the Last-Man-Standing Videogame Has Grabbed onto American Boyhood, Pushing Aside Other Pastimes and Hobbies and Transforming Family Dynamics", *The Wall Street Journal Online*, 21 dez. 2018.

13 Nick Bilton, "Steve Jobs Was a Low-Tech Parent", *The New York Times*, 10 set. 2014.

14 Bianca Bosker, "Tristan Harris Believes Silicon Valley Is Addicting Us to Our Phones. He's Determined to Make It Stop", *Atlantic Monthly*, 318, n. 4 (nov. 2016), pp. 56-58, 60, 62, 64-65, search.proquest.com/docview/1858228137/abstract/FBF7AA159CE64354PQ/1.

15 H. Tankovska, "Facebook's Annual Revenue from 2009 to 2020", Statista (Relatório Anual do Facebook 2021, 5 fev. 2021), p. 66, www.statista.com/statistics/268604/annual-revenue-of-facebook.

16 Jaron Lanier citado in Jemima Kiss, "'I Was on Instagram. The Baby Fell Down the Stairs': Is Your Phone Use Harming Your Child?", *The Guardian*, 7 dez. 2018.

17 Victoria Rideout e Michael Robb, *The Common Sense Census: Media Use by Tweens and Teens* (São Francisco: Common Sense Media, 2019).

18 Doreen Carvajal, "A Way to Calm a Fussy Baby: 'Sesame Street' by Cell-phone", *The New York Times*, 18 abr. 2005.

19 Michele M. Melendez, "Calling on Kids; Cell Phone Industry Aims at Youngest Consumers", *Grand Rapids Press*, 3 jul. 2005.

20 Ken Heyer, citado em Doreen Carvajal, "A Way to Calm a Fussy Baby: 'Sesame Street' by Cellphone", *The New York Times*, 18 abr. 2005.

21 Sean Dennis Cashman, *America in the Twenties and Thirties: The Olympian Age of Franklin Delano Roosevelt* (Nova York: New York University Press, 1989), p. 63.

22 Cashman, *America in the Twenties and Thirties*, p. 32.

23 Robert Putnam, *Bowling Alone: The Collapse and Revival of American Community* (Nova York: Simon and Schuster, 2000).

24 Tiffany G. Munzer *et al.*, "Parent-Toddler Social Reciprocity During Reading from Electronic Tablets vs. Print Books", *JAMA Pediatrics* 173, n. 11 (2019), pp. 1076-1083, www.ncbi.nlm.nih.gov/pmc/articles/PMC6777236; Jennifer M. Zosh *et al.*, "Talking Shape: Parental Language with Electronic Versus Traditional Shape Sorters", *Mind, Brain, and Education* 9, n. 3 (set. 2015), pp. 136-144, doi.org/10.1111/mbe.12082.

25 Tiffany Munzer *et al.*, "Differences in Parent-Toddler Interactions with Electronic Versus Print Books", *Pediatrics* 143, n. 4 (2019): e20182012, doi-org.ezp-prod1.hul.harvard.edu/10.1542/peds.2018-2012; Munzer *et al.*, "Parent-Toddler Social Reciprocity During Reading from Electronic Tablets vs. Print Books".

26 Sherry Turkle, *Reclaiming Conversation: The Power of Talk in the Digital Age* (Nova York: Penguin Press, 2015), p. 107.

27 "Best 5 Smart Toasters for You to Buy in 2020 Reviews", toasteraddict.com/smart-toaster; Kimiko de Freytas-Tamura, "Maker of 'Smart' Vibrators Settles Data Collection Lawsuit for $3.75 Million", *The New York Times*, 14 mar. 2017.

28 "Part 1: Digital Assistants, the Internet of Things, and the Future of Search", Ignite Technologies, 14 out. 2016, placeable.ignitetech.com/blog/post/part-1-digital-assistants-internet-things-future-search.

29 Jason England, "Amazon Dominates the Smart Speaker Market with a Nearly 70% Share in 2019", Android Central, 11 fev. 2020, www.androidcentral.com/amazon-dominates-smart-speaker-market-nearly-70%-share-2019 [sem acesso].

30 Amazon, "Echo Dot (3rd Gen), Smart Speaker with Alexa, Charcoal", Amazon Devices, www.amazon.com/Echo-Dot/dp/B07FZ8S74R/ref=sr_1_1?dchild=1&keywords=echo&qid=1617893811&sr=8-1.

31 "Create Alexa Skills Kit, Amazon Alexa Voice Development", Amazon, Alexa, developer.amazon.com/en-US/alexa/alexa-skills-kit.html.

32 Daniel Etherington, "Amazon Echo is a $199 Connected Speaker Packing an Always-On Siri-Style Assistant", *TechCrunch*, 6 nov. 2014, techcrunch.com/2014/11/06/amazon-echo.

33 Sarah Perez, "Hands On with the Echo Dots Kids Edition", *Tech-Crunch*, 28 jun. 2018, techcrunch.com/2018/06/28/hands-on-with-the-echo-dots-kids-edition.

34 Amazon, "Introducing Fire HD Kids Edition – The Kids Tablet that Has It All, Including the First-Ever 2-Year Worry-Free Guarantee", comunicado à imprensa, 17 set. 2014, press.aboutamazon.com/news-releases/news-release-details/introducing-fire-hd-kids-edition-kids-tablet-has-it-all.

35 Igor Bonifacic, "Amazon Announces Its First-Ever Kindle for Kids", *Engadget*, 7 out. 2019; Sarah Perez, "Amazon Introduces a Way for Teens to Independently Shop Its Site, Following Parents' Approval", *TechCrunch*, 11 out. 2017.

36 Todd Haselton, "Amazon Targets Kids with a Candy-Colored Echo and a Version of Alexa that Rewards Politeness", *CNBC*, 25 abr. 2018, www.cnbc.com/2018/04/25/amazon-echo-kids-edition-alexa-for-kids.html.

37 "Echo Dot Kids Edition Violates COPPA", pedido de investigação sobre violações do Echo Dot da Amazon à Lei de Proteção à Privacidade Online das Crianças (COPPA) para a segurança e privacidade das crianças dos Estados Unidos, 9 maio 2019, www.echokidsprivacy.com.

38 "Echo Dot Kids Edition Violates COPPA", p. iii.

39 "Echo Dot Kids Edition Violates COPPA", pp. 31-32.

40 "Echo Dot Kids Edition Violates COPPA", p. iv.

41 "Echo Dot Kids Edition Violates COPPA", p. 24.

42 Josh Golin, comunicação pessoal com a autora, 8 abr. 2021; Angela Campbell, comunicação pessoal com a autora, 8 nov. 2021.

43 Amazon, "All-New Echo Dot (4th Gen) Kids Edition, Designed for kids, with parental controls, Tiger", Amazon Devices, www.amazon.com/Echo-Dot-4th-Gen-Kids/dp/B084J4QQK1.

44 Amazon, "All-New Echo Dot (4th Gen) Kids Edition".

45 Amazon, "All-New Echo Dot (4th Gen) Kids Edition".

46 Amazon, "All-New Echo Dot (4th Gen) Kids Edition".

47 Amazon, "All-New Echo Dot (4th Gen) Kids Edition".

48 Emily DeJeu, "6 Ways the Amazon Echo Will Transform Your Child's Bedtime Routine", The Baby Sleep Site, 5 ago. 2020, www.babysleepsite.com/sleep-training/amazon-echo-bedtime-routine.

49 Ryan Tuchow, "What's Now vs. What's next: The Future of Kids Tech", *Kidscreen*, 15 mar. 2022, kidscreen.com/2022/03/15/whats-now-vs-whats-next-the-future-of-kids-tech.

50 Para informações sobre como jogar "Gravetos do Puff", ver "In Which Pooh Invents a Game and Eeyore Joins In", *The House at Pooh Corner* (Boston: E. P. Dutton, 1928), pp. 92-108.

51 Amazon, "All -New Echo Dot (4th Gen) Kids Edition + Echo Glow, Panda", Amazon Devices, www.amazon.com/Echo-Designed-parental-controls-Panda/dp/B084J4MJCK.

52 A mais recente versão do Echo Dot para crianças é anunciada como um produto adequado para crianças de três anos ou mais, como se vê aqui: www.amazon.com /Echo-Dot-4th-Gen-Kids/dp/B084J4QQK1?th=1.

53 parents.amazon.com/settings/smartfilter/KTYWP4Q7FQ [acesso restrito].

54 "American Girl Dolls Wiki: Julie Albright (Doll)", American Girl Wiki, outono de 2014, americangirl.fandom.com /wiki /Julie_Albright_(doll) [sem acesso].

55 "Julie", boneca, American Girl, Shop, Personagens Históricos, www.americangirl.com/shop/c/julie.

56 *An American Girl Story*, dirigido por Sasie Sealy, temporada 103 (Amazon Studios, 2017), www.amazon.com/American-Girl-Story-Julie-Balance/dp/B086HXZ4Q9/ref=sr_1_5?dchild=1&keywords=julie+albright+movie&qid=1616692782&s=movies -tv&sr=1-5.

57 American Girl, "And the Tiara Goes To: A Julie Albright Movie, Julie Albright, @ American Girl", vídeo do YouTube, www.youtube.com/watch?v=F6wp23uh9o0.

58 Adrienne Jeffries e Leon Yin, "Google's Top Search Result? Surprise! It's Google", Mark Up, Google the Giant, themarkup.org/google-the-giant/2020/07/28/google-search-results-prioritize-google-products-over-competitors.

59 Lauren Johnson, "Amazon Is Ramping Up Its Pitch for Audio Ads After Long Promising Alexa Would Be Ad-Free", *Business Insider*, www.businessinsider.com/amazon-is-pitching-advertisers-more-on-alexa-audio-ads-2020-2.

60 As regras sobre vendas feitas por apresentadores de programas de TV são definidas em "The Public and Broadcasting", Comissão Federal de Comunicações, 7 dez. 2015, www.fcc.gov/media/radio/public-and-broadcasting.

61 Mila Slesar, "Amazon Alexa: How to Leverage the Benefits for Your Brand", Alternative Spaces, alternative-spaces.com/blog/amazon-alexa-how-to-leverage-the-benefits-for-your-brand.

62 Tharin White, "Disney Adds Amazon Echo 'Frozen' and 'Star Wars' Voice Skills for Kids+", *Attractions Magazine*, 3 fev. 2021, attractionsmagazine.com/disney-adds-amazon-echo-frozen-star-wars-voice-skills-kids.

63 Morten L. Kringelbach *et al.*, "On Cuteness: Unlocking the Parental Brain and Beyond", *Trends in Cognitive Sciences*, 20, n. 7 (1º jul. 2016), pp. 545-558, doi.org/10.1016/j.tics.2016.05.003.

64 Junya Nakanishi, Jun Baba e Itaru Kuramoto "How to Enhance Social Robots' Heartwarming Interaction in Service Encounters" (Anais da 7ª Conferência Internacional sobre Interação Humanos-Agentes, set. 2019), pp. 297-299, dl-acm-org.ezp-prod1.hul.harvard.edu/doi/epdf/10.1145/3349537.3352798 [acesso restrito]. Além disso, para obter uma descrição de como os designers pensaram sobre a estrutura física de um robô específico que envolve as pessoas, ver Alexander Reben e Joseph Paradiso, "A Mobile Interactive Robot for Gathering Structured Social Video" (Anais da 19ª Conferência Internacional sobre Multimídia da Associação para Máquinas Computacionais, 2011), pp. 917-920, doi.org.ezp-prod1.hul.harvard.edu/10.1145/2072298.2071902.

65 Sherry Turkle citada em James Vlahos, "Barbie Wants to Get to Know Your Child", *The New York Times*, 16 set. 2015.

66 Veja a lista da Mattel das possíveis respostas da Hello Barbie em "What Does Hello Barbie Say?", hellobarbiefaq.mattel.com/what-does-hello-barbie-say.

67 Para uma investigação aprofundada das relações entre crianças e brinquedos similares a robôs, a exemplo do Furby, ver Sherry Turkle, *Alone Together: Why We Expect More from Technology and Less from Each Other* (Nova York: Basic Books, 2012), especialmente as páginas 27-52. Ainda: Peter H. Kahn Jr. *et al.*,

"'Robovie, You'll Have to Go into the Closet Now': Children's Social and Moral Relationships with a Humanoid Robot", *Developmental Psychology, Interactive Media and Human Development* 48, n. 2 (2012), pp. 303-314, doi.org/10.1037/a0027033.

[68] V. I. Kraak e M. Story, "Influence of Food Companies' Brand Mascots and Entertainment Companies' Cartoon Media Characters on Children's Diet and Health: A Systematic Review and Research Needs", *Obesity Reviews*, 16, n. 2 (2015), pp. 107-126, doi.org/10.1111/obr.12237.

[69] Sandra L. Calvert *et al.*, "Young Children's Mathematical Learning from Intelligent Characters", *Child Development*, 91, n. 5 (2020), pp. 1491-1508, doi.org/https://doi.org/10.1111/cdev.13341 [sem acesso].

[70] Calvert *et al.*, "Young Children's Mathematical Learning from Intelligent Characters".

[71] Larry D. Woodard, "Dora the (Marketing) Explorer", *ABC News*, 20 abr. 2010.

Capítulo 8:
Viés à venda

D. Fox Harrell, citado em Elisabeth Soep, "Chimerical Avatars and Other Identity Experiments from Prof. Fox Harrell", *Boing Boing*, 19 abr. 2010, boingboing.net/2010/04/19/chimerical-avatars-a.html.

[1] Comissão Federal de Comércio dos Estados Unidos (FTC), "Ads Touting 'Your Baby Can Read' Were Deceptive, FTC Complaint Alleges", 28 ago. 2012, www.ftc.gov/news-events/press-releases/2012/08/ads-touting-your-baby-can-read-were-deceptive-ftc-complaint.

[2] Monica Potts, "It's an Ad World After All: Is It Legal for a Company to Take Out Internet Ads on Your Name After You've Filed a Complaint Against It? Apparently So", *American Prospect*, 22, n. 9, (2011), p. 42, prospect.org/environment/ad-world.

[3] Latanya Sweeney, "Discrimination in On-line Ad Delivery", *ACM Queue* (periódico publicado pela Associação para Máquinas Computacionais) 11, n. 3 (2013), queue.acm.org/detail.cfm?id=2460278&doi=10.1145%2F2460276.2460278.

[4] "1 Second, Internet Live Stats", Internetlivestats.com, www.internetlivestats.com/one-second/#google-band.

[5] "Dossier on Online Search Usage", Statista, 2020, p. 61, www.statista.com/study/15884/search-engine-usage-statista-dossier. Os dados informados são globais.

[6] "Dossier on Online Search Usage", p. 3.

[7] Kristen Purcell, Joanna Brenner e Lee Rainie, "Main Findings", Centro Pew de Pesquisas, Internet e Tecnologia, 9 mar. 2012, www.pewresearch.org/internet/2012/03/09/main-findings-11.

[8] Ajit Pai, "What I Hope to Learn from the Tech Giants", *Medium*, Página pessoal do presidente da Comissão Federal de Comunicações, 4 set. 2018, ajitvpai.medium.com/what-i-hope-to-learn-from-the-tech-giants-6f35ce69dcd9.

[9] Dylan Curran, "Are You Ready? Here Is All the Data Facebook and Google Have on You", *The Guardian*, 30 mar. 2018.

[10] Para exemplos de quanto as empresas de SEO podem cobrar, ver "How Much Does SEO Cost in 2021?" WebFX, www.webfx.com/internet-marketing/how-much-does-seo-cost.html [sem acesso]; ou Justin Smith, "SEO Pricing, How Much Do SEO Services Cost in 2021?", 21 jul. 2021, Outer Box, www.outerboxdesign.com/search-marketing/search-engine-optimization/seo-pricing-costs.

[11] Megan Graham e Jennifer Elias, "How Google's $150 Billion Advertising Business Works", *CNBC*, 18 maio 2021, www.cnbc.com/2021/05/18/how-does-google-make-money-advertising-business-breakdown-.html.

[12] Kirsten Grind *et al.*, "How Google Interferes with Its Search Algorithms and Changes Your Results", *The Wall Street Journal*, 15 nov. 2019, www.wsj.com/articles/how-google-interferes-with-its-search-algorithms-and-changes-your-re-

sults-11573823753?reflink=desktopwe-bshare_permalink.

[13] Safiya Umoja Noble, *Algorithms of Oppression: How Search Engines Reinforce Racism* (Nova York: New York University Press), p. 28.

[14] Noble, pp. 19, 67.

[15] Ver Ruha Benjamin, *Race After Technology: Abolitionist Tools for the New Jim Code* (Cambridge: Polity Press, 2019), pp. 93-95.

[16] Rebecca Hersher, "What Happened When Dylann Roof Asked Google for Information About Race?", NPR, The Two-Way, 20 jan. 2017.

[17] Leon Yin e Aaron Sankin, "Google Ad Portal Equated 'Black Girls' with Porn", *The Markup*, 23 jul. 2020, themarkup. org/google-the-giant/2020/07/23/google-advertising-keywords-black-girls.

[18] Hersher, "Dylann Roof".

[19] Jessica Guynn, "'Three Black Teenagers' Google Search Sparks Outrage", *USA Today*, 9 jun. 2016, www.usatoday.com/story/tech/news/2016/06/09/google-image-search-three-black-teenagers-three-white-teenagers/85648838.

[20] Sundar Pichai, "Our Commitments to Racial Equity", A Message from Our CEO, Google, 17 jun. 2020, blog.google/inside-google/company-announcements/commitments-racial-equity.

[21] Meredith Broussard, "When Algorithms Do the Grading", *The New York Times*, 9 set. 2020.

[22] Noble, *Algorithms of Oppression*, p. 82.

[23] Eric Hall Schwarz, "Alexa Introduces Voice Profiles for Kids and New AI Reading Tutor", Voicebot.ai, 29 jun. 2021, voicebot.ai/2021/06/29/alexa-introduces-voice-profiles-for-kids-and-new-ai-reading-tutor.

[24] Monica Anderson *et al.*, "Public Attitudes Toward Political Engagement on Social Media", Centro Pew de Pesquisas, Internet e Tecnologia, Ativismo na Era das Redes Sociais, 11 jul. 2018, www.pewresearch.org/internet/2018/07/11/public-attitudes-toward-political-engagement-on-social-media.

[25] Linette Lopez, "Facebook's Algorithm Is a Sociopath, and Facebook Management Is Too Greedy to Stop It", *Business Insider*, 28 maio 2020, www.businessinsider.com/facebook-algorithm-sociopath-management-too-greedy-to-stop-it-2020-5.

[26] Davey Alba, "'All of It Is Toxic': A Surge in Protest Misinformation", *The New York Times*, 2 jun. 2020; Davey Alba, "Misinformation About George Floyd Protests Surges on Social Media", *The New York Times*, 1º jun. 2020.

[27] Ver, por exemplo, Mary Aiken, "The Kids Who Lie About Their Age to Join Facebook", *The Atlantic*, 30 ago. 2016; "U.S. Popular Entertainment for Kids and Teens 2020", Statista, 26 jan. 2021, www.statista.com/statistics/1155926/popular-entertainment-us-kids-teens-parents; "Leading Social Media Apps Children UK 2020", Statista, 21 jul. 2021, www.statista.com/statistics/1124966/leading-social-media-apps-children-uk; "U.S. Young Kids Top Social Networks 2020", Statista, January 28, 2021, www.statista.com/statistics/1150621/most-popular-social-networks-children-us-age-group.

[28] Michael B. Robb, *News and America's Kids: How Young People Perceive and Are Impacted by the News* (São Francisco: Common Sense Media, 2017), p. 5.

[29] Tate-Ryan Mosely, "How Digital Beauty Filters Perpetuate Colorism", *MIT Technology Review*, 15 ago. 2021, www.technologyreview.com/2021/08/15/1031804/digital-beauty-filters-photoshop-photo-editing-colorism-racism.

[30] Alex Hern, "Student Proves Twitter Algorithm 'Bias' Toward Lighter, Slimmer, Younger Faces", *The Guardian*, 10 ago. 2021.

[31] Christopher P. Barton e Kyle Somerville, *Historical Racialized Toys in the United States (Guides to Historical Artifacts)* (Nova York: Routledge, 2016), pp. 17-18.

32 Kirsten Weir, "Raising Anti-Racist Children. Psychologists Are Studying the Processes by Which Young Children Learn About Race – and How to Prevent Prejudice from Taking Root", *American Psychological Association*, 52, n. 4 (jun. 2021), www.apa.org/monitor/2021/06/anti-racist-children.

33 Weir, *American Psychological Association*.

34 Emily R. Aguiló-Pérez, "Commodifying Culture: Mattel's and Disney's Marketing Approaches to 'Latinx' Toys and Media", in: *The Marketing of Children's Toys*, Rebecca C. Hains e Nancy A. Jennings (Org.) (Cham: Palgrave Macmillan, 2021), pp. 143-163, doi.org/10.1007/978-3-030-62881-9_8.

35 Mail Foreign Service, "Barbie Launch First Black Doll That Is NOT Just a Painted Version of White Doll", *Mail Online*, 12 out. 2009, www.dailymail.co.uk/news/article-1219257/Barbie-launch-black-doll-look-like-real-people-having-fuller-features.html.

36 Barton e Somerville, *Historical Racialized Toys*, p. 26.

37 Ver Liz Mineo, "The Scapegoating of Asian Americans", *Harvard Gazette* (blog), 24 mar. 2021, news.harvard.edu/gazette/story/2021/03/a-long-history-of-bigotry-against-asian-americans.

38 *Encyclopedia Britannica Online*, s.v. "Ku Klux Klan", www.britannica.com/topic/Ku-Klux-Klan.

39 *Encyclopedia Britannica Online*, s.v. "Tulsa Race Massacre of 1921", www.britannica.com/event/Tulsa-race-massacre-of-1921.

40 *Encyclopedia Britannica Online*, s.v. "Plessy v. Ferguson", por Brian Duignan, www.britannica.com/event/Plessy-v-Ferguson-1896.

41 Barton e Somerville, *Historical Racialized Toys*, p. 64.

42 Barton e Somerville, *Historical Racialized Toys*, p. 41.

43 Caitlin O'Kane, "Disney Adding Disclaimer About Racist Stereotypes to Some Old Movies", *CBS News*, 19 out. 2020, www.cbsnews.com/news/disney-disclaimer-racist-stereotypes-old-movies.

44 Jessica Sullivan *et al.*, "Adults Delay Conversations About Race Because They Underestimate Children's Processing of Race", *Journal of Experimental Psychology: General*, 150, n. 2 (fev. 2021), pp. 395-400, doi.org/10.1037/xge0000851.

45 Susan Linn, "*Consuming Kids: The Hostile Takeover of Childhood*" (Nova York: New Press, 2004).

Capítulo 9: Aprendizagem de marca

Marion Nestle, "School Food, Public Policy, and Strategies for Change", in *Food Politics*, Robert e M. Weaver-Hightower (Org.) (Nova York: Peter Lang, 2011), pp. 143-146.

1 "JA BizTown and JA Finance Park, Junior Achievement of Greater St. Louis", www.juniorachievement.org/web/ja-gstlouis/ja-finance-park-ja-biztown.

2 JA Finance Park, "Funding Opportunities", Junior Achievement of Southern California, jasocal.org/wp-content/uploads/2019/10/FP_Funding-Opportunities_FY19.pdf.

3 JA Finance Park, "Funding Opportunities".

4 "Learn and Discover", Disneynature, Materiais Educativos, nature.disney.com/educators-guides.

5 Jie Jenny Zou, "Oil's Pipeline to America's Schools", Centro para Integridade Pública, 15 jun. 2017, apps.publicintegrity.org/oil-education.

6 Beth Mole, "JUUL Gave Presentations in Schools to Kids, and the FDA Is Fuming", Ars Technica, 9 out. 2019, arstechnica.com/science/2019/09/juul-gave-presentations-in-schools-to-kids-and-the-fda-is-fuming.

7 Pizza Hut, "The BOOK IT! Program", www.bookitprogram.com [sem acesso].

8 "Oswego McDonald's Hosts McTeacher's Night for Boulder Hill Elementary School", *Daily Herald*, 17

nov. 2017, www.dailyherald.com/article/20171116/submitted/171119248.

9 Alex Molnar, *Giving Kids the Business: The Commercialization of America's Schools* (Boulder, Colorado: Westview Press, 1996), p. 39.

10 Inger L. Stole, "Advertisers in the Classroom: A Historical Perspective" (artigo apresentado na Conferência Anual da Associação para Pesquisa do Consumidor, Columbus, Ohio, 1999).

11 Inger L. Stole e Rebecca Livesay, "Consumer Activism, Commercialism, and Curriculum Choices: Advertising in Schools in the 1930s", *Journal of American Culture*, 30, n. 1 (mar. 2007), pp. 68-80, doi.org/10.1111/j.1542-734X.2007.00465.x.

12 Stole e Livesay, *Journal of American Culture* 30, pp. 68-80.

13 Elizabeth A. Fones -Wolf, *Selling Free Enterprise: The Business Assault on Labor and Liberalism 1945-60* (Urbana: University of Illinois Press, 1994), p. 204. Ela cita *The New York Times*, 4 jan. 1959, e outros.

14 *National Commission on Excellence in Education, A Nation at Risk: The Imperative for Educational Reform* (Washington, DC: Comissão Nacional de Excelência em Educação, 1983).

15 Alex Molnar, *Giving Kids the Business: The Commercialization of America's Schools* (Boulder, Colorado: Westview Press, 1996), p. 1.

16 Richard Rothstein, "When States Spend More", *American Prospect*, 9, n. 36 (jan./fev. 1998), pp. 72-79.

17 Ivy Morgan e Ary Amerikaner, "Funding Gaps 2018", Fundo de Educação, edtrust.org/resource/funding-gaps-2018.

18 Robert Hanna, Max Marchitello e Catherine Brown, "Comparable but Unequal", Centro para o Progresso dos Estados Unidos, 11 mar. 2015, americanprogress.org/issues/education-k-12/reports/2015/03/11/107985/comparable-but-unequal.

19 Para uma boa discussão, ver Alex Molnar e Faith Boninger, *Sold Out: How Marketing in School Threatens Children's Well-Being and Undermines Their Education* (Lanham, Maryland: Rowman e Littlefield, 2015).

20 Molnar e Boninger apontam que a Unidade de Pesquisa sobre o Comercialismo na Educação (CERU, na sigla em inglês) informou que, no ano letivo de 2003-2004, cerca de 70% das escolas que recorreram ao comercialismo para obter renda não ganharam dinheiro algum, e que apenas quatro escolas receberam mais de 50 mil dólares. Em 2012, um relatório da ONG Public Citizen [Cidadão Público, grupo de defesa dos direitos do consumidor baseada em Washington, DC] descobriu que mesmo os contratos de publicidade que pareciam gerar muito dinheiro geralmente traziam apenas cerca de 0,03% do orçamento de uma diretoria de ensino (Elizabeth Ben-Ishai, "School Commercialism: High Cost, Low Revenues", *Public Citizen,* 2012); ver a seguinte pesquisa americana sobre a natureza e a extensão das atividades de marketing nas escolas públicas dos Estados Unidos: Alex Molnar *et al.*, "Marketing of Foods of Minimal Nutritional Value in Schools", *Preventive Medicine*, 47, n. 5 (nov. 2008), pp. 504-507, doi.org/10.1016/j.ypmed.2008.07.019; Brian O. Brent e Stephen Lunden, "Much Ado About Very Little: The Benefits and Costs of School-Based Commercial Activities", *Leadership and Policy in Schools*, 8, n. 3 (jul. 2009), pp. 307-336, doi.org/10.1080/15700760802488619.

21 Ed Winter citado em Pat Wechsler, "This Lesson Is Brought to You By...", *Business Week*, 30 jun. 1997, p. 68.

22 Joel Babbit citado em Ralph Nader, *Children First: A Parent's Guide to Fighting Corporate Predators* (Washington, DC: Children First, 1996), p. 64.

23 Consumers Union of the United States, *Captive Kids: A Report on Commercial Pressures on Kids at School* (Yonkers, NY: Consumers Union Education Services, 1995).

24 Helen G. Dixon *et al.*, "The Effects of Television Advertisements for Junk Food Versus Nutritious Food on Children's

Food Attitudes and Preferences", *Social Science and Medicine*, 65, n. 7 (out. 2007), pp. 1311-1323.

25 Jeff Cronin e Richard Adcock, "USDA Urged to Protect Kids from Digital Food Marketing on Online Learning Platforms", *Center for Science in the Public Interest*, 13 jul. 2020.

26 Alex Molnar, "The Commercial Transformation of Public Education", *Journal of Education Policy*, 21, n. 5 (1º set. 2006), p. 632, doi.org/10.1080/02680930600866231. Para uma boa descrição de como isso funciona, ver Rachel Cloues, "The Library That Target Built", *Rethinking Schools*, 8, n. 4 (verão de 2014).

27 Molnar, *Journal of Education Policy*, 21, p. 632.

28 Bradley S. Greenberg e Jeffrey E. Brand, "Television News Advertising in Schools: The 'Channel One' Controversy". *Journal of Communication* 43, n. 1 (1993), pp. 143-151.

29 Ver John Dewey, *Democracy and Education* (Nova York: Macmillan, 1916). [Ed. bras.: *Democracia e educação*. Trad. Godofredo Rangel e Anísio Teixeira. São Paulo: Companhia Editora Nacional, 1959.]

30 Bernays é citado em Alex Molnar e Faith Boninger, "The Commercial Transformation of America's Schools", *Phi Delta Kapan* (blog), 21 set. 2020, kappanonline.org/comercial-transformation-americas-schools-molnar-boninger.

31 Stuart Ewan, *Captains of Consciousness: Advertising and the Social Roots of Consumer Culture* (Nova York: McGraw Hill, 1976), pp. 54-55.

32 Molnar e Boninger, "Commercial Transformation of America's Schools".

33 Robert Bryce, "Marketing Wars Enter Schoolyard Contracts Cut by Coke and Nike Stir Ethical Concerns About Commerce on Campus", *Christian Science Monitor*, 19 ago. 1997, sec. UNITED STATES.

34 "Mission and History: American Coal Council", Conselho Americano do Carvão, www.americancoalcouncil.org/page/mission.

35 Erik W. Robelen, "Scholastic to Scale Back Corporate Sponsorships", *Education Week, Bethesda*, 30, n. 37 (10 ago. 2011), p. 5.

36 Tamar Lewin, "Coal Curriculum Called Unfit for 4th Graders", *The New York Times*, 11 maio 2011.

37 "Stem Classroom Activities and Resources: The Fracking Debate". Shell Company, www.shell.us/sustainability/energize-your-future-with-shell/stem-classroom-activities/_jcr_content/par/textimage1406346029.stream/1519761023329/39c1976b-d9e3fd78bf11d90616dfd18e9545ebe9/eyf-fracking-debate.pdf.

38 "Changing Environments", Serviços Educacionais da BP (British Petroleum), bpes.bp.com/changing-environments-video-and-comprehension.

39 "Voluntarily Funded by the People of Oklahoma Oil and Natural Gas", Conselho de Recursos Energéticos de Oklahoma (OERB), www.oerb.com/about/funding.

40 De acordo com o índice de poluidores de 2019 do Instituto de Pesquisa em Economia Política da Universidade de Massachusetts, as indústrias Koch ocupavam o 17º lugar em poluição do ar, o 22º lugar em emissões de gases de efeito estufa e o 13º lugar em poluição da água; Matthew Baylor, "Combined Toxic 100 Greenhouse 100 Indexes", Instituto de Pesquisa em Economia Política, www.peri.umass.edu/combined-toxic-100-greenhouse-100-indexes-current [sem acesso].

41 Katie Worth, "Climate Change Skeptic Group Seeks to Influence 200,000 Teachers", *Frontline*, 28 mar. 2017, pbs.org/wgbh/frontline/article/climate-change-skeptic-group-seeks-to-influence-200000-teachers.

42 "Frequently Asked Questions", Bill of Rights Institute, billofrightsinstitute.org/about-bri/faq.

43 "Educator Hub", Bill of Rights Institute, billofrightsinstitute.org/educate.

44 Roberto A. Ferdman, "McDonald's Quietly Ended Controversial Program That Was Making Parents and Teachers Uncomfortable", *The Washington Post*, 13 maio 2016.

45 Discovery Education, "Pathway Financial in Schools", www.pathwayinschools.com.

46 Discovery Education, "Pathway to Financial Success in Schools".

47 "What Happens If My Credit Card Payment Is Late?", Discover, Centro de Recursos de Crédito, www.discover.com/credit-cards/resources/so-my-credit-card-is-past-due.

48 Aqui estão apenas alguns exemplos: para educadores, ver Shirley Rush, "Children's Needs Versus Wants", NC Cooperative Extension, Hoke County Center, hoke.ces.ncsu.edu/2016/09/childrens-needs-versus-wants/ [sem acesso]; para especialistas em primeira infância, ver Cheryl Flanders, "'But I WAAAANT It!' How to Teach Kids the Difference Between Wants and Needs", *KinderCare* (blog), www.kindercare.com/content-hub/articles/2017/december/teach-difference-wants-and-needs; Tom Popomaronis, "Warren Buffett: This is the No. 1 Mistake Parents Make When Teaching Kids About Money", *CNBC*, Make It, 30 jul. 2019, última modificação em 9 jul. 2020, www.cnbc.com/2019/07/30/warren-buffett-this-is-the-no-1-mistake-parents-make-when-teaching-kids-about-money.html.

49 Practical Money Skills, "Lesson Two: Spending Plans", www.practicalmoneyskills.com/assets/pdfs/lessons/lev_1/2_complete.pdf.

50 Practical Money Skills, "Lesson Two: Spending Plans".

51 Jim Higlym, *Men's Health*, 28, n. 10 (dez. 2013), p. 88.

52 Jonny Tiernan, "Impossible Foods to Reach New Generation Through US School Nutrition Programs", *CleanTechnica*, 17 maio 2021, cleantechnica.com/2021/05/17/impossible-foods-to-reach-new-generation-through-us-school-nutrition-programs.

53 Anna Lappé, "Impossible Foods, Impossible Claims, Real Food Media", *Medium*, 22 jul. 2019, medium.com/real-food-media/impossible-foods-impossible-claims-c10ef2e457ed.

54 Centro de Segurança Alimentar, "Center for Food Safety Filed Lawsuit Against FDA Challenging Decision to Approve Genetically Engineered Soy Protein Found in the Impossible Burger", comunicado à imprensa, 18 mar. 2020, centerforfoodsafety.org/press-releases/5961/center-for-food-safety-filed-lawsuit-against-fda-challenging-decision-to-approve-genetically-engineered-soy-protein-found-in-the-impossible-burger.

55 Pavni Diwanji, "'Be Internet Awesome': Helping Kids Make Smart Decisions Online", *Google* (blog), 6 jun. 2017, www.blog.google/technology/families/be-internet-awesome-helping-kids-make-smart-decisions-online.

56 "Child and Consumer Advocates Urge FTC to Investigate and Bring Action Against Google for Excessive and Deceptive Advertising Directed at Children: So-Called 'Family-Friendly' YouTube Kids App Combines Commercials and Videos, Violating Long-Standing Safeguards for Protecting Children", Campanha por uma Infância Livre de Comercialismo, 6 abr. 2015, commercialfreechildhood.org/advocates-file-ftc-complaint-against-googles-youtube-kids.

57 Alistair Barr, "Google's YouTube Kids App Criticized for 'Inappropriate Content'", *The Wall Street Journal*, 19 maio 2015, blogs.wsj.com/digits/2015/05/19/googles-youtube-kids-app-criticized-for-inappropriate-content.

58 Benjamin Herold, "Big Data or Big Brother?", *Education Week*, 35, n. 17 (13 jan. 2016), search.proquest.com.ezp-prod1.hul.harvard.edu/docview/1759529343?accountid=11311 [acesso restrito].

59 Richard Serra *et al.*, "You're Not the Customer; You're the Product", Quote Investigator, 16 jul. 2017, quoteinvestigator.com/2017/07/16/product.

60 Jim Seale e Nicole Schoenberger, "Be Internet Awesome: A Critical Analysis of Google's Child-Focused Internet Safety Program", *Emerging Library & Information Perspectives*, 1 (2018), pp. 34-58, doi.org/10.5206/elip.v1i1.366.

61 drive.google.com/drive/folders/15Qv-JEkzq0q7dFVIYABo6BrfKB2HRyVSi [acesso restrito].

62 *ISTE 2020 Annual Report*, Relatório Anual da Sociedade Internacional de Tecnologia em Educação (ISTE, na sigla em inglês), 18, iste.org/about/iste-story/annual-report.

63 "Hosted Activities", Sociedade Internacional de Tecnologia em Educação (ISTE), ISTE Live 20, conference.iste.org/2020/program/hosted_activities.php; "ISTE 2020 Conference and Expo Sponsorship Opportunities", ISTE, 8 fev. 2020, conference.iste.org/2020/exhibitors/pdfs/ISTE20SponsorshipOpportunities.pdf.

64 "Interested in Becoming a Member?", Instituto de Segurança Online da Família (FOSI, na sigla em inglês), www.fosi.org/membership#member-form; "2016 Annual Conference", FOSI, www.fosi.org/events/2016-annual-conference; "2017 Annual Conference", FOSI, www.fosi.org/events/2017-annual-conference; "2018 Annual Conference", FOSI, www.fosi.org/events/2018-annual-conference; "2019 Annual Conference", FOSI, www.fosi.org/events/2019-annual-conference.

65 "Sponsors and Partners", National PTA, www.pta.org/home/About-National-Parent-Teacher-Association/Sponsors-Partners.

66 Para uma excelente discussão sobre como e por que o conteúdo que as crianças aprendem nas escolas nunca é neutro e quais as relações disso com o comercialismo, ver Trevor Norris, *Consuming Schools and the End of Politics* (Toronto: University of Toronto Press, 2011), pp. 48-60.

67 Howard Zinn, *The Politics of History: With a New Introduction* (Bloomington: University of Illinois Press, 1990), p. 24.

Capítulo 10: As Big Techs vão à escola

Lisa Cline, mensagem de e-mail à autora, 9 jul. 2021.

1 *Let's Make a Sandwich*, produzido por Simmel-Meservey em colaboração com a Associação Americana de Empresas de Gás (1950), www.youtube.com/watch?v=Xz4SYkwSxTM.

2 "The Story of Lubricating Oil: Standard Oil Educational Film", Periscope Films, 1949, www.youtube.com/watch?v=4no-Z0OaSyFc.

3 "Wikipedia: Pollution of the Hudson River", Wikimedia Foundation, última modificação em 27 mar. 2012, 23h50, en.wikipedia.org/wiki/Pollution_of_the_Hudson_River.

4 Faith Boninger, "The Demise of Channel One", entrevista do *NEPC Newsletter* (Boulder, Colorado: Centro Nacional de Políticas de Educação), 2 ago. 2018, nepc.colorado.edu/publication/newsletter-channel-one-080218.

5 "About Channel One News", Channel One, www.channelone.com/common/about [sem acesso].

6 William Hoynes, "News for a Captive Audience: An Analysis of Channel One", *Extra!* (Nova York: FAIR, maio/jun. 1997), pp. 11-17; Nancy Nelson Knupfer e Peter Hayes, "The Effects of Channel One Broadcast on Students' Knowledge of Current Events", em *Watching Channel One*, Ann DeVaney (Org.) (Albany, Nova York: SUNY Press, 1994), pp. 42-60; Mark Miller, "How to Be Stupid: The Teachings of Channel One" (Artigo preparado para a Fairness and Accuracy in Reporting [FAIR, entidade de defesa da liberdade

de imprensa], jan. 1997), 1, files.eric. ed.gov/fulltext/ED405627.pdf.

7 Roy F. Fox, *Harvesting Minds: How TV Commercials Control Kids* (Westport, Connecticut: Praeger, 1996), 92.

8 Bradley S. Greenberg e Jeffrey E. Brand, "Channel One: But What About the Advertising?", *Educational Leadership* 51, n. 4 (dez. 1993), pp. 56-58; Bradley S. Greenberg e Jeffrey E. Brand, "Commercials in the Classroom: The Impact of Channel One Advertising", *Journal of Advertising Research*, 34, n. 1 (1994), pp. 18-27.

9 Faith Boninger, Alex Molnar e Michael Barbour, *Issues to Consider Before Adopting a Digital Platform or Learning Program* (Boulder, Colorado: Centro Nacional de Políticas de Educação, 24 set. 2020), seção 3; Roxana Marachi e Lawrence Quill, "The Case of Canvas: Longitudinal Datafication Through Learning Management Systems", *Teaching in Higher Education*, 25, n. 4 (29 abr. 2020), pp. 418-434; Andrea Peterson, "Google Is Tracking Students as It Sells More Products to Schools, Privacy Advocates Warn", *The Washington Post*, 28 dez. 2015.

10 Criscillia Benford, "Should Schools Rely on EdTech?", *Fair Observer*, 12 ago. 2020, www.fairobserver. com/region/north_america/criscillia-benford-ed-tech-educational-technology-education-news-tech-coronavirus-covid-19-lockdown-world-news-68173.

11 Organização para a Cooperação e Desenvolvimento Econômico, "Students, Computers and Learning: Making the Connection", PISA (OECD Publishing, 14 set. 2015), 3, doi. org/10.1787/19963777.

12 Jake Bryant *et al.*, "New Global Data Reveal Education Technology's Impact on Learning", McKinsey e Company, 12 jun. 2020, www.mckinsey.com/industries/public-and-social-sector/our-insights/new-global-data-reveal-education-technologys-impact-on-learning.

13 Isso vem de duas fontes: análise pela Fundação REBOOT dos dados coletados pela Avaliação Nacional do Progresso Educacional (NAEP, na sigla em inglês) em 2017, "Does Educational Technology Help Students Learn?", 6 jun. 2019, reboot-foundation.org/does-educational-technology-help-students-learn; Helen Lee Bouygues, "Addendum: The 2019 NAEP Data on Technology and Achievement Outcomes", Fundação REBOOT, 22 nov. 2019, reboot-foundation.org/wp-content/uploads/_docs/2019NAEP_Data_Update_Memo.pdf [sem acesso].

14 Natasha Singer, "How Google Took Over the Classroom", *The New York Times*, 13 maio 2017.

15 Singer, "How Google Took Over the Classroom".

16 Matthew Lynch, "Top 9 Must Have Personalized Learning Apps, Tools, and Resources", *Tech Edvocate*, 7 ago. 2017, www.thetechedvocate.org/top-9-must-personalized-learning-apps-tools-resources.

17 Ver, por exemplo, a crítica de Alex Molnar e Faith Boninger à popularíssima Plataforma de Aprendizagem da Summit, incluída em um artigo de Valerie Strass publicado no jornal *The Washington Post*. O que é especialmente interessante no artigo é que Strauss inclui as preocupações dos críticos, a resposta da Summit, bem como a refutação de Molnar e Boninger a essa resposta. Valerie Strauss, "New Concerns Raised About a Well-Known Digital Learning Platform", *The Washington Post*, 26 jun. 2020.

18 Sam Garin, "A Statement on EdTech and Education Policy During the Pandemic", Campanha por uma Infância Livre de Comercialismo, 11 ago. 2020, commercialfreechildhood. org/edtech_statement; "The value of quality teacher-driven instruction", ver, por exemplo, Saro Mohammed, "Tech or No Tech, Effective Learning Is All About Teaching", *Brookings*, 6 set. 2018, www.brookings.edu/blog/

brown-center-chalkboard/2018/09/06/tech-or-no-tech-effective-learning-is-all-about-teaching/; "no credible research supporting industry claims", ver Alex Molnar *et al.*, "Virtual Schools in the U.S. 2019", Centro Nacional de Políticas de Educação, 28 maio 2019, nepc.colorado.edu/publication/virtual-schools-annual-2019; Organização para a Cooperação e Desenvolvimento Econômico, *Students, Computers and Learning* (Paris: OECD Publishing, 2015), doi.org/10.1787/19963777.

[19] Prodigy Education, "Prodigy Education (Formerly Prodigy Game) Recognized as One of Canada's Top 3 Fastest-Growing Companies", *Cision PR Newswire*, 16 set. 2019, www.prnewswire.com/news-releases/prodigy-education-formerly-prodigy-game-recognized-as-one-of-canadas-top-3-fastest-growing-companies-300918004.html.

[20] Prodigy Education, "Fastest-Growing Companies".

[21] Prodigy Education, "Fastest-Growing Companies".

[22] Prodigy Education, "Prodigy Education Expands Its Market Leadership in Game-Based Learning to English Language Arts", *Cision PR Newswire*, 26 out. 2021. www.prnewswire.com/news-releases/prodigy-education-expands-its-market-leadership-in-game-based-learning-to-english-language-arts-301408101.html; Prodigy Education, "Prodigy English", www.prodigygame.com/main-en/prodigy-english.

[23] Rheta Rubenstein, mensagem de e-mail à autora, 27 set. 2020.

[24] Prodigy, "Play the Game", www.prodigygame.com/main-en.

[25] Campanha por uma Infância Livre de Comercialismo *et al.*, "Request for Investigation of Deceptive and Unfair Practices by the Edtech Platform Prodigy" (carta de reclamação à Comissão Federal de Comércio dos Estados Unidos (FTC), 19 fev. 2021), 18, Fair Playforkids.org/wp-content/uploads/2021/02/Prodigy_Complaint_Feb21.pdf.

[26] Prodigy, "Premium Memberships: Inspire Your Child to Love Learning. Support Them Along the Way", Membership, www.prodigygame.com/Membership.

[27] Prodigy, "Premium Memberships: Inspire Your Child to Love Learning. Support Them Along the Way", Membership, www.prodigygame.com/Membership.

[28] Prodigy, "Give Your Mighty Learner an Epic Gift with a Premium Membership/The Premium Membership Works", www.prodigygame.com/in-en/prodigy-memberships

[29] "Prodigy Meets ESSA Tier 3 in a Study by Johns Hopkins University", Prodigy, www.prodigygame.com/main-en/research.

[30] Centro de Pesquisa e Reforma em Educação (CRRE) da Universidade Johns Hopkins, "Evaluation of Prodigy: Key Findings", Prodigy (2020), 3, prodigy-website.cdn.prismic.io/prodigy-website/9ee58b31-3537-42c3-9eff-f8e6b16db030_Prodigy-Evaluation-Key-Findings Final.pdf [sem acesso].

[31] "Parents Accounts", Prodigy, www.prodigygame.com/pages/parents.

[32] Rebecca, professora francesa, análise do produto para a Prodigy, 3 out. 2015, www.edsurge.com/product-reviews/prodigy/educator-reviews.

[33] Campanha por uma Infância Livre de Comercialismo *et al.*, "Request for Investigation of Deceptive and Unfair Practices by the Edtech Platform Prodigy".

[34] Conversa com a autora, 10 mar. 2021.

[35] Leilani Cauthen, "Just How Large Is the K12 Ed-Tech Market", *EdNews Daily*, www.ednewsdaily.com/just-how-large-is-the-k12-ed-tech-market.

[36] Valerie J. Calderon e Margaret Carlson, "Educators Agree on the Value of Ed-Tech", *Gallup*, Educação, 12 set. 2019, www.gallup.com/education/266564/educators-agree-value-tech.aspx.

37 Calderon e Carlson, "Educators Agree on the Value of EdTech".

38 Calderon e Carlson, "Educators Agree on the Value of EdTech".

39 Natalie Wexler, "How Classroom Technology Is Holding Students Back", *MIT Technology Review*, 19 dez. 2019, www.technologyreview.com/s/614893/classroom-technology-holding-students-back-edtech-kids-education/?eType=EmailBlastContent&eId=d824edf8-1903-4acd-a474-59b0bd250982.

40 Jacquelyn Ottman, "The Four E's Make Going Green Your Competitive Edge", *Marketing News*, 26, n. 3 (3 fev. 1992), p. 7.

41 Bruce Watson, "The Troubling Evolution of Corporate Greenwashing", *The Guardian*, 20 ago. 2016.

42 Ver John F. Pane, "Strategies for Implementing Personalized Learning While Evidence and Resources Are Underdeveloped", *Perspective* (Santa Monica, Califórnia: Corporação Rand, out. 2018), 7, doi.org/10.7249/PE314.

43 Alfie Kohn, "Four Reasons to Worry About 'Personalized Learning'", *Psychology Today*, 24 fev. 2015, www.psychologytoday.com/us/blog/the-homework-myth/201502/four-reasons-worry-about-personalized-learning.

44 Ver Howard Gardner, *The Unschooled Mind: How Children Learn and Schools Should Teach* (Nova York: Basic Books, 1991).

45 Faith Boninger, Alex Molnar e Christopher Saldaña, "Personalized Learning and the Digital Privatization of Curriculum and Teaching", Centro Nacional de Políticas de Educação em Boulder, 30 abr. 2019, nepc.colorado.edu/publication/personalized-learning.

46 "Game-Based Learning Market Worth $29.7 Billion by 2026 – Exclusive Report by MarketsandMarketsTM", *PR Newswire*, www.prnewswire.com/news-releases/game-based-learning-market-worth-29-7-billion-by-2026-exclusive-report-by-marketsandmarkets-301462512.html.

47 Ben Feller, "Video Games Can Reshape Education", *NBC News*, 17 out. 2006; Henry Kelly, *Harnessing the Power of Games for Learning* (Artigo preliminar para a Conferência sobre Jogos Educacionais da Federação de Cientistas Americanos, 2005), www.informalscience.org/sites/default/files/Summit_on_Educational_Games.pdf

48 Minha colega Diane Levin cunhou o termo *transtorno do déficit de resolução de problemas* como uma condição de uma infância moderna em que as crianças não têm tempo suficiente para brincadeiras criativas. Ver Barbara Meltz, "There Are Benefits to Boredom", *Boston Globe*, 22 jan. 2004; ver Lev S. Vygotsky, "Play and Its Role in the Mental Development of the Children", in: *Play: Its Role in Development and Evolution*, Jerome S. Bruner, Alison Jolly e Kathy Sylva (Orgs.) (Nova York: Basic Books, 1976), pp. 536-52; Kathleen Roskos e Susan B. Neuman, "Play as an Opportunity for Literacy", in: *Multiple Perspectives on Play in Early Childhood*, Olivia N. Saracho e Bernard Spodek (Orgs.) (Albany, Nova York: SUNY Press, 1998), pp. 100-116; escrevi longamente sobre os benefícios das brincadeiras em *The Case for Make Believe: Saving Play in a Commercialized World* (Nova York: New Press, 2009). Ver também as obras de Diane Levin e Nancy Carlsson-Paige, *The War Play Dilemma*, 2ª ed. (Nova York: Teachers College Press, 2006) e *Who's Calling the Shots* (St. Paul, Minnesota: New Society, 1987).

49 "Prodigy Education | Make Learning Math Fun!", Prodigy Education, 2020, www.youtube.com/watch?v=O1_V75nK67M.

50 "Gamification: Learning Made Fun with Genially", The Techie Teacher, 20 abr. 2020, www.thetechieteacher.net/2020/04/gamification-learning-made-fun-with.html.

51 Ver Rishi Desai, doutor em medicina, membro da Khan Academy, em "Khan Academy Gamification: Making Learning Fun", vídeo do YouTube, 10 set. 2013, www.youtube.com/watch?v=2EZcpZSy58o.

52 "Fun, n. and adj.", in *OED Online* (Oxford University Press), www.oed.com/view/Entry/75467.

53 Kathy Hirsh-Pasek *et al.*, "Putting Education in 'Educational' Apps: Lessons from the Science of Learning", *Psychological Science in the Public Interest*, 16, n. 1 (2015), pp. 3-34.

54 Kathy Hirsh-Pasek *et al.*, "A Whole New World: Education Meets the Metaverse", Instituto Brooking, fev. 2022, www.brookings.edu/research/a-whole-new-world-education-meets-the-metaverse.

55 Ver Faith Boninger, Alex Molnar e Michael K. Barbour, "Issues to Consider Before Adopting a Digital Platform or Learning Program", Centro Nacional de Políticas de Educação, 24 set. 2020, nepc.colorado.edu/publication/virtual-learning. Seu resumo levanta questões e preocupações importantes sobre a *edtech* que valem a pena ser levadas em conta.

Capítulo 11: Será isso esperança?

Alex Molnar e Faith Boninger, "The Commercial Transformation of America's Schools", *Phi Delta Kappan*, 21 set. 2020, kappanonline.org/commercial-transformation-americas-schools-molnar-boninger.

1 Russell Banks, "Feeding Moloch: The Sacrifice of Children on the Altar of Capitalism", Palestra Ingersoll Lecture, Divinity School, Harvard, 5 nov. 2014, www.youtube.com/watch?v=Kv3R-bq5WIK4.

2 Nipa Saha, "Advertising Food to Australian Children: Has Self-Regulation Worked?", *Journal of Historical Research in Marketing*, 12, n. 4 (19 out. 2020), pp. 525-550; Nancy Fink Huehnergarth, "Coca-Cola Skirts Its Own Pledge Not to Market to Young Kids, Says Report", *Forbes*, www.forbes.com/sites/nancyhuehnergarth/2016/05/20/coca-cola-skirts-its-own-pledge-not-to-market-to-young-kids-says-report.

3 Matthew Chapman, "Big Tobacco Targets Youth with $1.4 Billion Marketing Campaign", *Children's Health Defense* (blog), 15 mar. 2021, childrenshealthdefense.org/defender/big-tobacco-targets-youth.

4 Iniciativa de Alimentos e Bebidas para Crianças, Escritório de Melhores Negócios, bbbprograms.org/programs/all-programs/cfbai#.

5 Jennifer A. Emond *et al.*, "Unhealthy Food Marketing on Commercial Educational Websites: Remote Learning and Gaps in Regulation", *American Journal of Preventive Medicine*, 60, n. 4 (2021), pp. 587-591.

6 B. Shaw Drake e Megan Corrarino, "U.S. Stands Alone: Not Signing U.N. Child Rights Treaty Leaves Migrant Children Vulnerable", *Huff-Post*, 13 out. 2015, www.huffpost.com/entry/children-migrants-rights_b_8271874.

7 David Cribb, "Pussycat Dolls Cancelled After Complaints", *Digital Spy*, 25 maio 2006; United Press, "Hasbro Backs off Pussycat Dolls", 25 maio 2006.

8 Tamar Lewin, "No Einstein in Your Crib? Get a Refund", *The New York Times*, 24 out. 2009.

9 Scott van Voorhis, "BusRadio Gains Industry Ratings, Criticism for Pushing Ads on Kids", *Boston Herald*, 8 jul. 2008.

10 "McDonald's Gets F Grade in Florida", Corpwatch, www.corpwatch.org/article/mcdonalds-gets-f-grade-florida.

11 "You Did It: Facebook Pauses Plans for Instagram for Kids", Fair Play, Fair Playforkids.org/you-did-it-facebook-pauses-plans-for-instagram-for-kids.

12 John Davidson, "Finally, the World Takes on Big Tech", *Australian Financial Review*, 23 dez. 2020, www.proquest.com/docview/2471684612/citation/F64199E3B2C84FDCPQ/1.

13 Ari Ezra Waldman, "How Big Tech Turns Privacy Laws into Privacy Theater", *Slate*, 2 dez. 2021.

14 "Age Appropriate Design: A Code of Practices for Online Services", Gabinete do Encarregado de Informação, ico.org.uk/for-organisations/guide-to-data-protection/ico-codes-of-practice/age-appropriate-design-a-code-of-practice-for-online-services.

15 "Age Appropriate Design."

16 Maite Fernández Simon, "Australia Proposes Parental Consent for Children Under 16 on Social Media", *The Washington Post*, 26 out. 2021; Autoridade Sueca de Proteção de Dados, "The New Directive Will Reinforce the Child and Youth Rights", *Privacy 365*, 23 out. 2020, www.privacy365.eu/en/by-the-swedish-data-protection-authority-the-new-directive-will-reinforce-the-child-and-youth-rights.

17 Angela Campbell, "Protecting Kids Online: Internet Privacy and Manipulative Marketing", *Testimony Before the Senate Committee on Commerce, Science, and Transportation's Subcommittee on Consumer Protection, Product Safety, and Data Security*, 18 maio 2021, www.commerce.senate.gov/services/files/9935A07E-AC61-4CFD-A422-865D89C54EA3.

18 Campbell, "Protecting Kids Online".

19 "Full Transcript of Biden's State of the Union Address", *The New York Times*, 2 mar. 2022.

20 Lei de proteção das informações de nossas crianças e jovens vulneráveis (Kids PRIVACY Act), H.R. 4801, 117 Cong., 1st Sess.§__(2021), www.congress.gov/117/bills/hr4801/BILLS--117hr4801ih.pdf. Para um resumo dos pontos mais importantes do projeto de lei, ver castor.house.gov/news/documentsingle.aspx?DocumentID=403677.

21 "Rep. Castor Reintroduces Landmark Kids PRIVACY Act to Strengthen COPPA, Keep Children Safe Online", deputada Kathy Castor, 29 jul. 2021, castor.house.gov/news/documentsingle.aspx?DocumentID=403677.

22 Shannon Bond, "New FTC Chair Lina Khan Wants to Redefine Monopoly Power for the Age of Big Tech", NPR, 1º jul. 2021, www.npr.org/2021/07/01/1011907383/new-ftc-chair-lina-khan-wants-to-redefine-monopoly-power-for-the-age-of-big-tech.

23 "Blackburn & Blumenthal Introduce Comprehensive Kids' Online Safety Legislation", 16 fev. 2022, www.blackburn.senate.gov/2022/2/blackburn-blumenthal-introduce-comprehensive-kids-online-safety-legislation.

24 Edward Markey, "Text-S.2918-117th Congress (2021-2022): KIDS Act", Congress.gov, 30 set. 2021, www.congress.gov/bill/117th-congress/senate-bill/2918/text. Esse projeto de lei é chamado de "Lei de Design e Segurança da Internet para Crianças".

25 Um resumo da Lei KIDS pode ser encontrado em: "Senators Markey and Blumenthal, Rep. Castor Reintroduce Legislation to Protect Children and Teens from Online Manipulation and Harm, U.S. Senator Ed Markey of Massachusetts", www.markey.senate.gov/news/press-releases/senators-markey-and-blumenthal-rep-castor-reintroduce-legislation-to-protect-children-and-teens-from-online-manipulation-and-harm.

26 "Senators Markey and Blumenthal, Rep. Castor Reintroduce Legislation to Protect Children and Teens from Online Manipulation and Harm, U.S. Senator Ed Markey of Massachusetts", www.markey.senate.gov/news/press-releases/senators-markey-and-blumenthal-rep-castor-reintroduce-legislation-to-protect-children-and-teens-from-online-manipulation-and-harm.

27 "State Policies to Prevent Obesity", Estado de Obesidade Infantil (blog), Academia Americana de Pediatria,

stateofchildhoodobesity.org/state-policy/policies/screentime.

[28] www.revisor.mn.gov/bills/bill.php?b=senate&f=SF237&ssn=0F&y=2021.

[29] "Your State Legislation | Media Literacy Now", 24 jan. 2014, medialiteracynow.org/your-state-legislation-2.

Capítulo 12: Parentalidade e resistência: sugestões para manter sob controle as Big Techs e as grandes corporações

Rachel Franz, "Safe, Secure, and Smart–Preschool Apps", Fair Play (blog), Fair Playforkids.org/pf/safe-secure-smart-apps.

[1] Recomendações dignas de nota incluem as da Organização Mundial da Saúde (www.who.int/publications/i/item/9789241550536), da Academia Americana de Pediatria (doi.org/10.1542/peds.2016-2591; doi.org/10.1542/peds.2016-2592), do Departamento de Saúde do Governo Australiano (www.health.gov.au/health-topics/physical-activity-and-exercise/physical-activity-and-exercise-guidelines-for-all-australians/for-infants-toddlers-and-preschoolers-birth-to-5-years; www.health.gov.au/health-topics/physical-activity-and-exercise/physical-activity-and-exercise-guidelines-for-all-australians/for-children-and-young-people-5-to-17-years), Sociedade Pediátrica Canadense (cps.ca/en/documents//position//screen-time-and-young-children), Associação Indiana de Pediatria (www.indianpediatrics.net/sep2019/sep-773-788.htm), e Sociedade Italiana de Pediatria (doi.org/10.1186/s13052-018-0508-7; doi.org/10.1186/s13052-019-0725-8).

[2] Russell Viner *et al.*, "The Health Impacts of Screen Time: A Guide for Clinicians and Parents", *The Royal College of Paediatrics and Child Health*, jan.

2019, www.rcpch.ac.uk/sites/default/files/2018-12/rcpch_screen_time_guide_-_final.pdf.

[3] Brae Ann McArthur *et al.*, "Longitudinal Associations Between Screen Use and Reading in Preschool-Aged Children", *Pediatrics*, 147, n. 6 (jun. 2021), publications.aap.org/pediatrics/article-abstract/147/6/e2020011429/180273/Longitudinal-Associations-Between-Screen-Use-and?redirectedFrom=fulltext; Dimitri Christakis e Fred Zimmerman, "Early Television Viewing Is Associated with Protesting Turning off the Television at Age 6", *Medscape General Medicine*, 8, n. 2 (2006), p. 63, www.medscape.com/viewarticle/531503.

[4] Tiffany G. Munzer *et al.*, "Differences in Parent-Toddler Interactions with Electronic Versus Print Books", *Pediatrics*, 143, n. 4 (abr. 2019): e20182012, doi.org/10.1542/peds.2018-2012.

[5] Marisa Meyer *et al.*, "How Educational Are 'Educational' Apps for Young Children? App Store Content Analysis Using the Four Pillars of Learning Framework", *Journal of Children and Media* (fev. 2021), doi.org/10.1080/17482798.2021.1882516.

[6] Kathy Hirsh-Pasek *et al.*, "Putting Education in 'Educational' Apps: Lessons from the Science of Learning", *Psychological Science in the Public Interest*, 16, n. 1 (2015), pp. 3-34, doi.org/10.1177/1529100615569721.

[7] Zoe Forsey, "Meet Bill and Melinda Gates's Children – But They Won't Inherit Their Fortune", *The Mirror*, 4 maio 2021, www.mirror.co.uk/news/us-news/meet-bill-melinda-gatess-impressive-24035569.

[8] Deborah Richards, Patrina H.Y. Caldwell e Henry Go, "Impact of Social Media on the Health of Children and Young People", *Journal of Paediatrics and Child Health*, 51, n. 12 (2015), pp. 1152-1157, doi.org/10.1111/jpc.13023.

[9] Danah Boyd, "Panicked About Kids' Addiction to Tech?", *NewCo Shift* (blog), 25 jan. 2018, medium.com/newco/

panicked-about-kids-addiction-to-tech-88b2c856bf1c.

10. Emily Cherkin, "Babies and Screentime", Screentime Consultant, 11 maio 2020, www.thescreentimeconsultant.com/blog/babies-and-screentime.

11. Josh Golin, mensagem de e-mail à autora, 10 set. 2021.

12. Lauren Hale e Stanford Guan, "Screen Time and Sleep Among School-Aged Children and Adolescents: A Systematic Literature Review", *Sleep Medicine Reviews*, 21 (2015), pp. 50-58, doi.org/10.1016/j.smrv.2014.07.007.

Capítulo 13: Fazer a diferença para as crianças do mundo todo

Joseph Bates, mensagem de e-mail à autora, fev. 2022.

1. De acordo com a organização sem fins lucrativos Open Secrets, nos primeiros seis meses de 2021 o Facebook gastou 9,56 milhões de dólares em lobby; a National Amusements, dona da Viacom, gastou 2,43 milhões; a Disney gastou 2,38 milhões; e a Alphabet, dona do Google, gastou 5,66 milhões. Ver Open Secrets, 23 jul. 2021, www.opensecrets.org/federal-lobbying/summary.

2. Adam Hochschild, *Bury the Chains: Prophets and Rebels in the Fight to Free an Empire's Slaves* (Boston: Houghton Mifflin, 2005).

3. "Women's Suffrage in the United States", *Wikipedia*, 8 dez. 2021, en.wikipedia.org/w/index.php?title=Women%27s_suffragein_theUnited_States&oldid=1059301611.

4. "Same-Sex Marriage in the United States", *Wikipedia*, 24 out. 2021, en.wikipedia.org/w/index.php?title=Same-sex-marriagein_the_United_States&oldid=1051634688.

5. Vincent Harding, *There Is a River: The Black Struggle for Freedom* (Nova York: Harcourt Brace Jovanovich, 1981).

6. Ariel Schwartz, "Computer Algorithms Are Now Deciding Whether Prisoners Get Parole", *Business Insider*, 15 dez. 2015, www.businessinsider.com/computer-algorithms-are-deciding-whether-prisoners-get-parole-2015-12.

7. Noel Maalouf *et al.*, "Robotics in Nursing: A Scoping Review", *Journal of Nursing Scholarship*, 50, n. 6 (2018), pp. 590-600, doi.org/10.1111/jnu.12424.

8. Natasha Singer, "Deciding Who Sees Students' Data", *The New York Times*, 5 out. 2013.

9. Natasha Singer, "InBloom Student Data Repository to Close", *Bits Blog* (blog), 21 abr. 2014, https://bits.blogs.nytimes.com/2014/04/21/inbloom-student-data-repository-to-close.

10. Elaine Meyer, "How Gen Z Is Fighting Back Against Big Tech", *Yes! Media*, 24 nov. 2021.

11. Log Off: A Movement Dedicated to Rethinking Social Media by Teens for Teens, www.logoffmovement.org.

12. "Sponsors and Partners – About PTA, National PTA", www.pta.org/home/About-National-Parent-Teacher-Association/Sponsors-Partners.

13. Fair Play, "Faith Leaders Letter to Mark Zuckerberg", Fair Playforkid.org/wp-content/uploads/2022/02/FaithIG.pdf [sem acesso], 8 jan. 2022. A citação no parágrafo seguinte é dessa mesma carta.

14. A Fair Play faz um ótimo trabalho ao articular as diferenças entre o que a organização chama de "infância de marca" e uma "infância além das marcas". Ver "What Is a Childhood Beyond Brands?", *Fair Play* (blog), Fair Playforkids.org/beyond-brands.

Posfácio

1. Adam Satariano, "E.U. Takes Aim at Social Media's Harms with Landmark New Law", *The New York Times*, 22 abr. 2022.

2 Cecilia Kang, "As Europe Approves New Tech Laws, the U.S. Falls Further Behind", *The New York Times*, 22 abr. 2022.

3 "LEGO Teams Up with Cary's Epic Games to Help Build a Kid-Safe Virtual World | WRAL TechWire", 7 abr. 2022, wraltechwire.com/2022/04/07/lego-teams-up-with-carys-epic-games-to-help-build-a-kid-safe-virtual-world.

4 Fair Play, "Designing for disorder", abr. 2022, Fair Playforkids.org/wp-content/uploads/2022/04/designing_for_disorder.pdf.

5 Emma Goldberg, "'Techlash' Hits College Campuses", *The New York Times*, 11 jan. 2020.

6 Colleen McClain, "How Parents' Views of Their Kids' Screen Time, Social Media Use Changed During COVID-19", *Centro Pew de Pesquisas* (blog), www.pewresearch.org/fact-tank/2022/04/28/how-parents-views-of-their-kids-screen-time-social-media-use-changed-during-covid-19.

Este livro foi composto com tipografia Adobe Garamond Pro e
impresso em papel Off-White 70 g/m² na Artes Gráficas Formato.